Fuir les démons

Deborah Anne Kimberley

Dédicace

Je dédie ce livre à mes « représentants » qui, tout au long de ma vie adulte, ont tenté de me guider hors des ténèbres et vers la lumière. Ceci est mon histoire. SOUVENEZ-VOUS : « JE NE SUIS PAS MON HISTOIRE.

Table des matières

Page laissée intentionnellement blanche

Introduction

Je suis née à Victoria, en Colombie-Britannique, au
Canada. À l'âge d'un an, ma mère, mon frère et moi avons pris le
train pour nous installer à Barrie, en Ontario, parce que mon père
était dans l'armée et y était affecté, au Camp Borden. Il devait être
envoyé en Allemagne, mais il a découvert qu'il était allergique à la
laine ; comme les uniformes étaient faits de laine, nous n'avons pas
pu nous y rendre. Ma mère m'a raconté qu'elle en avait été
profondément déçue, car elle avait toujours rêvé de voyager et
aurait adoré aller en Allemagne. Ma mère avait déjà été mariée
auparavant, mais son mari est mort écrasé par des billots alors que
leur fils n'avait que trois mois. À cette époque, l'aide sociale était
quasi inexistante, et elle a été contrainte de retourner vivre chez ses
parents, qui tenaient une pension et possédaient également
quelques acres de terres dans les Prairies qu'ils tentaient
d'exploiter. Ma mère a rencontré mon père lorsque son fils, mon
demi-frère, avait environ six ans. Ils se sont mariés et m'ont eue
alors qu'il avait environ sept ans et demi. Je suis l'unique enfant
née de l'union de ma mère et de mon père. Ma mère a été élevée
dans un catholicisme strict jusqu'à l'âge de seize ans, avant de
quitter la petite ville de Horizon, en Saskatchewan, où elle était
née, pour venir s'installer à Victoria. Mon père, quant à lui, se
disait protestant et a grandi près des chutes du Niagara, en Ontario.
À ma connaissance, il y est né. Il s'est engagé dans l'armée à l'âge

de dix-sept ans, bien que l'âge requis fût de dix-huit ans. Il a combattu lors de deux guerres : la Seconde Guerre mondiale et la guerre de Corée. J'ai grandi en croyant en Dieu, mais il y a eu une période où j'ai perdu la foi. En réalité, elle a toujours été là ; j'ai simplement cessé d'y penser pendant un certain temps. Nous avons vécu six années en Ontario avant que mon père ne décide qu'il serait préférable pour nous tous qu'il quitte l'armée, celle-ci ayant une mauvaise influence sur lui. Il a tenté de trouver du travail en Ontario, mais la plupart des emplois étaient attribués aux Italiens. On lui a même conseillé de retourner dans l'armée, mais nous avons choisi de retourner à Victoria, où vivait toute la famille de ma mère. Je vis toujours à Victoria aujourd'hui. On peut dire que j'y ai été élevée. Mon père appelait cet endroit « le pays de Dieu », sans doute en raison de la beauté du paysage.

Mon père avait été marié auparavant et avait eu deux enfants de ce premier mariage, dont il avait obtenu la garde. Cependant, comme il était dans l'armée, il ne pouvait pas s'occuper d'eux. Il confia donc sa fille à sa première épouse, qui était catholique, et son fils à sa propre mère. La mère de mon père était catholique, tandis que le père de mon père était protestant. Le père de mon père est décédé lorsque celui-ci n'avait que trois ans. À l'époque, il avait deux autres frères et sœurs : Toby, plus jeune, et Bill, plus âgé. Mon père n'a suivi une scolarité que jusqu'en quatrième année, car il a été contraint de travailler dans les champs afin d'aider à subvenir aux besoins de sa famille. Sa mère s'est remariée et a eu une très grande famille — environ treize enfants au total. Je pense que c'est là que la rivalité religieuse a commencé.

Je me souviens toujours de mon père me disant qu'il y a trois choses dont on ne parle jamais dans la vie : la religion, la politique et l'argent. Ainsi, comme l'enfant sage que j'essayais d'être, je n'en ai jamais parlé à qui que ce soit — et je ne le fais toujours pas. Ce n'est qu'à trente-huit ans, alors que j'étais en train de mourir, que j'ai véritablement retrouvé la foi. Je me suis finalement retrouvée plongée dans un chaos religieux, politique et financier auquel je n'avais jamais voulu être mêlée. Mais que je le veuille ou non, c'était ma vie, et j'y étais prisonnière. J'ai rapidement compris que je devais m'y engager pour survivre. Je mourais d'un carcinome de la vessie dans le sigmoïde et je traversais également une grave crise de MIP — une maladie inflammatoire pelvienne — sans le savoir à l'époque. Personne ne voulait me donner les soins médicaux dont j'avais besoin et que je méritais. Après de nombreuses visites aux urgences à la recherche de traitement, une infirmière a finalement eu pitié de moi et m'a conseillé de me rendre au pavillon Eric Martin, un établissement psychiatrique à Victoria. Elle m'a dit : « Ils vous aideront là-bas. » M'aider ? Ils ont plutôt essayé de m'éliminer, en espérant faire croire que ma mort était due au genre de vie que je menais, ou qu'il s'agissait d'un suicide, ou simplement d'un accident banal. Et croyez-moi, les soi-disant autorités ont tout fait pour me faire disparaître, et je crois encore aujourd'hui qu'elles attendent mon lit de mort. Je déteste le mot « mental ». Je suis conseillère professionnelle, même si je n'ai jamais exercé ce métier de façon officielle. Je connais très bien le DSM-IV, le *Manuel diagnostique et statistique des troubles mentaux*, quatrième édition — et, espérons-le, la dernière. Je vais vous dire une chose : tout cela est une immense fumisterie. Je crois que ce système a été conçu pour une seule raison, et une seule : dissimuler les crimes commis par les catholiques et d'autres groupes du même genre, dans ce monde corrompu qui est le nôtre. Qui aurait cru qu'un tel niveau de corruption puisse exister dans un pays que mon père appelait toujours « le pays de Dieu » ? Et pourtant, c'est le cas. Tous ceux qui brandissent fièrement leur drapeau canadien peuvent bien les retirer pendant qu'ils lisent mon livre, car ce pays n'est pas aussi libre que beaucoup aiment à le croire. La rivalité religieuse existe ici comme dans n'importe quel autre pays. Et vous pouvez tous célébrer les feux d'artifice du 1er juillet.

À propos de ma famille

Les parents de ma mère étaient des Hongrois allemands, les Grund. Mon grand-père a immigré au Canada alors qu'il était très jeune. Ma grand-mère, quant à elle, est née ici. Lorsqu'ils se sont mariés, ils se sont installés dans une petite ville située sur les vastes prairies plates appelée Horizon, dans la province de la Saskatchewan. Lorsque ma mère a commencé l'école, elle parlait à peine anglais, car à la maison on parlait toujours l'allemand hongrois. Ma mère m'a raconté que ses parents tenaient un magasin et qu'il n'y avait que deux commerces dans toute la ville, tous très proches les uns des autres. Les deux magasins étaient côte à côte, et l'autre appartenait à une famille chinoise. Certains enfants entraient dans ce magasin pour voler des arachides ; les propriétaires leur couraient après, mais ne les attrapaient jamais. L'école se trouvait juste en bas de la colline, tout comme l'église et une salle communautaire. À part trois silos à grain, c'était à peu près tout ce que comptait la ville. Ma grand-mère faisait du pain et toutes sortes de pâtisseries en permanence, comme des brioches à la cannelle, qu'elle vendait dans le magasin. Elle barattait le beurre, préparait des conserves maison et fabriquait même du savon, le tout destiné à la vente. Ma mère disait que le magasin avait un sol en crêpe, et que ma grand-mère habillait toujours ma mère et sa sœur aînée, Mary, avec des robes qu'elle cousait elle-même, accompagnées de bas blancs qui se salissaient à cause du sol, mais restaient toujours impeccables. Pour les nettoyer, ma grand-mère devait chauffer de l'eau et faire bouillir les vêtements. Jusqu'à son lit de mort, elle a continué à confectionner ses propres habits. Lorsqu'elles prenaient un bain, ma grand-mère chauffait l'eau sur le poêle à bois et remplissait la grande baignoire, qui était placée au milieu de la pièce. Ma mère devait toujours se laver dans l'eau de bain de sa sœur aînée. En hiver, mes grands-parents se relayaient la nuit pour alimenter le poêle ventru de la cave avec du charbon afin de rester au chaud. Malgré la Grande Dépression, ils réussissaient toujours à avoir de la bonne nourriture sur la table, contrairement à certains enfants avec qui ma mère a grandi, qui apportaient à l'école une simple crêpe nature pour le déjeuner — et parfois c'était tout ce qu'ils mangeaient de la journée. L'une des amies de ma mère ne mangeait que du maïs en épi à chaque repas, sans beurre, sans sel, rien. Après l'école, ma mère se dépêchait de rentrer chez elle, sachant que sa mère sortirait du four du pain bien chaud. Elle emmenait avec elle son amie Mary Dean, qui était extrêmement pauvre, et toutes deux se croyaient au paradis en se régalant de pain chaud avec du beurre fondu et de la confiture de fraises. Elles pouvaient déjà en sentir l'odeur en quittant l'école. Ma mère est restée en contact avec elle jusqu'à sa mort. Certaines choses devaient être commandées par catalogue, lorsqu'on avait la chance d'avoir l'argent nécessaire, car elles n'étaient pas disponibles dans les magasins. Ma mère commandait ses chaussures par catalogue ; même lorsqu'elles étaient trop petites, elle disait qu'elles lui allaient, de peur que si on les renvoyait, elle n'en obtienne jamais d'autres et que l'argent serve à autre chose. C'est ainsi qu'elle a développé des cors aux pieds. Le catalogue servait aussi de papier toilette. Lorsqu'ils avaient la chance d'avoir des oranges japonaises, ils utilisaient le papier dans lequel elles étaient emballées. Ils n'avaient pas de salle de bain, seulement des latrines, que les enfants renversaient à Halloween. Comme ils ne pouvaient pas se permettre d'acheter des jouets, ma mère découpait parfois les modèles du catalogue pour jouer avec. Elle disait que l'école n'était composée que d'une seule salle de classe où tous les élèves, de tous âges, recevaient leur enseignement. L'instituteur favorisait ma mère et, pour son anniversaire, il lui offrait des flacons de médicaments vides de toutes tailles qu'il avait conservés pour elle, ainsi que de petits objets divers. Ma mère fabriquait des meubles pour ses poupées en papier avec ces flacons. Il lui donnait aussi parfois une pièce de cinq ou dix cents, et à cette époque, on pouvait acheter un énorme sac de bonbons pour cinq cents — et je dis bien énorme. Un jour, ma mère a reçu le seul jouet qu'elle ait jamais eu : une poupée avec un visage, des mains et des pieds en porcelaine. Elle l'avait encore plus tard, mais mon père a dû la réparer. Quelqu'un avait fabriqué une poussette pour la poupée à partir d'une caisse d'oranges vide, avec des couvercles de pots de confiture en guise de roues. Elle ne l'a pas gardée longtemps, car un sale gosse s'en est emparé et l'a jetée en bas de la colline ; elle s'est brisée en morceaux. Ma mère en a eu le cœur brisé. Chaque dimanche, ma mère et sa sœur Mary étaient forcées par leur père d'aller à la seule église de la ville, où elles devaient confesser leurs péchés, même si leurs parents n'y allaient jamais. Ma mère disait qu'elle devait inventer des fautes, car elle n'arrivait vraiment pas à penser à quoi que ce soit qu'elle aurait fait de mal. Déjà à l'époque, mon grand-père était considéré comme paresseux, et je sais de source sûre qu'il était un véritable salaud. Lorsqu'il était présent, il se mettait en colère pour la moindre chose et leur lançait tout ce qu'il trouvait sous la main. S'ils posaient les coudes sur la table, il les attrapait et les claquait violemment contre la table. Il avait pour tâche principale de négocier des marchandises à vendre dans le magasin, comme des pommes et des produits frais. Il conduisait aussi le tracteur et coupait les champs de céréales sur des terres situées juste à l'extérieur de Horizon, puis allait les vendre dans différentes villes. Il n'y avait que trois silos à grain dans la région : l'Ogilvie, le Federal (qui appartenait à mon grand-père) et le Pool. Il avait un frère, George, qui travaillait avec lui sur les terres. Ils avaient également des porcs, des poules, des dindes et des canards, dont ma grand-mère devait s'occuper — une sorte de petite ferme — en plus de tenir le magasin et d'élever les enfants. Ma mère dit qu'elle peut encore voir sa mère couper la tête de la dinde pour Thanksgiving, et l'animal courir encore quelques instants avant de mourir. Les canards poursuivaient souvent les enfants et leur pinçaient l'arrière-train. À la période des récoltes, il y avait un grand bal et un festin dans la salle communautaire, et des gens des villes voisines venaient avec leurs marchandises pour participer à une grande fête. Des enfants roumains venaient parfois de l'extérieur pour le festival. Un jour, ma mère dansait avec l'un d'eux lorsque mon grand-père l'a tirée de la piste de danse par les cheveux, devant tout le monde. Je suppose qu'à force, ma mère en a eu assez de ce genre de traitement. Elle a donc trouvé un emploi payé un dollar par jour — une somme importante à l'époque — afin de pouvoir s'enfuir de là. Elle travaillait pour une institutrice, se tuant à la tâche à nettoyer sa maison et à polir son argenterie. Ma mère lui préparait également ses repas, et tout ce qu'elle cuisinait devait être accompagné d'une sauce à la crème. Elle économisait chaque centime qu'elle gagnait et, à seize ans, elle est partie en train pour la Colombie-Britannique avec sa cousine Betty Nagy et la sœur de celle-ci, Mary. Elle racontait qu'elles ressemblaient à trois campagnardes émerveillées, regardant avec stupeur les montagnes immenses et l'épaisse forêt d'arbres gigantesques qu'elles n'auraient jamais imaginé voir un jour. Ma mère avait une amie, Kathleen Clements, qui s'était installée à Victoria, sur l'île de Vancouver, et avec qui elle est restée en contact. Un jour, Kathleen lui a dit que si elle venait dans la région, un emploi l'attendrait dans une école de jeunes filles située plus au nord de l'île, au-delà du Malahat, à Lake Cowichan. Ma mère a sauté sur l'occasion et disait plus tard que certains de ses plus beaux souvenirs venaient de son travail en cuisine, où elle servait de riches jeunes filles venues du monde entier pour fréquenter cette école. Elles vivaient sur place, et ma mère y a également séjourné un temps. Elle racontait qu'il y avait un magnifique arbre de mai juste devant la fenêtre de sa chambre, couvert chaque printemps de fleurs roses. Lorsque ma mère a quitté la maison familiale, deux autres enfants étaient nés, avec dix ans ou plus d'écart : une sœur, Carol, et un frère, Max. C'était comme une nouvelle famille qui recommençait à zéro. Ma mère a rencontré son premier mari, Eddie Erickson, un bûcheron de la région de Lake Cowichan, dans un café populaire de ce qui était alors une petite ville pittoresque. Leur mariage fut de courte durée : un câble d'une grue transportant des billots a cédé, et son mari, qui se trouvait en dessous, a été écrasé à mort. Ils avaient un fils, Brian Eddie Erickson, qui n'était encore qu'un nourrisson à l'époque. Son mari était protestant, et ma mère a toujours refusé de relier ces événements à la religion. J'ai abandonné depuis longtemps l'idée de la convaincre du contraire. Aujourd'hui, cela me paraît évident. Ma mère n'a plus jamais eu de nouvelles de la famille de son premier mari. Sa belle-sœur, Blanch, est venue et a dépouillé ma mère de tout ce qu'elle et son mari avaient accumulé ensemble — ce qui n'était pas grand-chose. Ma mère n'avait d'autre choix que de retourner vivre chez ses parents, qui tenaient alors une pension sur Empress Avenue, à Victoria. Blanch pensait sans doute que ma mère n'aurait plus besoin de ses biens, selon les vieilles pratiques catholiques. Ma mère soupçonne même qu'elle ait pris un chèque du gouvernement qui lui avait été envoyé. Je trouve cela profondément cruel, sachant que ma mère avait un bébé à charge et aucun revenu. Dieu seul sait ce qui pouvait bien se passer dans son esprit. À cette époque, mes grands-parents possédaient encore leurs terres dans les Prairies. Le frère de mon grand-père, George, s'en occupait durant l'hiver, mais au printemps, mes grands-parents s'y rendaient pour les semailles et restaient jusqu'après la récolte afin d'aider aux travaux. Ma mère était alors laissée seule pour gérer la pension. Elle devait également s'occuper de son jeune frère Maxi, qui vivait encore à la maison et était inscrit dans une école catholique, qu'il fréquentait très rarement. Cependant, lorsque mes grands-parents partaient pour les Prairies, ils emmenaient toujours Brian avec eux.

Ma mère devait sans cesse répondre aux appels de l'école, car Maxi n'y était presque jamais. Elle disait n'avoir jamais gardé un seul centime de l'argent gagné grâce à la pension, car ses parents avaient une hypothèque à rembourser et avaient besoin de chaque sou pour la payer. Elle travaillait sans relâche pour eux : elle cuisinait, faisait de la pâtisserie, lavait le linge, faisait les courses et nettoyait. Elle récoltait également les légumes du vaste jardin de ma grand-mère et les mettait en conserve. Lorsque les parents de ma mère étaient à la maison, et quand elle faisait les courses pour eux, il lui arrivait parfois d'emmener Brian avec elle. Elle disait qu'il s'échappait constamment pour aller se cacher entre les portants de vêtements dans les magasins. Lorsqu'elle finissait par le rattraper, elle lui serrait la main de colère, tant elle était terrorisée à l'idée de le perdre. Il était ingérable. Une minute, il roulait à vélo sur le trottoir, et la suivante, il avait disparu. Une fois, alors que la foire se trouvait à quelques rues de là, il s'est enfui, et c'est là qu'ils l'ont finalement retrouvé. Il était impossible de le discipliner, car si ma mère essayait, son père intervenait en disant : « Viens voir grand-papa. » Un jour, Brian a fugué et a parcouru des rues très fréquentées jusqu'à la maison de la sœur aînée de ma mère, Mary, sur Quadra. La sœur de ma mère, Mary, et son mari Sid avaient deux enfants : Raymond et Gail Bradford. Raymond était de quelques années plus jeune que Brian et, lorsqu'ils étaient petits, ils jouaient ensemble aux gendarmes et aux voleurs. Je suppose que ce jeu d'enfance, combiné à son éducation, explique comment il est devenu plus tard un véritable mauvais garçon. Raymond est devenu un policier corrompu. Ma mère disait qu'ils ne s'étaient jamais vraiment bien entendus. Jamais. Gail était de quelques années plus jeune que Raymond, et ma mère disait qu'il était évident, dès son plus jeune âge, que quelque chose n'allait pas chez elle, car lorsqu'elle était nourrie dans sa chaise haute, elle faisait des crises. Je crois que leur religion pensait qu'elle avait le diable en elle, alors qu'en réalité, elle était épileptique.

En hiver, ma mère travaillait dans les cuisines du Collège militaire de Royal Roads. Elle devait quitter la maison à cinq heures du matin pour prendre l'autobus. Pendant six ans, elle a travaillé à la fois pour ses parents et à Royal Roads, jusqu'à ce qu'elle rencontre mon père, Len Thomas Kimberley, qui était sans le sou. L'argent de l'assurance que ma mère avait reçu à la suite du décès de son premier mari leur a permis d'acheter ce dont ils avaient besoin lorsqu'ils se sont mariés. Il faut aussi mentionner que ma mère a acheté un canapé à mes grands-parents avec cet argent, et ils l'ont conservé jusqu'à leur décès, tous deux à l'âge de soixante-dix-neuf ans. Mon père était un homme fier et très discret. Il parlait peu. Il semblait toujours préoccupé par quelque chose. C'était ma mère qui faisait toute la conversation. Il me parlait très rarement de son enfance, car je pense qu'il n'aimait ni se plaindre ni se comparer aux autres, étant toujours reconnaissant pour ce qu'il avait. C'est ainsi que j'ai été élevée. Il ne demandait jamais rien. Ma mère devait lui acheter ses vêtements ; autrement, il aurait porté les mêmes année après année. Il a lui aussi grandi près des chutes du Niagara, sur une ferme, et a été contraint de travailler très jeune pour aider à subvenir aux besoins de sa famille. Son père, que je sais avoir été anglais, est mort très jeune d'un phénomène inexpliqué, et mon père n'avait que trois ans. Comme mon frère, il n'a jamais connu son père. À l'époque du décès, sa mère, également anglaise, était une jeune femme avec trois enfants. Mon père avait un frère aîné, Bill, et une sœur cadette, Toby. Il racontait qu'il avait appris à nager seul dans les chutes, et qu'ils étaient si pauvres que le seul vélo qu'il ait jamais eu provenait des ordures et n'avait pas de pneus. Un jour, il a trouvé un tuyau d'arrosage qu'il a tenté d'utiliser comme pneus pour cette épave de vélo — et, à en juger par ses dires, il roulait ainsi.

Ils chauffaient leur maison au bois, et son beau-père le réveillait parfois en pleine nuit pour aller voler du bois afin d'alimenter le poêle — les catholiques vertueux qu'ils étaient. Je suppose que mon père n'a pas vraiment eu d'enfance, étant obligé de travailler constamment à la ferme pour soutenir la grande famille que sa mère continuait d'agrandir. Il a également manqué d'éducation scolaire, mais cela ne signifie pas qu'il n'était pas intelligent. Il était la personne la plus brillante et la plus talentueuse que j'aie jamais connue, et il ne s'en est jamais vanté. Je connais beaucoup de gens, car jusqu'à présent j'ai essayé de me lier d'amitié avec tous ceux que je rencontre — sans succès. Tous les soi-disant amis que j'ai eus m'ont utilisée, blessée, puis abandonnée. Je ne comprenais pas pourquoi, mais aujourd'hui je le sais. Dieu merci pour cela. En vieillissant, mon père a trouvé un petit emploi pour gagner quelques sous supplémentaires en travaillant à l'hippodrome local, où il faisait travailler les chevaux et s'occupait du stand de concessions. Il n'en parlait jamais, mais connaissant mon père, je suis certaine que cet argent allait à la famille de sa mère. Lorsqu'il a eu dix-sept ans, il a voulu une vie meilleure, mais il n'y avait aucune opportunité, et c'était la Dépression. Il s'est donc engagé dans l'armée. Quelque part en chemin, il a rencontré sa première épouse, avec qui il a eu deux enfants à environ deux ans d'intervalle : Lenny et Sharon. Sa première femme le trompait, et il a obtenu la garde des deux enfants. Cependant, il a confié sa fille à sa première épouse et son fils à sa mère, afin qu'ils aient une certaine stabilité, puisqu'il était dans l'armée et ignorait où il serait affecté ensuite.

La relation entre ma mère et mon père a commencé lors d'un bal à Victoria, au CCF Hall, une salle à vocation politique à l'époque. Je suppose qu'ils se sont rencontrés pendant que mon père était affecté à Victoria. Il marchait depuis les baraquements près de l'Université de Victoria jusqu'à la maison de mes grands-parents sur Empress Avenue pour courtiser ma mère, car peu de gens possédaient une voiture à cette époque. Ma mère disait que lorsqu'ils se sont rencontrés, mon père n'avait que l'uniforme qu'il portait sur le dos. Ils passaient la majeure partie de leur temps ensemble dans les salles de danse de Victoria, où, selon ma mère, mon père dansait merveilleusement bien. Je les ai vus danser de nombreuses fois, et ils illuminaient toujours la soirée. Ma mère avait eu quelques prétendants avant mon père, tous très attentionnés envers elle, mais elle ne ressentait rien pour eux, contrairement à ce qu'elle éprouvait pour lui. Un jour, elle m'a raconté qu'elle et une amie avaient rencontré deux militaires lors d'un bal et les avaient ramenés chez ses parents. Les hommes étaient tellement ivres qu'ils se sont évanouis sur le canapé.

Pendant qu'ils dormaient, ma mère et son amie ont fouillé leurs vestes pour vérifier leur identité, car elles se méfiaient. Lorsqu'elles ont découvert qu'ils étaient tous deux mariés, elles les ont réveillés à coups de pied et les ont immédiatement mis dehors.

Ma mère et mon père se sont finalement mariés et, environ un an plus tard, je suis née. Lorsqu'ils se sont mariés, ils ont acheté une petite maison délabrée de deux chambres sur Stoba Lane, près de Quadra Street. Ils ont utilisé la majeure partie des 500 dollars provenant de l'assurance que ma mère avait reçue après la mort de son premier mari pour l'acheter. Comme ils manquaient d'argent, mon père a acheté de la peinture verte de l'armée et a peint tout l'intérieur de la maison avec. La cuisinière à mazout tombait sans cesse en panne. Ils ont également réussi à acheter une vieille voiture Studebaker. À peine étions-nous installés dans cette maison que nous avons de nouveau déménagé en Ontario, car mon père y a été réaffecté alors que je n'avais qu'un an. Mon frère, ma mère et moi avons pris le train pour l'Ontario après son départ. Ma mère se souvenait que mon frère avait été malade de la coqueluche pendant tout le trajet et que, comme je commençais tout juste à marcher, elle avait énormément de mal à s'occuper de nous deux, étant très inquiète pour mon frère. Les seuls bons souvenirs que j'ai de ma vie remontent à cette période de mon enfance passée en Ontario — et même alors, la vie était loin d'être idyllique.

CHAPITRE UN

Je m'agenouillais sur une chaise dans la salle à manger, le visage collé contre la fenêtre, observant mon frère Brian qui jouait au hockey sur glace sous les lampadaires avec tous les enfants du quartier ; la neige était entassée aussi haut que les poteaux téléphoniques et les épais glaçons autour de la maison touchaient presque le sol, au point que nous ne pouvions même pas sortir tant que mon père ne nous avait pas dégagés. Je ne comprenais pas pourquoi je n'avais pas le droit d'aller dehors jouer et je suppliais sans cesse ma mère — « Maman, s'il te plaît, est-ce que je peux aller jouer dehors moi aussi ? mais elle restait ferme, disant qu'il faisait trop tard et trop froid pour les petites filles, un mot que je détestais. À ce moment-là, mon père entra par la porte de la cuisine et je lui demandai avec excitation si la patinoire était prête ; il répondit que non, pas avant quelques jours, et je savais que dès qu'elle le serait, il me laisserait sortir jouer moi aussi. Mon père avait le cœur tendre avec les enfants : comme j'apprenais tout juste à patiner, il avait même coupé quelques arbres dans la cour pour aménager une patinoire pour moi, et chaque soir, en rentrant du travail, il arrosait fidèlement la cour pour que l'eau gèle pendant la nuit et forme une nouvelle couche de glace. Il faisait toujours ce genre de choses pour nous, emmenant mon frère à ses entraînements de hockey tôt le matin et nous conduisant au bowling le week-end ; lorsque je voulais savoir qui avait gagné, il me demandait simplement si je m'étais amusée, et quand je répondais oui en riant, il disait que c'était tout ce qui comptait. L'été, nous allions à Oswego Beach, où le sable était si fin, presque comme la poussière d'un sablier, d'un blanc éclatant, et la plage s'étendait à perte de vue ; mon père m'a appris à nager, et bien que j'aie pris des cours, ce n'est qu'en nageant avec lui à l'adolescence que j'ai eu le courage d'aller jusqu'au quai et de plonger. Il y a eu un temps où je me sentais toujours en sécurité avec lui : je regardais *Popeye* à la télévision en noir et blanc et je pensais que c'était mon père, capable de tout sans même avoir besoin d'épinards, puis un jour tout cela m'a été arraché, à moi comme à nous, alors que j'étais encore très jeune, et après cela, je ne me suis plus jamais sentie en sécurité.

En été, en Ontario, il arrivait parfois que de violents orages éclatent, remplissant les fossés d'eau, et mon ami Gerald et moi y pataugions. Nous faisions semblant de nager, car bien sûr, nous étions trop jeunes pour savoir réellement nager à l'époque. Gerald était mon meilleur ami, et son père était lui aussi dans l'armée. Nous faisions tout ensemble. Il y avait d'autres enfants avec qui nous jouions, comme Debbie Pellen, qui avait un frère aîné nommé Timmy, si ma mémoire est bonne. Ils avaient une grange dans leur cour, et nous jouions dans le grenier à foin, ce qui nous donnait des démangeaisons partout. Je ne me souviens pas avoir eu beaucoup de jouets ; seulement un grand ours panda que j'avais reçu pour

l'un de mes anniversaires. À l'époque, il était plus grand que moi.
Une fois, mon père a acheté de la root beer chez A&W pour une
fête d'anniversaire que je devais avoir. Je me sentais tellement
spéciale lorsqu'il a fait cela. Mais ce sentiment n'a pas duré, car
personne n'est venu à ma fête. De toute façon, qui avait le temps
pour les fêtes et les jouets ? En plus, maman et papa n'avaient
jamais les moyens de se les offrir. Ils étaient trop occupés à
simplement essayer de survivre.

Je ne me souviens pas de tous les amis de mon frère, mais
je me rappelle d'un garçon nommé Murray Nut, avec qui il
écoutait des disques sur le tourne-disque qu'il avait dans sa
chambre. Ils chantaient aussi les chansons à tue-tête. Quel nom,
Murray Nut. Il ne fait aucun doute que je m'en moquais à
l'époque. Je voulais toujours entrer dans la chambre de mon frère
lorsque Murray était là, mais mon frère me chassait
systématiquement. Après tout, il était adolescent et moi je n'étais
qu'une petite fille.

Je ne me souviens pas que Lenny, mon demi-frère du côté
de mon père, ait vraiment fait partie de ma vie à cette époque. Ma
mère m'a raconté qu'ils avaient voulu que Lenny vienne vivre avec
nous, mais il était trop habitué à vivre chez ma grand-mère, la mère
de mon père, où l'une de ses filles habitait également avec de
nombreux enfants. Lenny ne voulait donc pas venir vivre avec
nous. De plus, Lenny et Brian ne s'entendaient pas. Une fois, mon

demi-frère Lenny m'a claqué la porte sur les doigts lorsqu'il était en visite, manquant presque de me les sectionner. Je ne me souviens pas de cet incident, probablement parce qu'il a été trop traumatisant. Avec le recul, je ne crois pas qu'il ait reçu la moindre discipline, puisqu'il m'a lui-même dit que presque tous les enfants avec lesquels il avait grandi avaient eu des problèmes avec la loi. Malgré tout, Lenny est resté vivre chez sa grand-mère, et ma demi-sœur Sharon est restée avec sa mère. Je suppose que mon père n'a jamais eu le cœur d'arracher l'un ou l'autre à la vie à laquelle ils étaient déjà habitués. C'était ça, mon père : tout cœur. Je sais pourtant avec certitude qu'il ne s'est jamais remis de la perte de ses deux premiers enfants.

Pendant que nous vivions en Ontario, ma mère devait beaucoup compter sur notre voisine, Mme Zinger, car mon père était toujours occupé à rendre service aux autres. Je pense qu'il se sentait coupable à cause de la guerre — à laquelle il n'aurait jamais dû participer — et qu'il essayait sans cesse de se racheter en aidant les gens. Ma mère disait qu'il avait même refait le toit d'une église un jour. Elle racontait aussi qu'il passait souvent ses fins de semaine à faire des petits boulots pour des camarades de l'armée. Ils le payaient en alcool, sans doute pour noyer les mauvais souvenirs de la guerre. Une fois, selon ma mère, il s'est endormi sur le canapé avec une cigarette et y a brûlé un gros trou. Une autre fois, il a dû rentrer ivre, car ma mère se trouvait dans ma chambre et me faisait « Chut, chut, tais-toi » pendant que je me réveillais. À moitié endormie, je lui ai demandé : « Qu'est-ce qu'il y a, maman ? Elle m'a répondu : « Rien. Ça va. Rendors-toi. » Mais à sa voix, je sentais que quelque chose l'effrayait. Il y avait une ouverture dans le mur de ma chambre donnant sur la buanderie, et à travers celle-ci, on pouvait voir la porte de la cuisine. J'ai vu mon père entrer en titubant, et c'est à ce moment-là que j'ai eu peur moi aussi. Des années plus tard, ma mère m'a raconté qu'elle en avait eu assez de son comportement et qu'un week-end, après avoir découvert où il se trouvait, elle avait appelé les autorités de la base militaire pour signaler qu'il buvait avec ses camarades de l'armée et qu'elle voulait que leur voiture le ramène à la maison. Peu de temps après, mon père est effectivement rentré.

Papa ne parlait presque jamais de la guerre ; il évitait toujours le sujet. Tout ce qu'il me disait, c'est qu'il ramassait les morts et qu'il faisait partie de l'équipe médicale. Après cela, je n'ai plus posé beaucoup de questions sur la guerre. Papa a quitté l'armée un an avant d'avoir droit à une pension, à cause de son problème d'alcool. Il a également renoncé à ses armes à feu à ce moment-là. Ma mère disait que c'était une bonne chose. Finalement, juste avant sa mort, le 8 février 1998, il m'a confié qu'il fabriquait des bombes et qu'il en faisait aussi le balisage. Mon pauvre père avait toujours trop honte de lui-même pour me le dire plus tôt — ou pour le dire à qui que ce soit, d'ailleurs. Un jour, il m'a raconté qu'il dessinait sur les vestes en cuir de ses camarades de l'armée. C'est à ce moment-là que j'ai découvert à quel point il était un artiste talentueux. Il pouvait même dessiner des portraits. À mes yeux, il n'y avait absolument rien que mon père ne puisse faire.

Mme Zinger, qui habitait juste à côté de chez nous à Barrie, en Ontario, était une femme plus âgée dont les enfants étaient déjà grands. Elle était coiffeuse. Elle m'a fait une permanente une fois en échange d'un travail que mon père avait fait pour eux, et je me revois encore assise sur le canapé, les bras croisés, furieuse contre ma mère de m'avoir fait subir une telle épreuve. Je n'arrivais pas à rester tranquille, et Mme Zinger me donnait des friandises pour essayer de m'occuper — des bananes. Une fois tout terminé, ma mère n'arrêtait pas de dire : « Oh, tu ressembles à Shirley Temple », mais cela ne m'a pas fait me sentir mieux. Je ne lui ai jamais pardonné de m'avoir fait ça, et ce n'est qu'à la moitié de ma vie que j'ai refait une permanente. Ma mère m'habillait toujours avec un soin extrême, me mettant constamment de jolies petites robes, exactement comme sa propre mère le faisait avec elle. En Ontario, elle m'emmenait à l'école du dimanche vêtue de gants blancs, d'un chapeau blanc orné d'une fleur, et j'avais mon propre petit sac à main.

J'avais conservé ce chapeau et ce sac dans une boîte avec quelques souvenirs de mon enfance, mais en grandissant, ils ont tous disparu. C'était la seule chose qu'il me restait de mon enfance. Tous les terroristes qui m'ont poursuivie pendant toutes ces années ont pris le peu qu'il me restait. Ma mère ne conduisait jamais, alors lorsqu'elle devait aller au magasin, elle m'emmenait avec elle dans un petit chariot, où elle déposait les courses avec moi. En hiver, c'était la luge. Elle avait commencé à apprendre à conduire lorsqu'elle était enfant dans les Prairies, mais par la suite, elle est devenue trop effrayée pour conduire, pour des raisons qu'elle n'a jamais expliquées.

Je me souviens que ma mère avait engagé un photographe professionnel pour prendre des photos de moi. À cette époque, les photos étaient uniquement en noir et blanc. Il me faisait asseoir sur une petite table d'appoint dans différentes poses, essayant de me faire sourire. J'ai encore cette table aujourd'hui. Je me rappelle lui avoir dit : « Je ne peux pas sourire. Je ne sais pas comment faire. » Et je me surprends encore à penser la même chose aujourd'hui. Mes parents m'adoraient, comme ils ont toujours adoré tous leurs enfants.

Toute ma famille aimait les animaux, mais nous n'avons jamais vraiment eu de chance avec eux. Nous avons eu deux chiots beagle lorsque j'étais petite, mais ils ont fouillé dans les ordures et se sont étouffés avec des os de poulet — ou peut-être que quelqu'un les leur a donnés. Ensuite, nous avons eu un magnifique samoyède blanc. Un jour, je le nourrissais à table et il ne voyait pas ce que je lui donnais. J'ai demandé à mon père : « Qu'est-ce qui ne va pas chez lui ? » Il m'a répondu : « Il a la maladie de Carré, il devient aveugle, et nous devons le faire euthanasier. » Lorsque mes parents l'avaient acheté, on leur avait pourtant assuré qu'il avait reçu tous ses vaccins. Peut-être que quelqu'un essayait de nous faire passer un message, d'une manière tordue et malsaine.

J'avais aussi un chat persan blanc, mais il ne venait jamais vers moi. J'imagine que j'étais trop brusque avec lui, puisque j'étais encore très jeune. Je voulais absolument qu'il figure sur les photos que le photographe prenait, et l'homme a capturé l'instant précis où le chat sautait de mes genoux. Mes yeux sortaient presque de leurs orbites de surprise.

Je me souviens être allée à Victoria pour des vacances, juste avant que nous nous y installions. Nous logions dans la pension de mes grands-parents, et pendant tout ce temps, mon père travaillait pour eux. Il a installé de nouvelles étagères dans leur garde-manger et réparé le plancher incliné de leur cuisine. Ma grand-mère nous a permis de monter la tente dans leur cour, près de son bassin à poissons rouges, afin que je puisse jouer dedans, mais mon grand-père s'est mis en colère. Il disait que l'herbe allait mourir. C'était un vieil homme sinistre lorsqu'il s'agissait de ma pauvre cousine Gail et de moi.

Pendant que nous étions là-bas, je me suis réveillée en pleine nuit. Je ne sais pas si j'avais fait un cauchemar, mais je me souviens avoir été terriblement effrayée par quelque chose, sans pouvoir appeler qui que ce soit. Finalement, je me suis levée, je me suis tenue près de la porte et j'ai appelé, mais personne ne m'a répondu. Je suis donc retournée me coucher et je suis restée là, figée, jusqu'à ce que je me rendorme. Je n'ai plus jamais passé la nuit chez mes grands-parents.

CHAPITRE DEUX

Je détestais l'idée de quitter le seul foyer que j'aie réellement connu et tous mes amis en Ontario, mais mon frère Brian l'a beaucoup plus mal vécu que moi. Il disait : « Quand je serai assez grand, je reviendrai ici, et tu ne pourras pas m'en empêcher. » En partant, j'ai regardé par la lunette arrière tous mes amis alignés dans la rue, nous faisant signe de la main, et je me souviens avoir demandé à mes parents : « Je ne les reverrai plus jamais, n'est-ce pas ? » « Qui sait », a répondu ma mère. « Peut-être bien que si. » Le voyage jusqu'à Victoria était très long. Nous avons traversé le Canada pendant plus d'une semaine pour y arriver, et nous avons campé la majeure partie du trajet. Nous nous arrêtions pour manger de la pizza — mon plat préféré à l'époque — et après avoir traversé un long pont, j'ai dit à mon père : « Arrête la voiture, je vais être malade. » Pendant des années, je n'ai plus supporté la pizza, et encore aujourd'hui, si je ne conduis pas moi-même, j'ai le mal des transports.

À notre arrivée, nous avons loué une maison sur Selkirk Street, dans la municipalité d'Esquimalt à Victoria, et nous y avons vécu un peu plus d'un an pendant que mon père nous construisait une maison dans la municipalité de Saanich. Mon frère, qui avait quinze ans à l'époque, aidait mon père à construire la maison lorsqu'il n'était pas à l'école. Mon père travaillait de façon intermittente pour un homme qui possédait sa propre entreprise de construction de maisons. Le terrain de mes parents n'avait coûté que 1 200 dollars, mais j'imagine que c'était une somme importante à l'époque. Les plans de la maison avaient été dessinés par une femme, et mon oncle Gordie, le mari de la sœur cadette de ma mère, avait aidé mon père pour l'électricité. Ma tante Carol et mon oncle Gordie avaient deux filles, Laurie et Valerie, qui étaient de six ans ou plus plus jeunes que moi. La plupart du temps cependant, mon oncle Gordie buvait de la bière avec mon autre oncle, Sid. Tous deux étaient dans la Marine. J'imagine que c'est pour cette raison qu'ils sont tous les deux alcooliques.

Il était difficile de se faire de nouveaux amis. J'avais l'impression que tous les enfants du quartier étaient soit plus âgés que moi, soit plus jeunes que mon frère. Il y avait une maison un peu plus haut dans la rue où vivaient des enfants, et un jour, de la musique forte s'en échappait et la porte d'entrée était ouverte. J'ai pris cela pour une invitation et je suis allée voir. L'enfant qui m'a ouvert la porte m'a dit : « Va-t'en et ne reviens plus jamais. » Juste en face de chez nous, il y avait d'autres enfants, et une fois, ils m'ont laissé traîner avec eux, mais je n'aimais pas ce qu'ils faisaient. Ils se tripotaient et se bousculaient sans arrêt pendant que j'étais là, et je me sentais mal à l'aise et déplacée, alors je suis partie peu de temps après mon arrivée. Ils n'avaient que dix ou douze ans, et même si j'étais plus jeune qu'eux, je sentais qu'ils n'auraient pas dû faire ce qu'ils faisaient.

Je me suis mise à aller seule à pied à l'école Victoria West, et après l'école, je faisais du vélo en cherchant quelqu'un avec qui jouer, mais je finissais toujours par jouer seule. Un jour, alors que je faisais du vélo, j'ai vu mon grand-père remonter la route. J'étais tellement heureuse de le voir. Je descendais la pente raide près de chez nous et, en l'apercevant, j'ai accéléré. À ce moment-là, ce vieil homme dérangé a fait semblant de foncer sur moi avec sa voiture. Lorsque j'ai tourné mon vélo pour l'éviter, il a brusquement tourné le volant. Je suis tombée de mon vélo et je me suis cogné la bouche contre le trottoir, tandis que ce vieil homme tordu entrait tranquillement dans notre maison. Je n'en croyais pas mes yeux, ni la quantité de sang qui coulait de ma bouche. J'avais ébréché ma dent de devant, et pendant des années, mes parents ont dépensé une petite fortune pour la réparer, pendant que je subissais les moqueries et la douleur de toute cette épreuve.

Je suis rentrée à la maison en pleurant à chaudes larmes et j'ai immédiatement raconté à ma mère ce que Gramps — c'est ainsi que nous l'appelions tous — avait fait. Je me souviens qu'elle avait répondu : « Oh non, il n'a pas fait ça. » « Oh que si, il l'a fait », ai-je insisté, mais ma mère a refusé de me croire. Je pense qu'à la longue, elle m'a convaincue que ce n'était qu'un accident.

Il y avait un gentil vieil homme qui vivait dans une maison le long de la Gorge Waterway et qui me permettait d'aller sur son quai. Je passais beaucoup de temps seule à piquer les méduses avec un bâton et à les regarder se recroqueviller. Le propriétaire du quai m'avait dit de ne pas les toucher, car elles pouvaient me piquer. La maison voisine de la nôtre avait un immense saule pleureur, et un jour, alors que j'avais huit ans, presque neuf, je me suis retrouvée sous cet arbre plus seule que jamais. Mes parents étaient sortis ce jour-là, sans doute pour s'occuper de choses liées à la maison, et mon frère devait me surveiller. Ce jour-là, j'ai perdu toute confiance en mon frère.

C'était juste avant Noël lorsque nous avons emménagé dans la maison que mon père, avec l'aide de mon frère, nous avait construite. À cette époque, mon père avait trouvé un emploi à l'usine de la ville appelée *British Columbia Forest Products*. Il travaillait à la scierie. Un an plus tard, mes grands-parents ont décidé de vendre leur pension ainsi que les terres qu'ils possédaient dans les Prairies, pour acheter une propriété située à quelques maisons seulement de la nôtre. Parmi toutes les propriétés qu'ils auraient pu choisir, il fallait qu'ils achètent près de chez nous. L'un de leurs objectifs était que mon père leur construise une maison. Ma mère n'aimait pas beaucoup cette idée, car notre propre maison n'était même pas encore terminée, mais mon père, qui aidait toujours tout le monde, a estimé qu'il ne pouvait pas refuser. À force de bâtir des maisons, il avait acquis beaucoup d'expérience, au point de dessiner lui-même les plans de la maison de mes grands-parents.

Ma mère disait que ma grand-mère appelait sans cesse mon père pour qu'il vienne leur rendre service. Ils n'étaient d'ailleurs pas les seuls, car au fil des années, beaucoup de gens ont fait de même. Mon grand-père venait constamment à la maison, surtout lorsqu'il voyait mon père rentrer du travail, et il nous harcelait sans relâche. Mon père aurait voulu prendre une douche en rentrant, mais le vieil homme était là ; alors, par politesse, il restait avec lui jusqu'à ce qu'il décide enfin de partir. Parfois, nous étions déjà en train de dîner et ce vieux fou était encore là. Pendant que mon père construisait leur maison, ses outils disparaissaient régulièrement. Mon grand-père proposait à boire à tous les autres ouvriers, sauf à mon père. Je ne sais pas comment mon père a supporté toutes ces humiliations, mais il l'a fait. Lorsqu'il ne travaillait pas pour *BC Forest Products*, il travaillait sur la maison de mes grands-parents, et je commençais à regretter tous les moments que nous passions ensemble autrefois, à l'est, en Ontario — tout comme le reste de ma famille.

J'étais en quatrième année lorsque nous avons emménagé dans notre maison, et les traumatismes que j'avais déjà vécus dans ma vie commençaient à produire leurs effets. Je me suis retrouvée incapable de me concentrer à l'école, et lorsque je lisais, je sautais des lignes. J'en avais tellement honte que je n'en ai jamais parlé à qui que ce soit. Je pensais simplement que cela m'arrivait parce que j'étais stupide, et que personne ne pourrait rien faire pour moi, même si je parlais. J'ai donc choisi d'éviter toute humiliation.

J'ai également commencé à souffrir de douleurs très intenses aux genoux. Lorsque ces douleurs ont débuté, le médecin de famille — un homme cruel — a dit à mes parents qu'il s'agissait simplement de douleurs de croissance. Plus tard, au début de l'âge adulte, je lui ai reposé la question, et c'est à ce moment-là qu'il m'a dit que c'était de l'arthrite, sans toutefois m'offrir la moindre aide. Bien des années plus tard, on m'a diagnostiqué un trouble de somatisation. C'est le terme psychologique qui a été posé sur mon état lorsque je suivais ma formation en counseling, au début de la quarantaine. La cause en était un traumatisme sévère.

Cependant, comme je considère le DSM-IV comme une absurdité totale, j'ai toujours eu tendance à croire qu'il s'agissait depuis le début de ce que l'on appelle aujourd'hui l'arthrite juvénile. Je dis cela parce que je souffre aujourd'hui d'arthrose sévère au dos, et qu'à certains moments, la douleur envahit tout mon corps. J'ai reçu ce diagnostic officiel à l'âge de trente ans, mais une fois encore, rien n'a été fait pour moi jusqu'à ce que je trouve enfin un médecin qui se souciait réellement de moi et qui n'essayait pas de me laisser mourir.

Lorsque j'étais petite, la douleur était si intense que je pleurais sans cesse. Ma mère me massait les genoux avec un onguent pour enfants et y appliquait également une bouillotte chaude. Je prenais de l'aspirine pour tenter de soulager la douleur, mais comme je n'arrivais pas à l'avaler, ma mère l'écrasait et me la donnait avec de la confiture de fraises. Je finissais par m'endormir en pleurant, et lorsque je me réveillais, la douleur avait disparu. Au fil des années, j'ai connu des périodes de répit, mais, dans l'ensemble, cette souffrance a été une misère constante tout au long de ma vie.

Je ne me souviens pas m'être fait des amis lorsque nous avons emménagé dans la maison que mon père avait construite. Il y avait une fille, de quelques années plus âgée que moi, Penny, qui vivait de l'autre côté de la rue et qui ne cessait de se vanter du cheval qu'elle avait dans une écurie quelconque. Une fois, elle m'a laissée sauter à la corde avec elle, mais à part cela, elle était toujours partie faire de l'équitation et, lorsqu'elle était à la maison, elle ne voulait jamais jouer avec moi. J'imagine qu'elle se croyait trop bien pour moi ou quelque chose comme ça. Ses deux parents me mettaient mal à l'aise, avec leurs visages très rouges, typiques d'alcooliques, ce que j'ai appris plus tard qu'ils étaient effectivement tous les deux. La première année dans notre nouvelle maison a été l'un des nombreux cauchemars de ma vie.

À cette époque, j'avais une couronne en or sur ma dent de devant. Toutes les couronnes temporaires blanches que le dentiste me posait tombaient dès que je mordais dans quelque chose de dur, comme une pomme. Ce dentiste véreux disait qu'il ne pouvait rien mettre de permanent parce que ma bouche était encore en croissance, et c'est ainsi que j'ai dû vivre pendant plusieurs années. Après avoir eu la couronne en or, les enfants se sont mis à me donner des surnoms parce qu'elle était si laide. Et comme j'avais aussi des problèmes de concentration, la vie ne devenait pas plus facile pour moi.

Je regardais la bouche de l'enseignante bouger, mais je n'entendais pas ce qu'elle disait. En même temps, j'entendais le bus passer, les enfants qui faisaient leur cours d'éducation physique dehors, et les oiseaux. J'entendais tout, sauf ce que j'étais censée écouter, et ce n'était pourtant pas faute d'essayer.

J'ai commencé à avoir peur du noir. Je ne voulais pas éteindre la lumière la nuit, mais je n'arrivais pas non plus à m'endormir avec la lumière allumée. J'appelais ma mère : « Maman, viens éteindre la lumière », et pendant un temps, elle le faisait. Puis elle a arrêté. Je pleurais pendant ce qui me semblait être des heures pour qu'elle vienne l'éteindre, mais elle ne cédait pas. Finalement, je m'endormais avec la lumière allumée. J'ai aussi commencé à faire des cauchemars. Je ne me souviens pas de quoi ils parlaient, mais je me réveillais sans cesse, en pleurant ou terrorisée.

J'ai redoublé cette année-là. Des garçons à vélo ont essayé de me renverser et se moquaient de moi parce que j'avais échoué.

Ils ont dû l'apprendre par Mary et Pam, qui n'avaient pas réussi non plus, car elles étaient les seules à le savoir. Pourtant, elles, ne se faisaient jamais taquiner pour ça. Mes parents ont attribué cela au fait que j'étais la nouvelle du quartier, sans imaginer une seule seconde que c'était bien plus que cela.

Madame Mary était notre enseignante cette année-là, et nous l'avons encore eue l'année suivante. Elle ne m'a jamais vraiment aimée. Elle était toujours sur mon dos pour une chose ou une autre, comme vouloir que je tienne mon stylo comme tout le monde. Je n'y arrivais tout simplement pas. L'année suivante, elle a envoyé un mot à ma mère à ce sujet, et ma mère lui a répondu en lui demandant si mon écriture était sale. Elle lui a dit que si c'était le cas, elle comprendrait, mais puisque ce n'était pas le cas, ma mère lui a demandé de me laisser tranquille. Je tiens encore mon stylo aujourd'hui exactement comme à l'époque.

Mary, Pam et moi étions toujours en compétition pour les notes. Elles étaient populaires et plus développées que moi. Elles portaient des soutiens-gorge jugés « cool » et, en cours de sport, elles se déshabillaient devant tout le monde en se montrant. Moi, j'avais honte et je me changeais dans les toilettes.

Un jour, Mary m'a invitée à dormir dehors dans leur tente. Elle devait être désespérée d'avoir une amie ce jour-là, ou quelque chose comme ça. Nous avons très peu dormi, car des corbeaux étaient perchés sur les fils téléphoniques et croassaient sans arrêt.

Nous leur lancions des pierres pour les faire partir, mais ils revenaient toujours. Je parie que ces corbeaux essayaient de me transmettre un message, de m'avertir de tout le mal qui m'entourait.

Il y avait une école primaire catholique, St. Joseph's, et une église catholique romaine juste à côté, toutes deux voisines de l'école primaire que je fréquentais, Marigold Elementary. Une fois, Mary et Pam, qui étaient devenues meilleures amies, m'ont invitée à aller dans le champ d'herbes hautes entre les deux écoles. Les garçons catholiques leur couraient après et les tripotaient. Dieu merci, ils m'ont laissée tranquille. Quand j'ai compris ce qu'elles faisaient, je n'y suis jamais retournée.

Le dernier jour d'école, tous les enfants me couraient après en m'insultant parce que j'avais échoué. Et quand je suis rentrée à la maison, j'ai dû en plus écouter mon frère m'insulter lui aussi. Ma mère l'a réprimandé, mais à partir de ce moment-là, dès qu'il en avait l'occasion, il se moquait de moi derrière son dos. Il me donnait aussi des coups de pied sous la table, ce qui me mettait tellement en colère que je lui criais d'arrêter. Dès que j'ouvrais la bouche pour me défendre, c'est moi qui avais des ennuis, ce qui m'énervait encore plus. Cela semblait pourtant faire plaisir à mon frère psychologiquement maltraité, et cela me rendait folle. Son surnom préféré pour moi était « spaghetti », et après lui avoir dit de se taire, je lui répondais « boulette de viande », ce qui me faisait parfois rire. Mais en réalité, j'étais tellement bouleversée que je me suis juré de ne plus jamais échouer, et je ne l'ai jamais fait. Je suppose que mon frère vivait dans son propre enfer, ce qui expliquait son comportement envers moi, même si on pourrait penser qu'à son âge, il aurait dû savoir mieux.

Parce que je me sentais complètement seule, je me suis tournée vers Dieu. Je n'étais pas allée à l'église ni au catéchisme depuis notre départ de l'Ontario, mais j'avais l'impression de n'avoir personne d'autre. Je priais pour « être bonne d'une manière ou d'une autre », parce que je pensais être mauvaise. L'une des raisons pour lesquelles je pensais cela, c'est que lorsque mon grand-père malfaisant me surprenait seule, il me disait que j'étais l'enfant du Diable et que, si je n'étais pas sage, je finirais à l'orphelinat, là où mes parents me mettraient.

Il passait volontairement devant l'orphelinat lorsque nous allions lui rendre visite, à l'époque où mes grands-parents vivaient encore sur Empress Avenue dans leur pension. Il le montrait du doigt en disant : « Tu vois, c'est là que tu iras si tu es méchante. » J'en étais terrorisée, alors je faisais de mon mieux pour être sage, mais rien ne semblait jamais fonctionner pour moi. Mon grand-père était un vrai fou.

Ma cousine Gail et moi pensions qu'il était drôle quand il conduisait comme un fou, et nous voulions toujours monter dans sa voiture avec lui. Un jour, Gail, la fille de Mary, la sœur aînée de ma mère, était dans la voiture avec lui, et la portière arrière n'était pas bien fermée. Elle s'est ouverte, et j'étais en train d'être aspirée hors de la banquette arrière. Il ne s'est jamais arrêté quand Gail le lui a demandé ; au contraire, il a accéléré. Gail m'a tirée à l'intérieur, a refermé la porte et m'a sauvé la vie ce jour-là.

Lors des occasions spéciales à la pension de mes grands-parents, mon grand-père jouait de l'accordéon et tous les petits-enfants se rassemblaient autour de lui. Moi, j'étais laissée de côté. J'essayais de me faufiler, mais les autres enfants ne me laissaient pas faire. Gail, qui avait environ quatre ans de plus que moi et dont on disait qu'elle avait l'esprit d'une enfant de huit ans, n'était pas acceptée non plus. Les cousins plus jeunes essayaient aussi de l'exclure du cercle, mais ma grand-mère intervenait quand cela arrivait.

Personne ne semblait jamais remarquer à quel point j'étais rejetée. Gail était la seule amie que j'avais. Nous jouions à la famille jusqu'au jour où elle m'a demandé de baisser mon pantalon et de faire semblant d'aller aux toilettes. Elle était la mère et moi le bébé. Je l'ai fait même si je sentais que ce n'était pas bien. Quand j'en ai parlé à ma mère, elle m'a dit : « Éloigne-toi d'elle, elle est folle. »

Mes parents voyaient à quel point j'étais seule, et un jour, mon père est rentré à la maison avec un chien. Je l'ai appelée Toby. Je ne trouvais pas de nom, alors j'ai demandé à mon père comment je devais l'appeler, et il m'a suggéré Toby. Je n'avais jamais entendu ce prénom auparavant, alors je lui ai demandé d'où il venait. C'est là qu'il m'a dit qu'il avait une vraie sœur qui s'appelait Toby, qu'elle vivait aux États-Unis, à Reno, dans le Nevada, et qu'elle avait des jumelles de mon âge. Quand j'avais trois ans, nous étions allés leur rendre visite. « Vous ressembliez à des triplées », m'a-t-il dit.

Toby était une border collie, et je me souviens qu'elle était le chien le plus intelligent que j'aie jamais eu. Elle est aussi devenue ma meilleure et unique amie. Je lui ai appris beaucoup de tours, et elle les comprenait immédiatement. Elle a eu dix chiots ; deux sont morts à la naissance, et mon père les a enterrés dans notre jardin. Il n'a pas été difficile de trouver des foyers pour les autres, car ils étaient adorables, et nous les avons simplement donnés.

Toby m'attendait tous les jours à mon retour de l'école. Ma mère disait qu'elle pleurait pour sortir au moment où elle savait que je rentrais. Elle attendait généralement sur les marches de devant. Dès qu'elle me voyait apparaître au bout de la rue, elle courait à toute vitesse vers moi. Un jour, ma mère l'a laissée sortir sans la surveiller, et elle s'est retrouvée d'une manière ou d'une autre sur Burnside Road, derrière notre jardin, où quelqu'un l'a renversée. Je n'ai pas parlé à ma mère pendant des mois après cela.

Fuir les démons

La dernière chose que je lui ai dite avant de me taire a été: Toby était la seule amie que j'avais, et tu l'as tuée.

J'ai eu ce qu'on pourrait appeler quelques « accidents » en grandissant. À cette époque, mes parents sont allés à une fête du Nouvel An. Mon père était un membre actif du club social de British Columbia Forest Products, et ils organisaient souvent des événements. Ils m'ont rapporté un sifflet de Nouvel An. À l'époque, l'embout était en métal. Je soufflais dedans, en inspirant et en expirant, lorsque l'extrémité métallique s'est détachée et s'est coincée dans ma gorge. Mon père m'a retournée la tête en bas et m'a tapé dans le dos, mais l'objet ne sortait pas. La manœuvre de Heimlich n'existait pas encore. Mes parents étaient tellement bouleversés par ce qui m'arrivait qu'ils ont demandé aux Norths, nos voisins, de nous conduire à l'hôpital. Mon père est venu avec nous, et nous avons attendu six heures avant qu'ils ne m'opèrent enfin, pendant que je crachais du sang en attendant.

Peu de temps après, je jouais avec des chambres à air de pneus de tracteur avec Cindy, qui avait environ deux ans de moins que moi. Nous les avons empilées les unes sur les autres, puis je suis montée la première et j'ai commencé à sauter. Celle du milieu a glissé sous celle du dessus, et je suis tombée au sol sur le bras. Je suis rentrée chez moi en courant, en pleurant à chaudes larmes. Mon père m'a emmenée à l'hôpital pour voir si je l'avais cassé, car la douleur était terrible. J'avais l'os du coude ébréché, et tout ce que ce médecin incompétent a fait, c'est de me mettre le bras en écharpe et de me renvoyer chez moi, sans rien pour la douleur. Tout mon bras est devenu bleu et noir. Je voulais rejouer avec Cindy, mais chaque fois que j'allais chez elle après cela, elle n'avait plus le droit de jouer avec moi. Je n'ai jamais compris pourquoi, puisque c'était elle qui avait organisé ce jeu avec les chambres à air. Après tout, j'étais la nouvelle du quartier et je ne connaissais personne.

En cinquième année, j'ai rencontré quelqu'un avec qui je suis devenue amie pendant un certain temps. Elle s'appelait Sylvia. Elle faisait la moitié de ma taille, et ma mère nous appelait « Mutt et Jeff », ce que je n'aimais pas mais que je ne disais jamais. J'étais simplement heureuse d'avoir enfin une amie. Nous étions dans la même classe et nous avions inventé un code secret pour nous parler pendant les cours en nous passant des petits mots. Elle faisait « Pss… it », ce qui attirait mon attention, puis elle me passait un billet. Nous ne nous sommes jamais fait prendre. Son père était aussi dans la marine, et elle avait un petit frère, Tommy. Ce qui est drôle, maintenant que j'y pense, c'est qu'elle venait toujours chez moi. Je ne me souviens que d'une seule fois où je suis allée chez elle et où elle m'a présentée à sa mère. Sa mère ne m'a pratiquement pas reconnue. Elle m'a simplement regardée après que je lui ai dit bonjour, et c'est tout, ce que j'avais trouvé étrange à l'époque. Sa mère et sa maison me donnaient une impression sinistre. Sylvia ne m'a jamais présenté à son père, sans doute parce qu'il n'était pas là ce jour-là.

Elle voulait me montrer tous ses jouets, alors nous sommes montées dans sa chambre. Elle avait son propre tourne-disque et des affiches partout sur les murs. Nous avons écouté *Hair* et chanté avec la musique, ce que je trouvais très amusant. Elle avait aussi énormément de livres et de magazines, ainsi que beaucoup de poupées Barbie, leurs vêtements et leurs meubles. Elle avait même une voiture pour ses Barbie. La plupart du temps, elle venait chez moi avec sa poupée Ken et des vêtements sur cintres dans leur propre valise. À cette époque, je n'avais qu'une seule Barbie et une poupée Debbie, que j'avais gagnée lors d'un pique-nique de BC Forest, ainsi que quelques vêtements. Je n'y pensais pas alors, mais Sylvia me montrait toutes sortes d'actes sexuels avec les poupées.

Un jour, nous étions dans la chambre de mon frère, où nous n'étions pas censées aller. Je crois que je la lui montrais simplement parce qu'elle voulait la voir. J'allais monter à l'étage pour aller aux toilettes lorsque Sylvia m'a dit qu'elle connaissait un moyen de m'éviter d'y aller. Elle m'a dit de m'allonger sur le ventre sur le lit et de croiser les jambes. Elle a ajouté : « Tu vois, ça fait du bien aussi. » La chose suivante que j'ai su, c'est qu'elle a commencé à envahir mon intimité. Avant que cela ne se reproduise, notre chien Duke, un pékinois, l'a mordue, et peu de temps après, elle a disparu de ma vie. Je ne me souviens même plus de l'avoir revue à l'école Marigold, alors j'ai pensé qu'elle avait déménagé. Je suppose que ses parents l'ont retirée de là pour tenter de couvrir ce qu'ils avaient laissé leur fille me faire.

Nous n'avons eu Duke que pendant peu de temps. Il venait d'une famille avec de jeunes enfants qui le terrorisaient sans cesse. Ils l'habillaient avec des vêtements et le promenaient dans un landau de poupée, et il est finalement devenu agressif à cause de cela, disaient-ils. Ils pensaient qu'en le donnant à une famille avec des enfants plus âgés, il redeviendrait gentil. Je pense qu'ils lui ont fait bien pire que cela, car il n'aimait personne sauf ma mère et moi, et avec le temps, nous avons commencé à nous en méfier. Nous l'attachions à une corde à linge pour qu'il puisse courir, et je jouais avec lui en courant d'un bout à l'autre. Un jour, il a essayé de me mordre, mais comme ma mère et moi l'aimions tant, je n'ai rien dit, de peur qu'ils veuillent s'en débarrasser.

Un soir, mon frère est rentré tard et Duke l'a mordu directement au nez, qui est devenu tout enflé et rouge. Je me souviens avoir pensé que cela lui faisait bien, même si, à ce moment-là, il avait cessé de se moquer de moi. En fait, il avait complètement changé et se montrait excessivement gentil avec moi. Mes parents ont alors voulu se débarrasser de Duke, mais mon frère les a convaincus de ne pas le faire. Ils ont donc décidé de lui donner une autre chance, sans doute aussi pour moi, car une fois encore, il était le seul ami que j'avais. La goutte d'eau a été lorsque ma grand-mère est venue nous rendre visite et qu'il l'a mordue lorsqu'elle a essayé de le caresser depuis sa chaise autour de la table de la cuisine. C'est à ce moment-là que mes parents ont décidé de s'en débarrasser. Ils l'ont fait piquer, car il était évident que Duke ne cesserait jamais de mordre les gens. Il a été le dernier animal que nous ayons eu pendant mon enfance, car ma mère disait que c'était trop déchirant lorsqu'ils mouraient ou lorsque nous devions nous en séparer pour une raison ou une autre.

Après cela, une mouette est devenue notre animal de compagnie. Elle est arrivée au bon moment, comme si elle savait que j'avais besoin de quelqu'un, ou de quelque chose, dans ma vie. Chaque jour, à l'heure du dîner, elle venait se poser sur le poteau de la corde à linge et attendait patiemment que nous ayons fini de manger. Parfois, elle criait pour nous presser de finir. Je lui donnais des restes de table, et j'attendais sa venue avec impatience. Puis, un jour, elle a disparu, comme tous les autres amis que j'ai eus dans ma vie.

Après Sylvia, j'étais en colère contre ma vie, mais j'ai eu la chance de trouver un exutoire à cette colère. Le sport est devenu quelque chose dans lequel j'excellais. Il y avait une fille dans ma classe de sixième, Allison, qui n'était pas très douée en sport mais extrêmement intelligente, et elle adorait s'en vanter, annonçant à tout le monde ses bonnes notes à la moindre occasion. Elle se vantait sans cesse d'aller faire du ski avec ses parents et me narguait avec cela. J'imagine que c'est ce que font les enfants lorsqu'ils veulent rendre les autres jaloux. Elle voulait ce que j'avais, et moi je voulais ce qu'elle avait.

Je ne me souviens pas exactement de ce qui s'est passé entre nous un jour, mais je me suis mise très en colère et je lui ai tiré ses cheveux roux flamboyants. Elle a dit à tout le monde qu'elle avait peur de moi et qu'elle souhaitait être mon amie. Je ne voulais pas que quelqu'un ait peur de moi, alors je suis devenue son amie. Je pensais que nous avions réglé nos différends, mais il s'est avéré que ce n'était qu'un autre piège pour moi, en quelque sorte.

Allison m'a dit qu'elle aimerait que je vienne skier avec elle et sa famille un jour, et qu'elle était sûre que ses parents accepteraient. J'étais évidemment très excitée. Je n'avais jamais fait de ski, ma famille ne pouvait pas se permettre un tel luxe, et je pensais avoir trouvé une vraie amie. Elle habitait juste en face du parc Marigold, pas très loin de chez moi, et un jour, elle m'a invitée à venir jouer après l'école. Quand je suis arrivée, sa petite sœur Penny a ouvert la porte et m'a dit qu'Allison était sortie et qu'elle ne savait pas où elle était, mais qu'elle jouerait avec moi jusqu'à son retour.

Penny a proposé que nous traversions la route en terre pour aller explorer les bois du parc Marigold. Je pensais qu'Allison s'y trouvait peut-être, mais soudain, Penny est sortie en courant des buissons en criant : « Il y a un sac poubelle avec des morceaux de corps dans les bois ! » Comme tous les enfants, je voulais aller voir, mais elle m'a dit de ne pas le faire, qu'elle allait appeler la police, et elle est rentrée en courant dans la maison. À peine était-elle entrée que la police de Saanich est arrivée dans la rue. À l'époque, enfant, je n'ai jamais pensé qu'ils étaient arrivés un peu trop vite.

J'étais tellement paniquée que j'ai couru jusqu'à chez moi sans m'arrêter et j'ai tout raconté à ma mère. Il n'y a jamais eu aucun article dans les journaux ni aucun reportage aux informations à propos de cet incident. Plus tard, lorsque j'ai interrogé Allison à ce sujet, elle m'a dit qu'un homme vivant sur Grange Road s'était suicidé et que c'étaient ses restes qui se trouvaient dans le sac poubelle. C'en était resté là. Pourtant, aujourd'hui, je me demande comment ces morceaux de corps ont bien pu se retrouver dans ce sac-poubelle.

J'ai eu ce qu'on pourrait appeler quelques « accidents » en grandissant. À cette époque, mes parents sont allés à une fête du réveillon du Nouvel An. Mon père était un membre actif du club social de British Columbia Forest Products, et ils organisaient constamment des événements. Ils m'ont rapporté un sifflet de Nouvel An. À l'époque, l'extrémité de ces sifflets était en métal. Je soufflais dedans, inspirant et expirant, lorsque l'embout métallique s'est détaché et s'est coincé dans ma gorge.

Mon père m'a alors retournée tête en bas et m'a tapoté le dos, mais l'objet ne sortait pas. La manœuvre de Heimlich n'existait pas encore. Mes parents étaient tellement bouleversés par ce qui m'arrivait qu'ils ont demandé aux Norths, nos voisins, de nous conduire à l'hôpital. Mon père est venu avec nous, et nous avons attendu six heures avant qu'ils ne m'opèrent enfin, tandis que j'attendais en crachant du sang.

Peu de temps après, je jouais avec des chambres à air de pneus de tracteur avec Cindy, qui avait environ deux ans de moins que moi. Nous les avons empilées les unes sur les autres, puis je suis montée la première et j'ai commencé à sauter. Celle du milieu a glissé sous celle du dessus, et je suis tombée par terre sur le bras. Je suis rentrée chez moi en courant, en pleurant à chaudes larmes. Mon père m'a emmenée à l'hôpital pour vérifier si je l'avais cassé, car la douleur était intense. J'avais l'os du coude ébréché, et tout ce que ce médecin incompétent a fait, c'est me mettre le bras en écharpe et me renvoyer chez moi — sans rien contre la douleur. Tout mon bras est devenu noir et bleu. Je voulais rejouer avec Cindy, mais chaque fois que j'allais chez elle après cela, elle n'avait plus le droit de jouer avec moi. Je n'ai jamais compris pourquoi, puisque c'était la petite Cindy qui avait organisé ce jeu avec les chambres à air. Après tout, j'étais la nouvelle du quartier et je ne connaissais personne.

Fuir les démons

En cinquième année, j'ai rencontré quelqu'un avec qui je suis devenue amie pendant un certain temps. Elle s'appelait Sylvia. Elle faisait à peu près la moitié de ma taille, et ma mère nous appelait « Mutt et Jeff », ce que je n'aimais pas mais que je ne disais jamais. J'étais simplement heureuse d'avoir enfin une amie. Nous étions dans la même classe et nous avions inventé un code secret pour nous parler en classe en nous passant des billets. Elle faisait « Pss... it », ce qui attirait mon attention, puis elle me passait un mot. Nous ne nous sommes jamais fait prendre. Son père était aussi dans la marine, et elle avait un petit frère, Tommy.

Ce qui est drôle, maintenant que j'y pense, c'est qu'elle venait toujours chez moi. Je ne me souviens que d'une seule fois où je suis allée chez elle et où elle m'a présentée à sa mère. Sa mère ne m'a pratiquement pas reconnue. Elle m'a simplement regardée après que je lui ai dit bonjour, et c'est tout, ce que j'ai trouvé étrange à l'époque. Sa mère et sa maison me donnaient une impression inquiétante. Sylvia ne m'a jamais présenté à son père, sans doute parce qu'il n'était pas là ce jour-là.

Elle voulait me montrer tous les jouets qu'elle avait, alors nous sommes montées dans sa chambre. Elle avait son propre tourne-disque et des affiches partout sur les murs. Nous avons écouté *Hair* et chanté avec la musique, ce que je trouvais très amusant. Elle avait aussi énormément de livres et de magazines. Elle possédait de nombreuses poupées Barbie, leurs vêtements et leurs meubles, et même une voiture pour ses Barbie. La plupart du temps, elle venait chez moi avec sa poupée Ken et des vêtements sur cintres dans leur propre valise. À cette époque, je n'avais qu'une seule Barbie et une poupée Debbie, que j'avais gagnée lors d'un pique-nique de BC Forest, ainsi que quelques vêtements. Je n'y pensais pas alors, mais Sylvia me montrait toutes sortes d'actes sexuels avec les poupées.

Un jour, nous étions dans la chambre de mon frère, où nous n'étions pas censées aller. Je crois que je la lui montrais simplement parce qu'elle voulait la voir. J'allais monter à l'étage pour aller aux toilettes lorsque Sylvia m'a dit qu'elle connaissait un moyen de m'éviter d'y aller. Elle m'a dit de m'allonger sur le ventre sur le lit et de croiser les jambes. Elle a ajouté : « Tu vois, ça fait du bien aussi. » La chose suivante que j'ai su, c'est qu'elle a commencé à envahir mon intimité. Avant que cela ne se reproduise, notre chien Duke, un pékinois, l'a mordue, et peu de temps après, elle a disparu de ma vie. Je ne me souviens même plus de l'avoir revue à l'école Marigold, alors j'ai pensé qu'elle avait déménagé. Je suppose que ses parents l'ont retirée de là pour tenter de dissimuler ce qu'ils avaient laissé leur fille me faire.

Nous n'avons eu Duke, notre chien, que pendant peu de temps. Il venait d'une famille avec de jeunes enfants qui le terrorisaient constamment. Les enfants l'habillaient avec des vêtements et le promenaient dans un landau de poupée, et il était devenu agressif à cause de cela, disaient-ils. Ils pensaient qu'en le donnant à une famille avec des enfants plus âgés, il deviendrait plus doux. Je pense qu'ils lui ont fait bien pire que cela, car il n'aimait personne sauf ma mère et moi, et avec le temps, nous avons commencé à nous en méfier. Nous l'attachions à la corde à linge pour qu'il puisse courir, et je jouais avec lui en courant d'un bout à l'autre. Un jour, il a essayé de me mordre, mais comme ma mère et moi l'aimions tant, je n'ai rien dit, de peur qu'ils veuillent s'en débarrasser.

Un soir, mon frère est rentré tard et Duke l'a mordu directement au nez, qui est devenu rouge et enflé. Je me souviens avoir pensé que cela lui faisait bien, même si, à ce moment-là, il avait cessé de se moquer de moi. En fait, il avait complètement changé et se montrait excessivement gentil avec moi. Mes parents ont alors voulu se débarrasser de Duke, mais mon frère les a convaincus de ne pas le faire. Ils ont donc décidé de lui donner une autre chance, sans doute aussi pour moi, car une fois de plus, il était le seul ami que j'avais.

La goutte d'eau a été lorsque ma grand-mère est venue nous rendre visite et que Duke l'a mordue alors qu'elle tentait de le caresser depuis sa chaise autour de la table de la cuisine. C'est à ce moment-là que mes parents ont décidé de s'en débarrasser. Ils l'ont fait piquer, car il était évident que Duke ne cesserait jamais de mordre les gens. Il a été le dernier animal que nous ayons eu pendant mon enfance, car ma mère disait que c'était trop déchirant lorsqu'ils mouraient ou lorsque nous devions nous en séparer.

Après cela, une mouette est devenue notre animal de compagnie. Elle est arrivée au bon moment, comme si elle savait que j'avais besoin de quelqu'un — ou de quelque chose — dans ma vie. Chaque jour, à l'heure du dîner, elle venait se poser sur le poteau de la corde à linge et attendait patiemment que nous ayons fini de manger. Parfois, elle criait pour nous presser. Je lui donnais des restes de table et j'attendais sa venue avec impatience. Puis, un jour, elle a disparu, comme tous les autres amis que j'ai eus dans ma vie.

Après Sylvia, j'étais en colère contre ma vie, mais j'ai eu la chance de trouver un exutoire à cette colère. Le sport est devenu un domaine dans lequel j'excellais. Il y avait une fille dans ma classe de sixième qui s'appelait Allison. Elle n'était pas très douée en sport, mais elle était très intelligente et adorait le montrer, annonçant sans cesse ses bonnes notes à quiconque voulait l'écouter. Elle se vantait aussi constamment d'aller skier avec ses parents et me provoquait avec cela. J'imagine que c'est ce que font les enfants lorsqu'ils veulent rendre les autres jaloux. Elle voulait ce que j'avais, et moi je voulais ce qu'elle avait.

Je ne me souviens pas exactement de ce qui s'est passé entre nous un jour, mais je me suis mise très en colère et je lui ai tiré ses cheveux roux flamboyants. Elle a dit à tout le monde qu'elle avait peur de moi et qu'elle souhaitait être mon amie. Je ne voulais pas que quelqu'un ait peur de moi, alors je suis devenue son amie. Je pensais que nous avions réglé nos différends, mais il s'est avéré que ce n'était qu'un autre piège pour moi.

Allison m'a dit qu'elle aimerait que je vienne skier avec elle et sa famille un jour, et qu'elle était sûre que ses parents accepteraient. J'étais évidemment très excitée. Je n'avais jamais fait de ski, ma famille ne pouvait pas se permettre un tel luxe, et je pensais avoir trouvé une vraie amie. Elle habitait juste en face du parc Marigold, non loin de chez moi, et un jour elle m'a invitée à venir jouer après l'école.

Lorsque je suis arrivée, sa petite sœur Penny a ouvert la porte et m'a dit qu'Allison était sortie et qu'elle ne savait pas où elle était, mais qu'elle jouerait avec moi jusqu'à son retour. Penny a proposé que nous traversions la route en terre pour aller explorer les bois du parc Marigold. Je pensais qu'Allison s'y trouvait peut-être, mais soudain, Penny est sortie en courant des buissons en criant : « Il y a un sac-poubelle rempli de morceaux de corps dans les bois ! »

Comme tous les enfants, je voulais aller voir, mais elle m'a dit de ne pas le faire et qu'elle allait appeler la police, puis elle est rentrée en courant dans la maison. À peine était-elle entrée que la police de Saanich est arrivée dans la rue. Enfant, je n'ai jamais pensé qu'ils étaient arrivés un peu trop vite. J'étais tellement paniquée que j'ai couru jusqu'à chez moi sans m'arrêter et j'ai tout raconté à ma mère. Il n'y a jamais eu aucun article dans les journaux ni aucun reportage aux informations à propos de cet incident.

Plus tard, lorsque j'ai interrogé Allison à ce sujet, elle m'a dit qu'un homme vivant sur Grange Road s'était suicidé et que c'étaient ses restes qui se trouvaient dans le sac-poubelle. C'en est resté là. Pourtant, aujourd'hui, je me demande comment ces morceaux de corps ont bien pu se retrouver dans ce sac-poubelle.

À cette époque, mes parents commençaient à me laisser un peu plus de liberté et ils m'autorisaient à aller à pied chez ma tante Carol pour lui rendre visite. Elle habitait sur Baker Street, à environ une demi-heure de marche de chez nous. J'avais alors autour de douze ans et j'étais assez grande pour commencer à faire du babysitting. J'avais beaucoup de pratique avec mes nombreux petits cousins. Ma tante Carol avait un grand sous-sol et je jouais souvent à cache-cache avec ses deux filles, Laurie et Valerie. Je jouais aussi à beaucoup d'autres jeux avec elles, comme le ping-pong, puisqu'elles avaient une table. En y repensant aujourd'hui, c'étaient de vrais petits garnements. Elles ont cassé ma seule autre poupée, ma poupée Chatty Cathy, en arrachant complètement la ficelle qui la faisait parler. Peu après notre emménagement dans la nouvelle maison, alors que j'étais encore très jeune, ma mère leur a donné mon grand panda en peluche, le seul ours en peluche que j'aie jamais eu.

Le frère cadet de ma mère, Max, avait trois enfants, Mary-Anne, Pam et Darren, tous beaucoup plus jeunes que moi. Ils vivaient à Vancouver. Il était directeur pour la Colombie-Britannique chez Helen Curtis, et j'allais parfois à Vancouver pour garder ses enfants. Mon père me conduisait jusqu'au ferry, puis mon oncle Maxi venait me chercher de l'autre côté. Il ne me payait jamais pour le babysitting ni pour toute l'aide que je leur apportais. À la place, il me donnait toujours quelque chose provenant de la remise de son jardin à Langley, près de Vancouver. La plupart du temps, c'étaient des produits cosmétiques que j'étais bien trop jeune pour utiliser. Cette remise était remplie de produits Helen Curtis, suffisamment pour faire vivre leur famille pendant plusieurs années. Un jour, il m'a même donné un téléphone. C'est à ce moment-là que ma mère m'a empêchée de retourner chez eux.

Par la suite, il est devenu directeur de tous les restaurants Burger King en Colombie-Britannique, puis plus tard directeur canadien des barres de chocolat Hershey. Chaque année à Noël, il nous offrait un énorme Hershey Kiss, ce qui mettait ma mère hors d'elle. La femme de ma tante Dot avait un problème aux mains : elles devenaient toutes rouges et elle développait une éruption cutanée, une forme sévère d'eczéma, je crois. Je l'aidais donc aussi dans les tâches ménagères lorsque j'étais chez eux, surtout en faisant la vaisselle. Ils buvaient du vin au repas du soir et nous remerciions Dieu pour la nourriture avant de manger. J'ai demandé un jour à ma mère : « Pourquoi boivent-ils toujours du vin au souper ? » Elle m'a répondu que c'était catholique.

J'ai toujours beaucoup aimé les enfants. Lorsque mon oncle Maxi et sa famille venaient en visite, ils logeaient chez mes grands-parents. Je me précipitais là-bas et j'inventais des histoires pour raconter à ses enfants avant qu'ils ne s'endorment. Pourtant, le plus jeune, Darren, refusait de dormir à moins que sa mère ne se couche avec lui. Je n'avais pas de livres à leur lire. Comme je l'ai dit, mes parents n'avaient pas beaucoup d'argent, et à cette époque, j'avais pratiquement abandonné la lecture parce que je sautais sans cesse des lignes. Pour lire un livre scolaire, je devais utiliser un marque-page et je ne lisais que le début, le milieu et la fin, car lire un livre page par page était une tâche impossible pour moi. Ensuite, je demandais à Allison, toujours si arrogante, de quoi parlait le livre avant de faire mon compte rendu.

Je ne me souviens avoir lu qu'un seul livre du début à la fin pendant mon enfance, uniquement pour mon « plaisir » : *Fifi Brindacier*. Je l'avais emprunté un jour à la bibliothèque. Je devais vraiment m'ennuyer. J'étais déterminée à le terminer, et je l'ai fait, je crois parce que je me reconnaissais en elle. Aujourd'hui encore, je ne lis des livres que si je veux vraiment apprendre quelque chose.

Fuir les démons

Il y avait une famille qui vivait au bout de la rue, du même côté que nous. Ils avaient une petite fille d'environ sept ans à l'époque, Dena. J'ai appris par le bouche-à-oreille qu'ils cherchaient parfois une babysitter, alors je suis allée leur proposer mes services, et ils m'ont engagée. J'ai gardé Dena pendant quelques années, et je lui racontais aussi des histoires que j'inventais. On m'a dit qu'elle attendait mes visites avec impatience.

Après quelque temps, j'ai commencé à garder les enfants d'un autre couple qui vivait derrière chez mes parents, sur Burnside Road, encore un homme de la marine. Mon père disait que la maison dans laquelle ils vivaient, ainsi que celle d'à côté, étaient construites avec des allumettes et qu'un bon coup de vent les ferait tomber toutes les deux. Ils avaient deux bébés, un garçon et une fille, l'un nourrisson et l'autre à peine plus âgé. Je commençais à avoir une bonne réputation avec les enfants, et apparemment, cela ne pouvait pas durer : ils se sont tous ligués pour la détruire.

Lorsque j'ai commencé à garder leurs enfants, j'ai dû appeler ma mère pour qu'elle vienne parce que je n'arrivais pas à calmer le bébé. Ma mère avait ce don : elle a réussi à le faire taire immédiatement. Elle disait que ces enfants étaient trop jeunes pour être laissés avec une babysitter. C'était le réveillon du Nouvel An, et j'avais promis de garder les enfants ce soir-là.

C'est alors qu'Allison est réapparue et m'a invitée à une fête du Nouvel An. Elle m'a dit que tout le monde que je connaissais y serait et qu'elle m'y retrouverait. Je lui ai répondu que je m'étais engagée à faire du babysitting et que je ne pouvais pas venir, mais elle n'acceptait pas le refus. Elle m'a dit : « Je connais quelqu'un qui cherche du travail comme babysitter pour le Nouvel An, il est très responsable et a beaucoup d'expérience. » Elle m'a convaincue que Gordon viendrait me remplacer une fois que les parents seraient partis, que je pourrais aller à la fête et revenir avant leur retour, et qu'ils ne sauraient jamais que j'étais partie. C'était aussi l'idée d'Allison et de Gordon de décrocher le téléphone au cas où les parents appelleraient.

Allison m'a fait rencontrer Gordon à l'avance ; il avait la réputation d'être quelqu'un de bien, alors j'ai accepté, ce qui a été une énorme erreur. Je suis allée à l'endroit où la fête était censée avoir lieu, mais je ne l'ai jamais trouvée. Quand je suis rentrée, les parents étaient déjà là, faisant semblant d'être furieux. Ils disaient être rentrés parce qu'ils n'arrivaient pas à me joindre : la ligne était toujours occupée. Je n'avais été absente qu'une demi-heure. Inutile de dire que j'ai perdu tous mes emplois de babysitting après cela.

Quand je ne faisais pas de sport ou que je n'étais pas avec mes cousins, je prenais le bus pour vingt-cinq cents et j'allais seule au cinéma en ville ; une séance coûtait cinquante cents à l'époque. J'économisais aussi pour aller à la confiserie anglaise. J'achetais du maïs soufflé au fromage à manger dans le bus du retour, car je le préférais au pop-corn du cinéma, ainsi qu'un gros morceau de caramel. Mon argent de poche était de deux dollars toutes les deux semaines, en échange de garder ma chambre propre et d'aider ma mère à essuyer la vaisselle du souper.

En été, il y avait le bon vieux parc Marigold, à cinq minutes de chez moi. Chaque été, des programmes gratuits y étaient organisés et j'y participais : moulage en plâtre, travail du cuivre, tressage et bien d'autres activités artistiques. J'essayais toujours de me faire une amie, mais je n'y arrivais jamais.

Le jeudi, un bus venait chercher les enfants du parc pour les emmener aux cours de natation aux Crystal Gardens. Il fallait payer le trajet et l'entrée à la piscine. J'étais une bonne nageuse, mais je n'ai jamais réussi à plonger la tête la première, par peur. Le vendredi, c'était la journée déguisement : je portais de magnifiques pyjamas coréens que mon oncle Sid avait rapportés à ma mère lorsqu'il était en Corée. Ma mère devait les retoucher parce qu'ils étaient trop grands. Elle me coiffait et me maquillait aussi pour le concours. Des prix étaient remis aux mieux habillés, mais je n'ai jamais gagné.

Je me souviens aussi d'être allée près des voies ferrées, pas très loin de chez moi, où des enfants glissaient parfois sur les pentes sablonneuses avec des cartons. Je continuais à prier Dieu pour « faire quelque chose de bien », pensant que c'était peut-être pour cela que je n'avais pas d'amis : parce que j'étais mauvaise, et aussi la raison pour laquelle j'avais mal aux genoux, comme mon grand-père me l'avait toujours fait croire. Je demandais à Dieu si je pouvais au moins être bonne en sport... ou réussir quelque chose. J'étais désespérée à l'idée de bien faire, pour avoir au moins une amie.

Je me suis investie à fond dans tous les sports : baseball, hockey sur glace et basketball, à l'école comme à l'extérieur, pendant des années. La seule discipline dans laquelle j'excellais vraiment en compétition scolaire était la course de fond. Je pouvais courir très longtemps sans me fatiguer et j'arrivais loin devant les autres. En septième année, j'étais la meilleure coureuse de fond féminine de la ville. Cela aussi s'est arrêté, mais pas par choix. J'étais également douée en balle rapide et j'y jouais en dehors de l'école. Lorsque je suis arrivée chez les seniors féminines, notre équipe, Esquimalt High Grade Radio, était la meilleure de Colombie-Britannique et nous avons terminé quatrièmes au Canada.

Vers l'âge de douze ans, ma famille traversait une période difficile. Mon père a été licencié de la scierie de Point Alice parce qu'il n'était employé chez BC Forest que depuis peu, et il cherchait un autre travail. Un jour, il m'a raconté qu'il avait postulé dans une entreprise située à la périphérie de Victoria, à Lang, et qu'on lui avait demandé de passer un test psychologique pour obtenir le poste. Il leur a dit d'aller se faire voir. J'imagine qu'ils voulaient lui faire passer leur stupide test parce qu'il avait indiqué sur sa demande qu'il avait été dans l'armée pendant douze ans et qu'il avait combattu dans deux guerres.

À cette époque, mon père buvait encore, mais beaucoup moins, et je me souviens que ma mère gardait toujours son repas au chaud dans le four lorsqu'il rentrait à la maison. Une fois, il est rentré ivre et s'est endormi la tête dans son assiette. C'est parce qu'il travaillait toujours si dur. Il se sentait coupable lorsqu'il buvait ; il entrait et demandait à ma mère : « Qu'est-ce qui ne va pas chez toi ? » et ma mère ne disait pas un mot. Peu importe ce que faisait mon père, j'étais toujours fière de lui, et je le serai toujours.

Un jour, pendant que mon père était inconscient, ma mère a fouillé dans la boîte à gants de sa voiture. C'est à ce moment-là qu'elle a découvert qu'il envoyait encore de l'argent à sa mère, dans l'Est, alors qu'il n'en avait plus besoin.

Finalement, mon père a trouvé du travail sur l'île de Vancouver, dans une communauté forestière isolée et dépravée. Il fallait s'y rendre en hélicoptère ; c'était le seul moyen d'accéder à ce camp de bûcherons. Mon père n'a jamais aimé prendre l'avion, surtout dans un petit hélicoptère miteux. Mais il avait besoin d'un emploi. Il n'y est resté que trois semaines, car il disait que les jeunes hommes avec qui il devait partager les dortoirs fumaient constamment de la marijuana, et qu'il ne supportait pas l'odeur. Il était fermement opposé à ce genre de choses.

Après ce camp forestier, il a réussi à obtenir un emploi dans une scierie située à environ une demi-heure de Victoria. Il faisait l'aller-retour sur l'île tous les jours pour aller travailler, jusqu'au jour où il est tombé malade. Très malade. Ce médecin de famille malfaisant a dit qu'il ne savait pas ce qu'il avait. Je me souviens être allée avec mes parents dans un laboratoire pour connaître les résultats d'examens que ce salaud avait prescrits, et de voir mon père sortir de la pièce en pleurant de soulagement, disant que ce n'était pas un cancer.

Ce pauvre homme ignorait totalement les tortures que tous ces terroristes lui avaient réservées. Ma mère, mon père et moi étions là, dans ce laboratoire, en train de pleurer et de nous serrer les uns contre les autres. Ils ont osé dire à mon père que cela pouvait être lié au stress causé par ses allers-retours constants sur l'île. J'imagine qu'ils devaient bien trouver une explication quelconque.

Mon père a alors commencé à vivre dans une caravane située dans un camping, ne rentrant à la maison que les week-ends. Le médecin lui a également dit qu'il ne devait plus jamais boire d'alcool, sinon cela le tuerait. Mon père a arrêté de boire immédiatement et n'a plus jamais touché une goutte d'alcool.

Fuir les démons

Finalement, notre pays si vertueux, le Canada — prétendu pays des opportunités libres — a apposé une étiquette sur cette maladie : la maladie de Crohn. Lorsque mon père a été diagnostiqué, il était le seul en Colombie-Britannique à en être atteint, et il n'y avait que quelques autres cas dans tout le Canada. Aujourd'hui, ils sont des milliers et des milliers à souffrir inutilement de cette maladie.

Qui aurait jamais imaginé qu'il s'agissait d'une maladie sexuellement transmissible non traitée ? L'ex-femme catholique vertueuse de mon père est responsable de lui avoir transmis cela. Apparemment, la propre mère de mon père ne voulait pas non plus qu'il soit guéri. Et je dis : qui diable était-elle pour prendre une telle décision ? Tout cela à cause de la religion.

CHAPITRE TROIS

Comme mon père était malade et absent de la maison la plupart du temps, il a pensé qu'il devrait trouver un autre emploi et a donc décidé de postuler de nouveau chez BC Forest. Seulement, à ce moment-là, la scierie était fermée. Il a malgré tout réussi à se faire réembaucher. Mon frère avait terminé ses études et travaillait lui aussi chez BC Forest Products. Brian m'achetait de très beaux cadeaux à Noël, peut-être pour se racheter de tout ce qu'il m'avait fait subir en grandissant. Il m'a offert un lit et une commode pour ma poupée Barbie. Je n'en croyais pas mes yeux quand j'ai ouvert le cadeau cette année-là. Les années suivantes, il m'achetait toujours de très jolies tenues à porter. Une fois, il m'a acheté une salopette en cuir vert lime et une jolie blouse blanche à volants à porter dessous. Je la portais avec mes bottes Go-Go blanches, et alors, je me trouvais vraiment cool. Parfois, il jouait à la balle avec moi, parce que je n'avais jamais personne d'autre avec qui jouer. Madame North, notre voisine d'à côté, me donnait des vêtements de seconde main parce que ses filles étaient plus âgées que moi. Elles étaient d'origine anglaise. Mme North me donnait de magnifiques kilts écossais en laine, aux couleurs vives et à carreaux, avec de grandes épingles, tous en excellent état, et je trouvais cela formidable. De l'autre côté de la rue, il y avait autrefois trois grandes serres vertes, mais peu de temps après notre emménagement, elles ont été démolies et remplacées par trois grandes maisons avec sous-sol. Peu après leur construction, un policier de la ville de Victoria a emménagé dans celle du milieu. Il s'appelait Dale. Ils avaient un petit garçon qui n'avait que deux ans lorsqu'ils se sont installés. Dale venait parfois chez nous pour emprunter de la bière. Même si mon père ne buvait plus du tout, il en achetait et en gardait à la maison pour des gens comme lui. Au début de mon adolescence, Dale a commencé à se rapprocher de moi. Un jour, il m'a donné des affiches fluorescentes et une lampe à lumière noire pour ma chambre. Bien sûr, je trouvais cela vraiment génial. Il nous racontait que lorsqu'il y avait un cambriolage, la police donnait aux victimes un certain délai pour récupérer leurs biens, et que si elles ne les réclamaient pas dans ce délai, les policiers qui avaient procédé à l'arrestation pouvaient les garder. Je ne me doutais absolument pas de ce que ce policier avait en réserve pour moi.

Mes grands-parents, la famille des deux sœurs de ma mère et notre propre famille ont commencé à faire des pique-niques d'été à Elk Lake, l'un des lacs situés juste à côté de la route Pat Bay, celle qui mène aux traversiers. Mon frère Brian et mon cousin Raymond n'y participaient pas, car à cette époque ils avaient tous les deux entre la fin de l'adolescence et le début de la vingtaine et s'intéressaient à autre chose. Mon père faisait toute la cuisine lors de ces pique-niques, pendant que mes parents inutiles restaient assis à boire de l'alcool. Ils avaient tout le temps de harceler mon père en lui demandant : « Alors, comment vont tes tripes ? » Je me souviens ne pas aimer les remarques qu'ils lui faisaient, alors je l'entraînais vers le lac et nous allions nager ensemble. C'est à cette période qu'il m'a encouragée à trouver le courage de nager jusqu'au quai, qui me semblait très loin. J'essayais d'impressionner mon père en plongeant depuis le quai, mais comme j'avais peur de plonger la tête la première, je faisais des plats. Tous les autres enfants restaient dans la partie peu profonde, et même si Gail était de quelques années plus âgée que moi, personne ne lui prêtait jamais attention, sauf ma mère et mon père. Après être revenus du quai, mon père et moi faisions des batailles d'eau avec Gail. À chaque occasion, la famille de ma mère harcelait mon père sans relâche, et je le redis encore une fois : je ne sais pas comment il supportait tout cela. Il n'a jamais montré la moindre colère envers eux, jamais. Lors des occasions spéciales, nous allions chez mes grands-parents, et ma grand-mère préparait un véritable festin pour tout le monde. Ma mère et moi étions les seules à lui demander si elle avait besoin d'aide. Tous les frères et sœurs de ma mère restaient assis sans rien faire, cherchant quelles remarques désobligeantes ils pourraient faire sur notre famille.

Mon frère s'intéressait aux voitures puissantes et aux motos. Comme il travaillait à l'usine, gagnait bien sa vie et vivait à la maison presque gratuitement, c'est là que passait tout son argent. Parfois, à l'heure du souper, toute la maison se mettait à trembler parce que tous ses amis arrivaient en moto. Ils ressemblaient tous aux gars de *Happy Days*, avec leurs pantalons noirs courts, leurs chaussettes blanches Bobbie, leurs t-shirts blancs et leurs cheveux gominés en arrière. Il s'est fait arrêter une fois pour conduite en état d'ivresse alors qu'il vivait encore à la maison. Il a mis sa moto dans le fossé au bout de la rue et a décidé d'abandonner la moto après ça. C'est alors qu'il s'est tourné vers les voitures puissantes et qu'il a acheté une Dodge Dart verte, entièrement équipée ; il y avait même un extincteur à l'intérieur. Il me payait parfois un dollar par jour pour repasser ses chemises, parce que ma mère refusait de le faire. Il changeait de chemise trois fois par jour et les jetait sur le lit d'appoint dans sa chambre. À l'époque, il n'y avait pas de vêtements infroissables ; il fallait tout repasser. Brian me payait aussi pour nettoyer sa chambre lorsque ma mère le grondait parce qu'il la laissait en désordre. Comme sa chambre était au sous-sol, lorsqu'il sortait boire et se réveillait le lendemain matin avec la gueule de bois, il allait à la cave à fruits chercher une grosse canette de jus à boire. J'imagine qu'il était déshydraté. Je retrouvais toutes ces canettes de jus vides sous son lit, mêlées à la poussière.

Mon père était malade, et les médecins disaient qu'ils ne savaient pas ce qu'il avait. Ma mère a donc décidé qu'elle devait chercher un emploi. Je suppose qu'au fond d'elle-même, elle craignait de se retrouver à nouveau sans argent. Elle a été embauchée dans un grand magasin appelé Woodwards, qui était alors La Baie et qui est aujourd'hui fermé, au centre commercial Mayfair sur Douglas Street, où elle travaillait au rayon bijouterie pendant la période de Noël. On l'appelait souvent à la dernière minute pour qu'elle se rende au travail en urgence, parfois même à l'heure du souper. Mon père aimait que son repas soit prêt lorsqu'il rentrait à la maison après une dure journée de travail à l'usine, et il en a vite eu assez de cette situation. Il disait souvent : « Tu as déjà assez de travail à faire à la maison. » Il était très ferme à ce sujet, et ma mère, inquiète pour sa santé, a fini par décider qu'il valait peut-être mieux pour lui qu'elle reste à la maison afin de s'occuper de lui. Mon père devait suivre un régime alimentaire strict. Ma mère était comme sa propre mère : elle plantait toujours un potager et cultivait des fraisiers et des framboisiers. Nous avions aussi un grand poirier et un pommier dans la cour arrière, et ma mère faisait des conserves avec tous ces fruits. Mon père avait construit un bassin à poissons rouges avec une petite fontaine, comme celui que ma grand-mère avait à la pension, mais il a fini par enlever le ciment au marteau-piqueur pour y faire un parterre de fleurs, car c'était trop d'entretien. Ma mère avait des rosiers et des fleurs partout dans le jardin. Un jour, alors qu'il creusait, mon père s'est abîmé le cartilage d'un genou et a dû subir une opération pour le retirer. Cela l'a immobilisé pendant longtemps ; il marchait d'abord avec des béquilles, puis avec une canne. Je crois qu'il ne s'était blessé qu'à un seul genou, mais ils ont retiré le cartilage des deux genoux ??? Une autre fois, ils ont même opéré le mauvais bras. Je ne me souviens plus de ce qu'ils disaient devoir lui faire cette fois-là, mais ils semblaient toujours lui infliger une nouvelle opération pour torturer ce pauvre homme. Je me rappelle être allée à l'hôpital lors d'une de ses nombreuses crises : ils lui ont passé des tubes par le nez jusqu'à l'estomac pour aspirer une substance noire. Ils ne lui ont donné aucun antidouleur, et mon frère criait après les infirmières pour qu'elles lui en administrent. Elles répondaient qu'aucun médicament n'avait été prescrit. Lorsque ce médecin bon à rien a été interrogé, il a inventé une excuse pitoyable pour justifier pourquoi mon père ne pouvait rien recevoir. Il nous manipulait toujours pour nous faire croire qu'il était un médecin juste et profondément soucieux de notre bien-être, alors qu'en réalité, c'était un animal sans conscience. Inutile de dire que ma mère s'est retrouvée à faire tout le travail du jardin, car mon père rentrait du travail épuisé. Sans aucun doute, il souffrait souvent, mais il le cachait incroyablement bien.

Papa a de nouveau rejoint le club social de son travail, et c'était pratiquement la seule occasion où mes parents socialisaient, en dehors des réunions familiales complètement dysfonctionnelles. Ils organisaient constamment des activités, et mon père s'y investissait pleinement. Il faisait partie du comité exécutif, ce qui l'obligeait aussi à assister à des réunions, dont certaines avaient lieu chez nous. En été, ils organisaient un grand pique-nique à la station des gardes forestiers de Metchosin, et papa courait partout pour faire tout le travail. Toute la nourriture était gratuite : hamburgers, hot-dogs, maïs en épi avec toutes les garnitures, croustilles, Revels, Fudgicicles, Freezies, ainsi que toutes sortes de boissons gazeuses et du café. Il y avait toutes sortes de courses pour les enfants et les adultes, et on pouvait gagner des prix en arrivant premier, deuxième ou troisième. Je me débrouillais plutôt bien dans ces épreuves, surtout dans la course en sac et la course à l'œuf et à la cuillère. C'est d'ailleurs lors de l'une de ces deux courses que j'ai gagné ma poupée Debbie. Mon père participait parfois aux courses lui aussi, et malgré ses problèmes de genoux, il arrivait encore à en gagner une ou deux. Il y avait aussi un concours de marteau et de clou auquel je participais, mais c'était vraiment difficile : je ratais toujours ce fichu clou. Et il y avait beaucoup de femmes très costaudes qui savaient vraiment enfoncer ces clous dans la planche. Il y avait également des jeux de fers à cheval, des fléchettes et un concours de mangeurs de tartes. Pour les tout-petits, il y avait une petite pataugeoire et une aire de jeux. À la fin de la journée, un train arrivait avec des clowns à bord. Les clowns couraient partout en lançant des bonbons aux enfants, et nous courions après eux en riant, en essayant d'en ramasser le plus possible. Parfois, on trouvait même des pièces de vingt-cinq cents. Pendant ce temps, il y avait aussi un tirage, et on distribuait une foule de prix si ton numéro était tiré du baril. Mon père méritait de gagner chaque tirage tellement il travaillait dur lors de ces événements. Maman et papa ont eu la chance de gagner quelques prix à plusieurs reprises. Très vite, tout le monde au club social a compris à quel point papa était trop gentil, et il semblait qu'à peine avait-il terminé de construire la maison de mes grands-parents qu'on lui demandait déjà de faire des travaux pour d'autres membres du club. Il a reconstruit des armoires pour un couple du club social, bien sûr gratuitement. Un jour, ma mère racontait que la femme avait appelé à la maison pour savoir si papa était déjà parti, sachant que nous avions tous fini de souper, et cette femme, prénommée Betty, avait répondu sèchement à ma mère : « Il n'a pas encore fini. » Ils voulaient toujours venir chez nous pour socialiser, mais après cet incident, maman trouvait souvent des excuses pour éviter ces visites. Une autre fois, pendant les vacances de papa à l'usine, son ami Russ, avec qui il travaillait souvent, est allé avec lui à Salt Spring Island pour monter la charpente d'une maison pour un certain Slim, lui aussi membre du club social. Pendant toute une année, papa s'y est rendu sur son temps libre pour travailler sur cette maison pour presque rien, pratiquement juste pour couvrir ses frais de déplacement. Plus tard, papa a même fabriqué des armoires pour ce médecin odieux, Turd, et oui, encore une fois, POUR RIEN. J'imagine que Turd pensait laisser mon père vivre juste assez longtemps pour pouvoir, lui aussi, le presser jusqu'à la dernière goutte avant de le jeter. Maman était très inquiète de tout cela, car papa était gravement malade, et elle lui disait : « Tu vas te tuer à la tâche. » Je pense que papa se gardait constamment occupé pour ne pas ressentir la douleur qu'il devait éprouver par moments, tout en essayant aussi d'expier les guerres auxquelles il avait participé et pour lesquelles je sais qu'il se sentait coupable.

Un autre de nos voisins, de l'autre côté de chez nous, était difficile à comprendre à cause de leur fort accent, mais ils étaient très gentils. Ils venaient de Finlande. Ils avaient deux garçons qui, à ce que je comprends, avaient un écart d'âge encore plus grand que celui entre mon frère et moi. Ma mère a mentionné un jour que la vieille dame lui avait raconté que leur fils aîné leur avait dit qu'ils devraient avoir honte d'avoir eu un autre enfant si tard dans leur vie. Leur plus jeune fils, qui avait quelques années de moins que moi, s'est suicidé (apparemment par une overdose de drogues) lorsqu'il avait environ seize ans, mais aujourd'hui je m'interroge là-dessus. Son frère aîné était médecin, et je crois qu'il avait quelque chose à voir avec cela, et je sais que je ne suis pas la seule à le penser.

Avant qu'ils ne s'installent dans la maison voisine de celle de mes parents, et juste avant que le policier Dale ne s'installe en face de chez nous, un autre policier vivait déjà dans leur maison. Mon père était tellement habile et créatif qu'il fabriquait lui-même des figurines de Noël pour les installer dans la cour pendant les fêtes. Une année, notre grand Père Noël a disparu. Je me souviens que mes parents pensaient que c'était le policier voisin qui l'avait pris, car ce policier avait l'habitude de venir chez nous, d'entrer directement dans notre sous-sol et de se servir de ce qu'il voulait, sans rien dire, jusqu'au jour où il s'est fait prendre. Puis nos projecteurs bleus servant à éclairer les figurines ont également disparu, et mon père a cessé de décorer la cour.

Juste avant que je quitte le père de mes deux enfants, mon père avait fabriqué un Père Noël dans son traîneau avec des cadeaux et tous les rennes. Mais le fou furieux à qui j'étais mariée n'a jamais pris le temps de venir les chercher pour les installer pour les enfants, alors j'ai dit à mon père de tout vendre. Cela lui avait coûté plus de trois cents dollars à fabriquer, et il a tout vendu pour deux cents dollars. J'en ai eu le cœur brisé, et je suis certaine que mon père aussi. Lorsque mon père a été réembauché chez BC Forest, il m'a dit qu'il travaillait avec un homme qui avait une fille prénommée Wendy. Ils vivaient à quelques rues de là, sur Jasmine. Wendy et moi étions en sixième année ensemble. Wendy avait redoublé quelques classes. Elle et moi étions devenues les chouchoutes de l'enseignante. On nous demandait souvent de rester après l'école pour l'aider, par exemple pour accrocher des images au mur, et pendant un temps, cela me faisait me sentir très spéciale. Wendy me demandait sans cesse d'aller faire de l'équitation avec elle, et un jour j'ai accepté. Je lui avais dit que j'avais déjà monté à cheval, mais en réalité, je n'avais jamais vu un cheval de ma vie. J'imagine que c'est le genre de choses que font les enfants quand ils n'ont pas d'amis et qu'ils sont désespérés d'en trouver un.

Bref, je suis allée avec elle et je suis montée sur un énorme cheval. Le sien était grand aussi, et il est parti immédiatement, et bien sûr, le mien l'a suivi. Les deux chevaux galopaient à toute allure, et j'étais terrorisée. Je m'accrochais au cou de mon cheval pour ne pas tomber, tandis que mon corps rebondissait dans tous les sens. J'étais certaine que j'allais tomber, et c'est uniquement par chance que cela n'est pas arrivé. Finalement, le cheval de Wendy s'est arrêté au bout du champ, et le mien aussi. Je pensais qu'elle venait de découvrir que je lui avais menti sur mon expérience, mais aujourd'hui je crois qu'elle le savait déjà. Nous sommes retournées aux écuries et ils m'ont donné un poney à monter. J'étais profondément humiliée par toute cette expérience. Par la suite, Wendy m'a invitée à dormir dans la caravane de sa famille. Je pensais que ce serait amusant, mais j'ai vite déchanté. Wendy avait une acné sévère et elle s'est mis un produit sur le visage avant de se coucher qui empestait horriblement. J'ai cru que j'allais vomir, mais je me suis retenue. Cette nuit-là, elle a elle aussi envahi mon intimité. Notre amitié a été de courte durée, car je ne l'ai plus jamais revue après cela. Je ne me souviens même pas qu'elle soit retournée à l'école primaire Marigold en septième année.

Notre voisin d'à côté, M. North, m'a proposé de m'emmener avec eux à leur église anglicane sur Burnside Road, St. Columbus (aujourd'hui fermée), où ils allaient le dimanche. J'ai demandé à ma mère de demander aux North si je pouvais les accompagner. Je savais que Mary allait dans cette église, et elle avait déjà été gentille avec moi une fois, alors j'ai décidé que je voulais y aller. J'étais aussi curieuse à propos de Dieu. Mary et moi chantions ensemble dans la chorale, et nous étions toujours en compétition pour voir laquelle chanterait le plus fort. À l'approche de Noël, les enfants de la chorale allaient dans des maisons de retraite pour chanter des cantiques de Noël aux personnes âgées. Cela me procurait une grande satisfaction. Mais ma fréquentation de l'église a été de courte durée, car je n'arrivais pas à comprendre ce qu'était réellement Dieu.

Mary m'a convaincue de m'inscrire au hockey sur glace avec elle. En hockey féminin, il n'était pas permis d'avoir des contacts physiques entre joueuses. Je n'ai joué au hockey sur glace que pendant quelques années, car je n'aimais pas les contacts physiques et je recevais constamment des pénalités pour cela. À l'école, Mary et moi étions souvent dans des équipes opposées pour le hockey en salle, et nous nous frappions toujours avec les bâtons et nous projetions l'une l'autre contre les bandes. Puis, au lieu d'aller au cinéma avec mon argent de poche, je me suis mise à aller au patinage du vendredi soir à l'aréna, parce que j'avais entendu dire que c'était là que tout le monde se retrouvait.

C'est à la fin de la sixième année que j'ai rencontré Theresa. Elle avait le même âge que moi, mais elle était en septième année et allait entrer au secondaire l'année suivante, puisque, bien sûr, j'avais redoublé une classe. Elle allait souvent au patinage du vendredi soir, mais nous n'avons vraiment commencé à passer du temps ensemble qu'au collège. J'étais très impliquée dans le sport et je luttais pour rester à niveau à l'école. Je n'avais pas beaucoup de temps pour les amis, même si j'essayais toujours d'en avoir. À l'automne, je faisais partie d'une équipe de basketball en dehors de l'école.

Lorsque j'ai commencé le collège, j'ai commencé à perdre ma foi en Dieu. Je me souviens avoir demandé à mon père s'il croyait en Dieu, et il m'a répondu : « S'il y avait un Dieu, pourquoi permettrait-il toute cette destruction dans le monde ? » Je trouvais — et je trouve encore — que c'est une bonne question. J'admirais mon père plus que tout, alors pendant un certain temps, j'ai commencé à penser comme lui. Après tout, je n'avais toujours pas d'ami, et la vie n'était pas très gentille avec moi.

Un jour, ma tante Mary était venue nous rendre visite

lorsque j'ai demandé à ma mère si je pouvais m'inscrire dans une équipe de baseball en dehors de l'école. Ma tante Mary a dit qu'elle avait joué dans une équipe jusqu'à l'âge adulte, et cela m'a encore davantage inspirée. Ils vivaient près de l'aréna Parks, non loin de Hampton Park, et elle m'a suggéré d'aller voir là-bas, car elle pensait qu'il y avait des équipes de filles auxquelles je pourrais me joindre. Hampton Park avait toujours une bonne équipe : certaines saisons, nous remportions les finales de la ville, et d'autres fois, c'était Esquimalt qui gagnait.

Le premier entraîneur que j'ai eu s'appelait Alvin. Il était très dur avec nous, les filles. Il nous alignait contre le grillage du fond et lançait la balle aussi fort qu'il le pouvait : soit tu l'attrapais, soit tu te la prenais de plein fouet. Et quand tu étais touchée, ça faisait très mal et laissait un énorme bleu. Certaines filles ont abandonné à cause de cela. Moi, j'étais l'une des lanceuses, comme ma tante Mary l'avait été quand elle jouait. J'ai lancé pendant les deux premières années, puis je suis devenue receveuse.

Après quelques années à nous entraîner, Alvin a disparu. Quelqu'un m'a dit qu'il avait été accusé de viol et qu'il n'avait plus le droit d'entraîner. J'ai interrogé Sam, le cousin d'Alvin, que je connaissais du collège, et il m'a dit que c'était faux : Alvin n'avait jamais été accusé de viol. À ce moment-là, j'avais enfoui les souvenirs de ma petite enfance. Alvin y avait contribué, et cela faisait partie de son rôle dans ce complot terroriste, ce plan insensé que ce gouvernement avait monté contre moi. Après m'avoir informée de ce prétendu viol, ils ont décidé qu'ils devaient se débarrasser d'Alvin pour rendre l'histoire crédible. Je n'ai jamais reçu d'explication sur la raison pour laquelle Alvin avait cessé d'entraîner, alors qu'il semblait tant aimer cela.

Le premier garçon pour lequel j'ai eu un coup de cœur, c'était pendant que je jouais au baseball et qu'Alvin était encore notre entraîneur. Il s'appelait Denise, le sportif populaire de notre collège. Il nous regardait nous entraîner sur le terrain de l'école. Il avait aussi un faible pour moi, car il m'a invitée un jour chez lui pour rencontrer ses parents. Je croyais que nous sortions ensemble. Il habitait juste en haut de la rue, près de l'école, et lorsqu'il venait nous voir nous entraîner, il m'invitait à assister à ses matchs de hockey à l'aréna Pearkes, et j'y allais.

Je commençais alors à fréquenter davantage Theresa. Je l'encourageais à venir voir ses matchs avec moi, ce qu'elle a fait à quelques reprises, mais aujourd'hui je crois qu'elle avait une autre intention en tête. Elle était la catholique exemplaire qui mangeait du poisson-frites tous les vendredis. Quelle chance, ils pouvaient se le permettre. J'ai dit à ma mère qu'elle mangeait du poisson tous les vendredis, en espérant que peut-être nous pourrions en manger un soir, et c'est à ce moment-là que j'ai appris que c'était une tradition catholique.

Fuir les démons

Un jour, sans prévenir, j'ai compris que c'était fini entre Denise et moi, parce que, pour une raison que j'ignorais alors, il a cessé de me parler et m'évitait constamment. Je n'ai jamais compris pourquoi à l'époque, et je ne lui ai jamais demandé pourquoi il m'avait laissée, mais aujourd'hui, j'ai une assez bonne compréhension de tout cela. Toute la famille de ma mère, sauf mon oncle Max qui vivait à Vancouver, avait le même médecin, le Dr S. F. Heard, qui était aussi catholique romain. Ses honoraires consistaient en une agonie prolongée au service de la cupidité de tous. Ma mère m'emmenait le voir pendant mon enfance à cause de toutes les douleurs que j'avais. Mes genoux me faisaient constamment souffrir, et c'est à ce moment-là que ressortaient l'onguent Absorbing Junior, l'aspirine — que je devais prendre avec de la confiture de fraises — ainsi que la bouillotte. Il disait à ma mère que les douleurs dans mes genoux étaient des douleurs de croissance, et que les maux d'estomac et les maux de tête que j'avais de temps en temps étaient probablement dus à une grippe intestinale. Lorsque j'ai commencé à avoir mes règles, je suis allée le voir parce que j'avais des douleurs atroces, avec des crampes abdominales et des maux de tête. Il m'a dit que beaucoup de femmes vivaient cela, que je devais prendre du Midol, et qu'avec le temps la douleur diminuerait ou disparaîtrait. Mais elle n'a jamais disparu. Ensuite, après l'avoir harcelé sans cesse à propos de mes douleurs, il m'a prescrit la pilule en disant que cela ferait disparaître la douleur, mais là encore, ce ne fut pas le cas. J'étais tellement malade à cause des crampes que j'avais envie de vomir. Je rentrais de l'école à cause de cela, incapable même de marcher.

Mon grand-père fou venait parfois me chercher au collège parce que ma mère ne conduisait pas. J'étais alors à l'arrière de la voiture, pliée en deux de douleur, et lui riait de moi, ce cinglé. Le Midol ressortait, la bouillotte aussi, et je finissais par pleurer jusqu'à m'endormir. À l'âge adulte, le Dr Turd m'a dit que la douleur dans mes genoux était de l'arthrite. Je sais maintenant qu'il a été la cause principale de toute la douleur et de toute la souffrance que j'ai endurées toute ma vie, tant sur le plan physique qu'émotionnel, et qu'il aurait pu éviter tout cela. Il aurait dû garder sa grande bouche fermée, faire son travail et traiter mon affection inflammatoire pelvienne (PID). Au collège, je me tenais très occupée en pratiquant tous les sports possibles, à l'intérieur comme à l'extérieur de l'école. À l'heure du déjeuner, pendant les heures de classe, tous les fumeurs de joints se retrouvaient au ruisseau de l'autre côté de la rue pour fumer du cannabis. Je fumais rarement à cette époque, mais quelqu'un semblait toujours m'en proposer. Deux garçons d'origine est-indienne avaient toujours, semble-t-il, un sachet de marijuana sur eux. L'un d'eux était dans ma classe principale.

Son frère, qui en avait toujours après moi sans jamais rien obtenir, m'a emmenée une fois faire un tour à moto. Il a fait un wheeling en démarrant, et mes longs cheveux ont failli se coincer sous sa roue arrière. Je suis descendue en vitesse et je l'ai évité par la suite. Tout le monde parlait du fait que le cannabis serait bientôt légalisé parce que c'était « naturel ». Il y avait même un professeur dans cette école dont tout le monde disait qu'il fumait, et qu'il gardait sa marijuana dans une boîte à lunch Snoopy. On en riait tous. Les médias faisaient aussi la publicité de différentes marques de cigarettes à la télévision. À l'époque, le public n'avait pas les connaissances qu'il a aujourd'hui sur le tabac. Ce n'est que maintenant qu'ils essaient d'arrêter de tuer les gens avec ce genre de choses, parce que le gouvernement a finalement réalisé qu'il pourrait ne plus rester de système de santé, même pour eux, les dignitaires, s'ils ne faisaient rien pour mettre fin à tous ces abus dans notre système de soins de santé. Bref, Theresa et moi avons traîné ensemble pendant un an ou deux. C'est elle qui m'a appris à fumer, et c'est elle qui m'a initiée à l'alcool. Nous marchions ensemble pendant une demi-heure pour aller à l'école, car elle habitait sur Grange Road, derrière la rue en cul-de-sac où je vivais.

Le vendredi soir, nous traînions à l'endroit qu'on appelait le Tasty Freeze, un bar laitier situé dans le petit centre commercial sur Burnside Road. Tout le monde s'y retrouvait pour se procurer de l'alcool, des cigarettes ou tout autre chose qu'ils recherchaient. On pouvait y trouver absolument tout. Nous allions dans le champ près de l'aréna Pearkes pour boire l'alcool acheté au Tasty Freeze avant d'aller patiner. Parfois, nous regardions des films à travers les trous de la clôture du cinéma en plein air qui se trouvait aussi dans ce champ — aujourd'hui l'emplacement du centre commercial Tillicum. Une fois, je buvais de la vodka dans ce champ avec la bande avant d'aller patiner. J'ai fait un tour de piste à la patinoire de l'aréna, et tout s'est mis à tourner. J'ai couru aux toilettes et j'ai vomi partout.

Ce fut ma première et dernière expérience avec la vodka. La direction m'a expulsée et m'a dit qu'elle allait appeler la police. Après cela, je n'ai presque plus jamais bu d'alcools forts. Les filles que Theresa fréquentait étaient toutes portées sur le vol de vêtements, surtout, et elles allaient le faire à la Compagnie de la Baie d'Hudson, au centre-ville. Je les ai accompagnées une ou deux fois, mais j'étais morte de peur. Un jour, Theresa est venue frapper à ma porte pour me dire que l'une de ses amies s'était fait prendre, et que j'avais bien fait de ne pas être venue avec elles cette fois-là. C'est la seule et unique fois qu'elle est venue chez moi. Ma tante Mary avait réussi à me trouver un emploi pour la période de Noël au rayon jouets de la Compagnie de la Baie d'Hudson, au centre-ville. Ma tante Mary travaillait au rayon des articles ménagers, et je ne voulais pas gâcher le travail qu'elle m'avait obtenu en me faisant attraper à voler, alors j'essayais de me reprendre en main. Par la suite, j'ai obtenu un poste à la patinoire Memorial, aujourd'hui appelée le « Save-On-Foods

Memorial Arena », un nom que les anciens combattants ont dû défendre pour conserver le mot *Memorial*. Je travaillais au comptoir de concessions, et je trouvais que c'était un travail formidable, car je pouvais écouter tous les concerts gratuitement, tout en étant payée.

Je me souviens qu'un jour Theresa m'a suggéré de dire à mes parents que je passais la nuit chez elle, et qu'elle dirait à ses parents qu'elle passait la nuit chez moi, afin que nous puissions aller camper. C'est ce que nous avons fait. Je parie que ses parents étaient au courant de cette petite escapade, ou alors elle a donné un autre nom que le mien pour dire où elle dormait. Au camping, il y avait un bidon en plastique rempli de carburant. Il pleuvait, et Theresa essayait d'allumer un feu. Je suis arrivée juste au moment où le bidon a pris feu alors qu'elle le tenait à la main. Le plastique fondu s'est collé à sa main. Elle hurlait, essayant de se débarrasser de l'objet en feu en le secouant dans tous les sens, et ses pantalons ont pris feu eux aussi. Finalement, quelqu'un l'a plaquée au sol et a commencé à jeter de la terre sur elle pour éteindre les flammes. Heureusement que ses pantalons étaient mouillés, sinon cela aurait pu être bien pire. Bien souvent, j'en avais assez de l'alcool, de la cigarette et de toutes les drogues dans lesquelles ce groupe commençait à sombrer. Je voulais me concentrer sérieusement sur le baseball. Mais le gouvernement n'a jamais cessé d'essayer de détruire ma vie.

Je jouais déjà au baseball depuis quelques années lorsqu'une autre fille, prénommée Gail, est arrivée pour me nuire à son tour. Curieusement, le père de Gail était aussi dans la Marine. Sa mère m'appelait une « traînée », et à l'époque je pensais que c'était parce que j'étais une obsédée du baseball, mais aujourd'hui je sais que ce n'était pas la raison. Gail a commencé à jouer dans la même équipe que moi à Hampton Park. Je pensais qu'elle était mon amie, mais je réalise maintenant que je n'ai jamais vraiment eu d'amie, à part mes chiens et la mouette dont je m'étais liée d'amitié.

Gail disait qu'elle aimait traîner au Tasty Freeze, au centre commercial de Burnside Plaza, mais je ne l'y avais jamais vue avant que nous nous rencontrions à Hampton Park. Elle et moi avons commencé à jouer à la balle dans le stationnement du Tasty Freeze, dans ce petit centre commercial, où nous impressionnions tous les garçons qui traînaient là. Nous nous lancions la balle avec une force folle. Je suppose qu'elle essayait aussi de m'intimider, mais elle n'y est jamais parvenue. Gail habitait à quelques rues de l'école secondaire Mount View, qui se trouvait à l'époque sur Carry Road, non loin de Hampton Park. Elle était aussi sauvage sur le terrain qu'en dehors. Elle jouait au deuxième but, et moi au premier but pendant la plupart des années où nous avons joué ensemble.

Il n'y avait aucun moyen d'échapper à l'alcool, à la cigarette ou aux drogues. Même nos entraîneurs de l'époque, Lenny et Randy, arrivaient aux matchs avec une mallette remplie d'alcool. Ils installaient un véritable mini-bar et nous disaient : « Si vous gagnez, on ira tous à l'Esquimalt Lagoon faire une grosse fête, à nos frais. » Et c'est exactement ce que nous faisions. Gail fumait — du moins quand elle était avec moi — et bien sûr, j'ai recommencé à fumer moi aussi. Quand j'y pense aujourd'hui, ce que nous faisions après les matchs était complètement fou. À la lagune, il y avait d'énormes dunes, vraiment gigantesques. Nous étions ivres morts, nous les escaladions et redescendions en glissant sur du carton. Ces dunes auraient pu s'effondrer et nous ensevelir vivantes. Mais quand on est aussi corrompue, on n'y pense même pas, ou on s'en moque. Je pensais que Gail était ivre elle aussi, mais aujourd'hui, j'ai tendance à croire que tout cela faisait partie d'un jeu.

Lorsque nous remportions les championnats de la ville, nous allions à Nanaimo pour disputer le championnat de l'île. Des équipes de toute l'île s'y retrouvaient, et certaines logeaient à l'hôtel Number Seven. L'hôtel entier était rempli d'équipes de balle rapide composées de jeunes filles ivres et de leurs entraîneurs. Gail n'était en rien une enfant innocente, contrairement à ce qu'elle voulait me faire croire. Une fois, je suis allée chez elle, et elle a eu l'idée de voler l'ancienne collection de pièces de monnaie de ses parents et de l'apporter à la station-service du coin pour en tirer de l'argent. Je lui ai dit : « Ne fais pas ça », mais elle m'a répondu que ses parents ne regardaient jamais leur collection et qu'ils ne remarqueraient pas l'absence des pièces. Eh bien, sa mère l'a remarquée et a appelé ma mère. Gail était étonnée que je n'aie jamais eu d'ennuis à cause de cela. Je suppose que leur petit plan n'a pas fonctionné comme elles l'espéraient. Elle m'a expliqué : « J'ai été punie pendant deux semaines. » Je me demande aujourd'hui si c'était avant ou après qu'elle ait demandé pardon.

Une seule et unique fois, elle a dormi chez moi — le seul enfant à l'avoir jamais fait — et c'était parce qu'elle voulait me convaincre de sortir en cachette avec elle pour aller piller des jardins. C'était au milieu de la nuit, et je pensais que nous ne nous ferions pas prendre, alors j'ai accepté. Nous sommes allées au pâté de maisons suivant, Snowdrop, et je croyais que Gail était avec moi, mais j'ai vite compris qu'elle avait disparu. Les propriétaires du jardin où je me suis retrouvée étaient absents, mais ils sont rentrés pile au moment où j'entrais dans leur cour. Ils ont immédiatement allumé leurs lumières extérieures alors que j'étais encore dans leur jardin. Je ne faisais aucun bruit, et en y repensant maintenant, je ne crois même pas qu'ils m'aient vue, ce qui rend cette nuit encore plus étrange à mes yeux. Je me souviens m'être cachée derrière un arbre pendant qu'ils demandaient : « Qui est là ? » J'étais tellement terrorisée que je ne pouvais pas bouger, mais j'ai fini par me dire que si je ne voulais pas me faire attraper, je devais m'enfuir. J'ai réussi à m'échapper et je suis rentrée chez moi en courant, morte de peur. Gail est revenue chez moi peu après, et je lui ai dit : Je ne ferai plus jamais ce genre de chose. » Et je ne l'ai jamais refait.

Parfois, après nos matchs ou nos entraînements, que nous avions à Hampton Park, Gail et moi allions au magasin chinois sur Burnside Road, non loin du parc, pour acheter des *freezes*. Le magasin est aujourd'hui fermé, mais il existe encore sous forme de boutique de produits à base de plantes. Les propriétaires vivaient à l'arrière du magasin. L'homme chinois venait parfois nous refermer la porte du congélateur sur la tête si nous regardions trop longtemps à l'intérieur. Nous en riions. Un jour, la porte qui menait de l'avant du magasin à leur maison était ouverte, et Gail m'a fait remarquer : Regarde, ils ont une grande pipe à houka. » Je me demandais à quoi elle servait, et Gail m'a répondu : « À fumer une drogue appelée l'opium. » Elle savait tout à propos de cette pipe, m'expliquant qu'il y avait de l'eau dedans pour que la drogue ne soit pas trop dure pour la gorge. Je me demande si elle avait appris tout cela par l'intermédiaire des deux frères policiers de son ex-petit ami. Gail avait un frère aîné, Barry, qui venait parfois avec ses amis nous regarder jouer. Une fois, ses parents m'ont invitée à partir en vacances avec eux, et nous avons séjourné dans un chalet à Parks Villa, mais son frère Barry n'est jamais venu. Le chalet se trouvait en face de l'océan. Pendant ce séjour, Gail et moi avons pris de l'acide. Je n'avais jamais rien fait de tel auparavant. Nous étions tellement défoncées que nous sommes allées à pied jusqu'à Qualicum Beach et en sommes revenues. Ses parents étaient très inquiets parce que nous avions disparu toute la journée et même une partie de la nuit. Je me demande pourquoi ils n'ont pas appelé leurs amis ou les autorités, étant donné que nous n'avions qu'environ quatorze ans à l'époque. Pendant que nous marchions sur la plage, nous avons vu des handicapés mentaux transporter un grand bateau, et je me souviens avoir été profondément bouleversée et d'avoir dit à Gail : « Je ne veux pas que mes enfants deviennent comme ça. » Gail semblait connaître beaucoup de gens qui fumaient du pot et prenaient des drogues, sans doute en raison de ses fréquentations.

Un jour, elle et moi avons fumé tout un sachet de marijuana très forte avec un homme qu'elle m'avait présenté, prénommé Steve. Steve était un toxicomane. Il consommait surtout de l'héroïne, mais je pense qu'il se piquait avec tout ce qu'il pouvait trouver. Nous avons même gardé tous les mégots et les avons roulés ensemble pour faire ce qu'on appelait « un os de goosy ». Nous étions tellement défoncées qu'en marchant sur la route après, nous avancions en penchant agressivement sur le côté. Il faisait une chaleur écrasante, et nous marchions toutes les deux du ruisseau jusqu'à la maison de Gail, mortes de rire. On aurait dit que le soleil nous poussait sur le côté, et c'était pour cela que nous penchions autant.

Je sais maintenant que sa relation avec moi, tout comme celles que j'ai eues avec tous les autres amis et connaissances de ma vie, faisait partie d'un complot vicieux et soigneusement calculé par le gouvernement du Canada et le gouvernement de la Colombie-Britannique pour tenter de me faire disparaître. Faire en sorte que des soi-disant adultes utilisent des enfants innocents pour commettre des actes de tromperie, de violence et des crimes contre d'autres enfants innocents, et d'après ce que je vois aujourd'hui, à cette époque, ils me visaient tout particulièrement. Voyez-vous, j'étais la première au Canada à être née avec une maladie sexuellement transmissible, transmise par un catholique ignoble, et ils ne voulaient tout simplement pas que je le découvre à cause de l'avidité des catholiques pour l'argent et le pouvoir. Cette corruption se poursuit encore aujourd'hui, ce qui me choque profondément.

CHAPITRE QUATRE

Gail et moi continuions à aller au Tasty Freeze pour nous lancer la balle dans le stationnement. Un jour, nous avons attiré l'attention de deux garçons séduisants et populaires. Ils s'appelaient Steve et Bob, et semblaient être de bons amis. Gail était attirée par Bob, et il semblait l'être par elle aussi. Ils ont commencé à se tripoter presque immédiatement. Steve et Bob venaient souvent regarder nos matchs et traîner avec nous après. Steve, qui ressemblait beaucoup à mon frère, vivait auparavant à Victoria avec sa famille, mais celle-ci avait récemment déménagé à North Vancouver. Steve disait qu'il détestait vivre à Vancouver parce que tous ses amis lui manquaient, alors il est revenu vivre à Victoria dans une petite maison délabrée d'une chambre, qu'il partageait avec Bob sur Jasmine, à quelques rues de chez moi. Steve avait deux ans de plus que moi. J'avais environ quinze ans quand nous avons commencé à sortir ensemble. Ses amis l'appelaient Cookie, c'était son surnom. Ce n'était absolument pas le coup de foudre. Une fois, Gail, Bob et moi sommes allés là où ils vivaient, et il y avait une énorme fête de drogue en cours, ce que je n'ai pas aimé du tout.

En fait, pendant un certain temps, il y avait toujours une fête en cours, alors je n'y allais pas souvent. Tout le monde appelait cet endroit « la maison de la fête ». Steve le junkie était assis par terre dans le salon, le dos appuyé contre le mur, la tête entre les genoux, complètement défoncé. Une fois, je suis allée vers lui et je lui ai dit : « Steve, tu ne devrais pas te faire ça. » Je savais qu'il s'injectait encore des saletés dans le corps. Il y avait toutes sortes de gens complètement défoncés, fumant de la drogue et se piquant dans la salle de bain. J'ai demandé à Gail et Bob : « Où est Steve ? » Ils m'ont répondu : « Il est dans la salle de bain. » Alors je leur ai demandé : « Qu'est-ce qu'il fait là-dedans ? » Ils m'ont dit que Steve prenait du speed. Je leur ai demandé : « Vous n'en prenez pas, vous ? » Ils ont répondu : « Non. » Quand Steve est sorti, je lui ai demandé ce qu'il faisait, et il n'a pas répondu. J'ai dit : « Laisse tomber. » Je voyais bien qu'il était complètement défoncé. J'ai rompu avec lui et je lui ai dit que je ne voulais plus rien avoir à faire avec cette merde — ni avec LUI — et je suis sortie de la maison en furie.

Je l'ai dit devant tout le monde, assez fort pour que chacun l'entende. Il y avait une fille assise à la table de la cuisine qui s'appelait Ronda, et j'étais debout à côté d'elle quand j'ai dit ça. D'après ce qui se racontait, son petit ami, le père de l'enfant qu'elle portait à l'époque, était mort d'une overdose de méthadone en essayant d'arrêter l'héroïne. Je me souviens qu'elle m'a regardée, et je l'ai regardée en partant. Même après ma rupture avec Steve, Bob continuait à venir à nos matchs et à nos entraînements de baseball. Un jour, après un match à Hampton Park, Steve est venu me voir et m'a promis qu'il ne ferait plus jamais ce genre de choses. Comme j'étais du genre à faire confiance, je l'ai cru, et nous avons repris une relation. Steve continuait à vivre dans la même maison avec Bob, alors il était difficile de ne pas y aller de temps en temps pour le voir.

Un jour, nous étions tous les quatre dans leur chambre commune, et Steve a commencé à me faire des avances. Gail et Bob semblaient se bécoter, mais je ne voulais pas faire ce que je pensais qu'ils faisaient. En y repensant maintenant, tout cela n'était qu'une mise en scène. Steve a fini par se forcer sur moi et par profiter de moi. Je ne voulais pas l'embrasser ni faire quoi que ce soit avec lui, encore moins devant des gens. Cela ne m'intéressait absolument pas. Et je le lui ai dit. Je n'arrêtais pas de dire « Non », « NON », mais il n'a jamais accepté le « NON ». Ce jour-là, il m'a violée. Sur le chemin du retour, Gail m'a fait croire que c'était simplement des choses normales entre un petit ami et une petite amie, alors j'ai fini par accepter ce qu'il m'avait fait. En plus, je crois que j'avais honte de moi à ce moment-là.

Steve venait souvent chez moi tard le soir, même les soirs d'école, et mes parents n'aimaient pas cela du tout. Bien sûr, ils refusaient de le laisser entrer. Ils ne l'ont jamais aimé dès le départ. Un soir, la cousine de ma mère, Betty, était chez nous, et Steve est arrivé à la porte juste au moment où elle s'en allait. Comme la porte était ouverte, il leur a fait peur. Ma mère et Betty m'ont toutes les deux dit qu'il leur donnait la chair de poule. À ce moment-là, dans mon esprit, je me sentais obligée envers lui à cause de ce qu'il m'avait fait. La maison où vivait Steve a cessé d'être une grande maison de fête. C'était devenu un endroit où ses amis continuaient à venir traîner. J'ai appris à connaître certains de ses amis, et ils n'étaient rien d'autre que des voyous, toujours en train de faire des bêtises.

Un jour, Steve et moi sommes allés chez Bruce, l'un de ses meilleurs amis, pour boire un verre et fumer un joint. Bruce était un véritable fauteur de troubles ; il me faisait penser à un gangster, et c'était exactement l'image qu'il voulait projeter. On le voyait à sa façon d'agir. Ce jour-là, Bruce et sa petite amie Vickie nous ont convaincus d'aller sur l'île avec Duncan pour cueillir des champignons hallucinogènes. Ils m'ont assuré : « C'est naturel, c'est biologique, ça ne te fera pas de mal. » Nous sommes allés dans un champ près de Duncan pour en ramasser. Je me souviens que quelqu'un que nous avons rencontré là-bas m'a dit qu'il fallait les chercher sous la bouse de vache. Cette personne était censée être l'experte. Elle avait un livre et m'a montré à quoi ressemblaient les champignons hallucinogènes. Je n'en revenais pas du nombre de variétés différentes : des centaines et des centaines, dont certaines très toxiques — au point de pouvoir tuer, je l'ai appris plus tard.
Nous sommes allés dans la cabane de cette personne et avons fait un peu de travail pour elle. Peu après avoir pris les champignons,

je suis devenue aveugle pendant un moment, et j'ai été terrorisée quand cela s'est produit. J'étais allongée sur le lit dans la cabane de cet homme, répétant sans cesse à Steve : « Je ne vois plus. » « JE NE VOIS PLUS. » Je ne me souviens pas combien de temps j'ai perdu la vue, mais cela a duré un moment. Je n'ai plus jamais touché aux champignons hallucinogènes après cela, et je ne voulais plus rien avoir à faire avec Bruce et Vickie, ni avec aucun de ses amis gangsters, d'ailleurs. Pendant la majeure partie de ma vie, j'ai attribué cette perte de vision aux champignons, mais aujourd'hui, comme la même chose est arrivée à ma fille au même âge que moi à l'époque, je me pose des questions. Cela ne veut absolument pas dire que je cautionne la prise de champignons hallucinogènes. Cependant, je crois que cela a un lien avec la maladie inflammatoire pelvienne, dont je suis maintenant convaincue que mon fils et ma fille ont hérité.

À la maison, les tensions ont commencé à monter parce que je n'étais presque jamais là. Mon père était très strict avec moi : j'avais un couvre-feu à dix heures les soirs d'école et à onze heures les fins de semaine. Tous mes autres amis devaient être rentrés à onze heures les soirs d'école et à minuit les fins de semaine, mais pas moi. Si j'avais dix minutes de retard, mon père faisait une crise, me disant que je devais forcément faire quelque chose de mal si je voulais rentrer tard. Et ma mère n'osait pas prendre ma défense devant lui, disait-elle.

Fuir les démons

Peu de temps après que Steve et moi ayons commencé à sortir ensemble, je suis allée voir le docteur Turd parce que j'avais constamment la nausée. Tout me rendait malade. Il m'a dit que j'étais enceinte et que, comme je n'avais que quinze ans, il devait en informer mes parents. Cela a dû réjouir Turd au plus haut point d'annoncer cette nouvelle à mes parents. Je me souviens que nous étions chez Burger King, et que mes parents me grondaient tous les deux à propos de cette grossesse. « Qu'est-ce qui te passait par la tête ? » m'a demandé mon père. Il m'a fait me sentir terriblement honteuse de moi-même. Il devait penser à sa sale ex-femme lorsqu'il disait cela. Il m'a dit que si j'avais cet enfant, cela ruinerait ma vie. L'avortement venait tout juste d'être introduit dans la société — je l'ignorais à l'époque — et c'était un sujet brûlant. Pourtant, selon mes parents, c'était la seule façon de sortir de cette situation, et il semblait que je n'avais pas le choix. Je suppose que je ne l'avais pas.

J'étais effondrée, en pleurs, et chaque fois que je pleurais, ma mère me disait d'arrêter, que j'allais me rendre malade. C'est ce qu'elle m'a toujours dit quand je pleurais. Moi, je pense qu'il est bon de pleurer et d'exprimer ses émotions, mais mes parents avaient été élevés avec l'idée que les enfants doivent être vus et non entendus. C'est quelque chose que j'ai trop souvent entendu en grandissant. J'ai donc subi l'avortement, ce qui a rendu les choses encore pires pour moi. La relation que j'avais avec mes parents n'a plus jamais été la même après cela. Et de temps en temps, quand mon père était en colère contre moi, il me le jetait à la figure. Même à l'âge adulte, il devait parfois se retenir de le faire. Et pendant tout ce temps, j'avais été violée.

Steve et moi nous disputions constamment puis nous nous réconciliions, et la plupart du temps, je pensais que c'était à cause de ses amis. Un jour, nous avons eu une énorme dispute à Marigold Park, et il a essayé de me renverser avec sa Volkswagen, exactement comme mon grand-père avait tenté de le faire autrefois. Je courais à travers le parc, et ce fou me poursuivait dans sa Volkswagen jaune, entre les grands arbres serrés les uns contre les autres. J'avais encore rompu avec lui, et il refusait de l'accepter. Il ne l'acceptait tout simplement pas. Ce jour-là aussi, il a fini par me violer dans sa voiture. Chaque fois que nous nous disputions, il disait qu'il était désolé et il pleurait. Puis il promettait qu'il ne me ferait plus jamais de mal. C'était plus que ce que quiconque m'avait jamais dit. Je suppose que je me suis dit que mon père avait changé et que ma mère lui avait donné une autre chance, alors je devais moi aussi donner à Steve l'occasion de changer.

Cookie, le surnom donné à Steve, avait toujours un gros sac de marijuana sur lui, et quand j'allais au Mount View Senior Secondary, il venait me chercher à l'heure du midi et après l'école pour fumer. Il n'y avait aucun moyen d'échapper à la drogue, et avec le temps, elle est devenue pour moi une échappatoire à ce monde terriblement effrayant dans lequel je vivais. Il semblait que tout le monde se droguait, et ceux qui ne le faisaient pas ne voulaient rien avoir à faire avec moi. Et je ne pouvais pas me tourner vers mes parents, non seulement à cause de ce qu'ils vivaient avec la maladie de mon père, mais aussi parce que, lorsqu'ils découvraient que j'étais en difficulté, c'était automatiquement de ma faute. Toujours. Peut-être étais-je simplement fatiguée d'être blâmée pour des choses qui n'étaient pas de ma faute. Cela, et le fait que j'avais oublié mon enfance, est la seule explication que je puisse trouver pour avoir supporté cette vie troublée. Et comme il s'est avéré, je ne pouvais jamais gagner quoi que je fasse ou ne fasse pas, puisque les autorités étaient toutes complices de la destruction de ma vie, ce que j'ai découvert bien des années plus tard.

Je détestais la maison où vivait Steve, et je voulais qu'il quitte cet endroit sur Jasmine et s'éloigne de toute cette scène de drogues dures. Il a donc emménagé dans le logement de son frère Bill, qui vivait dans une grande vieille maison près de Cook Street. À ce moment-là, je crois que Bob avait quitté Victoria après « mission accomplie », et j'ai entendu dire qu'il avait obtenu un poste de gestionnaire dans le Nord. De toute façon, Steve n'avait plus les moyens de vivre dans la maison de Jasmine. Son frère Bill étudiait à l'université pour devenir enseignant. Vers la fin de la dixième année, j'ai commencé à sécher l'école pour traîner avec Steve dans le logement de Bill.

La veille de mon seizième anniversaire, ma cousine Gail est décédée, et le jour de mon anniversaire, ma tante Mary a décidé d'appeler ma mère pour lui annoncer la nouvelle. Maintenant que je comprends ce qu'a été ma vie, je réalise que tout était un peu trop bien planifié. Gail avait passé une grande partie de sa vie à entrer et sortir de l'établissement psychiatrique pour les personnes défavorisées, Eric Martin. Ses parents ne s'en occupaient pas ; ils étaient trop occupés à faire leur petite fortune. À l'institution, on la gavait de toutes sortes de médicaments. Apparemment, elle est morte d'un caillot au cerveau en route vers l'hôpital. On disait qu'elle faisait encore une crise d'épilepsie ; je ne suis pas certaine, car je n'ai jamais posé de questions. Je sais maintenant que les médicaments que notre ignoble médecin de famille lui avait prescrits étaient destinés à la tuer, avec la bénédiction de sa famille soi-disant aimante. Gail venait de se marier et vivait dans un appartement avec son mari, Robert, lorsque cela s'est produit.

Avant que Gail n'épouse Robert, ma tante Mary s'était fait stériliser pour ne pas avoir d'enfants. Plus tard, elle a commencé à dire qu'elle en voulait. Je suppose que c'est cela qui a déclenché ces salauds. Ma mère disait que grand-mère était bouleversée que sa sœur Mary ait fait cela. Gail et Robert venaient souvent chez mes parents en taxi. Ils allaient aussi rendre visite à grand-mère. Ils savaient qui se souciait vraiment d'eux. J'entends encore ma cousine dire : « Oh, tante Anne, tu es tellement drôle », en riant. Quoi qu'il en soit, lorsque j'ai atteint la dixième année à Mount View, mon travail scolaire devenait très difficile pour moi. J'étais dans le programme académique, mais il m'était évident que je ne ferais jamais rien de ma vie, ce qui était exactement ce que le gouvernement voulait obtenir. De toute façon, je pensais que mes parents n'avaient pas l'argent pour m'envoyer à l'université, même si j'en avais eu les capacités. Pendant mes années scolaires, j'ai essayé d'obtenir de l'aide de mes parents, mais ma mère disait qu'elle n'avait étudié que jusqu'en dixième année et qu'elle ne comprenait pas les mathématiques pour lesquelles j'avais besoin d'aide. Quant à mon père, il était occupé à se faire former par mon frère pour devenir mécanicien de moulin, et il n'avait donc jamais le temps de m'aider non plus. Sur deux cents personnes qui ont passé l'examen de mécanicien de moulin, dont la plupart étaient des étudiants universitaires, seulement trois ont réussi, et mon père en faisait partie. Les deux autres étaient un étudiant universitaire et un ouvrier de moulin à la retraite. Mon père était déjà charpentier et charpentier-mécanicien de moulin de métier.

Ma mère et moi nous disputions violemment tout le temps, encore une fois parce que je n'étais jamais à la maison, et je suppose qu'elle commençait aussi à s'inquiéter de savoir avec qui j'étais et ce que je faisais. Un jour, elle m'a lancé une poêle dans ma direction. Elle me menaçait toujours de dire à mon père quand je lui répondais mal, mais cela ne fonctionnait plus, et ma mère devenait frustrée par mon comportement. « Ton père a parfois la mèche courte », me disait-elle souvent, ou encore : « Je ne veux pas aller voir ton père, tu sais comment il est. » Je me souviens avoir eu l'impression que personne n'en avait rien à faire de moi. Une fois, lorsque j'ai traité ma mère d'un nom horrible, elle m'a lancé le fer à repasser. Elle repassait à ce moment-là. C'est là que j'ai décidé que je partirais dès que j'aurais l'âge légal. Ainsi, juste après avoir eu dix-sept ans, j'ai déménagé à North Vancouver pour vivre avec Steve et ses parents. Je savais que l'âge légal était dix-sept ans, parce que mon père me disait toujours, lorsque je menaçais de partir, que s'il le fallait, il appellerait la police pour me ramener, car je n'étais pas en âge de quitter la maison. J'ai vérifié quel était l'âge légal, et quelques jours après mes dix-sept ans, je suis partie.

Le père de Steve était chauffeur d'autobus municipal et sa mère travaillait dans une laverie automatique sur Lonsdale, à North Vancouver. Son père était catholique et sa mère protestante. La mère de Steve m'a trouvé un emploi dans la laverie où elle travaillait : je marquais le linge sale et le mettais dans des filets pour le lavage. Parfois, lorsque je n'étais pas occupée, je pouvais repasser les chemises, ce qui était le travail habituel de la mère de

Steve. Le frère de Steve, Bill, vivait toujours à Victoria, mais il était marié à Lenore, qui étudiait elle aussi à l'université pour devenir enseignante. Ils finançaient eux-mêmes leurs études. Cookie avait aussi un frère cadet, Teddy, qui vivait encore à la maison lorsque Steve et moi avons emménagé chez ses parents. Steve touchait encore des prestations de chômage, comme d'habitude. Il n'a jamais vraiment aimé travailler. J'ai économisé tout mon argent et acheté un ensemble de meubles trois pièces. Ses parents nous ont laissé vivre chez eux gratuitement afin que nous puissions nous établir. Pendant que nous vivions là-bas, Steve a acheté une autre voiture, une Javelin d'American Motors à North Vancouver, qui s'est révélée être une vraie catastrophe. Steve et son père sont allés chez le concessionnaire pour les confronter, car le moteur a lâché quelques jours seulement après l'achat. Ils ont refusé de faire quoi que ce soit pour lui. Ce soir-là, quelqu'un a lancé une pierre dans la vitrine du concessionnaire, et ils ont accusé Steve. Qui sait, peut-être que c'était lui, car il aimait toujours provoquer des remous. Il a fini par acheter une autre Volkswagen, neuve cette fois. Le soir, nous traversions le pont Lions Gate pour aller au centre-ville de Vancouver, défoncés à la marijuana ou au haschich, et nous roulions simplement pour passer le temps, puisque j'étais trop jeune pour entrer dans les bars ou les boîtes de nuit.

Nous nous sommes liés d'amitié avec un couple pendant

que nous vivions à North Vancouver. La jeune femme habitait au pied de Grouse Mountain avec ses parents, et parfois nous allions chez eux pour fumer et planer avec elle et son petit ami. C'est auprès d'eux que nous nous procurions notre drogue. Ses parents ne voyaient aucun inconvénient à ce que nous fumions et nous défoncions chez eux. Cette fille, dont je ne me souviens plus du prénom car notre amitié a été de courte durée, était toujours très occupée par ses études pour devenir enseignante, tout comme ses parents. C'est pour cette raison que nous ne les voyions pas souvent. J'ai essayé d'encourager Steve à apprendre un métier ou à retourner à l'école, mais il disait toujours qu'il ne savait pas ce qu'il voulait faire. Nous sommes allés skier à quelques reprises au mont Seymour pendant que nous vivions à Vancouver, car c'était un bon endroit pour les débutants. Finalement, nous avons pris notre propre appartement à North Vancouver, mais nous n'y sommes restés qu'environ un mois.

Après dix mois passés à Vancouver, nous avons décidé de retourner à Victoria et d'en faire notre foyer. Mes parents commençaient à me manquer, et chaque fois que je leur téléphonais, ils m'offraient de revenir vivre à la maison. Mais à ce moment-là, j'avais encore beaucoup de ressentiment envers eux. J'avais l'impression que si j'acceptais leur offre, je serais à nouveau une ratée. Lorsque nous avons quitté Vancouver, nous avons oublié certains de nos biens dans l'entrepôt. C'étaient toutes mes affaires d'enfance : ma poupée Barbie, son lit et sa commode que mon frère m'avait achetés, ainsi que ma poupée Chatty Kathy. Steve avait aussi oublié des pneus et quelques bricoles à lui. Nous sommes retournés les chercher le week-end suivant, mais un locataire nous a dit que tout avait disparu. Personne ne semblait savoir ce qui s'était passé, et nous n'avions pas le temps de confronter le gérant, car je devais retourner travailler. Nous sommes donc rentrés à Victoria les mains vides.

Steve et moi nous sommes mariés le jour de l'anniversaire de sa mère, le 16 mars 1974, et la cérémonie a eu lieu à Victoria, dans la petite église anglicane de Burnside Road, St. Columbus, où j'allais lorsque j'étais enfant. J'avais dix-sept ans, presque dix-huit. Environ quatre-vingts personnes étaient invitées au mariage, et je savais le jour même que me marier était une erreur, mais je le faisais pour sauver les apparences, non seulement pour moi, mais surtout pour mes parents. Steve et moi avions assisté au mariage de mon cousin Raymond, qui était devenu policier à Esquimalt. Pendant la réception, alors que nous étions assis seuls dans un coin sombre, mon père est venu nous voir, les larmes aux yeux, pour nous demander de ne pas vivre dans le péché. Steve et moi venions tout juste d'emménager ensemble. Je savais que je faisais encore souffrir mon père, et c'était la dernière chose que je voulais, car malgré les difficultés que j'avais eues avec mes parents, je n'avais jamais cessé de les aimer ni de me soucier d'eux.

Gail, mon ancienne coéquipière de baseball, était l'une de mes demoiselles d'honneur, et lorsque nous avons quitté Victoria pour Vancouver sans prévenir, elle s'est fiancée à un homme nommé Clay, avec qui elle sortait avant Bob. À l'époque, j'ai trouvé cette décision rapide, mais compte tenu de tout ce qui se passait en arrière-plan, je suppose que ce n'était pas si surprenant. Clay, comme je l'ai déjà mentionné, avait deux frères aînés, tous deux policiers à Saanich, qui gravissaient rapidement les échelons pour des raisons que je comprends aujourd'hui.

Mon autre demoiselle d'honneur était Valerie, que je connaissais depuis le secondaire, et elle sortait avec un homme nommé Ted. Valerie m'a appris à conduire dans sa petite Volkswagen. Steve avait commencé à fréquenter Ted avant notre déménagement à North Vancouver. Nous nous retrouvions souvent chez les parents de Ted, sur Harriet Road, pour fumer. Je pensais qu'il avait de la chance, car il avait son propre logement au-dessus de la maison de ses parents. Ted était le garçon d'honneur à notre mariage, et la belle-sœur de Steve, Lenore, était ma demoiselle d'honneur principale, sans doute parce que je n'avais personne d'autre à qui demander. Le jour du mariage, Steve est arrivé à l'autel avec un œil au beurre noir, une lèvre enflée et un sourire sinistre. J'étais profondément embarrassée. Il était allé à son enterrement de vie de garçon la veille et s'était battu dans une boîte de nuit de la ville appelée à l'époque le Purple Onion.

À la réception, tous ses amis voyous sont arrivés, malgré le fait qu'aucun n'était invité, et une grosse bagarre a éclaté. J'avais demandé à mon frère que, s'ils venaient, ils soient expulsés, et il les a donc confrontés à leur arrivée, ce qui a déclenché une mêlée générale. Mon oncle Gordie et le policier d'en face, Dale, étaient assis ensemble avec le reste de ma famille dysfonctionnelle, et ce sont eux qui ont réellement commencé à distribuer les coups. Je me souviens que plus tard, lorsque la danse a commencé et que les voyous étaient partis, mon frère m'a dit que si jamais j'avais besoin de quoi que ce soit, je devais venir le voir. Je suppose qu'à ce moment-là, il commençait à comprendre ce que je traversais et tout ce que j'avais déjà enduré dans ma vie. Plus tard, j'ai accepté son aide, mais cela concernait toujours le travail. Je continuais simplement à espérer que mes problèmes disparaîtraient un jour et je les gardais tous enfouis, même pour moi-même.

Steve et moi nous sommes installés dans un appartement sur Fifth Street après notre retour de Vancouver, et j'ai trouvé un emploi presque immédiatement à la Victoria Laundry, sur Fisgard Street (aujourd'hui disparue), en face de ce qui était autrefois la Baie d'Hudson au centre-ville. Je faisais l'aller-retour à pied pour aller travailler tous les jours pendant plusieurs années. Steve a continué à être un fainéant fini et passait la plupart de son temps assis à ne rien faire durant notre mariage, jusqu'à ce qu'à force de le harceler, il finisse par obtenir un apprentissage dans un atelier d'ébénisterie. Il s'y rendait rarement ; il restait à la maison à la moindre occasion, une fois même à cause d'un simple coup de soleil.

J'ai repris le fastball en Senior Femmes et, lorsque je ne me tuais pas à la tâche dans la laverie étouffante pour presque rien, je m'entraînais ou je jouais des matchs de fastball. Gail et moi avons été recrutées cette année-là pour jouer avec Esquimalt High Grade Radio. Elles ont remporté le championnat de l'île. Nous nous entraînions intensément : course autour du terrain, abdominaux, pompes, etc., en vue d'aller à Vancouver pour le championnat de la Colombie-Britannique. À ce stade, toutes les filles portaient des crampons, et certaines n'étaient pas très gentilles avec moi : elles me marchaient volontairement sur les pieds en passant quand je jouais au premier but, avant que je ne sois recrutée par Esquimalt High Grade Radio. Malgré tout, j'ai accepté leur offre et j'ai commencé à m'entraîner avec elles. Elles m'ont placée à l'arrêt-court, un poste que je n'avais jamais occupé auparavant, mais auquel je me débrouillais plutôt bien. À ce niveau, toutefois, toutes les joueuses pouvaient évoluer à n'importe quelle position. Personne ne jouait à temps plein, car l'entraîneur ne voulait pas que nous nous épuisions, ce à quoi je n'étais pas habituée. J'ai commencé à avoir l'impression de perdre mon temps.

De plus, je trouvais difficile de vivre seule, de travailler, de faire du financement, de m'entraîner, tout en supportant tout le reste — notamment le fait d'être mariée à un homme violent. Pourtant, nos entraînements étaient toujours excellents. Puis, comme par hasard, mon gant de baseball a disparu du Volkswagen de Steve. Il a eu un accident un jour alors qu'il conduisait sa nouvelle Volkswagen, complètement saoul. Mon gant était à l'intérieur. Il m'était impossible d'en roder un nouveau avant les championnats, alors j'y ai vu un signe et j'ai arrêté de jouer. Ce fut la plus grande erreur de ma vie. Cette année-là, Esquimalt High Grade Radio a remporté le championnat de fastball et a terminé quatrième au Canada. Les championnats canadiens de fastball avaient lieu au Nouveau-Brunswick. Certaines joueuses d'Esquimalt ont été sélectionnées pour représenter le Canada aux Jeux du Commonwealth, car le fastball féminin venait tout juste d'y être intégré. J'ai eu le cœur brisé une fois de plus en l'apprenant.

Steve passait la plupart de son temps dans les bars pendant que je me tuais littéralement au travail dans la laverie chinoise, propriété et exploitation chinoises, à repasser des chemises. En été, il faisait plus de 110 degrés derrière les presses, sans climatisation. La fille avec qui je travaillais faisait souvent des saignements de nez à cause de la chaleur. Elle était la seule autre personne blanche à y travailler, à part moi ; tous les autres étaient chinois. Les employés chinois parlaient souvent entre eux en chinois, me montraient du doigt et riaient. Une fois, ils m'ont donné une oreille de porc à manger sans me dire ce que c'était avant que je l'aie mangée. Ils ont tous éclaté de rire lorsqu'ils me l'ont révélé et ont vu ma réaction. Aujourd'hui, je me demande ce qu'ils avaient entendu à mon sujet pour que tout le monde soit aussi méchant.

Il m'est arrivé d'entrer dans des bars avec Steve à quelques reprises, et il me donnait des coups de pied sous la table, exactement comme mon frère le faisait quand nous étions enfants. Si je parlais à l'un de ses amis, je pouvais m'attendre à une énorme dispute une fois rentrés à la maison. Il se disait extrêmement jaloux de moi. Je sais maintenant que tout cela n'était qu'une mise en scène. C'est à cette époque que mon demi-frère Lenny est apparu dans nos vies pour la première fois. Mon père était fou de joie de le revoir. Mon frère Brian, en revanche, n'était pas enthousiaste ; il a vu clair dans son jeu dès le départ. Je suis allée à l'aéroport avec mon père pour accueillir Lenny, et papa s'est mis à pleurer parce qu'il ne l'avait pas vu depuis qu'il était enfant. J'imagine qu'un sale catholique ou quelqu'un du genre l'avait appelé pour l'informer de la maladie de mon père et lui dire qu'il ferait bien de venir nous connaître s'il voulait avoir sa part du testament. Avec le recul, Lenny semblait toujours apparaître dans les moments les plus sombres de la maladie de mon père. On le voit sur toutes les photos prises d'eux deux lors de ses visites. Elles sont aujourd'hui à la poubelle.

La plupart du temps, je ne pouvais même pas entrer dans les bars, même si j'étais majeure. Je n'avais pas de permis de conduire, car je ne savais pas encore conduire. Même avec une carte d'identité de la Colombie-Britannique, on me refusait l'entrée, et je ne comprenais pas pourquoi. J'ai fini par en avoir assez des mauvais traitements de Steve, de sa présence constante dans les bars et de tout ce qu'il faisait avec ses amis voyous. Un jour, je lui ai dit que j'allais le quitter. Nous nous sommes violemment disputés, et il m'a frappée à l'œil alors que je sortais par la porte arrière de l'immeuble où nous vivions. L'hématome ne s'est pas résorbé pendant plus de trois semaines. Finalement, je n'ai plus pu rester éloignée de mes parents. Je suis allée chez eux quand mon œil jaunissait encore et je leur ai dit que je voulais quitter Steve. Ils m'ont immédiatement dit de rentrer à la maison. Ils m'ont demandé ce qui était arrivé à mon œil, et je leur ai répondu que je l'avais heurté en tombant sur la table basse — une vieille excuse bien connue. Je savais que si mon père apprenait que Steve m'avait frappée, il deviendrait fou furieux, et il aurait été impossible de prévoir ce qu'il aurait pu lui faire.

J'avais vingt ans lorsque j'ai quitté Steve et que je suis rentrée vivre chez mes parents. Un jour, j'ai eu l'occasion de ma vie : j'ai fait ma valise et je suis sortie en courant par la porte. J'avais voulu le quitter à de nombreuses reprises auparavant, mais j'avais peur, car chaque fois que je lui disais que je voulais partir, il me menaçait. À cette époque, Steve voulait toujours que nous ayons des enfants et, parfois, il profitait des situations dans lesquelles je me retrouvais, sans se soucier de savoir si je pouvais tomber enceinte ou non. Autrement dit, il me violait. À peine quelques années après notre mariage, Steve a appris que cette fille Wendy, pour qui il avait toujours eu un faible — mais qui était mariée à George avant qu'ils ne se fréquentent — avait quitté son mari. J'ai su alors que c'était ma chance de partir, et qu'il fallait que je la saisisse sans tarder.

À ce moment-là, je m'étais liée d'amitié avec l'ex-petite amie de l'un des amis drogués de Steve, qui était apparue mystérieusement dans ma vie de nulle part, seulement quelques mois avant que je ne quitte Steve. Elle s'appelait Lynn. Je connaissais l'ami de Steve avec qui Lynn sortait — il s'appelait aussi Steve — et je savais qu'il trempait constamment dans de sales affaires, surtout la drogue dure. Je l'ai dit à Lynn, et elle m'a répondu qu'elle avait la même impression. Elle a rompu avec lui à peu près au même moment où j'ai quitté mon mari, Steve. Elle s'est insinuée dans ma vie en m'initiant à la céramique, et nous avons suivi des cours ensemble pendant un certain temps. Ensuite, nous avons commencé à fréquenter des boîtes de nuit, ce que je préférais aux bars, car au moins on pouvait danser pour faire passer l'alcool, au lieu de simplement se soûler. Lynn se saoulait toujours complètement, mais avec le recul, je vois maintenant que c'était une mise en scène malsaine.

Lynn avait un frère, David, qui sortait avec une fille nommée Vicki. Ils nous accompagnaient parfois dans les boîtes de nuit. Nous aimions aller à Esquimalt, dans un endroit appelé le Bacchanalia, car il y avait toujours des groupes de musique en direct. De plus, ni Steve ni ses amis n'y traînaient. Au début, Lynn a essayé de me caser avec l'ex-petit ami de sa cousine, Laird. Lui aussi ressemblait à mon frère. Nous nous sommes vus très brièvement, mais j'ai vite compris qu'il était beaucoup trop déchaîné pour moi. Il buvait énormément et prenait des calmants, et Lynn s'est mise à en prendre aussi lorsqu'elle a commencé à le fréquenter, du moins c'est ce qu'elle me laissait croire. J'imagine que c'était dans le but de me rendre dépendante.

Un jour, ils sont venus chez mes parents complètement défoncés et ivres morts, et la camionnette de Laird était cabossée de partout : il avait fini dans un fossé avec. Ils faisaient un tel scandale que je ne voulais surtout pas que mes parents les voient, alors je les ai immédiatement chassés. Après cet incident, je ne voulais plus revoir Laird, et heureusement, il est parti vivre à Vancouver pour s'occuper de l'éclairage d'un groupe de rock. J'aurais aussi dû me débarrasser de Lynn, mais je ne l'ai pas fait à cause de toutes mes insécurités et de ce gouvernement tordu qui cherchait constamment à me manipuler l'esprit — ce dont je ne me rendais pas compte à l'époque.

Lorsque j'ai quitté Steve, j'ai emporté avec moi les reçus de tous les meubles que j'avais achetés pendant que nous vivions ensemble à Vancouver. J'ai dit au policier d'en face, Dale, que je voulais récupérer mes meubles et le reste de mes vêtements, et que j'apprécierais qu'il m'escorte jusqu'à l'appartement pour le faire. J'avais peur d'un affrontement, et à juste titre. Dale m'a dit que j'avais bien fait de prendre les reçus avec moi, car sans eux, la police n'aurait pas pu m'aider. Lynn m'a dit qu'elle demanderait à son frère David de m'aider à récupérer mes affaires, mais il était soi-disant trop occupé. Elle m'a alors dit que le frère de Vicki, Robin, viendrait m'aider. J'ai demandé à mon frère de venir avec son camion pour charger mes affaires. Mon père est venu aussi.

Dale et un autre policier m'ont escortée jusqu'à l'immeuble où je vivais avec Steve, sur Fifth Street. Robin n'est jamais venu aider. J'imagine qu'on lui avait dit de ne pas être là, à cause de ce qui devait se passer ce jour-là. Avant que mon frère et mon père n'arrivent pour déménager mes affaires, Dale a sonné à l'interphone à l'entrée de l'immeuble pour demander à Steve de nous laisser entrer. À ce moment-là, il n'y avait que deux policiers et moi à la porte. L'appartement se trouvait au rez-de-chaussée, donnant sur le stationnement à l'arrière de l'immeuble. Dale a dit dans l'interphone : « Steve ? Ici la police municipale de Victoria. Votre épouse est ici pour récupérer quelques affaires. » Steve a crié : « Vous n'entrez pas, et si vous essayez, je vous fais sauter la tête ! » Dale m'a demandé si Steve avait des armes à feu, et j'ai répondu qu'il allait à la chasse autrefois, du moins c'est ce que je croyais.

Quelques instants plus tard, l'immeuble entier était encerclé par des voitures de police. À ce moment-là, Steve nous a laissés entrer. Ce n'est qu'une fois à l'intérieur de l'appartement que mon frère et mon père sont arrivés. Les policiers sont restés pendant que nous déménagions tous mes meubles et mes vêtements. Cependant, les soi-disant autorités ont bel et bien réussi leur objectif : me traumatiser.

Après avoir quitté Steve et après l'épisode avec Laird, je voulais trouver un meilleur emploi ou une carrière. Je n'avais absolument aucun intérêt à rencontrer un homme ; c'était la dernière chose à laquelle je pensais. J'avais postulé dans tous les endroits où je savais qu'on pouvait bien gagner sa vie, comme Safeway et les hôpitaux, juste avant de quitter Steve. J'allais aussi postuler à BC Tel (aujourd'hui Telus) et à BC Hydro, car je savais qu'on y gagnait bien sa vie, mais il fallait avoir terminé la douzième année, ce que je n'avais pas. Je travaillais encore à la laverie, et mes parents ne voulaient pas que je quitte mon emploi tant que je n'en avais pas trouvé un autre. Mais je me disais que c'était peut-être justement pour cela que je ne trouvais rien : parce que j'avais déjà un emploi et que je l'indiquais sur mes demandes.

J'ai quitté la laverie malgré les conseils de mes parents. J'en avais assez de travailler comme une esclave pour presque rien.

À ce moment-là, j'économisais pour acheter une voiture. Valerie m'apprenait à conduire avec sa petite Volkswagen. Après cela, je ne l'ai plus revue : elle et son petit ami Ted étaient toujours amis avec Steve, et elle a fini par disparaître de ma vie, comme tout le monde avant elle. Peu après, j'ai acheté une petite Toyota Corolla blanche à une connaissance de mon père du travail. Je me suis rendue au bureau de l'assurance-chômage pour voir si je pouvais suivre une formation en coiffure, car je coiffais souvent ma mère et j'aimais beaucoup ça. Ma tante Carol, si vertueuse, venait souvent pleurer sur l'épaule de ma mère à propos de l'alcoolisme de son mari Gordie. Un jour, alors qu'elle était là pendant que je coiffais ma mère, elle m'a dit que je devrais être mannequin, me préparant à ce qu'ils avaient tous en tête. À chaque occasion, ma tante Carol me répétait cela, en me disant à quel point j'étais jolie. À l'époque, le mannequinat était encore perçu par certains comme quelque chose de sulfureux, ce que j'ignorais totalement.

Peu de temps après avoir demandé une bourse de formation en coiffure par l'assurance-chômage, on m'a appelée pour m'en offrir une au Malaspina College, au-delà du Malahat, à Nanaimo. En même temps que j'essayais d'organiser cela, j'ai reçu un appel de l'hôpital Jubilee. Mes parents m'ont dit que ce serait un emploi sûr, avec des avantages sociaux, une pension, etc., et que je gagnerais plus d'argent que comme coiffeuse. Cette fois-là, je les ai écoutés et j'ai accepté l'offre de l'hôpital. C'était au service alimentaire de l'hôpital Jubilee — et quelle énorme erreur cela s'est avéré être. Une énorme erreur.

Lorsque j'ai commencé à travailler à l'hôpital, j'ai d'abord été affectée à l'hôpital des anciens combattants appelé le Pavillon Memorial. J'étais d'abord sur appel et je passais d'un service à l'autre, puis, plus tard, j'y ai obtenu un poste permanent à temps partiel. Le gouvernement malveillant était déjà à l'œuvre, car j'ai découvert que la diététicienne du Pavillon Memorial et mon ignoble médecin de famille, le Dr Turd, étaient responsables de la relation réellement abusive dans laquelle je me suis retrouvée par la suite. Cette relation était avec Robin, l'homme que Lynn, ma soi-disant bonne amie, m'avait présenté. Ils l'avaient mis à me traquer alors que j'étais déjà en pleine bataille, poursuivie par mon premier mari, Steve, dans le cadre de notre divorce. Steve venait sans cesse chez mes parents et me traitait de tous les noms possibles, et c'était en plein été, lorsque tous les voisins étaient dehors dans leurs jardins. Il était évident que la police n'allait rien faire contre lui, car Dale, un agent de la police municipale de Victoria, habitait toujours en face de la maison de mes parents et savait parfaitement ce qui se passait. J'ai fini par obtenir une ordonnance de protection (peace bond) contre Steve, et j'en ai appris l'existence par un avocat, et non par un policier, comme cela aurait dû être le cas. À ma connaissance, rien n'a été fait concernant Steve et toute la rage qu'il déversait sur moi, alors que je suis convaincue que toutes les autorités étaient au courant.

Lynn voulait aller au bar du Red Lion avant d'aller en boîte, parce que l'alcool y était moins cher, et elle disait que cela coûterait moins une fois en discothèque. C'est là qu'elle m'a présenté Robin, le frère de la petite amie de son frère David, au Red Lion Hotel. Steve venait parfois là-bas au lieu du Colony Inn, où il allait d'habitude, alors Lynn et moi partions dès que nous le voyions entrer et descendions à la discothèque du sous-sol, qui était devenue un lieu fréquenté par les gens que Lynn connaissait. On y passait de la musique disco, ce qui changeait agréablement du rock and roll que j'écoutais toujours.

Une fille que je connaissais, Dawn-Lee, faisait partie des connaissances de Robin et, sans prévenir, elle s'est mise à sortir avec Steve. Je lui ai dit qu'il était fou, mais elle est sortie avec lui quand même. J'imagine qu'elle avait quelque chose à cacher. Un soir, Dawn-Lee est sortie de la discothèque située au sous-sol du Red Lion Inn et m'a dit : « Tu avais raison, il est FOU. » Steve venait de m'agresser sur le stationnement du Red Lion, m'avait traînée par les cheveux jusqu'à sa Volkswagen, puis avait accéléré à fond dans le stationnement, percutant volontairement deux voitures stationnées avant de franchir les voies ferrées et de s'arrêter brutalement dessus. Mon visage a heurté le pare-brise et mon genou a frappé le lecteur de cassettes, le pliant en forme de V. Il était furieux que j'aie tout pris. Je quittais la discothèque pour éviter une dispute, et il m'a suivie. Lynn a tout vu, car elle sortait avec moi à ce moment-là. Dawn-Lee est arrivée après coup.

Lynn voulait que j'aille à l'hôpital, mais je lui ai dit que la police serait impliquée et que cela ne ferait que le mettre encore plus en colère. Alors Lynn et moi sommes allées chez ses parents pour retirer les éclats de verre de mon visage. Ses parents n'étaient pas à la maison. Heureusement, je n'ai pas eu besoin de points de suture, mais mon genou me faisait atrocement mal et est devenu noir et bleu presque immédiatement. Pendant des années, un morceau de verre est resté logé dans mon sourcil. Plus tard, alors que je sortais avec Robin, il m'a dit un jour que je devrais le faire retirer, car je risquais de devenir aveugle. Je me demande aujourd'hui à quoi il faisait réellement allusion, car on m'a dit que ce n'était pas vrai. Turd disait que le verre se dissoudrait, ce qui est arrivé au bout de dix ans ou plus.

Oui, Robin — lui aussi ressemblait à mon frère. Il appelait sans cesse chez mes parents pour me demander de sortir avec lui, et il s'est révélé être un harceleur tenace. Finalement, j'ai cédé. Dans mon esprit, je me disais qu'il n'était pas très beau ; il portait de grosses lunettes à monture noire, et les verres étaient aussi épais que du verre d'avion. Je pensais qu'il ne me ferait pas de mal. Au début, il se comportait comme un véritable gentleman. Robin venait toujours à notre table quand je sortais avec Lynn, et une fois, il m'a même tiré la chaise pour que je m'assoie.

Un soir, j'étais avec lui au pub du Red Lion, entourée de tous ses amis. Dawn-Lee sortait alors avec l'un des amis de bar de Robin, Wayne, et ils étaient tous les deux présents lorsque Steve est venu à notre table pour me demander de payer le divorce. Nous étions probablement une vingtaine autour de la table. C'est pour cela que Steve me harcelait sans cesse : il voulait que je paie le divorce. Une fois encore, je lui ai dit non.

Je n'avais pas l'argent pour payer un divorce, et je voulais attendre trois ans pour rédiger moi-même ma demande de divorce. Il a dit qu'il voulait épouser Wendy. Je lui ai répondu : « Eh bien, tu devras attendre trois ans. » C'est alors qu'il a tiré la chaise sous moi, et je suis tombée par terre. À cet instant précis, Wendy m'a sauté dessus et a commencé à me frapper au visage. Puis elle a attrapé un verre de bière sur notre table et l'a écrasé contre mon visage. Pendant ce temps-là, certains des gars à notre table se battaient à coups de poing. Robin a joué les héros et s'est immédiatement jeté sur Steve. Dawn-Lee a réussi à arracher Wendy de dessus moi, et nous sommes allées ensemble aux toilettes pour constater les dégâts que Wendy m'avait causés pendant qu'ils continuaient tous à se battre. J'avais plusieurs coupures au visage, juste sous l'œil. J'ai eu de la chance de ne pas perdre un œil, comme une fille avec qui j'étais allée à l'école ; dans son cas, c'était son petit ami qui lui avait lancé un verre de bière au visage. Aussi étrange que cela puisse paraître, ce petit ami était l'un des garçons qui avaient essayé de me renverser à vélo quand j'avais redoublé la quatrième année.

Inutile de dire que Steve a été banni du Red Lion à vie, et comme il continuait à venir chez mes parents en criant des obscénités, j'ai fini par céder et par payer le divorce. Je suppose que c'est aussi l'une des raisons pour lesquelles j'ai commencé une relation avec Robin. Je le voyais comme mon héros, tout en étant terrorisée, parce que la loi ne me protégeait pas. Je ne voulais pas que mon père sache tout ce qui se passait, par peur de ce qu'il pourrait faire ; de plus, il était malade, et c'était la dernière chose dont il avait besoin. Robin et moi avons commencé une relation lorsque Lynn a mystérieusement disparu de ma vie. Sans préavis, sans explication. J'ai appris par son frère qu'elle avait obtenu un emploi dans un foyer de groupe quelque part hors de la ville et qu'elle avait dû partir immédiatement. J'imagine que c'était sa récompense pour un travail qu'elle estimait bien fait, comme tout le monde, et elle s'en est tirée ainsi.

Au début de notre relation, Robin vivait dans une maison avec plusieurs gars, mais je n'aimais pas ce qui s'y passait ; c'était encore une de ces maisons de fête, et je voulais vraiment m'éloigner de ce genre d'environnement. Comme lui aussi avait son propre agenda et voulait me garder heureuse à tout prix, il est retourné vivre chez ses parents. Peu après son retour chez eux, Robin m'a emmenée dîner au High Steak House (un restaurant de première classe) avec toute sa famille catholique et l'un de ses amis qui allait bientôt se marier, Dale, ainsi que la fiancée de celui-ci, histoire de mettre la touche finale à notre relation naissante complètement tordue.

CHAPITRE CINQ

Robin était chaudronnier et travaillait de façon intermittente pour différentes entreprises, mais il semblait être plus souvent sans emploi qu'en poste. Il a vécu sur Walnut Street avec ses parents pendant presque toute la durée de notre relation. L'un des amis de Robin, Cameron, vivait avec ses parents juste à côté de la maison de Robin. Il était chauffeur de taxi. John, le meilleur ami de Robin, était tôlier et travaillait régulièrement dans un atelier quelque part en ville ; il vivait lui aussi chez ses parents, à une ou deux rues de chez Robin, du côté de Fernwood. Keith était un autre ami proche de Robin ; il vivait non loin de là, probablement encore chez ses parents, et je ne me souviens plus de ce qu'il faisait comme travail, car il n'est pas resté longtemps dans le décor. Ron, le cousin de Robin, était plongeur pour la Garde côtière et vivait avec ses parents quelque part en ville.

Robin avait trois frères : deux plus âgés qui ne vivaient plus à la maison, et un plus jeune qui y vivait encore. Son deuxième frère aîné était fiancé à une fille avec qui Robin était sorti auparavant, et elle était tombée enceinte. Elle a eu son enfant, mais l'a donné en adoption, étant les bons catholiques vertueux qu'ils étaient tous. Sa sœur, Vickie, qui vivait encore à la maison et était fiancée à David, travaillait aussi au service alimentaire de l'hôpital Jubilee, mais à Eric Martin, et cherchait un autre emploi comme secrétaire. Je suppose qu'ils ne voulaient pas qu'elle ait le moindre lien avec moi, alors ils lui ont suggéré de changer de travail. Ils avaient tous fréquenté le lycée Victoria High School, et je crois que Robin et ses amis ont obtenu leur diplôme ensemble.

Je me souviens que le père de Robin venait tout juste de subir une opération à cœur ouvert lorsque nous avons commencé à sortir ensemble, donc il ne travaillait pas à ce moment-là, et je n'arrive pas à me rappeler quel métier il exerçait auparavant, ni ce que faisait sa mère. J'ai emmené Robin rencontrer mes parents, et immédiatement, ils m'ont dit qu'ils ne l'aimaient pas. J'aurais dû les écouter et envoyer Robin promener. Il y avait bien d'autres amis et connaissances de Robin, trop nombreux pour être tous mentionnés, mais nous nous retrouvions presque tous au pub Red Lion avant d'aller dans diverses boîtes de nuit en ville.

Robin aimait particulièrement le heavy metal et le rock'n'roll, et il y avait un endroit appelé le Surf Side Cabaret, sur Wharf Street, dans le port intérieur, que nous fréquentions souvent. Le Surf Side Cabaret proposait surtout de la musique rock ; ce n'était pas de la musique live, mais un DJ, car l'endroit était trop petit pour accueillir un groupe. Robin travaillait peu, alors après un certain temps, nous partagions les frais : chacun payait sa part. J'aimais vraiment danser sur toutes sortes de musiques ; c'était une autre forme d'évasion pour moi, et j'avais l'impression d'avoir manqué quelque chose sur le plan social, puisque Steve avait été mon premier petit ami et que je n'avais jamais été autorisée à parler à ses amis. Finalement, je n'en avais plus envie de toute façon.

Tous les amis de Robin étaient surtout portés sur la marijuana quand je les ai rencontrés, et bien sûr sur l'alcool. Je n'ai jamais acheté de drogue de toute ma vie. On m'en donnait toujours, et fréquenter Robin, ses amis et ses connaissances ne faisait pas exception. De toute façon, je ne gaspillerais jamais mon argent là-dedans ; pour moi, l'argent a toujours été trop difficile à gagner. Robin m'a acheté, pour mon anniversaire, un pantalon blanc à pattes d'éléphant avec des fines rayures rouges le long des jambes, ainsi qu'un haut blanc assorti, lorsque nous sortions ensemble. Il semblait vraiment tenir à moi au début, mais je comprends maintenant que tout cela n'était qu'une façade.

Un week-end, nous sommes partis à plusieurs faire du camping à Salt Spring Island. Dawn-Lee sortait toujours avec Wayne, et ils sont venus avec nous, ainsi que d'autres amis de Robin. Nous étions tous ivres, et j'aurais dû comprendre quel genre de personne il était vraiment pendant ce voyage, car il a montré ses fesses à tout le monde, mais j'ai simplement mis cela sur le compte de l'ivresse générale. Sans même m'en rendre compte, je me suis mise à boire davantage et à consommer des drogues plus fortes, comme la MDA. J'ai vite découvert que presque tout le monde qui fréquentait le Red Lion consommait régulièrement de la MDA et de la cocaïne, tout comme Robin et tous ses amis. La MDA ne m'attirait pas vraiment ; les rares fois où j'en ai pris, cela ne m'a rien fait du tout, et comme je l'ai déjà dit, je n'ai jamais dépensé un centime pour des drogues. Donc, heureusement, cela ne m'a pas vraiment affectée.

Une fois de plus, je me suis retrouvée sans amie. Dawn-Lee et moi ne nous fréquentions que lorsque nous étions avec nos petits amis et que le moment s'y prêtait. Peu après, elle et Wayne se sont séparés, et elle a disparu de ma vie elle aussi. J'ai toutefois réussi à me faire une amie en travaillant dans l'une des cuisines de l'hôpital, dans le bâtiment principal. Elle s'appelait Diane. Nous avons travaillé ensemble dans sa cuisine, Four Royal, dans le bâtiment principal, pendant trois semaines avant que je sois de nouveau transférée à l'hôpital des anciens combattants, le Memorial Pavilion. C'était une cuisine extrêmement occupée, avec un travail très dur et une chaleur intense, et j'étais soulagée qu'on me retire du bâtiment principal. Un jour, alors que Diane et moi travaillions ensemble dans sa cuisine, des personnes handicapées étaient en formation avec nous, et l'une d'elles a lancé une tranche de pain grillé sur Diane après qu'elle soit sortie du grille-pain. C'est à partir de cet incident que nous avons entamé une conversation un soir au Surf Side, lorsque nous nous sommes croisées par hasard. À partir de là, partout où j'allais avec Robin, il semblait que je tombais toujours sur elle et sur son amie Darlene, qui avait constamment un grand sac rempli de marijuana qu'elle voulait toujours partager avec moi. Elles étaient toutes les deux excessivement amicales, venant s'asseoir à ma table ou m'invitant à m'asseoir avec elles, et bientôt nous avons commencé à nous voir régulièrement.

Le mari de Darlene était un homme chinois nommé Dave, qui ne m'a jamais adressé la parole durant tout le temps où je fréquentais Darlene. Ils avaient une énorme culture de cannabis dans la maison où ils vivaient ensemble. Je n'avais jamais vu une chose pareille auparavant. Les plantes ne poussaient pas dans de la terre, et il y avait des lampes de culture partout. Je suppose que Darlene était la principale vendeuse, ce qui expliquerait pourquoi elle en avait toujours autant sur elle. Darlene et Dave avaient deux jeunes enfants, Cindy, l'aînée, et Blaine, de quelques années plus jeune, mais chaque vendredi et samedi soir, et parfois même en semaine, Darlene sortait faire la fête, et les enfants étaient envoyés ailleurs. Quand Robin voulait sortir avec les garçons, je sortais avec Darlene. La plupart du temps, Diane sortait avec son petit ami Doug. Doug était sur l'île, au lac Shawnigan, à faire la fête un soir, lorsqu'il a eu un accident avec son camion et a tué une famille de trois générations : une grand-mère, une mère et sa fille qui circulaient dans une camionnette. D'après ce que j'ai compris, il a franchi la ligne médiane et les a percutées de plein fouet. Diane devait l'accompagner, mais elle ne l'a pas fait, heureusement pour elle, sinon elle aurait pu y laisser la vie aussi.

La défense de Doug a été qu'il était allergique aux chats et que, là où il se trouvait ce soir-là, il y avait un chat, ce qui lui aurait provoqué une réaction et l'aurait fait dévier de sa voie. Comme Doug était grièvement blessé et inconscient, ils n'ont pas pu lui faire passer d'alcootest ni prélever de sang, ce qui était la loi à l'époque, et il a donc échappé aux accusations. Peu de temps après sa convalescence, Diane a rompu avec lui. Les choses entre Darlene et son mari Dave ont toujours été tumultueuses, et Darlene a fini par commettre un adultère avec l'un des amis drogués de Robin, Cameron. Elle a finalement quitté Dave pour un autre homme nommé Ralph.

Un jour, je suis allée à mon examen annuel, comme je le faisais chaque année, et le docteur Turd m'a annoncé que j'avais le virus du papillome humain (VPH), mais il ne l'a jamais appelé ainsi : il parlait de verrues vaginales. Je n'avais aucune idée qu'il s'agissait d'une maladie sexuellement transmissible. Je n'avais jamais entendu parler de maladies sexuellement transmissibles auparavant, car, contrairement à aujourd'hui, personne n'en parlait, ni à l'école ni en dehors. Quand je lui ai demandé ce que c'était, ce salaud m'a dit que ce n'était PAS GRAVE DU TOUT, mais qu'il faudrait subir une intervention pour les BRÛLER, selon ses mots, tout en répétant que ce n'était PAS GRAVE DU TOUT. J'ai donc pensé que c'était comme des verrues que l'on peut avoir ailleurs sur le corps, même si j'étais assez gênée par toute cette histoire. Je lui ai ensuite demandé si cela ferait mal, et je me souviens qu'il a secoué la tête en disant NON, en précisant qu'il me ferait un traitement au laser. Un traitement au laser, mon œil. Je n'ai jamais souffert autant de toute ma vie. J'avais l'impression d'être en feu à cet endroit-là. Je me souviens m'être réveillée après l'opération à l'ancien hôpital général de Victoria, à Fairfield, en hurlant après les infirmières pour qu'elles me donnent quelque chose contre la douleur ; c'était totalement IRRÉEL.

Pour couronner le tout, l'homme qui m'avait transmis ce PUTAIN DE VIRUS, Robin, est venu me chercher après l'opération. Il pensait que je me faisais enlever un kyste, rien de plus, car c'est ce que je lui avais dit. Ne me demandez pas pourquoi je ne l'ai pas confronté à ce moment-là ni dénoncé ce qu'il m'avait fait ; je suppose que cette intervention m'a tellement traumatisée que j'étais terrifiée à l'idée de dire quoi que ce soit, et encore une fois, j'avais honte de moi-même. Je crois que cet hôpital appartenait alors aux religieuses, et que le gouvernement le leur a retiré avant de le fermer pendant un certain temps, pour des raisons semblables à cette opération que j'ai subie, ou pire encore, j'imagine. On disait aussi que l'ancienne école catholique, restée murée pendant des années et située à côté de l'ancien hôpital général de Victoria, aujourd'hui appelé l'hôpital Fairfield, était hantée. Cela ne m'étonnerait pas, compte tenu de toutes les vies innocentes que je crois avoir été détruites par des gens comme ce

docteur S. F. Turd et tous les psychiatres maléfiques de la «
Maison des fous ». Par « fous », j'entends presque tous ceux qui y
travaillaient, pas les patients. Bref, j'ai été alitée pendant plus d'un
mois, prenant du Demerol contre la douleur. Bon sang, quel fils de
pute maléfique était cet homme. Il était vraiment décidé à me
crucifier.

J'ai alors commencé à fréquenter les amis de Robin. Je
voulais qu'il admette ce qu'il m'avait fait, et je pensais qu'en
sortant avec ses amis, je le rendrais jaloux et qu'il finirait par
avouer et s'excuser. C'était un vœu pieux. J'ai toujours été attirée
par son ami John, sans doute parce qu'il me faisait constamment
des avances et me complimentait, en me disant des choses comme
: « Tu es belle ce soir » ou « Tu as de magnifiques cheveux, ils
sont couleur or. » Un soir, John a fait le premier pas, m'emmenant
chez ses parents pour m'embrasser, mais nous n'avons jamais fait
plus que cela. Je me suis souvent demandé pourquoi nous n'avions
jamais eu de véritable relation, malgré la façon dont il me draguait
sans cesse. Je sais maintenant que tout cela faisait partie du plan.
Ils voulaient me faire passer pour une fille facile alors que, en
réalité, c'étaient eux, et que je servais simplement de couverture à
leur comportement dépravé. Je crois avoir perdu la raison pendant
un certain temps à cause de ce que Robin et cet ignoble Turd
m'ont fait, car après que notre relation de dix mois se soit effritée,
je n'ai jamais cessé d'essayer d'amener Robin à admettre ce qu'il

m'avait fait. Cela ne m'a apporté que davantage de souffrance. Je suis sortie avec quelques amis de Robin, mais j'ai vite compris que je n'étais rien d'autre qu'une décharge pour ces sales animaux catholiques.

J'ai commencé à boire beaucoup, à fumer davantage et à consommer de la cocaïne pour noyer mon chagrin et ma douleur. J'allais à des fêtes après la fermeture du Surf Side avec Darlene et parfois Diane, mais le plus souvent avec Ron, le cousin de Robin, et son ami Dave. Le même groupe de personnes du Red Lion et du Surf Side se retrouvait toujours aux mêmes fêtes que nous. J'aurais dû me douter que Ron tramait quelque chose, car il essayait sans cesse de se rapprocher de moi, peu importe où j'allais, et je n'étais pas intéressée par lui autrement que comme ami à ce moment-là. Je traînais avec lui et son ami Dave un peu comme derrière un bouclier, pour tenir tous les autres animaux à distance.

Un soir, Ron et moi quittions une fête en même temps et, en sortant par la porte, j'ai été horrifiée de voir que quelqu'un avait lancé une hache à travers la portière avant côté conducteur de ma Toyota Corolla blanche. Je ne savais pas encore que c'était mon cher cousin policier, Raymond. Après cet incident, j'avais peur d'aller à des fêtes, et je suppose que c'est pour cela que j'y allais presque toujours avec Ron et Dave. Quel plan, hein ? C'est Ron qui m'a réellement initiée à la cocaïne, et il avait toujours de la très bonne herbe sur lui aussi. Et moi, j'étais maintenant plongée là-dedans.

Mon père a recommencé à me faire la morale, me disant : « Tu ne trouveras jamais ton compagnon dans un bar », comme s'il me disait quelque chose que je ne savais pas déjà. J'étais encore traumatisée par cette satanée opération que j'avais subie, et je sortais pour noyer mon chagrin à ce sujet, et à propos de tout ce qui s'était passé dans ma vie misérable, que j'ai fini par refouler. C'était comme si j'avais perdu tout contrôle pendant un certain temps, exactement comme le gouvernement malveillant l'avait prévu depuis le début. Je m'engageais sur une voie sans retour, et les démons maléfiques réussissaient à me détruire.

Une fois, je quittais une fête lorsque Robin et quelques-uns de ses amis excités ont grimpé dans ma Toyota blanche. Ils ont insisté pour que je les ramène chez eux, et une fois qu'ils s'étaient imposés dans ma voiture, je n'avais plus vraiment le choix. En réalité, je n'aurais pas dû conduire du tout. Il était très tôt le matin, ils faisaient tous les fous à l'arrière comme une bande d'animaux, et je ne savais plus où aller. Je conduisais depuis peu et je ne connaissais pas bien la ville. Quelqu'un a crié : « Tourne ici ! » On me répétait « Tourne ici ! », alors j'ai obéi. Puis tous les autres ont ricané : « Tu prends une rue à sens unique », et ils ont éclaté de rire. J'ai vite quitté Quadra Street, la rue où je circulais, après avoir tourné depuis Pandora, et qui arrivait en face ? Un policier de la ville de Victoria. Il avait vu ce que je venais de faire, alors bien sûr, il m'a arrêtée, pensant peut-être faire une prise.

Quand il est arrivé à ma portière et m'a demandé mes papiers, je pouvais sentir qu'il était en colère. Robin et tous ses amis lançaient des commentaires obscènes au policier et à moi pendant qu'il essayait de me parler, et je me disais : *Ça y est, c'est fini pour moi*. Il est retourné à sa voiture de patrouille et, un moment plus tard, il est revenu et m'a dit quelque chose comme : « Faites juste plus attention la prochaine fois », puis il m'a rendu mon assurance et mon immatriculation. Tous les passagers ont fait semblant de ne pas croire que je m'en sortais ainsi, et je me suis dit que peut-être Dale, que je considérais alors comme un ami de la famille, travaillait ce soir-là et avait quelque chose à voir avec le fait que ce policier me laisse repartir. Sans aucun doute. Je suppose qu'ils ne voulaient rien inscrire au dossier, car cela aurait laissé des preuves de toute cette merde.

Une autre fois, après que Robin et moi nous soyons séparés, j'étais tellement ivre que j'ai fini par coucher à nouveau avec lui dans la maison d'un de ses amis, où il venait d'emménager. Il voulait me montrer où il habitait. Je me souviens lui avoir dit que je trouvais son lit sale et de l'avoir repoussé, mais il m'a assuré qu'il ne l'était pas. Quand je me suis réveillée le lendemain matin, avec la gueule de bois, Robin avait disparu, tout comme les autres. Quelqu'un avait volé ma Toyota прямо dans l'entrée. J'ai dû prendre un taxi pour rentrer chez mes parents et leur dire que quelqu'un avait volé ma voiture chez Darlene, là où j'avais dit avoir passé la nuit. Je n'aurais jamais imaginé que c'était mon cousin Raymond, le catholique irréprochable et policier d'Esquimalt, qui avait volé ma voiture.

Il l'a emmenée à l'usine de pâte à papier d'Esquimalt, où les soi-disant policiers l'ont retrouvée des semaines plus tard, retournée sur le toit, les pneus enlevés et le moteur détruit. Mais ils ne savaient pas qui avait fait ça. Belle stratégie de maintien de l'ordre. C'est le bon vieux Victoria pour vous. Mon frère Brian a réparé la voiture en achetant un moteur reconditionné pour 500 $. Il l'a installé, et j'ai gardé la voiture encore quelque temps, mais elle n'a jamais été la même après cela.

Je voulais me débarrasser du groupe de personnes avec lequel je traînais, mais je trouvais cela impossible. Darlene, Diane et moi avons commencé à fréquenter différents bars et boîtes de nuit où l'on jouait de la musique disco, dans l'espoir de rencontrer quelqu'un de convenable — du moins, c'était mon idée. C'est à ce moment-là que j'ai rencontré un homme que je voyais parfois au Red Lion Pub. Il aimait la musique disco et fréquentait souvent ce genre d'endroits, comme le Sting, à l'hôtel Strathcona sur Douglas Street, en plein centre-ville de Victoria. Nous ne nous sommes pas mis ensemble là-bas. Nous nous sommes rencontrés dans une discothèque située à l'angle de Government et Fisgard, qui venait tout juste d'ouvrir. Il s'appelait Larry et était considéré comme un séducteur, toujours entouré de nombreuses jeunes femmes. Il était très beau et excellait aussi sur la piste de danse. J'ai décidé de l'emmener rencontrer mes parents un soir avant que nous sortions en ville. Lorsque je l'ai présenté à ma mère, elle lui a demandé : « Est-ce que ta mère s'appelle Louise ? » Il a répondu que oui. C'est ainsi que j'ai découvert qu'il était mon cousin au troisième degré, et catholique lui aussi. Sa mère et la mienne étaient cousines, mais ma mère ne la connaissait pas vraiment et ne l'avait pas vue depuis des années. Sa mère était la sœur de Betty, et même Betty n'avait jamais eu de relations avec sa sœur Louise, la mère de Larry, pour une raison quelconque. Pendant que Larry était chez nous, je me suis demandé si, si nous avions des enfants, ils pourraient être malformés, et ma mère m'a dit que c'était une réelle possibilité. Nous avons donc mis fin à la relation assez rapidement, car nous étions tous les deux d'accord que nous ne voudrions pas que cela arrive.

Dale, un autre des amis de Robin, ne sortait jamais faire la fête avec nous. Sa famille possédait une entreprise de construction, et ils venaient de rénover une grande vieille maison pour y aménager quelques logements. Je l'ai croisé quelque part et il m'a dit qu'il trouvait dommage que Robin et moi nous soyons séparés, car il pensait que j'étais quelqu'un de bien et que j'étais bonne pour Robin. Dale et sa famille avaient fait un excellent travail sur cette maison, et il m'a proposé un petit studio au rez-de-chaussée pour y vivre. J'aimais le fait qu'il y ait une sorte de bar entouré de briques qui délimitait la petite cuisine. Ce n'était pas loin de l'hôpital où je travaillais. C'était sur Wark Street, près de Bay, à quelques pâtés de maisons. J'aimais beaucoup l'endroit et, comme mon père recommençait à me faire des reproches, j'ai pensé qu'il valait mieux que je déménage. J'ai accepté son offre, mais ce nouveau chez-moi n'a pas duré longtemps. Robin n'arrêtait pas de forcer la fenêtre et de s'introduire dans mon studio au milieu de la nuit pour me violer. J'ai donc décidé d'emménager dans une maison avec une fille nommée Patty, la vendeuse de cocaïne de la ville venue des États-Unis, après seulement quelques mois à vivre seule. Je pensais que de cette façon, Robin me laisserait peut-être tranquille.

Je traînais encore avec Darlene et Diane à l'époque où j'ai croisé Dale, mais Darlene passait désormais la plupart de son temps avec un homme nommé Ralph. Diane, elle aussi, avait trouvé un nouveau compagnon, Leaf, et elle ne faisait presque plus partie du milieu. Je connaissais Patty, une fille du Red Lion, et elle était assez populaire, sans que je sache vraiment pourquoi au départ. Je l'ai vite compris. Elle a commencé à se rapprocher de moi parce qu'elle aimait aussi la musique disco et connaissait bien Larry. Je crois qu'ils avaient eu une liaison à un moment donné. Un jour, lorsque je suis retournée au Red Lion, elle est venue à notre table pour discuter, comme elle l'avait parfois fait auparavant. Elle m'a expliqué que sa colocataire, avec qui elle disait avoir vécu pendant des années, était en train de la quitter. Tous les meubles de la maison qu'elles louaient appartenaient apparemment à cette colocataire qui s'en allait. Elle avait entendu dire que je n'étais pas heureuse là où je vivais à ce moment-là et m'a proposé d'emménager avec elle. L'idée de vivre dans une maison me plaisait, et je savais qu'elle avait une petite fille d'environ sept ans, alors je me suis dit que cela pourrait fonctionner. Elle m'a aussi inspiré de la pitié, disant qu'elle ne savait pas ce qu'elle allait faire ni comment elle allait se procurer de l'argent pour acheter des meubles, et qu'elle ne voulait pas perturber sa fille.

Je suis allée voir la maison le jour où sa colocataire déménageait. La pauvre petite fille n'avait qu'un matelas par terre, tandis que la chambre de Patty était joliment meublée. De beaux vêtements, des chaussures à talons élégantes et des bottes en cuir. Elle était toujours impeccablement habillée. En y repensant maintenant, c'était toute une mise en scène, et cela se faisait aux dépens d'une petite fille. Quoi qu'il en soit, mon frère et mon père m'ont encore une fois aidée à déménager. La maison se trouvait près de Tillicum, non loin de Craigflower. Lorsqu'ils m'ont installée, ils ont dit que ça ne durerait pas longtemps, et ils avaient raison tous les deux. Je suppose qu'une fois que le gouvernement malveillant m'a mise sur la cocaïne, ils voulaient aller jusqu'au bout et me rendre complètement dépendante, alors ils m'ont fait tomber sur une vraie aspiratrice à poudre. Heureusement pour moi, je ne suis jamais devenue accro à autre chose que le cannabis pendant un certain temps. Cette femme était constamment sous cocaïne. Il n'est pas étonnant qu'elle n'ait jamais eu de meubles : elle ne gardait jamais un emploi et sniffait tous les profits qu'elle tirait de la vente de cette merde. Les trois mois que j'ai passés à vivre avec elle n'ont été qu'une suite de rails. Un homme nommé Randy, avec qui elle a commencé à sortir pendant que je vivais chez elle, je le connaissais aussi à force de fréquenter des fêtes. Il venait souvent avec son ami Mike, et nous nous droguions tous à la cocaïne et au cannabis avant d'aller au Red Lion pour que Patty puisse écouler un peu de sa marchandise et payer ce que nous avions consommé. Randy et Mike étaient tous les deux beaucoup plus jeunes que Patty, mais je ne savais pas de combien, car je n'avais même pas pensé à demander. J'étais complètement perdue à cette époque. Tout ce que je savais, c'est que Patty avait au moins dix ans de plus que moi.

Randy a rompu avec Patty à peu près au moment où j'ai déménagé. Cependant, juste avant cela, il m'a parlé d'une fête à laquelle je devrais aller et où, selon lui, je rencontrerais de vraies personnes qui me traiteraient comme je méritais de l'être. La maison se trouvait près de Craigflower, juste après Admirals et sous le viaduc de l'ancienne Island Highway. Une femme nommée Karen louait cette maison et organisait la fête. Elle traversait un divorce très difficile et élevait seule une petite fille d'environ trois ans, et apparemment elle avait beaucoup de mal à tout gérer. Son médecin lui avait prescrit du Valium, soi-disant à cause du stress. Lors de cette fête, Karen et moi avons discuté de mon travail. Quand elle a appris que je travaillais à l'hôpital des anciens combattants, au Memorial Pavilion, elle m'a dit qu'une bonne amie à elle travaillait au service d'entretien ménager dans le même bâtiment que moi. Un jour, cette femme est venue m'aborder au travail, par hasard le même jour et au même étage que moi. Elle m'a demandé si je connaissais Karen, et j'ai répondu que oui, plus ou moins. Elle m'a invitée chez elle après le travail ce jour-là, et j'y suis allée. Elle était mariée à l'époque et avait deux jeunes garçons. Elle m'a confié que son mari ne travaillait pas et qu'il avait un problème de jeu. Après cette journée, elle m'a évitée et ignorée.

Karen continuait d'organiser des fêtes, mais avec des groupes de personnes différents, et j'y allais parfois. Elle m'a ensuite invitée à aller dans un bar sur Esquimalt Road, qui s'appelait alors le Halfway House, et j'ai accepté son invitation à quelques reprises. Un soir, alors que nous entrions au Halfway House, elle m'a dit : « J'ai beaucoup d'amis dans la police d'Esquimalt qui viennent dans les bars par ici. » Elle était surexcitée, et je voyais bien qu'elle n'était pas en état de conduire, et je le lui ai dit. Il ne m'est même pas venu à l'esprit qu'elle connaissait peut-être mon cousin Raymond. Une autre nuit, elle s'est simplement levée et est partie de l'une des fêtes qu'elle organisait chez elle, décidant que c'était le seul moyen de faire partir les invités, car la fête dégénérait. Nous avons alors décidé d'aller à l'hôtel Strathcona, dans un endroit plus calme appelé le Little John's Bar. Elle m'a convaincue de prendre du Valium avec elle. Elle m'a dit : « J'en bois et j'en prends tout le temps, et il ne m'arrive jamais rien. Vas-y, ça va juste te détendre. » J'ai été stupide de l'écouter. À ce moment-là, j'avais sans doute oublié ce qui s'était passé avec Lynn et Laird la nuit où ils étaient venus chez mes parents, complètement défoncés aux calmants et ivres morts. Quoi qu'il en soit, je conduisais sa voiture, et en descendant Craigflower, j'ai percuté l'arrière d'une voiture arrêtée au feu rouge à l'intersection de Craigflower et Admirals. Je suis sortie en titubant pour voir s'il y avait des dégâts, mais il n'y en avait pas. Après cela, je ne me souviens plus très bien de ce que nous avons fait, sauf que je suis tombée plusieurs fois de mon tabouret au Little John's Bar de l'hôtel Strathcona. La fois suivante où j'ai vu Karen, je lui ai dit que je ne referais plus jamais ça, et je ne l'ai effectivement plus jamais fait.

J'ai toutefois continué à aller à ses fêtes pendant quelque temps, jusqu'à ce que j'ouvre enfin les yeux et réalise à quel point elle était détruite par un homme, les pilules et l'alcool. Je lui ai alors dit : « Tous les hommes de cette ville sont une bande de connards. » C'est à ce moment-là qu'elle m'a dit qu'elle connaissait quelqu'un qui me traiterait comme une vraie dame et qu'elle me le présenterait si je le voulais, mais qu'il vivait à Vancouver. Je me suis dit : qu'est-ce que j'ai à perdre ? Peut-être qu'il m'emmènera loin de ce trou à rats qu'est cette ville. J'ai donc accepté de le rencontrer.

Un jour, alors que j'étais chez elle, cet homme est arrivé. Elle me l'a présenté en me disant que son nom était John. « Tu sais, celui qui sait comment traiter une femme. » Nous sommes entrés dans la maison, et à ce moment-là, elle habitait à Victoria West, près de Lampson Street. Karen est allée dans un placard de la cuisine pour sortir une bouteille de Valium et m'en a encore proposé. Je ne sais pas qui elle essayait d'impressionner cette fois-là. C'est alors que je lui ai dit : « Tu ne devrais pas faire ça, c'est dangereux, ça peut te tuer si tu en prends avec de l'alcool. » Je crois qu'à ce moment-là, je commençais à réaliser à quel point ma vie était devenue folle, sans savoir pourquoi ni quoi faire pour y remédier.

John m'a demandé si j'aimais le ski nautique et le ski. Je lui ai dit que je n'avais jamais fait de ski nautique et que je n'avais fait du ski que quelques fois lorsque j'étais mariée à mon premier mari, mais que j'avais adoré. Il m'a dit qu'il m'emmènerait un jour. Il m'a expliqué qu'il possédait un bateau de ski et sa propre maison sur le mont Whistler, à Vancouver. Bien sûr, cela m'a impressionnée. Je lui ai demandé ce qu'il faisait comme travail, et il m'a répondu qu'il skiait l'hiver et qu'il skiait l'été. Il ne m'a jamais donné son nom de famille, et je n'ai pas insisté, pensant que lorsqu'il me connaîtrait mieux, il me le dirait. Je ne pensais pas vraiment qu'il m'appellerait, car il ne l'a pas fait pendant longtemps. Quoi qu'il en soit, je lui ai dit que j'adorerais aller skier avec lui un jour et je lui ai donné mon numéro de téléphone. Je n'ai jamais revu Karen après ce jour-là, car c'était une femme vraiment perturbée. Mais un soir, John — sans nom de famille — m'a appelée, et il m'a retrouvée au Surf Side, où Kathy, qui était apparue soudainement dans le paysage, Darlene, Diane et moi avions recommencé à aller.

Me encontraba con Ron de vez en cuando cuando empecé a salir más seguido con Darlene y Diane, después de decidir no relacionarme más con Karen. Diane había terminado con el hombre con el que estaba saliendo, Leaf, así que estaba soltera, y Darlene decía que necesitaba tomarse un tiempo lejos de Ralph porque pasaban demasiado tiempo juntos y se estaban poniendo de los nervios mutuamente. Ron y su inseparable amigo Dave seguían con sus viejas costumbres: aspirando cocaína y básicamente drogándose todo el tiempo, y no pasó mucho antes de que yo volviera a caer en ese ritmo. El resto del grupo, sin embargo, ya había desaparecido de la escena, saliendo en serio con chicas, supongo que intentando enderezar sus vidas, si es que eso era posible. Yo creía que Ron realmente tenía sentimientos por mí. Para entonces lo conocía desde hacía dos años. En realidad, nunca tuvo sentimientos por mí. Ahora lo sé. Nadie los tuvo nunca.

Una noche, cuando Ron y yo volvíamos de una fiesta alrededor de la una de la madrugada, la policía de Saanich nos detuvo. Íbamos en su coche, él me llevaba a casa, y había otras personas sentadas atrás a las que también les estaba dando un aventón. Ron dijo que nos habían detenido por una luz trasera rota, pero en realidad los policías de Saanich lo habían preparado todo con drogas para incriminarme. Cuando nos detuvieron, Ron me suplicó que me quedara con todo y lo escondiera en mi bota. Yo no quería hacerlo, y estuvimos discutiendo hasta que finalmente lo metí en la bota justo cuando el agente se acercaba a la puerta del conductor. El policía parecía conocer a una de las personas del asiento trasero y, tras alumbrar con su linterna, nos ordenó a todos bajar del coche. Mientras salía, logré sacar una de las bolsitas de mi bota y la lancé debajo del coche de Ron; creo que era marihuana. No sé qué pasó con el resto, pero a mí me llevaron a la comisaría de Saanich, me desnudaron para registrarme y fue entonces cuando el resto de las drogas cayó de mi bota al suelo de la sala de interrogatorios. Una agente me preguntó: "¿Qué es esto?". Respondí: "No lo sé". Luego preguntó: "¿Y cómo llegó a su bota?". Dije: "Estábamos en una fiesta y supongo que alguien lo metió allí". Ron me había dicho durante la discusión: "Perderé mi trabajo en la Guardia Costera si me atrapan con drogas". Pensé que si decía la verdad, no sabía qué podrían hacerme Ron y sus amigos. Me tomaron las huellas, me fotografiaron y antes de irme me dijeron que debía cumplir ochenta horas de trabajo comunitario por ese supuesto delito que la policía de Saanich había montado especialmente para mí.

Una noche estaba en el Surf Side cuando un hombre llamado Gary se acercó a mi mesa y me dijo: "He oído que estás buscando un coche". Recordé haberlo conocido en una gran barbacoa en una granja cerca de la casa de mis padres en Burnside Road, poco después de que mi exmarido Steve y yo nos separáramos. Aunque él no era motociclista, la fiesta lo era, pero yo no lo supe entonces. Gary me dijo que estaba casado y tenía un hijo pequeño, y pensé: "Qué lástima, es muy atractivo". Cuando le pregunté cómo sabía que buscaba coche, dijo: "Las cosas se saben", y yo respondí: "Sí, supongo que sí". Me preguntó qué tipo de coche buscaba y le dije que no lo sabía. Me habló de un amigo suyo, Butch, que compraba coches viejos y los restauraba en su casa. Butch era dueño del circuito de carreras Western Speedway en Langford. Yo estaba harta de mi pequeño Toyota Corolla blanco y acepté. Empezamos una relación de tres meses y pensé que, al haber estado casado y tener un hijo, no podía ser tan malo.

Me puse en contacto con alguien que me vendió un auténtico desastre: un Beaumont blanco de dos puertas de 1966, recién pintado para ocultar el óxido. Pagué unos mil dólares y me dijeron que pronto sería un coche de colección. Me gustaban los coches antiguos y confié en ellos. Gary vivía en un apartamento en Esquimalt y decía que había dejado a su esposa en Vancouver y estaba estudiando psicología. Supongo que yo era su experimento. Me cocinaba comidas exóticas, fumábamos marihuana, y una noche me dio una sopa sin decirme qué era: después me dijo que era sopa de tortuga. Me enseñó a tapizar una silla, pero nunca pude quedármela. Una noche, conduciendo mi Beaumont por una carretera helada, terminé en una parada de autobús; por suerte no dañé el coche. En Navidad me regaló un collar de oro con un diamante y un suéter con diseños indígenas. Me presentó a un amigo que administraba su edificio y que me ayudó a falsificar mis horas de servicio comunitario. Ese hombre decía ser profesor en la prisión de William Head y me ofreció ayudarme a obtener el GED. Acepté. Un día me dijo que Gary había vuelto con su esposa. Nunca volví a verlos. Un año después, obtuve mi GED.

J'ai ensuite décroché un emploi de serveuse au Surf Side grâce à une rousse que j'avais rencontrée en y traînant constamment et qui a commencé à y travailler elle aussi ; c'est elle qui m'a fait embaucher. Je n'obtenais pas beaucoup d'heures à l'hôpital à cause de mon poste permanent à temps partiel en fin d'après-midi à l'Hôpital des anciens combattants, et je me suis dit que je pouvais tout aussi bien travailler là puisque j'y étais toujours de toute façon. Je voulais gagner assez d'argent pour foutre le camp de Victoria, même si ce n'était que pour des vacances. C'est là que j'ai découvert que l'endroit appartenait à l'un des Bounty Hunters, un gang de motards de Victoria. Je n'y ai travaillé que trois nuits et, malgré une poignée de pourboires, ça n'en valait tout simplement pas la peine. Je prenais des commandes de gens qui n'avaient pas encore de table et, quand je revenais pour les servir, ils avaient disparu ; je me retrouvais coincée avec leurs consommations. Et on avait le droit de boire sur place. À la fin de la première nuit, j'étais complètement ivre. Certains clients vous pinçaient les fesses, et ça non plus je n'aimais pas, alors j'ai démissionné. Je ne m'en rendais pas compte à l'époque, mais les Bounty Hunters se rapprochaient de moi, et j'ai eu de la chance de quitter Victoria quand je l'ai fait. Après que Gary m'a laissée tomber et m'a laissée en plan, j'ai commencé à fréquenter de vrais fêtards ; Lebor était l'un d'eux. C'est une nana complètement paumée, Margaret, qui me l'a présenté. Je la connaissais du Red Lion Pub, et elle semblait être partout où je traînais, fêtes comprises. Elle était populaire auprès des hommes. Le meilleur ami de Robin, John, est sorti avec elle pendant un temps, et elle est aussi sortie avec mon cousin issu de germain, Larry, ainsi qu'avec de nombreux autres gars des milieux qui fréquentaient les bars et boîtes où j'allais. À ce moment-là, elle était fiancée à un certain Andy, dont le frère Jerry était sorti avec Patty, mon ancienne colocataire ; ils avaient rompu juste avant que je n'emménage avec Patty. Bref, Lebor m'a dit qu'il venait de rompre ses fiançailles avec son amour d'enfance. Il m'a aussi dit que si j'avais besoin de faire réparer ma voiture, il s'en occuperait : il suffisait de passer chez Midas Muffler, sur Douglas Street, où il travaillait à l'époque. J'ai accepté son offre parce que ma voiture avait justement besoin d'un nouveau silencieux peu après notre rencontre.

Il avait une Corvette édition Silver Anniversary et, pendant qu'il réparait ma voiture, il m'a laissé conduire la sienne de haut en bas de Douglas Street. Il vivait à Sooke et était arrivé au Canada à l'âge de douze ans ; il était tchécoslovaque. Quand nous nous sommes rencontrés, il avait l'air assez responsable et se montrait très respectueux avec moi. Environ un mois après le début de notre relation, il m'a emmenée à Sooke pour rencontrer ses parents, et c'est là qu'il m'a dit qu'il avait plus de soixante-quinze points sur son permis, tous pour excès de vitesse. Son assurance automobile coûtait une fortune, il devait de l'argent pour ça et était endetté pour la totalité de la voiture. Pourtant, il a toujours été respectueux avec moi quand j'étais avec lui en voiture : il ne conduisait jamais vite, m'ouvrait toujours la portière, et chaque fois que nous sortions, c'était lui qui payait. Il voulait m'épouser au bout d'un mois de fréquentation, ce que j'ai refusé bien sûr, parce que je ne le connaissais pas encore assez et que ce que je découvrais commençait à me déplaire. Il a fini par emménager en ville, dans un appartement sur Pandora Street avec un ami. Un soir où j'étais chez lui, en train de boire quelques verres et de fumer, son colocataire est rentré. Je ne l'avais jamais vu auparavant. Apparemment, sa femme l'avait mis à la porte et il n'arrivait pas à l'accepter. Il est resté longtemps dans la salle de bain, alors Lebor est allé voir ce qui se passait et je l'ai suivi. Il y avait du sang partout : sur les murs, les miroirs, le sol. Cet homme s'était ouvert les poignets. J'étais sous le choc. Je l'ai emmené au Jubilee Hospital, qui se trouvait à quelques minutes à peine, et on nous a dit que s'il était mort en route, j'aurais été tenue pour responsable parce que je l'avais conduit moi-même. Nous aurions dû appeler une ambulance. J'ai dû remplacer la nouvelle moquette bleue que je venais d'installer dans ma voiture, car elle était couverte de sang. Lebor m'a dit plus tard que son ami avait pris de l'acide. À ce moment-là, je sortais avec Lebor depuis environ trois mois. J'ai rompu après cet incident, réalisant qu'il était lui aussi complètement à côté de la plaque, toujours en train de sniffer de la cocaïne.

Peu de temps après, j'ai de nouveau rencontré la douce et innocente Kathy. Elle m'a abordée un soir au Red Lion Bar et s'est assise juste à côté de moi. J'ai remarqué qu'elle était seule, alors nous avons commencé à parler et, dès sa première phrase, elle m'a dit qu'elle n'avait que seize ans. Elle paraissait bien plus âgée, mais pas assez pour passer inaperçue dans un bar. Franchement, notre système est en perdition. Elle cherchait un moyen de rentrer chez elle et m'a dit qu'elle ferait de l'auto-stop seule s'il le fallait ; c'était comme ça qu'elle était venue au Red Lion. Je ne voulais pas qu'elle fasse du stop, alors, comme elle habitait seulement un peu plus loin sur l'Island Highway, dans un parc de maisons mobiles avec ses parents, à une dizaine de minutes après chez moi, je lui ai proposé de la ramener. En chemin, elle m'a confié qu'elle avait en réalité très peur de faire de l'auto-stop, parce qu'elle avait été violée et que l'homme qui l'avait agressée allait bientôt sortir de prison. Je lui ai dit : « Mais qu'est-ce que tu fais à faire de l'auto-stop alors ? » Elle ne m'a pas répondu. Elle m'a décrit en détail ce qui lui était arrivé : elle était avec une autre fille, elles avaient toutes les deux été violées puis ligotées, mais avaient réussi à s'enfuir. Elle en parlait comme si ce n'était rien. J'ai éprouvé de la pitié pour cette gamine et je me suis sentie responsable d'elle, ce qui était exactement le but recherché. Je lui ai dit que si elle avait besoin d'un lift, je le lui donnerais. Après cette nuit-là, je la voyais partout où Darlene, Diane et moi allions, si bien que Darlene a commencé à l'inviter à sortir avec nous pour fumer. Kathy m'a convaincue de suivre avec elle un cours de développement personnel. Un soir, en la déposant chez elle, elle m'a montré ses dessins : elle était très douée. Tous représentaient des femmes portant des vêtements qu'elle avait elle-même imaginés. Kathy voulait devenir styliste. J'admirais son ambition à un si jeune âge, alors j'ai accepté de suivre ce cours avec elle, en allant la chercher chez elle à chaque fois. L'académie se trouvait sur Cloverdale, juste avant Quadra. Elle était la dernière d'une très grande fratrie, dix enfants ou plus, dont l'aîné avait presque vingt ans de plus qu'elle. Elle était la seule encore à vivre à la maison, probablement dans une famille catholique.

J'ai parlé de ce cours de développement personnel à certaines collègues, en leur disant que c'était aussi une formation préparant au mannequinat et qu'il fallait constituer son propre portfolio pour obtenir le certificat. Nous avons pris rendez-vous. Un jour au travail, un employé de la maintenance du bâtiment — je ne me souviens plus de son nom — m'a dit qu'il allait à l'université. Je lui ai demandé ce qu'il étudiait et il m'a répondu : « La photographie. » Je lui ai expliqué que j'avais besoin de photos pour un portfolio dans le cadre de ce cours, et il m'a proposé de les faire pour moi, pour s'exercer, même s'il ne faisait que du noir et blanc. Je n'ai jamais vraiment voulu être mannequin, mais je me suis rappelé les paroles de ma tante Carol qui me répétait sans cesse que je devrais l'être. Je me suis dit que ce serait une bonne occasion de voir ce que cela donnait, même si, en réalité, je suivais surtout ce cours pour Kathy. Nous avons convenu de nous retrouver à Beacon Hill Park. Là, il a pris toutes sortes de photos de moi, à différents endroits du parc. Je n'ai cependant jamais terminé le programme, car ils exigeaient de participer à un défilé de mode pour obtenir le certificat, et je n'arrivais tout simplement pas à me pavaner devant un public. J'ai alors su que le mannequinat n'était pas fait pour moi.

Je me suis vite rendu compte que Kathy couchait avec tout ce qui bougeait. Elle avait aussi beaucoup de mal à trouver un petit ami convenable. Ils semblaient toujours la larguer après avoir obtenu ce qu'ils voulaient et, en plus de me sentir désolée pour moi-même, j'éprouvais aussi de la pitié pour elle. Mais je me disais qu'au moins j'avais John, celui sans nom de famille. Il appelait chez mes parents pour me demander où les filles et moi allions sortir ce soir-là. C'était presque toujours le Surf Side. John arrivait, m'offrait des verres et, parfois, me donnait un petit sachet de marijuana très forte. Un jour, sans prévenir, il m'a acheté un gilet en cuir couleur rouille. C'était au début de l'été que j'ai reçu son appel, des mois après l'avoir rencontré pour la première fois chez Karen. Il a commencé à m'emmener faire du ski nautique au lac Shawangan chaque fois que je ne travaillais pas à l'hôpital. J'ai tout de suite pris le coup de main : je sortais de l'eau immédiatement et, très vite, je skiais sur un seul ski, traversant le sillage. Je suis aussi allée chez lui, à Whistler Mountain, pour faire du ski alpin. J'en ai parlé à ma mère, qui m'a dit : « Assure-toi que Kathy ou quelqu'un d'autre t'accompagne. » Alors John a invité Kathy aussi. Il avait une magnifique maison en A, à environ un pâté de maisons de la montagne, et je ne pouvais m'empêcher de lui demander, à l'occasion, ce qu'il faisait comme travail. Sa réponse était toujours la même : « Je fais du ski nautique l'été et du ski l'hiver.

Au début, quand John était à Victoria, il logeait chez un ami appelé Bo, mais par la suite je restais avec lui dans sa chambre de motel lorsqu'il venait me voir, et parfois il m'emmenait déjeuner le matin. Avant cela, quand John vivait à Vancouver, je pensais que, comme notre relation était très détendue de son côté, cela ne m'empêcherait pas de voir d'autres personnes. Notre relation a été intermittente pendant quelques mois, presque un an, et puis, un jour, il a simplement cessé de m'appeler. À ce stade, je commençais à me dire qu'il n'était rien d'autre qu'un « sugar daddy ». Quoi qu'il en soit, il était temps de passer à autre chose et de quitter cette ville complètement foutue qu'était Victoria pour remettre ma vie sur les rails. Je suppose que John, sans nom de famille, a disparu parce que les plans pour notre voyage de camping étaient déjà bien établis.
Avant de partir en voyage, Kathy et moi sommes allées à un rendez-vous à l'aveugle avec deux pêcheurs. J'ai oublié qui nous avait mises en contact avec eux, mais ils avaient beaucoup

d'argent et nous ont emmenées dîner au High Steak House. Je n'y étais allée qu'une seule autre fois auparavant, au début de ma relation avec Robin. Ils ont commandé du vin très cher alors qu'ils étaient déjà à moitié ivres quand nous les avons rejoints. Ils se sont comportés comme deux imbéciles saouls pendant tout le dîner, alors Kathy et moi les avons laissés tomber après le repas. Nous étions censées les retrouver au Surf Side Cabaret, mais nous n'y sommes pas allées ; nous sommes allées dans une autre boîte à la place, et c'en fut fini de ces idiots. Kathy disait qu'elle voulait aussi quitter cette ville et vivre ailleurs, mais au moment décisif, elle s'est dégonflée — parce qu'elle n'était qu'un énorme piège, ce que j'ignorais totalement à l'époque.

Nous avions planifié ce voyage ensemble : du camping à l'intérieur de la Colombie-Britannique en juillet 1979. Nous l'avions organisé quelques mois après que j'ai passé mon GED. J'avais encore les livres ; le type ne me les avait jamais réclamés, alors j'ai étudié avec et j'ai finalement passé l'examen et réussi en avril 1979. Je pensais que c'était le début d'une nouvelle vie. Nous avons pris la Camaro toute neuve de Kathy pour le voyage ; elle disait l'avoir achetée avec l'argent de compensation qu'elle avait reçu après avoir été violée. Je pense cependant qu'elle l'avait surtout pour le type avec qui elle comptait me mettre en contact pendant notre voyage de camping — et dont le plan était de me violer.

Au début de l'été, un après-midi de semaine très chaud, juste avant notre départ en camping, Kathy et moi avons décidé d'aller au lac Beaver, l'un des deux grands lacs situés le long de la Pat Bay Highway en direction des ferries de la Colombie-Britannique. Nous voulions aller dans un endroit tranquille et bronzer sur la plage — du moins, c'était mon intention. Nous empruntions une route de terre à sens unique menant au lac lorsque, surgissant du bois, un homme en long manteau s'est planté juste devant la voiture. Nous avons freiné brusquement pour éviter de le percuter. Il a ouvert son manteau, ne portait rien en dessous et a commencé à se masturber. Nous avons toutes les deux enlevé nos lunettes de soleil et j'ai immédiatement verrouillé ma portière, tout comme Kathy. Je n'en croyais pas mes yeux. Lui non plus n'est pas resté longtemps : il est reparti dans les bois. Nous avons roulé jusqu'au lac pour pouvoir faire demi-tour, car il n'y avait aucun endroit pour tourner sur cette route de terre. J'étais complètement paniquée, craignant que nous ne retombions sur ce cinglé et que, cette fois, il fasse quelque chose de pire. J'ai suggéré de prévenir la police, mais Kathy a dit qu'elle avait peur que cet homme découvre qui l'avait dénoncé et qu'il nous poursuive, alors nous ne l'avons pas fait.

Cela devait être une autre mauvaise farce destinée à s'assurer que je ne change pas d'avis et que je veuille toujours foutre le camp de Victoria — et bien sûr, ça a marché. J'avais dit à

Kathy et à d'autres à plusieurs reprises que j'en avais marre des hommes et que je voulais quitter cette ville pourrie. Quand on me demandait où j'aimerais vivre, je répondais : « Peut-être l'Okanagan. » À ce moment-là, j'étais moi-même assez mal en point et je savais que je devais faire quelque chose de mieux de ma vie. Ce que j'ignorais, c'est que j'étais suivie — et que je l'étais depuis l'âge de huit ans, voire encore plus jeune.

CHAPITRE SIX

Ma tante Carol continuait de venir chez ma mère, pleurant encore sur son épaule à propos de son mari ivrogne, Gordie, qui n'était jamais à la maison et qu'elle soupçonnait d'avoir une liaison. À chaque occasion, elle persistait à me dire que je devrais être mannequin. À cette époque, mon cousin irréprochable Raymond Bradford, l'unique enfant de ma tante Mary, était devenu agent de la Gendarmerie royale du Canada. C'était sans doute sa récompense pour m'avoir terrorisée, sans aucun doute. Je me souviens être allée chez mes grands-parents pour le dîner de Noël cette année-là, et il est arrivé vêtu de l'uniforme traditionnel de la Gendarmerie royale du Canada. Mes grands-parents lui ont fait un tel accueil que cela m'en a donné la nausée. Les frères et sœurs de ma mère n'incluaient jamais mes parents ni notre famille dans les conversations, sauf lorsqu'ils prenaient un malin plaisir à demander : « Kimberley, comment va ton ventre ? » Après ce Noël-là, j'ai refusé d'y remettre les pieds. Mon grand-père dérangé était toujours là, harcelant ma famille, débarquant chez nous dès qu'il voyait mon père rentrer du travail. Je me rappelle que lorsque j'avais vingt ans, après avoir quitté mon mari violent, Steve, j'ai dit que j'allais passer mon permis de conduire, et Grand-père a répondu : « Oh, tu ne l'auras jamais. » Eh bien, il avait tort, le vieux con.

Kathy Stoal et moi sommes parties en vacances dans

l'Intérieur de la Colombie-Britannique, et le premier endroit où nous avons campé était un terrain de camping à Penticton. Il y avait des fêtes partout, et les gens installés juste à côté de nous faisaient énormément de bruit. Je n'avais pas reparlé à Ron depuis la nuit où la police nous avait arrêtés, et voilà que, sorti de nulle part, il était là avec sa nouvelle petite amie d'origine indienne. Je les avais vus ensemble à quelques reprises au Red Lion Bar. Lorsque je les ai aperçus au camping, j'ai voulu aller leur dire bonjour, mais Ron m'a lancé un regard vraiment mauvais et a continué son chemin. J'imagine que cela faisait partie du plan pour s'assurer que je quitte le camping. Kathy a mentionné qu'elle avait eu beaucoup de difficulté à dormir cette nuit-là, alors nous avons décidé ensemble de trouver un autre endroit pour camper. Elle a suggéré Kelowna, parce que Penticton était réputée pour être une ville de fête, et elle savait que j'essayais de m'éloigner de ce genre de milieu. Nous avons donc roulé jusqu'à Kelowna. Nous avions déjà monté la tente, et Kathy était assise à la table de pique-nique en train de rouler un joint lorsqu'un rancher s'est arrêté à côté de notre emplacement, a littéralement jeté deux gars hors de son véhicule, puis est reparti à toute vitesse. Il ne leur a pas fallu longtemps pour venir à notre table et se présenter. Nous avons fumé quelques joints avec eux ; ils avaient aussi de la drogue. Ils ont dit s'appeler Mick et John, venaient de Preston, dans le Lancashire en Angleterre, et faisaient de l'auto-stop à travers les

États-Unis depuis quelques mois. John a expliqué qu'il avait travaillé dans la marine marchande en Grande-Bretagne, dans la salle des machines du navire sur lequel il était embarqué. Il avait voyagé dans de nombreux endroits, comme Singapour et l'Australie. Une fois, il avait quitté un navire pour rester avec une fille à Detroit, où il avait vécu trois mois avant que la relation ne prenne fin, puis il était retourné en Angleterre. Il avait travaillé dans une usine automobile à Detroit et gagné beaucoup d'argent. Ils se dirigeaient tous les deux vers l'Alberta pour rejoindre la famille de John, car ils disaient être bientôt à court d'argent. Kathy et moi étions fascinées par leur accent et par leurs récits de voyage. Nous n'avions jamais vraiment rencontré d'étrangers auparavant, en tout cas pas moi. Après avoir discuté un moment, nous avons décidé d'aller en ville à Kelowna pour trouver un pub ou une boîte de nuit où danser, de préférence un pub parce que ce serait moins cher pour tout le monde. Nous avons trouvé un pub avec un DJ qui passait de la musique moderne et nous y sommes restés jusqu'à la fermeture. Je dansais avec Mick quand John a pris le relais. Lorsque nous sommes retournés au camping, il pleuvait à torrents, et ils nous ont dit que leur tente était tombée de l'arrière du rancher. L'été, dans l'Intérieur, il y a parfois de violents orages, avec tonnerre et éclairs, et c'était le cas cette nuit-là. Ils ont demandé à dormir dans notre tente pour ne pas être trempés, mais je n'aimais pas du tout cette idée. J'ai dit que ces orages d'été ne duraient jamais longtemps, mais Kathy et moi avons fini par céder parce que la pluie ne s'arrêtait pas. Je leur ai dit qu'ils pouvaient dormir dans la tente, mais seulement au pied. Ils ont commencé ainsi, mais au milieu de la nuit, ils se sont rapprochés de nous. John a commencé à me violer. Je lui ai dit : « Je te connais à peine. » Quand j'ai ajouté que je pourrais avoir une maladie sexuellement transmissible, pensant que cela l'arrêterait, il a simplement répondu qu'il s'en fichait et a continué. À ce moment-là, j'étais tellement habituée à ce genre de comportement que je ne réalisais même pas, ou que je ne pensais pas vraiment être en train d'être violée. Je le repoussais en disant « NON », mais il était trop fort, et il m'a dit : « Tu aimes ça. » J'ai regardé du côté de Kathy et j'ai vu que Mick s'était rapproché d'elle et qu'ils couchaient ensemble. Le lendemain matin, quand je me suis réveillée, John était assis près du lac à regarder le lever du soleil. Je suis allée le voir pour lui reprocher ce qu'il m'avait fait, car j'en avais assez d'être exploitée, mais il a commencé à me demander si je voulais partir en Angleterre avec lui pour des vacances. Il m'a dit qu'il avait une camionnette qu'il était en train d'aménager et que nous pourrions voyager à travers le continent avec. J'avais tellement envie de quitter cette ville infernale où je vivais que je me suis dit que je pouvais bien tirer quelque chose de bon de toutes ces épreuves. Pour couronner le tout, John m'a montré une lettre d'un ancien employeur à Preston, dans le Lancashire, expliquant qu'il était un travailleur acharné, et indiquant qu'il pouvait prendre des vacances quand il le voulait tout en ayant un emploi assuré à son retour. La lettre était signée. Cela m'a beaucoup impressionnée, car tous les hommes avec qui j'avais eu des relations auparavant ne faisaient rien de leur vie et semblaient rarement travailler, probablement trop occupés à faire la fête. J'avais souvent dit que je rêvais de voyager en Europe lorsque j'avais appris d'où ils venaient. Je savais avoir partagé ce rêve avec Kathy, qui disait aussi qu'elle aimerait le faire. Bien sûr, ils devaient d'abord venir sur l'île pour rencontrer mes parents et voir où je vivais. Kathy a présenté Victoria sous un jour très flatteur, donnant l'impression qu'elle essayait de les convaincre de venir, même s'ils disaient vouloir aller en Alberta. J'avoue que j'ai moi aussi enjolivé cet enfer, tellement j'étais excitée à l'idée de ce que je croyais être l'occasion d'une vie. Nous avons terminé notre voyage de camping avec eux au même endroit, puis sommes rentrées à Victoria en les emmenant avec nous. Dès notre retour, je les ai invités chez mes parents pour qu'ils se rencontrent. Mon père venait de subir une autre opération, avec l'ablation d'une partie de ses intestins, et il avait de graves problèmes avec son incision, maintenue par de grosses agrafes sales qui se rouvraient sans cesse. J'imagine que ce médecin maléfique et ses complices voulaient le voir se vider de son sang. Je savais que mes parents n'autoriseraient pas John à rester chez nous, et je ne leur ai même pas demandé. Je leur ai dit qu'ils comptaient rester quelque temps à Victoria et que nous allions les emmener camper à Thetis Lake. Kathy et moi leur avons fait visiter la ville, les avons emmenés dans quelques bars et présentés à Darlene et Diane avant que Nick ne parte pour Hawaï. Ironique, quand on y pense, puisqu'ils étaient censés manquer d'argent. Un soir, John et moi sommes allés à l'aréna Juan de Fuca à Colwood pour une grande soirée dansante. En sortant, nous avons trouvé un énorme rocher lancé à travers le pare-brise de ma Beaumont blanche. C'est à ce moment-là que j'ai découvert que la voiture n'était qu'une épave rouillée, presque creuse jusqu'au toit. Je l'ai fait réparer, mais cela a définitivement scellé ma décision de prendre un billet d'avion pour l'Angleterre et de partir. John a ensuite commencé à avoir de graves problèmes à la jambe, gravement infectée à la suite d'un ancien accident de moto. Malgré l'urgence, il a refusé de se faire opérer ici. J'ai tenté d'obtenir un congé sans solde de mon travail, mais cela m'a été refusé. J'ai donc démissionné, obtenu un visa de travail et un passeport en quelques jours seulement. Je suis partie trois semaines après John, à la fin de septembre 1979. Je ne le connaissais pas depuis deux mois, et mes parents étaient inquiets. Mon père m'a donné l'adresse de sa tante Lilly à Birmingham, au cas où John ne serait pas là pour m'accueillir. Il m'a dit : « Je te donne trois semaines, et tu reviendras embrasser le sol canadien. » Quand je suis revenue, j'ai effectivement voulu embrasser le sol… mais aujourd'hui, cette remarque me donne plutôt envie de vomir.

Ce n'est qu'une fois dans l'avion que je me suis demandé si je faisais le bon choix ou non. J'étais assez effrayée à l'idée de voyager si loin de chez moi et d'atterrir dans l'un des plus grands aéroports du monde, Heathrow. J'ai tout de suite remarqué à quel point tout était différent. Il y avait de nombreux panneaux écrits dans des langues étrangères, et une foule immense avançait en masse, serrée comme des sardines dans une boîte, si bien qu'il était difficile de savoir si l'on allait dans la bonne direction ou non. Il m'a fallu environ une heure de marche avant d'arriver enfin à l'endroit où se trouvaient mes bagages. Après les avoir récupérés, il m'a fallu encore près d'une heure avant d'apercevoir John au milieu de la foule, sur le côté de l'allée, derrière une corde. J'étais tellement soulagée de le voir. Dès que nous avons parlé, je lui ai dit que je devais aller aux toilettes, alors nous avons trouvé un salon immédiatement. Il fallait payer pour les utiliser, mais John m'a dit de me glisser sous la porte, ce que j'ai fait, car je n'avais pas encore changé mon argent. Lorsque j'ai voulu tirer la chasse d'eau, je n'ai pas trouvé de poignée ; en levant les yeux, j'ai vu une ficelle pendre au-dessus de moi. Je l'ai tirée et les toilettes se sont vidées. Le papier toilette ressemblait à du papier ciré. J'ai alors pensé à ma pauvre mère. Nous avons ensuite visité Londres, vu Buckingham Palace, Big Ben, et bien sûr, nous sommes allés dans une demi-douzaine de pubs ce jour-là. Je me souviens avoir été paniquée devant Big Ben : il y avait des centaines et des centaines de pigeons qui volaient partout, beaucoup étaient posés sur le trottoir pavé, et plusieurs tentaient même de se percher sur mes épaules. John connaissait quelqu'un qui vivait en périphérie de Londres, nous y avons donc passé la nuit avant de partir le lendemain matin pour la maison de ses parents, où il vivait. À cause de la durée du voyage (huit heures) et du décalage horaire (huit heures), il m'a fallu quelques jours pour récupérer et retrouver un rythme de sommeil normal. Toutes les maisons ressemblaient à des maisons mitoyennes, des rangées interminables partout en ville et dans les petites localités traversées ; on appelait cela des « flats ». Posséder une maison individuelle signifiait être extrêmement riche ; on n'en voyait pratiquement jamais. Il nous a fallu environ trois heures de route pour arriver à l'endroit d'où venait John, à Lostock Hall, près de Lancaster et Preston, en Angleterre, une ville universitaire. J'ai été surprise de voir autant de campagnes dégagées et de collines verdoyantes le long de l'autoroute, sachant qu'il y avait presque autant de personnes vivant à Londres que dans tout le Canada. Par endroits, on apercevait une maison isolée au milieu d'un champ, mais dans l'ensemble, je me demandais où étaient passés tous les gens. Conduire de l'autre côté de la route était étrange. John m'a récupérée dans sa grande voiture américaine couleur bordeaux, chose rare là-bas, car il disait vouloir que je me sente chez moi. La sœur de John, Margaret, était mariée à Collin, qui avait été le meilleur ami de John pendant des années. Avant mon arrivée, lorsque John visitait Victoria, il m'avait dit que je ressemblais un peu à sa sœur, et après l'avoir rencontrée, j'ai constaté que c'était vrai. Nous avions à peu près le même âge. Margaret et Collin n'avaient pas d'enfants, bien qu'ils soient mariés depuis environ cinq ans. Ils vivaient dans une maison considérée comme de classe aisée, jumelée, située dans un cul-de-sac à une dizaine de minutes de chez les parents de John. Elle était plus grande et bien plus belle que celle de ses parents. Les parents de John possédaient un flat, l'avant-dernier d'une rangée d'une dizaine. Margaret et Collin avaient même un jardin à l'arrière, contrairement à la plupart des gens qui n'avaient qu'un minuscule carré de terrain, généralement clôturé. Collin travaillait dans l'aviation et faisait des courses de motos pendant son temps libre ; il possédait une multitude de trophées qu'il exposait dans le garage attenant à leur maison, et il y en avait tellement qu'il avait dû en placer aussi dans le salon. John avait également un frère cadet, David, qui vivait toujours chez leurs parents et étudiait au collège pour devenir ingénieur. Le flat de leurs parents ressemblait à une petite maison de ville de trois chambres, toutes situées à l'étage, où se trouvait également la seule salle de bain convenable. Ils avaient le chauffage central. Certains n'en avaient pas, car c'était apparemment coûteux à installer, et ils se chauffaient avec une cheminée au charbon dans le salon.

Chaque pièce du flat avait une porte, et l'on chauffait uniquement la pièce occupée ; si l'on devait entrer dans une autre pièce, on s'empressait d'y faire ce que l'on avait à faire tant il faisait froid. Le chauffage coûtait cher aussi. J'ai découvert que certains flats avaient encore des toilettes extérieures attenantes au logement, et qu'il fallait sortir pour les utiliser. Les appels téléphoniques étaient facturés à la minute, si bien qu'on ne perdait pas de temps à bavarder. La mère de John faisait sécher tout le linge qu'elle lavait à l'intérieur de la maison en hiver pour économiser de l'argent. Elle n'avait pas de sèche-linge, seulement une vieille machine à deux cuves : d'un côté on lavait le linge, de l'autre on l'essorait. Il y avait de jolis tableaux accrochés aux murs du salon, que John leur avait rapportés de différents ports où il était passé lorsqu'il travaillait dans la marine marchande, dans la salle des machines. Je dormais dans l'ancienne chambre de Margaret, qui était juste assez grande pour un lit simple. John partageait une chambre avec son frère. Dans leur chambre, l'ancienne moto de John, celle avec laquelle il avait eu un accident, était suspendue en pièces détachées sur les murs, et la pièce n'était assez grande que pour deux lits simples. David reconstruisait la moto de John à partir de pièces de Norton et de Triumph qu'il faisait chromer ; c'était ce qu'il faisait pendant son temps libre. Les placards avaient des tiroirs intégrés, ce qui rendait les commodes inutiles, d'autant plus qu'il n'y avait absolument aucune place.

Le père de John, Jack, a été élevé dans la religion protestante. Il travaillait pour Leyland Motors, juste à l'extérieur de Lostock Hall, où il conduisait un camion qui livrait principalement des cartes de vœux. Aucun membre de la famille de John n'avait jamais besoin d'en acheter. Parfois, le père de John rentrait du travail avec des batteries de véhicules, disant qu'il était autorisé à emporter tout ce qu'il utilisait. David et John vendaient ces batteries et gardaient l'argent. Le père de Jack était encore en vie, mais sa mère ne l'était plus. Jack avait une sœur qu'il ne voyait jamais, probablement pour des raisons religieuses, mais il n'a jamais donné de détails concernant sa famille. Pendant la guerre, Jack travaillait dans une ferme afin d'éviter d'être envoyé au front, car à l'époque, travailler dans une ferme exemptait du service militaire. John a passé une grande partie de son enfance sur cette ferme. Lorsque je vivais avec leur famille, Jack m'a emmenée chez le boucher où ils achetaient toujours leur viande, afin de me montrer comment elle était découpée ; je suppose qu'il voulait paraître instruit ou important, ou peut-être autre chose, aujourd'hui je ne sais plus. Francis, la mère de John, avait été élevée dans un catholicisme strict et travaillait dans une usine de fabrication de pantoufles où elle les cousait. Elle avait une sœur dont toute la famille vivait dans une ferme avec leur mère. Francis m'a dit que son père était mort depuis longtemps, sans jamais donner de détails, et je n'ai besoin de personne pour deviner ce qui a probablement dû lui arriver. Francis faisait semblant de croire que ses proches s'entendaient bien avec sa famille, mais je crois en réalité qu'ils la méprisaient pour avoir trahi l'Église catholique en épousant Jack, ce que j'ai compris pendant mon séjour là-bas. Elle parlait sans cesse en mal de sa sœur, disant qu'elle « profitait de leur mère en vivant avec elle à la ferme toute sa vie de femme mariée », selon ses mots, sans doute par peur d'être écartée du testament, tant elle était avide d'argent. John et ses frères et sœurs furent contraints d'aller à l'église catholique pendant leur enfance. Francis estimait probablement qu'elle n'avait pas réellement trahi l'Église, convaincue que Dieu pardonne tout. Elle m'a raconté qu'elle attachait John une fois habillé pour pouvoir préparer les autres enfants avant de les emmener à l'église catholique locale, disant qu'elle voulait le garder propre. Jack, bien sûr, n'y allait jamais. Elle continuait toutefois à assister fidèlement à la messe tous les dimanches pendant mon séjour, tout en passant ses week-ends à boire au Legion avec Jack. John a connu de nombreux accidents dans sa vie : enfant, il aidait sa mère à livrer des bouteilles de lait et un jour, en trébuchant sur l'allée, il s'est profondément entaillé la main depuis le pouce ; il en garde une cicatrice importante. Une autre fois, dans une ferme, un taureau s'est échappé et l'a poursuivi ; en sautant une clôture de barbelés pour lui échapper, il s'est déchiré la poitrine, laissant une cicatrice d'environ quinze centimètres. Avec le recul, je crois qu'il était lui aussi un « enfant du diable », et je pense que le frère ou la sœur de sa mère a pu être impliqué dans ces prétendus accidents. Sa mère voulait probablement le protéger à tout prix, et John, ayant servi dans la marine marchande, a fini par savoir exactement où il voulait vivre. Ainsi, les deux gouvernements, britannique et canadien, ainsi que nos familles, se sont entendus pour orchestrer notre réunion, poursuivant leur entreprise de destruction par les maladies sexuellement transmissibles. John était hautement qualifié comme mécanicien diesel et soudeur, excellent dans son travail, et avait commencé son apprentissage à l'âge de quinze ans. Je crois aujourd'hui que si l'on était catholique et artisan, le gouvernement canadien recrutait ces profils pour renforcer une nation catholique prospère, tandis que le gouvernement britannique voulait simplement se débarrasser de lui, le considérant comme « l'enfant du diable ». Chacun pensait rendre service à l'autre. Il suffit de voir tous les Italiens venus au Canada, prétendu pays des opportunités pour tous — quelle farce. Je dis cela en sachant que ma tante Carol, la sœur cadette de ma mère, et Dale, l'agent de la police municipale de Victoria qui vivait en face de la maison de mes parents, ont aidé à faire venir John ici, ce que j'ai appris pour la première fois lorsque mon ordinateur a été piraté en l'an 2000.

Quoi qu'il en soit, John touchait les allocations de

chômage, appelées là-bas *the dole*, en attendant une opération à la jambe. Il m'a montré la ferme où il avait grandi, et juste en face se trouvait un grand étang où, disait-il, il jouait tout le temps. L'école où il avait fait toute sa scolarité jusqu'au moment où il a quitté l'école pour commencer son apprentissage n'était qu'un petit bâtiment à classe unique. Tout cela me rappelait la façon dont ma mère avait été élevée, ce que j'avais toujours cru appartenir uniquement « au bon vieux temps ». À peine étais-je arrivée que la mère de John me mettait déjà la pression pour que je trouve un travail, en me montrant les offres dans le journal local. J'ai demandé à John si elle voulait que je paie le gîte et le couvert, et il m'a dit de ne pas m'en faire. Je pouvais clairement sentir que sa mère n'aimait pas que je reste chez eux gratuitement. En réalité, j'ai très vite eu l'impression qu'elle ne m'aimait pas du tout, et je l'ai bien compris lorsque je lui ai montré le portfolio du cours de développement personnel que j'avais suivi avec Kathy. Je l'avais apporté en pensant que, dans le pire des cas, je pourrais peut-être trouver un travail de mannequin, après tout, l'Europe était – et est toujours – réputée pour ses mannequins à succès. Lorsqu'elle a vu mon portfolio, Francis a affiché un air de dégoût. Je me souviens aussi que lorsque je lui ai parlé de mon mariage précédent et de mon divorce, son visage est devenu dur, comme si elle désapprouvait. J'ai compris le message et j'ai trouvé un emploi dans les trois semaines suivant mon arrivée. J'ai été embauchée dans un magasin appelé *Mansfield Shoes*. Au début, je remplissais les rayons, puis ils m'ont autorisée à vendre les produits. Je travaillais avec une fille toujours habillée à la mode des années cinquante, avec de grandes jupes à crinoline et des chaussettes blanches ; on appelait ces gens-là des *Teddy Bears*. Son petit ami ressemblait à Elvis, avec des vêtements voyants et les cheveux noirs plaqués en arrière. Il semblait qu'en Angleterre, on donnait un nom à tous ceux qui sortaient de l'ordinaire, comme les *Skinheads* ou les *Punks*, alors qu'au Canada, ce n'était pas vraiment le cas. À ce moment-là, John a subi son opération à la jambe et on lui a mis un plâtre, ce que je ne comprenais pas du tout puisque l'incision était ouverte et que la plaie avait besoin d'air. Peu après le retrait du plâtre, comme je m'y attendais, la blessure s'est infectée. Puis Halloween est arrivé, qu'ils appellent là-bas *Guy Fawkes Day*. Bien sûr, c'est en Angleterre qu'Halloween est né. Très peu de gens mettaient des navets sculptés à leur fenêtre pour montrer qu'ils le célébraient, et la plupart n'ouvraient pas leur porte aux enfants ; les parents de John ne faisaient pas exception. Un enfant est venu à leur porte en disant : « Penny for the Guy ? », et sa mère lui a répondu sèchement : « Ta mère sait que tu fais la manche ? », avant de lui donner dix pence. Là-bas, quand ils célèbrent, ils donnent de l'argent, pas des bonbons. Il y avait quelques feux d'artifice par-ci par-là, mais rien de comparable à ce qu'on voit ici, surtout des pétards. Nous n'avons pas vécu longtemps chez les parents de John. Je n'ai même pas eu le temps de leur proposer de payer un loyer, car après trois semaines, une dispute a éclaté et John et moi sommes partis. Je n'avais même pas encore reçu mon premier salaire. Un jour, ses parents étaient sortis et, à leur retour, la porte était verrouillée. Ils sont tellement confiants là-bas que tout le monde laisse sa porte ouverte – enfin, en théorie. John et moi étions à l'étage ; je me préparais à sortir, et John essayait sans cesse de me séduire. Lorsque je suis descendue chercher une aiguille et du fil pour réparer la veste que je voulais porter, j'ai remarqué que ses parents étaient assis dans le salon, comme s'il y avait quelque chose de louche. Je les ai salués puis suis allée dans la cuisine, mais ils m'ont demandé de venir leur parler dans le salon. Le père de John m'a demandé : « Pourquoi la porte était-elle verrouillée ? » J'ai répondu que John avait dû la fermer. Ils ont alors dit : « Nous ne voulons pas de ce genre de bêtises sous notre toit. Ce que vous faites ailleurs ne nous regarde pas, mais respectez nos règles ici. » J'étais tellement bouleversée que je suis montée en pleurant. John m'a demandé ce qui se passait, je lui ai raconté, et il est descendu pour passer un savon à ses parents. Nous sommes partis ce soir-là et avons dormi dans sa voiture. Ensuite, nous sommes restés quelque temps chez Mick, qui vivait avec sa grand-mère dans un appartement au-dessus de son logement. Puis nous avons emménagé dans l'appartement de deux pièces d'une connaissance de John, un buveur invétéré. C'était un logement social en plein centre de Preston, au quatorzième étage d'un immeuble en béton. La plupart du temps, je devais monter les escaliers parce que l'ascenseur ne fonctionnait jamais. L'homme s'appelait Ned et venait de se séparer de sa femme. Il n'avait absolument aucun meuble et possédait un gros chien qu'il gardait dans le salon. L'endroit était immonde, couvert d'excréments d'animaux, mais nous n'avions nulle part où aller. On disait que des étudiants venaient de partout pour fréquenter les collèges de Preston, et que le logement était difficile à trouver. Nous avons réussi à trouver un lit peu après notre installation. Je n'oublierai jamais comment je lavais le sol encore et encore, posant un tapis sur le béton glacé ; parfois je trébuchais sur le coin du tapis et un nuage de saleté s'envolait, alors je recommençais à nettoyer. Ned a mis son chien sur le balcon pendant un court moment, mais je lui ai dit que c'était cruel, et il a fini par lui trouver un bon foyer. Je refusais de vivre avec un animal urinant et déféquant partout. Pendant longtemps, nous n'avons eu qu'un lit et un tapis. Nous étions en novembre et il faisait un froid glacial. Le chauffage ne fonctionnait jamais, mais il y avait de la musique diffusée par des haut-parleurs, ce qui me paraît aujourd'hui très étrange. John et moi dormions avec plusieurs couches de vêtements et de grandes bouteilles en plastique remplies d'eau chaude pour nous réchauffer. Une fois, j'ai attrapé une forte grippe et un rhume, et la mère de John a envoyé son fils préféré, David, voir si j'allais bien. Je me suis dit que si elle se faisait tant de souci, elle aurait pu venir elle-même. À ce moment-là, John a dû subir une autre opération : sa jambe avait développé une gangrène. Il touchait toujours le chômage et, après cette deuxième opération, il a commencé à travailler chez *Sutcliff's Transport*, formant un jeune apprenti mécanicien. De mon côté, je continuais à travailler chez *Mansfield Shoes*, ce qui m'a permis d'acheter toute la vaisselle dont nous avions besoin, car l'appartement était vide. Peu à peu, j'ai aussi contribué à l'achat de quelques meubles. Très vite, John a parlé d'acheter notre propre logement, répétant sans cesse : « Cet endroit est un taudis. » Après le travail, il allait boire, affirmant que c'était le mode de vie local : quelques pintes après une dure journée. Je me suis alors demandé ce que je faisais si loin de chez moi avec quelqu'un qui n'était jamais à la maison. Ned faisait la même chose. Un week-end, John a disparu tout le temps. J'ai appelé la compagnie aérienne pour réserver un billet de retour, puis j'ai raccroché, me disant que je n'étais pas venue jusque-là pour rien. Nous n'avions encore rien visité. J'étais déterminée à voyager un peu avant de rentrer, car ce voyage m'avait coûté cher, et j'avais aussi trop peur de revenir au pays. Je me souviens avoir pleuré tout ce week-end-là. John me disait d'aller seule dans les pubs, affirmant que toutes les femmes le faisaient et que personne n'y voyait de mal. Mais je n'en étais pas capable, surtout après qu'il m'a raconté que le tristement célèbre *Yorkshire Ripper* avait fait sa première victime derrière une boîte de nuit appelée *Clouds*, dans l'allée visible depuis la fenêtre de notre salon. Un jour, j'ai vu de l'eau savonneuse et des vêtements tomber du ciel : quelqu'un jetait l'eau de lessive par la fenêtre et les vêtements étaient partis avec. À peine avions-nous aménagé que cela ne suffisait déjà plus : John a acheté son propre appartement. Je voulais voyager sur le continent, mais il utilisait sa jambe comme excuse pour ne pas le faire. Il a acheté ce logement pour s'assurer de tirer profit de moi, au cas où son projet canadien ne fonctionnerait pas.

John m'emmenait dans divers bars et boîtes de nuit à Preston ; nous sommes aussi allés à un concert à Preston et à un grand concert près de Londres. On pouvait marcher jusqu'à dix pubs différents sur un seul pâté de maisons. Personne ne conduisait beaucoup ; tout ce dont on avait besoin était accessible à pied. Faire des provisions n'était pas courant, car il n'y avait nulle part où les stocker. Les gens allaient au magasin tous les jours pour acheter de quoi manger pour un jour ou deux. Personne n'emportait de déjeuner au travail, car manger dans un café ou un pub coûtait à peu près la même chose que de préparer son propre repas. Il existait même des pubs où l'on pouvait amener ses enfants : des aires de jeux étaient aménagées dans une petite cour avec des tables, afin de pouvoir les surveiller. Certaines personnes allaient au pub pour prendre un verre pendant leur pause déjeuner, et personne n'y voyait rien de mal. John m'a emmenée dans un bar à vin et m'a acheté du vin que je buvais dans un petit verre à shot ; pourtant, même si je n'en ai bu que deux, j'étais complètement saoule. C'était du vin australien, conservé dans de grands tonneaux derrière le bar, alignés le long du mur. À quelques reprises, je suis sortie avec Jeff, le fils du propriétaire, qui travaillait avec John. Jeff était un bon ami de John, et il m'a emmenée dans différents endroits avec son semi-remorque ou son camion. Il m'a emmenée à Leeds et m'a raconté que le Yorkshire Ripper y avait fait une autre victime. John et moi sommes allés à Blackpool, qui se trouvait à environ une demi-heure de route. Il y avait une procession de lumières appelée *Blackpool Illuminations* toute l'année, mais quand nous y sommes allés un soir, cela fermait, et je n'ai donc pas pu tout voir. Une autre fois, nous y sommes retournés parce qu'il y avait une grande fête foraine, elle aussi ouverte toute l'année. Il y avait de nombreuses petites boutiques sur la promenade en bord de mer que j'aurais aimé visiter, mais John ne s'intéressait qu'aux manèges et aux pubs, alors je n'ai presque pas fait de shopping. Il m'a emmenée dans une attraction qui nécessitait de monter un grand nombre de marches. Je détestais les manèges et je ne voulais pas y aller, mais John m'a tirée en haut des escaliers et m'a forcée à monter. C'était comme une grande roue avec des sièges doubles tout autour ; la roue avançait à toute vitesse puis repartait en arrière à la même vitesse, et j'avais l'impression que cela ne finirait jamais. Je me suis sentie malade après. Ce fut la première et la dernière fois que je suis montée sur ce genre d'attraction. Une autre fois, il m'a convaincue d'aller à ce qu'ils appelaient le « Trough » pour faire une balade à moto avec son beau-frère Collin. Ils ont roulé à pleine vitesse pendant environ une demi-heure sans s'arrêter, sur des routes étroites et sinueuses à peine assez larges pour un petit véhicule. Des moutons traversaient la route, et je frappais désespérément le dos de John pour qu'il s'arrête. Quand il s'est enfin arrêté, je n'ai pas pu me lever pendant environ quinze minutes. Je me suis assise sur le bord de la route en terre et j'ai alors remarqué que mes chaussures étaient complètement usées à force de frotter contre le sol dans les virages. Sur le chemin du retour, il a refait la même chose en traversant Preston en plein centre-ville. Ils étaient comme deux fous. Je ne suis jamais remontée sur une moto avec lui. Une autre fois, en revenant d'une course de moto où Collin participait, ils m'ont convaincue de conduire la camionnette d'un éleveur de porcs pour rentrer. Je me souviens avoir tourné en rond dans un rond-point, ratant plusieurs fois la sortie. J'ai aussi conduit une fois la voiture américaine de John pendant mon séjour là-bas, et j'ai failli avoir un accident après seulement quelques rues. J'avais très peur de conduire là-bas, et je ne l'ai plus jamais fait après. Nous sommes allés une fois dans le Lake District pour un week-end, à environ une heure de route de

Preston. C'était un endroit très prisé par les jeunes en été et, bien sûr, ce n'était qu'une immense beuverie. Les gens étaient ivres partout sur les sentiers, titubant de tous côtés. J'ai remarqué qu'il y avait surtout des voiliers sur les lacs, et peu de bateaux à moteur. Une fois, nous sommes allés à Liverpool pour un week-end, et j'ai vu l'endroit où les Beatles ont commencé, dans une petite taverne. À Liverpool, des rangées d'immeubles peints en rouge vif, rappelant leur équipe de football favorite, bordaient les rues ; puis, un pâté de maisons plus loin, d'autres immeubles étaient peints en bleu. Les matchs de football devenaient parfois très violents, alors nous n'y sommes jamais allés. J'ai vu la Tamise non loin de là ; elle était très boueuse et agitée, pas du tout attirante. J'ai aussi réussi à rendre visite à ma grande-tante Lilly pendant mon séjour, car je lui avais écrit avant de partir pour l'Angleterre afin de lui dire que je venais. Je lui ai écrit une autre lettre pendant que j'y vivais pour la prévenir du week-end que nous avions prévu de passer chez elle. Lorsque nous sommes arrivés à Birmingham, elle avait préparé nos chambres avec des couvertures chauffantes et le dîner sur la table, mais nous avions déjà mangé. Elle nous a immédiatement emmenés dans son pub habituel, où tous ses enfants nous attendaient. Ils étaient tous directeurs dans de grandes entreprises et semblaient avoir beaucoup d'argent. Dès que ma grande-tante Lilly est entrée dans le pub, tout le monde la saluait. Quand nous avons rejoint sa famille et qu'elle s'est assise, la serveuse savait exactement ce qu'elle buvait et a apporté sa boisson aussitôt. Tante Lilly a avalé un shot de whisky, puis a descendu une bière, et j'étais surprise de voir une femme aussi âgée se comporter ainsi. Ils essayaient sans doute de nous impressionner, car ils n'ont laissé ni John ni moi payer une seule boisson, et avant de partir, l'un de ses fils m'a offert un collier en argent sterling. Avant de repartir, j'ai demandé à ma grande-tante Lilly si elle avait des photos de mon grand-père, le père de mon père, car mon père m'avait demandé de lui en rapporter. La seule qu'elle avait était une photo agrandie de mon grand-père dans son cercueil, ce que j'ai trouvé morbide. J'ai montré cette photo à ma mère à mon retour, et elle a trouvé cela morbide aussi ; choquée, elle m'a dit : « Ne montre pas ça à ton père », et je ne l'ai jamais fait. Un week-end, nous sommes allés à Reading, juste à l'extérieur de Londres. John voulait assister à un concert de heavy metal, un genre de musique que je n'aimais pas du tout. C'était le seul style que je n'avais jamais apprécié. Tout le monde buvait et se droguait à outrance ; les gens étaient ivres partout, des feux brûlaient et certains tombaient dedans. Il y avait tellement de monde que j'avais peur d'être poussée dans l'un de ces feux, alors j'ai insisté pour partir plus tôt. C'était complètement déchaîné. Le premier concert auquel j'ai assisté était dans la ville natale de John, Preston, et c'était dès mon arrivée : Pete Townshend et les Boomtown Rats, dans un petit auditorium scolaire. Ce furent les deux seuls concerts que j'ai vus pendant mon séjour là-bas, et aucun des deux ne m'a plu.

Mon visa de travail a vite expiré, et je me sentais très seule dans l'appartement, alors John a pris du temps libre et nous sommes partis environ une semaine dans sa camionnette rose de fermier, jusqu'à l'extrême nord du Royaume-Uni, le plus loin possible, dans un endroit appelé John O'Groats. Quand nous y sommes arrivés, John m'a dit : « C'est l'endroit le plus proche de chez toi où tu sois jamais venue. » Sur la route, nous nous sommes arrêtés à plusieurs endroits, et partout où j'allais, je ramassais de petits souvenirs bon marché pour ma mère et mon père. Je n'aimais pas la campagne écossaise ; elle avait trop de buissons roulants et paraissait très brune et aride. Nous avons fait un arrêt à Édimbourg pour visiter le château. Il y avait un garde à l'entrée portant l'uniforme traditionnel des gardes britanniques, et je n'ai jamais réussi à le faire cligner des yeux, malgré tous mes efforts. À un moment donné, je ne me souviens plus exactement où nous étions, mais nous traversions un minuscule village écossais au milieu de nulle part lorsque nous avons vu un grand groupe de personnes rassemblées autour d'une toute petite gare, avec des véhicules garés partout le long de la route de campagne. Nous nous sommes demandé ce qui se passait. Nous nous sommes arrêtés pour demander à un homme qui marchait le long du chemin, et il nous a dit que le prince de Galles, le prince Charles, arrivait par le train pour une partie de chasse. Nous sommes sortis pour voir ce qui se passait. J'étais debout derrière une corde, à seulement deux pieds de lui ; il ne m'a pas serré la main, mais il m'a regardée. Bien sûr, John a tenu à m'emmener voir le Loch Ness. J'imagine qu'il espérait que nous verrions le monstre du Loch Ness pour pouvoir dire à sa famille et à ses amis qu'on m'avait encore fichu une peur bleue. Arrivés dans la ville, nous sommes entrés dans un pub au bord du lac supposé abriter le monstre, et nous avons discuté avec des habitués qui parlaient tous du monstre du Loch Ness. John a insisté pour que nous passions la nuit dans une ruelle près du pub, disant qu'il n'y avait nulle part ailleurs où dormir, et comme d'habitude, il était bien ivre, alors j'ai accepté. Même si je ne croyais pas aux histoires entendues cette nuit-là, j'ai eu beaucoup de mal à dormir, ce qui était sans doute le but recherché. John et moi avons fait un autre voyage d'une semaine dans sa camionnette, cette fois vers le sud de l'Angleterre, en passant par le pays de Galles. Nous nous sommes arrêtés à Bath, où j'ai visité les thermes romains situés en plein centre de la ville, autour d'un grand rond-point. J'ai été très impressionnée par Bath ; c'était très bien entretenu, contrairement à certains endroits, mais aussi très petit : le rond-point faisait pratiquement toute la ville. Évidemment, John a voulu m'emmener voir Stonehenge. Il faisait nuit quand nous sommes arrivés, et une séance était en cours avec un groupe de sorcières.

Nous ne sommes pas sortis du véhicule, car un policier est venu nous dire de partir, expliquant que leurs rassemblements dégénéraient parfois. Ces sorcières avaient allumé un grand feu au milieu du site, et je me demandais pourquoi cela était autorisé autour d'un monument historique. Nous avons passé la nuit non loin de Stonehenge, je crois, sur le parking d'un pub, puis le lendemain matin, nous sommes retournés sur le site pour que je puisse mieux le voir. Plus au sud, nous nous sommes arrêtés dans une ferme qui produisait un vin fait de pommes pourries appelé « Scrumpy ». John m'a dit : « Rien que l'odeur va te saouler », et il avait raison : un seul petit verre suffisait pour être hors d'état pour la soirée. J'ai conservé une cruche pour la rapporter à mes amis alcooliques et drogués, Darlene, Diane et Kathy, afin qu'ils y goûtent. John pensait qu'on ne me laisserait pas l'emporter dans l'avion, mais ils l'ont permis. Il a ajouté que si on me laissait l'embarquer, elle exploserait sûrement en vol, mais ce ne fut pas le cas. Le dernier voyage que j'ai fait là-bas a été en train avec la sœur de John, Margaret. Nous sommes descendues dans le sud, à Bournemouth, sur la côte. Dans le train, nous avons traversé la forêt de Sherwood, mais les trains allaient si vite que je n'ai aperçu qu'un flou de chevaux courant dans une petite zone boisée et verdoyante. Nous avons séjourné dans une chambre d'hôtes à Bournemouth, à un ou deux pâtés de maisons de la mer, réservée à l'avance car l'endroit est très fréquenté en été. En marchant le long de la promenade, on voyait l'île de Wight, alors nous avons pris un petit ferry pour y aller ; il n'y avait là-bas qu'une succession de pubs. J'ai été surprise de voir des palmiers pousser dans les rues du sud, car durant presque toute l'année passée en Angleterre, j'avais gelé. Je pense que les villes côtières abritaient surtout des bases navales, car j'ai vu de nombreux navires militaires dans les ports. Nous avons aussi visité Portsmouth, et plus tard, de retour chez moi, mon père m'a dit qu'il y avait été stationné pendant la guerre. Je l'ignorais, et cela m'a fait quelque chose de voir un endroit où mon père avait combattu. Ma tante Carol le savait pourtant. Une fois, alors que nous nous préparions à sortir, Margaret a commencé à se nettoyer ses parties intimes devant moi, ce que j'ai trouvé effronté, me demandant qui elle essayait d'impressionner. Plus tard, au pub, elle m'a convaincue de boire une Guinness, une bière noire au goût horrible. Elle m'a dit qu'elle était pleine de vitamines et que les femmes enceintes en buvaient souvent. Malgré tout cela, je me sens chanceuse d'avoir vu ce que j'ai vu ; cependant, je dois dire qu'ils ont tous, chacun à leur tour, contribué à me terroriser, ce dont je n'étais pas pleinement consciente à l'époque. Aujourd'hui, je le suis. À force, je suppose que je m'y étais habituée.

Lorsque j'ai cessé de travailler au bistrot, Mick, le gars qui était avec nous lors du voyage de camping où j'ai rencontré John, m'a dit que je devrais au moins aller au bureau du chômage pour voir si je pouvais récupérer l'argent que j'avais cotisé à l'assurance-chômage. Il m'a dit : « Qui sait, peut-être qu'ils te donneront un autre visa de travail ? » Je suis donc allée au bureau du chômage en ville et je leur ai expliqué d'où je venais. Je leur ai ensuite demandé si je pouvais récupérer mon argent de chômage, et ils m'ont répondu : « Oh, vous pouvez encore travailler. » Je leur ai montré mon passeport avec le visa de travail expiré, et ils m'ont dit que comme le Canada faisait partie des pays du Commonwealth, je n'avais pas besoin de visa ; je pouvais simplement aller chercher un autre emploi sans m'inquiéter. J'ai supposé que les règles étaient peut-être différentes ici de celles de chez moi, alors j'ai rapidement trouvé un autre emploi dans un tout nouveau bar à vin et bistrot appelé Bodega II, qui venait tout juste d'ouvrir, non loin de l'appartement où nous vivions encore, ce qui était pratique. C'était un emploi à temps partiel, un peu moins de quarante heures toutes les deux semaines, au bar, à servir de la bière et des « shorts », comme on appelle les alcools forts. Le seul problème, c'est que lorsque je travaillais le soir, John me laissait rentrer seule à pied, et je devais passer par l'allée où le Yorkshire Ripper avait fait sa première victime, puis par une autre ruelle. Je me surprenais à regarder derrière moi tout en courant pour rentrer chez moi après le travail la nuit. Cela me faisait très peur. J'étais une véritable attraction pour les clients qui entraient là-bas ; ils voulaient toujours bavarder avec moi, et tout le monde pensait que je venais des États-Unis. Ils ne faisaient pas la différence entre nos accents, tout comme moi je ne distinguais pas leurs nombreux accents. Il suffisait de parcourir cinquante miles pour entendre une langue complètement différente, et John le soulignait souvent. Si quelqu'un voulait laisser un pourboire, ce qui n'était pas fréquent, les clients ne donnaient pas d'argent ; ils disaient simplement : « Prends-en un à ma santé. » Je ne le faisais jamais, parce que je voulais garder l'esprit clair. Les « shorts » n'étaient que cela : une once d'alcool avec une once de cordial, une sorte de boisson gazeuse très forte. Je ne servais presque jamais de cocktails forts ; ils n'en avaient pas autant que chez nous. Là où je travaillais, on servait les vrais tequila sunrises, dans de grands verres. N'importe qui pouvait servir derrière le bar ; il n'y avait pas besoin de formation. On nous appelait des serveuses de bar. Parfois, je servais aussi les repas dans la partie bistrot du pub. J'ai appris à utiliser la caisse en travaillant là-bas. Je crois que je gagnais seulement vingt livres par semaine, soit environ quarante dollars — des miettes. La plupart des choses coûtaient plus cher qu'à la maison. Seuls les vêtements, les chaussures et les cigarettes étaient moins chers, beaucoup moins chers. Bien sûr, acheter un logement était très bon marché ; cependant, les conditions de vie étaient primitives comparées aux nôtres, comme je l'ai déjà décrit. À l'époque, on pouvait acheter un appartement pour environ trente mille dollars, contre cent mille ou plus pour quelque chose de vaguement comparable au Canada. La nourriture était assez chère — c'est le terme qu'ils utilisaient pour dire coûteuse. Les cigarettes avaient un goût horrible, elles ressemblaient à des cigares, un peu comme celles vendues aux États-Unis. Nick réussissait parfois à se procurer un peu de drogue, mais à ma grande surprise, c'était difficile à trouver, alors nous faisions souvent sans. C'était agréable de ne pas avoir quelqu'un qui vous fourrait de la drogue sous le nez en permanence. L'alcoolisme, en revanche, était extrême là-bas. Pendant presque toute l'année où j'y ai vécu, je travaillais et je vivais dans cet appartement affreux. Ce n'est qu'environ un mois avant mon retour au pays que John s'est acheté un appartement à Preston, à peu près dans le même secteur que celui de ses parents. Pendant que j'y vivais, j'ai acheté de la corde en jute et j'ai fabriqué des suspensions en macramé, non seulement pour notre appartement, mais aussi une magnifique pour la mère cupide de John, avec un abat-jour suspendu au-dessus d'une table. Posés à certains endroits sur l'abat-jour, il y avait de petits oiseaux en peluche. C'était la plus belle chose que j'aie jamais faite, et je l'ai donnée. N'est-ce pas toujours comme ça ? D'habitude, on l'offre à quelqu'un qu'on aime, pourtant.

John et moi nous sommes fiancés juste avant mon départ. Personne ne portait uniquement une bague avec un diamant. Les femmes portaient généralement des bagues de fiançailles avec des saphirs et des diamants, ou des rubis et des diamants. La mienne était en saphir et diamants. Avant que les fiançailles ne soient officielles, j'ai clairement fait comprendre à John que je ne ferais jamais de l'Angleterre mon foyer permanent. Je pense avoir poussé ces fiançailles parce que je ne voulais plus revivre d'autres cauchemars comme tous ceux que j'avais laissés derrière moi avant de venir en Angleterre, même si je ne m'en souvenais pas tous. Je ne supportais tout simplement plus le milieu de la drogue et tout ce qui l'entourait. John n'a pas pu rentrer en avion avec moi au même moment, car il avait des affaires à régler auparavant et n'a pas pu tout terminer avant mon départ. Il avait un rendez-vous pour régler l'indemnisation liée à l'accident de moto qu'il avait eu peu avant mon départ, et il voulait toucher cet argent avant de venir. On lui a dit qu'il recevrait l'argent dans un délai d'un ou deux mois. Il a finalement laissé ses parents s'occuper de l'appartement qu'il venait tout juste d'acheter. Sans que je le sache, il a également laissé une police d'assurance qu'il avait souscrite lorsqu'il était dans la marine marchande, au seul nom de sa mère catholique. Je suis rentrée chez moi en avion le 17 septembre 1980.

CHAPITRE SEPT

John m'a conduite à l'aéroport dans sa voiture américaine.
Lorsque je suis arrivée à l'enregistrement des bagages à l'aéroport
de Heathrow, les autorités m'ont demandé d'ouvrir mes valises
afin d'en vérifier le contenu. J'avais une grande valise remplie de
petits souvenirs que j'avais achetés dans différents endroits lors de
mes voyages à travers le Royaume-Uni. Ils étaient tous
soigneusement emballés dans du papier fin. Au comptoir
d'enregistrement, ils ont déballé chacun d'entre eux avant de me
laisser partir.

Je me suis assise tout au fond de l'avion, là où il n'y avait
que deux sièges. Une fois que tout le monde fut installé et que
l'avion roulait sur la piste, nous avons soudain commencé à
ralentir, puis nous nous sommes arrêtés complètement. Quelqu'un
a dit qu'un pneu de l'avion avait éclaté. Étant assise à l'arrière, on
sentait vraiment l'avion tanguer pendant le ralentissement.
L'homme assis à côté de moi venait du Koweït et se rendait à
Seattle pour étudier. Lorsque l'avion a commencé à vaciller sur la
piste, il a sorti une petite valise contenant ce qu'il appelait des
perles d'inquiétude, puis m'en a donné une. Il en a tenu une entre
ses deux mains, l'a frottée et s'est mis à prier dans sa langue
étrangère. Il m'a expliqué que c'était à cela qu'elles servaient.

Lorsque nous nous sommes finalement arrêtés, nous avons
dû être transférés dans les mêmes sièges sur un autre avion, ce qui

183

a été toute une procédure. Nous avions beaucoup de retard lorsque nous avons enfin décollé. Le vol a duré huit heures, et lorsque je suis arrivée à Seattle pour ma correspondance, j'étais épuisée. J'avais voyagé pendant environ treize heures. En plus de cela, j'ai dû attendre six heures à l'aéroport de Seattle avant de prendre mon vol pour Victoria. Je me suis endormie un moment sur les sièges de l'aéroport, puis, en me réveillant, j'ai regardé autour de moi.

À mon arrivée à l'aéroport de Victoria, j'ai pris l'autobus de l'aéroport jusqu'à un arrêt, puis un autre autobus jusqu'à la maison de mes parents. Après leur avoir montré ce que je leur avais rapporté, je suis allée me coucher. J'avais beaucoup maigri, car je n'aimais pas la nourriture là-bas, et mes parents n'arrêtaient pas de dire qu'ils me trouvaient mal nourrie. Je suis passée d'une taille douze à une taille sept, et avec mon mètre soixante-huit, j'étais très mince.

Le lendemain soir, je suis allée au Royal Oak Inn, situé juste avant les lacs, sur la route menant aux traversiers de la Colombie-Britannique. C'était devenu le nouveau lieu de rendez-vous de tous mes amis. Darlene était toujours avec Ralph, et leur relation était devenue très sérieuse à ce moment-là. Kathy était toujours célibataire. Je ne me souviens pas si Diane était présente ce soir-là, mais nous étions assises à une table lorsque, tout à coup, j'ai commencé à avoir de terribles démangeaisons. J'ai dit à Kathy ce qui m'arrivait, et nous sommes allées ensemble aux toilettes. En me regardant dans le miroir, j'ai vu que j'avais des plaques rouges, comme de l'urticaire, sur tout le visage. Puis je suis allée aux toilettes, j'ai soulevé mon chandail et j'ai remarqué que ces plaques étaient aussi sur mon ventre et sur tout mon corps.

Kathy m'a emmenée à l'hôpital Royal Jubilee dans sa Camaro. Là-bas, on m'a demandé ce que j'avais mangé et si j'avais consommé quelque chose d'inhabituel. Je ne pouvais penser à rien et je leur ai dit. Le médecin qui s'est occupé de moi a dit qu'il s'agissait probablement d'une réaction allergique à quelque chose que j'avais mangé et m'a injecté de l'adrénaline. J'ai dû rester environ une demi-heure à l'urgence jusqu'à ce que l'urticaire et les démangeaisons disparaissent. Le médecin m'a donné une ordonnance de Benadryl et m'a conseillé de consulter mon médecin à ce sujet. Ils m'ont laissée partir sans même demander si je conduisais, alors que j'étais encore sous l'effet de l'adrénaline. Heureusement, ce n'était pas moi qui conduisais. Quelques jours plus tard, je suis allée voir le docteur Turd, et il m'a simplement dit de garder le Benadryl avec moi au cas où cela se reproduirait. Cela n'est jamais arrivé de nouveau.

J'ai postulé un peu partout à la recherche d'un emploi et, peu de temps après, j'ai finalement reçu un appel de l'hôpital. Cette fois-ci, j'ai été embauchée au pavillon Eric Martin, au sein du service alimentaire. Darlene, Diane et Kathy allaient régulièrement au bar Crown and Eye, situé à l'Imperial Inn au centre-ville, avant de se rendre à la boîte de nuit du Royal Oak, et Ralph les accompagnait toujours. Darlene vivait encore avec son mari chinois, mais elle n'était presque jamais à la maison ; elle passait la plupart de son temps chez Ralph, dans une maison qu'il louait à son père, sur la rue Sumas, juste à l'écart de Jutland, avant d'entrer en ville. Je n'aimais pas aller au Crown and Eye parce que Robin et tous ses amis y traînaient aussi, et je ne voulais plus rien avoir à faire avec eux. Ils n'allaient jamais au Royal Oak Inn, alors nous sortions tard pour aller directement à la boîte de nuit là-bas. De temps à autre, nous allions d'abord au pub.

Nous avions gardé le « Scrumpy » que j'avais rapporté du sud de l'Angleterre pour John, après que mes amies et moi y ayons goûté. Même elles le trouvaient beaucoup trop fort. Le soir où John est arrivé, le 5 décembre 1980, il y avait une énorme tempête de neige et les routes étaient glacées. Même les autobus et les taxis ne circulaient pas. Il savait que je serais chez Darlene, alors lorsqu'il est arrivé, il a appelé là-bas pour que je vienne le chercher, car il n'avait aucun autre moyen de se rendre en ville. J'étais trop effrayée pour conduire, et en plus j'avais bu un verre de ce vin très puissant. John était furieux contre moi parce que j'avais refusé d'aller le chercher, même si nous avions arrangé que Doug, l'ex-petit ami de Diane, aille le prendre à l'aéroport. John est finalement arrivé sain et sauf chez Darlene, et nous nous sommes tous enivrés avec le Scrumpy et défoncés avec le cannabis de Darlene. Doug ne est pas resté. Je ne crois pas que Doug et Diane se fréquentaient encore ; ils étaient simplement amis, et il lui rendait service en allant chercher John. De plus, je pense qu'il avait retenu la leçon à propos de l'alcool au volant après avoir tué une famille sur le Malahat et s'être lui-même grièvement blessé cette nuit-là.

John a refusé de rester chez mes parents, alors je ne leur ai même pas demandé. Il m'avait téléphoné avant de quitter l'Angleterre pour me dire qu'il avait reçu l'argent de l'indemnisation liée à son accident de moto et m'avait dit : « Je resterai à l'hôtel quand j'arriverai. » Il a logé à l'hôtel Ingraham, sur la rue Douglas. Nous nous sommes mariés devant un juge de paix le 24 décembre 1980, le jour de l'anniversaire de mon frère Brian. Darlene et Ralph étaient respectivement demoiselle d'honneur et garçon d'honneur. Mon père a refusé d'y assister. Il n'allait pas bien, mais ma mère était présente. La cérémonie fut courte, et j'ai presque dû tordre le bras de John pour qu'il porte un pantalon habillé au mariage ; il voulait venir en jeans. Ce fut la première et la dernière fois que je l'ai vu porter un pantalon de ville. Darlene et ma mère ont pris quelques photos, puis nous sommes partis immédiatement pour Waikiki, à Hawaï, pour notre lune de miel.

Nous avions réservé l'hôtel à l'avance, l'un des grands immeubles du centre, parce qu'il y avait une petite cuisinette et je pensais que cela nous ferait économiser de l'argent. Nous avons vite découvert qu'il coûtait moins cher de manger à l'extérieur. Le premier jour à la plage, je suis restée trop longtemps au soleil et j'ai attrapé un coup de soleil du deuxième degré. Je m'étais endormie, et John ne m'a jamais réveillée ; lui ne dormait pas. Je ne pouvais même pas porter de vêtements tant la douleur était intense. Pendant la première semaine, je suis restée alitée dans la chambre d'hôtel, et j'ai envoyé John bronzer sur le petit balcon de notre chambre. Un soir, nous sommes allés dans un pub où nous nous sommes assis directement au bar. John était à sa deuxième bière lorsqu'il m'a dit de regarder autour de moi, mais dans le miroir derrière le bar. J'ai regardé sans comprendre tout de suite ce qu'il avait remarqué. Je lui ai demandé : « Où ça ? » Il m'a répondu : « Partout », puis m'a dit de me retourner et de regarder dans le coin droit. En faisant cela, j'ai remarqué deux hommes en train de se draguer, puis, en regardant autour du bar, j'en ai vu d'autres faire la même chose. J'ai alors compris que nous étions dans un bar gai lorsque j'ai vu d'autres hommes se tripoter près de l'entrée. John a tout de même insisté pour prendre une autre bière avant de partir. Finalement, nous avons trouvé une boîte de nuit où l'on jouait du rock and roll, et nous y sommes restés jusqu'à la fermeture.

Nous étions à Waikiki pour le réveillon du Nouvel An, dans le salon de notre hôtel. Juste avant minuit, nous avons décidé de chercher un endroit où faire la fête. Soudain, alors que nous marchions dans la rue, des pétards et des feux d'artifice ont commencé à jaillir de toutes les fenêtres des hôtels. Cela m'a terrorisée ; nous nous sommes couverts la tête et avons couru jusqu'à notre chambre d'hôtel, où nous avons décidé de rester jusqu'à ce que tout se calme. Nous avons observé les feux d'artifice depuis la fenêtre pendant environ une demi-heure, et les rues se sont rapidement retrouvées recouvertes d'un épais tapis rouge provenant des explosions. Une fois le calme revenu, nous sommes ressortis pour tenter de célébrer le Nouvel An. Nous avons visité presque tous les pubs et clubs de la ville ; partout, il ne se passait rien : pas de danse, rien du tout, et presque personne dehors. « Mort comme un clou », ai-je commenté. « Pour une destination de vacances réputée, c'est vraiment étrange qu'il ne se passe rien au Nouvel An. » Après de longues recherches, nous avons finalement trouvé une boîte de nuit où les gens dansaient et s'amusaient, et nous y sommes restés jusqu'à la fermeture. Notre lune de miel à Waikiki a duré trois semaines, après quoi nous sommes rentrés à Victoria, où nous avons établi notre foyer.

J'avais encore tous mes meubles de mon premier mariage entreposés chez mes parents. Nous n'avons donc rien eu à acheter pour notre appartement, que nous avons trouvé sur la rue Pembroke. Il se trouvait à quelques pâtés de maisons de l'hôpital où j'avais retrouvé du travail. Pendant un certain temps, je me rendais au travail à pied, aller et retour. J'avais vendu ma Beaumont blanche pour partir en Angleterre, alors John a acheté une Dodge Charger édition spéciale de 1979 avec une partie des 16 000 $ qu'il avait reçus en argent d'assurance en arrivant ici. Notre voyage à Hawaï a également été payé avec cet argent. Il voulait utiliser le reste pour acheter un camion et se lancer à son compte, disait-il, mais il était évident qu'il ne pouvait pas le faire, car il n'avait encore aucun contact pour ce genre de travail. Je me disais intérieurement : tu rêves. D'ailleurs, je lui ai dit : « Tu pourrais construire une maison pour le prix d'un camion. » John n'aimait pas l'idée de travailler pour quelqu'un d'autre. Mon père lui avait conseillé de postuler à l'usine, et avec ses qualifications, il aurait été embauché immédiatement, mais il a refusé. C'est parce qu'un emploi l'attendait déjà avant même qu'il n'arrive ici, mais il faisait semblant que ce n'était pas le cas afin de brouiller les pistes et de couvrir tout le monde impliqué dans cette histoire.

Quelques mois après notre mariage, j'ai commencé à avoir des lésions, et je suis allée voir le médecin malfaisant, le Dr Turd. Il m'a dit : « Vous avez une forme légère d'herpès. » Je lui ai demandé si c'était contagieux, et il m'a répondu : « Oui. » J'ai demandé : « Comment ? » Il a répondu : « Par les serviettes. » Puis j'ai demandé : « Est-ce que je peux avoir des enfants ? » et il m'a dit que oui.

J'ai tout de suite su qui me l'avait transmis : Robin. Un

soir, son ami Cameron m'avait dit en riant que j'avais l'herpès. Je savais qu'on pouvait attraper l'herpès labial, des feux sauvages sur la bouche, et au début je pensais qu'il parlait de ça. Comme je n'en avais jamais eu, je ne comprenais pas ce qu'il voulait dire. Et comme j'étais ivre ce soir-là, je n'y ai pas repensé. Mais lorsque ces lésions sont apparues, j'ai compris que cela venait forcément de Robin, car je me suis alors souvenu de ce que Cameron m'avait dit. Bien sûr, j'ai dû en parler à John. Il ne savait pas non plus ce que c'était, alors je lui ai simplement répété ce que le Dr Turd m'avait dit. John ne semblait pas trop inquiet, et nous n'en avons pratiquement plus jamais reparlé.

Un jour de février 1981, ma mère nous a téléphoné pour me dire qu'elle avait lu dans le journal qu'il y avait un poste de soudeur à Langford et que John devrait postuler. Sans que je le sache à l'époque, c'était un emploi arrangé par ma tante Carol. Lorsque son mari, Gordie, était affecté à Halifax, au Nouveau-Brunswick, ils avaient rencontré un couple nommé Bill et Sue, et ils étaient restés en contact après être tous revenus à Victoria. Le mari de Sue, Bill, travaillait pour la Garde côtière lorsqu'ils ont rencontré ma tante Carol, dont le mari Gordie était encore dans la Marine. Je ne crois pas que Bill et Sue étaient mariés à ce moment-là. Bill et Sue avaient à peu près notre âge. À cette époque, le frère de Sue, Gary, possédait l'atelier de soudure « Bemester Welding » à Langford. C'était cet emploi que ma mère avait vu dans le journal ce jour-là. Bill, le mari de Sue, y travaillait désormais aussi.

John a donc obtenu le poste. Nous sommes devenus amis avec Bill et Sue, qui avaient deux garçons, Bill et Ben, et Sue était enceinte d'un autre enfant. Elle a ensuite eu un autre garçon qu'ils ont appelé Tommy. En avril, nous avons décidé d'investir le reste de l'argent, soit dix mille dollars provenant de l'accident de moto de John, dans un terrain d'un demi-acre à East Sooke, dans un nouveau lotissement. Il se trouvait à environ une demi-heure de Langford, où John travaillait, et à environ une heure de mon lieu de travail. John a aussi acheté un camion et une roulotte, car il ne voulait pas faire l'aller-retour avec sa Charger pour le travail, estimant qu'elle prendrait de la valeur un jour. Il disait qu'ils n'avaient fabriqué que très peu de ces voitures l'année de leur production.

En novembre 1981, j'ai appris que j'étais enceinte. À ce moment-là, je suivais un cours de mixologie au collège Camosun. J'aimais travailler comme barmaid — comme on disait en Angleterre. Le contact social et les rencontres avec toutes sortes de gens m'attiraient. Je pensais peut-être pouvoir travailler comme barmaid le soir pour gagner un peu d'argent supplémentaire afin de commencer à construire notre maison. Mais cela ne s'est jamais concrétisé. En moins d'un an, nous avions entièrement payé le terrain à East Sooke. Nous n'avions emprunté que dix-huit mille dollars.

Nous avons finalement vendu la roulotte pour rembourser le prêt du terrain. Le camion est devenu le cheval de trait pour la construction de la maison que nous projetions à East Sooke. Je gagnais plus d'argent comme employée de service à l'hôpital que John n'en gagnait dans son métier, et cela l'énervait énormément. Toutefois, durant les premières années chez Bemester Welding, John faisait beaucoup d'heures supplémentaires ; moi aussi, d'ailleurs. J'ai demandé à mon père s'il construirait notre maison, et bien sûr, il a accepté. Il savait que l'usine allait bientôt fermer, et il a dit qu'il valait mieux attendre que cela arrive avant de commencer la construction.

John et moi sommes allés sur notre terrain pour déterminer l'emplacement de la maison, et avec une scie à main, nous avons abattu des arbres et débroussaillé le terrain. Cet été-là, une jeune femme nommée Corrine est venue nous voir pendant que nous travaillions, et John a sorti un joint pour fumer avec elle. Le petit ami de Corrine s'appelait Bill. Ils venaient d'acheter le terrain voisin et elle voulait se présenter. Notre terrain était le dernier lot d'un lotissement résidentiel, et les terrains situés de l'autre côté étaient considérés comme ruraux. À ce moment-là, une route sommaire avait déjà été tracée menant à l'endroit où l'atelier de John serait éventuellement construit, et la zone avait été dégagée, tout comme l'emplacement prévu pour la maison. Des machines étaient déjà sur place pour effectuer des travaux.

John et moi avions décidé de bâtir notre maison au sommet d'une immense paroi rocheuse à l'arrière du terrain, afin d'avoir une vue sur le bassin de Sooke. Mon frère est venu forer les trous pour y placer la dynamite, car nous devions effectuer des travaux de dynamitage. Brian a travaillé comme un forçat pour cela, gratuitement. Bill et Corrine avaient décidé d'apprendre par eux-mêmes tout ce qu'il fallait savoir pour construire des maisons et de le faire seuls. Ils rêvaient de bâtir des maisons écoénergétiques et de gagner beaucoup d'argent. Tous les deux avaient déjà fait de l'argent avec un autre homme à Vancouver en achetant et en revendant une maison, chacun réalisant un profit important. Je pensais que nous allions devenir amis, et nous l'avons été pendant un certain temps.

Pendant l'année et demie où nous avons vécu sur la rue Pembroke, les parents de John sont venus nous rendre visite. Ils sont restés chez nous, dans notre petit appartement d'une seule chambre. Nous leur avons laissé notre lit et nous avons dormi sur le canapé-lit que j'avais acheté, justement pour avoir un autre couchage lorsque toute sa famille venait de temps à autre. Sa mère tenait absolument à aller à l'église catholique le dimanche lors de sa visite ; c'était pour montrer à quel point elle était dévouée à sa foi. Je l'y ai accompagnée une fois, à l'église de la rue Quadra, et je m'y suis sentie complètement déplacée, comme si je n'y avais pas ma place, alors je n'y suis jamais retournée avec elle. La sœur de John, Margaret, et son mari, Collin, sont eux aussi venus nous rendre visite. Ils nous ont expliqué que Collin avait une possibilité d'emploi intéressante dans la région de Los Angeles et qu'ils envisageaient d'y aller en vacances pour voir avant de prendre une décision. Ils ont logé chez nous et dormi sur le canapé-lit. Je me souviens avoir été très contrariée, car John et moi rentrions du travail fatigués et en sueur, et ils prenaient chacun leur tour la douche, alors que c'était justement ce dont nous avions besoin. Ils mangeaient notre nourriture sans jamais la préparer pour nous. Avant de repartir après leur premier voyage en Amérique, Margaret et Collin ont décidé que c'était « un bel endroit à visiter, mais pas pour y vivre ». Ils sont donc restés en Angleterre. Peu après leur départ, le frère cadet de John, David, est venu seul nous rendre visite, malgré le fait qu'il avait une petite amie, et il est resté chez nous. Kathy était à la maison ce soir-là, et elle a fini par coucher avec David la même nuit. Amour au premier regard, ou encore une autre opportunité de promotion ? Par la suite, elle a essayé de convaincre David de s'installer ici, mais il a dit qu'il n'aimait pas beaucoup non plus. Un jour, Kathy est arrivée chez nous avec un homme nommé Don, qu'elle avait rencontré à Montréal. John et moi ne fréquentions plus mon ancien cercle d'amis, car nous travaillions tout le temps et étions trop fatigués pour sortir. Nous discutions tous ensemble lorsque, soudainement, cet homme s'est assis sur les genoux de John, l'a entouré de ses bras et lui a donné un gros baiser sur la joue. Après leur départ, John et moi avons parlé de ce que nous pensions : nous croyions qu'il était homosexuel — le terme anglais qu'il avait utilisé était « fag » — et nous nous demandions ce qu'il faisait avec une femme s'il l'était. Kathy a finalement épousé ce Don. Je n'ai plus vu Kathy, Darlene ni Diane pendant longtemps après cela. Plus tard, après que Don eut eu deux enfants avec Kathy, j'ai appris par des rumeurs qu'il l'avait quittée et était retourné à Montréal, au Québec.

L'usine a fermé pendant un an au début du mois de juillet. En 1982, mon père et son ami Russ, avec qui il travaillait chez BC Forest Products, ont commencé à construire notre maison. Mes parents nous ont prêté trente mille dollars pour démarrer la construction, car les taux d'intérêt étaient exorbitants : le taux préférentiel plus deux pour cent, ce qui représentait environ dix-sept pour cent et demi. C'est ainsi que mes parents gagnaient une partie de leur argent : ils empruntaient à la banque, investissaient l'argent pour toucher les intérêts, puis remboursaient rapidement lorsque les taux redescendaient. Nous ne leur versions que les intérêts mensuels qu'ils auraient perçus si leur argent avait été placé à la banque pendant que nous construisions la maison avec leur prêt. Lorsque nous avons emménagé, les taux d'intérêt avaient considérablement baissé ; nous avons donc emprunté à la banque et remboursé mes parents. Nous avons donné à mon père la modique somme de deux mille dollars pour avoir construit toute la maison, et pendant les dix années suivantes, il est continué à venir travailler chez nous pendant son temps libre, sans jamais accepter un seul dollar de plus.

J'ai travaillé à l'hôpital jusqu'à un mois avant la naissance du bébé, en juillet. En juin, nous avons loué une caravane Silver Stream de vingt pieds pour y vivre sur notre terrain pendant la construction de la maison. Il n'y avait qu'un seul endroit en ville où l'on pouvait en louer une, juste à côté de la route de l'Island Highway. John a aidé mon père à installer le champ d'épuration, ce qu'ils ont fait immédiatement afin que nous puissions raccorder la caravane. Lorsque mon père a commencé à monter les coffrages de la fondation, j'empilais des pierres le long de ceux-ci pour les maintenir en place. Mon père devait souvent venir me relever du sol, tant j'étais enceinte. Brian a réalisé tous les travaux de béton de la maison, ne facturant que le coût du ciment, car à ce moment-là il avait sa propre entreprise de finition du béton. Comme la maison était construite sur une immense paroi rocheuse, la fondation du côté donnant vers la propriété de Bill et Corrine mesurait seize pieds de hauteur. Mon père a dessiné les plans de notre maison et fabriqué lui-même les fermes de toit. John travaillait chez Bemester, mais une récession avait commencé et il ne travaillait pas en continu, alors il a également aidé à fermer la structure de la maison. Nous avons confié l'électricité à des professionnels, et un plombier de BC Forest, dont mon père connaissait le père, s'est chargé de la plomberie. Russ et John ont posé le placoplâtre. Pendant que mon fils dormait, j'aidais à poser l'isolant. Je ne voulais pas que mon père fasse le placo ou l'isolation à cause de sa maladie, alors il s'occupait d'autres tâches. C'était une bonne période pour construire : les matériaux et la main-d'œuvre étaient peu coûteux. Peu après le début de la construction, le couple vivant sur la propriété rurale voisine, Bill et Corrine, a commencé à bâtir leur maison. Ils connaissaient les plans de notre terrain, mais ils ont creusé un trou et implanté leur maison juste à côté de l'endroit où nous avions prévu de construire l'atelier de John. Bill est venu une fois observer avec admiration le travail de mon père après qu'il eut installé les fermes de toit qu'il avait fabriquées lui-même. Bill, avec ses cheveux longs, n'a littéralement pas dit un mot pendant toute sa visite. Une fois l'ossature terminée, l'inspecteur du bâtiment est venu sur place ; je lui ai demandé : « Vous n'allez pas entrer ? » Il se tenait en bas de l'allée et a répondu : « D'ici, je vois que c'est conforme.

John buvait de façon excessive. Quelques semaines avant la naissance du bébé, je suis allée rester chez mes parents afin d'être plus près de l'hôpital. Il était convenu que lorsque le travail commencerait, j'appellerais Corrine, qui préviendrait John, et qu'il viendrait me conduire à l'hôpital Victoria General, où le docteur

Turd avait ses privilèges. L'hôpital a fermé peu après la naissance de mon fils. Mon eau s'est rompue à minuit ; j'ai appelé Corrine, mais elle n'a pas réussi à réveiller John. Entre-temps, je me suis enfermée dehors chez mes parents en pensant que John allait arriver sous peu, environ une heure après mon appel à Corrine. J'ai marché dans les rues pendant près de deux heures, paniquée, car les contractions étaient rapprochées dès le début. Il est finalement arrivé au moment où j'envisageais de réveiller mes parents. À l'hôpital, John s'est endormi dans le lit à côté du mien pendant que j'attendais d'accoucher, tant il était ivre. Le matin, une employée du service d'entretien a dû le réveiller à plusieurs reprises pour qu'il libère le lit ; elle devait le préparer pour quelqu'un d'autre. Moi, en revanche, je n'avais pas dormi du tout. La première chose qu'il a dite, sur son ton sarcastique habituel, lorsqu'elle l'a fait se lever, a été : « Alors, tu l'as eu ? » comme si le bébé était un objet. Je demandais sans cesse où était mon médecin. Ils savaient tous que ma poche des eaux s'était rompue, car je l'avais signalé. Je savais que si le bébé ne naissait pas rapidement après la rupture des eaux, il y avait un risque d'accouchement à sec, mais personne ne semblait s'en inquiéter. Dix-neuf heures se sont écoulées avant la naissance de mon fils. Lorsque Turd est enfin arrivé, quelques heures avant l'accouchement, il répétait que le bébé s'endormait sans cesse et que c'était pour cela que cela prenait autant de temps. On a dû me provoquer le travail, et la douleur est devenue absolument insupportable après cela ; je pense donc que j'ai effectivement eu un accouchement à sec, encore une fois à cause du bon vieux Turd. Pendant la majeure partie de mon travail, John buvait dans un bar de l'hôtel Empress appelé le « Beaver ». Il était présent pour la naissance, cependant, et alors que je prenais de l'eau et que personne d'autre n'était dans la salle, John exigeait : « Donne-moi ça. » Je lui ai évidemment répondu d'aller se faire voir sans la moindre ambiguïté. Mon fils est né trois heures après le déclenchement, à 18 h 19, et au moment précis de sa naissance, un coup de tonnerre et un éclair ont traversé la salle d'accouchement moderne où je me trouvais. Mon fils pesait sept livres et deux onces à la naissance. Il a semblé mettre une éternité à respirer ; il devenait bleu, et Turd l'a tenu à l'envers, lui tapotant le dos et lui enfonçant un doigt dans la gorge. J'avais peur qu'il y ait un grave problème.

Durant la semaine que j'ai passée à l'hôpital, mon fils a été placé en incubateur parce qu'il souffrait de jaunisse ; on m'a dit que son foie n'était pas complètement développé. À plusieurs reprises, lorsque je suis allée le voir à la pouponnière, il était allongé dans ses propres excréments. Cela m'a profondément bouleversée, et je me souviens avoir pleuré dans un fauteuil à bascule à côté de son incubateur, convaincue que personne ne se souciait de lui. Je ne voulais pas quitter son côté. J'étais terriblement inquiète pour lui.

Fuir les démons

Le bébé a dû rester à l'hôpital lorsque j'ai obtenu mon congé, car il souffrait encore de jaunisse. Je suis restée chez mes parents et je lui rendais visite tous les jours jusqu'à ce qu'il soit suffisamment rétabli pour sortir, quelques jours plus tard. Je devais l'emmener à l'hôpital chaque semaine pour contrôler son état, et il était plus simple de rester chez mes parents jusqu'à ce que l'on me donne le feu vert concernant la santé de mon fils. Ma tante Sainte Mary lui a offert une tirelire en argent à sa naissance, mais je suppose qu'elle en aura besoin maintenant. Le policier « honnête » qui vivait en face de chez mes parents, Dale, lui a offert une paire de mocassins indiens, et aujourd'hui je me demande quel message il cherchait à faire passer. Essayait-il de me rappeler ce que Robin m'avait dit après notre rupture : « J'aimais être avec les Indiens » ? Toute une bande de manipulateurs mentaux. Je mouillais souvent mon doigt et le posais près de la bouche de mon fils pour vérifier qu'il respirait encore, tant j'avais peur de la mort subite du nourrisson.

Une nuit, alors que nous dormions tous, l'oreiller de John est tombé du lit escamotable sur lequel nous dormions et a atterri sur le chauffage au propane, auquel il manquait une grille. L'oreiller a pris feu et je commençais à perdre connaissance. Si John ne s'était pas réveillé, nous ne serions probablement plus là aujourd'hui. La caravane s'est remplie de fumée, et dès que j'ai compris ce qui se passait, j'ai attrapé le bébé et je me suis précipitée dehors avec lui. John a jeté l'oreiller fumant à l'extérieur. J'étais morte d'inquiétude pour notre fils. Cette nuit-là, je le réveillais régulièrement pour m'assurer qu'il allait bien. Après cet incident, il a commencé à pleurer tous les soirs à six heures, et cela durait jusqu'après minuit. Je pensais que c'était parce que je l'allaitais et que quelque chose dans mon alimentation lui donnait des coliques, comme l'expliquait le livre que Corrine m'avait donné sur la parentalité. Il n'y avait nulle part où marcher avec lui, alors je faisais les cent pas dans la caravane ou je le tenais dans mes bras pour tenter de le calmer. Puis j'ai fini par plaisanter en me disant que c'étaient peut-être les rideaux vert citron et jaune vif ou l'espace exigu qui l'affectaient. Vers dix heures, après quatre heures de pleurs ininterrompus, je perdais patience ; alors je le mettais dans la Charger et je faisais des tours dans le lotissement. Dès que la voiture se mettait en mouvement, il arrêtait de pleurer, exactement comme le disait le livre. Je conduisais jusqu'à ce que je me ressaisisse ou jusqu'à ce que je pense qu'il dormait profondément. Mais dès que je m'arrêtais, il se réveillait. Il n'y avait pas de lampadaires, car le quartier était encore en développement, au milieu de ce que mon père appelait le « no man's land ». Je ne savais pas du tout où j'allais, et il n'y avait qu'une seule autre maison dans tout le lotissement à cette époque. Lorsque nous avons emménagé dans la maison, mon fils a continué à pleurer selon le même rituel. Peu après notre installation, le père de John est venu nous rendre visite seul, et c'est à ce moment-là que mon fils a cessé de pleurer le soir.

Le père de John m'a dit : « Laissez une lumière allumée ; peut-être qu'il a peur du noir. » Après avoir installé un variateur dans la chambre du bébé, son conseil a fonctionné : le bébé a cessé de pleurer. Il ne m'était jamais venu à l'esprit qu'il puisse avoir peur du noir ; il n'avait que quelques mois. Mais j'ai aussi pensé que cela pouvait être lié à l'incendie survenu dans la caravane.

Mon père et Russ ont travaillé comme des forcenés pour construire la maison, et en l'espace de quatre mois après le début de l'ossature, nous avons emménagé. Bien qu'elle ne soit pas encore terminée, mon père s'est assuré qu'elle soit confortable pour moi et pour son nouveau petit-fils, dont il était extrêmement fier. Je crois qu'il ne supportait pas l'idée que nous vivions dans cette caravane, surtout après ce qui s'y était passé. Tout a été fait légalement jusqu'au bout. On nous avait dit que nous n'avions pas besoin d'un permis d'occupation pour emménager. Mon père pensait toutefois qu'il en fallait peut-être un, alors avant d'emménager, John est allé se renseigner auprès du Capital Regional District à Sooke. John m'a dit qu'ils lui avaient confirmé que ce n'était pas nécessaire. Il n'y avait pas de garde-corps autour de la terrasse ensoleillée, ni d'insert pour la cheminée. En y repensant aujourd'hui, à quoi servent les inspections du bâtiment si les codes ne sont pas appliqués ? Ce genre de choses se produit encore aujourd'hui. Quoi qu'il en soit, nous avons pensé que cela avait peut-être à voir avec le fait que la zone était encore majoritairement rurale. Le sous-sol n'était qu'un grand trou, mais ce n'était pas un problème puisque l'étage supérieur était habitable et qu'il n'y avait pas encore d'accès au sous-sol depuis l'espace principal.

John travaillait toujours chez Bemester, et comme l'entreprise déclinait, il a fabriqué les garde-corps et l'insert de la cheminée à l'atelier de soudure lorsque le travail se faisait rare. À ce moment-là, Gary, le patron, a dû trouver un autre emploi pour maintenir l'entreprise à flot. Selon les rumeurs, il était devenu accro à la cocaïne, ce qui n'arrangeait rien. Mon père continuait de venir travailler à la maison. Il a lui-même posé les encadrements des fenêtres et des portes, installé les placards et les portes de penderie, car rien de tout cela n'avait été fait lorsque nous avons emménagé. Et moi, j'ai tout peint. La maison n'avait qu'une couche d'apprêt, sauf le salon et les couloirs qui avaient deux couches. J'ai réussi à peindre la plupart des chambres également. Mes parents ont changé leurs placards et nous ont donné les anciens, que mon père avait fabriqués ; je les ai donc repeints aussi. Je ne permettais pas à mon père de peindre à cause de sa maladie. J'étais occupée avec le bébé, mais je faisais tout cela pendant qu'il dormait.

J'avais droit à six mois de congé maternité, et à peine

avais-je repris mon poste permanent dans l'une des cuisines d'Eric Martin que l'hôpital Fairfield, anciennement Victoria General, a annoncé sa fermeture. Les employés de cet établissement ont commencé à évincer d'autres personnes de leurs postes. Lorsque j'ai été déplacée, on m'a dit que je pouvais soit faire la même chose, soit prendre un congé d'un an et revenir ensuite comme employée occasionnelle. Comme je voulais être avec mon fils, j'ai pris un congé d'un an. Sue s'occupait de mon fils lorsque j'ai repris le travail au début, et elle me rappelait sans cesse chaque étape de son développement, par exemple lorsqu'il s'est assis pour la première fois. Je n'aimais pas cela du tout. Lorsque le moment est venu pour moi de retourner travailler, j'étais enceinte de ma fille et sur le point d'accoucher. J'ai appelé mon employeur pour savoir si je pouvais obtenir un congé maternité. Ils m'ont dit que si je fournissais un certificat médical, cela serait accepté. Je suis donc allée voir le docteur Turd, qui m'a fait une note en ce sens. J'ai ainsi bénéficié de deux années de congé payé, grâce au sinistre docteur Turd. Je suppose qu'il essayait de se donner bonne conscience à mes yeux.

La relation avec nos nouveaux voisins, Bill et Corrine, comme je l'ai déjà mentionné, avait bien commencé. Corrine souhaitait que je me joigne à elle au sein de l'Association des contribuables, mais j'étais trop occupée avec mon nouveau bébé et la peinture de la maison. Je lui ai donc expliqué que je n'en avais tout simplement pas le temps. Elle m'a alors confié qu'ils manquaient d'argent et, j'imagine, qu'elle cherchait à réduire ses dépenses partout où elle le pouvait. Elle a fini par trouver un emploi en ville pour joindre les deux bouts, tandis que Bill effectuait divers travaux dans la communauté.

C'est en septembre 1993 que j'ai appris que j'étais enceinte à nouveau. Je venais tout juste de recevoir la nouvelle lorsque je faisais du jardinage près de la fenêtre de la chambre de mon fils. Corrine s'est approchée de moi et m'a demandé : « Que dirais-tu d'installer une clôture entre votre terrain et le nôtre ? » John venait de faire un travail pour un homme nommé Randy, qui construisait une fosse de mécanicien pour lui. Je suppose qu'elle pensait que nous commencions la construction de l'atelier, ce qui n'était pourtant pas le cas.

J'ai répondu « D'accord », pensant naturellement que nous partagerions les frais. Elle m'a alors répliqué : « Non, je pensais plutôt que ce serait toi qui l'installerais et qui la paierais. » Puis elle a ajouté qu'elle ne supporterait pas longtemps d'entendre la musique AM de John provenant de son camion en permanence. J'étais complètement abasourdie. À ce moment-là, c'était elle qui gardait mon fils, et cette remarque sortait totalement de nulle part.

John les avait pourtant aidés à poser les bardeaux sur leur toit et il déjeunait parfois avec eux. Il disait souvent en plaisantant : « Ils mangent comme deux buissons », pensant qu'ils étaient végétariens. De mon côté, je les avais même invités à venir utiliser notre douche, puisqu'ils vivaient encore dans une caravane délabrée infestée de rats pendant qu'ils construisaient leur maison. Ils allaient habituellement chez la sœur de Bill, en ville, pour se laver, car ils n'avaient aucune installation sanitaire. À ma connaissance, ils n'avaient même pas de toilettes extérieures.

Ils ont accepté mon offre, mais chaque fois qu'ils venaient, ils n'avaient même pas la décence de nettoyer la baignoire après leur passage ; ils la laissaient complètement sale. Lorsque Corrine m'a reparlé de la clôture, je lui ai répondu calmement qu'elle devrait attendre longtemps. Nous avions un sous-sol à remblayer et un atelier à construire avant toute chose ; une clôture était la dernière priorité sur notre liste.

Elle m'a simplement répondu : « On verra bien. » À partir de ce moment-là, lorsque John parlait d'eux, il les appelait les « Buissons ». Ces personnes ont contribué à faire de ma vie un véritable enfer.

CHAPITRE HUIT

Je venais tout juste de rejoindre le Groupe des mères à East Sooke et je commençais à assister à leurs réunions. Dès mes premières participations, j'ai été surprise par le nombre élevé de participantes pour une communauté aussi petite. Jan, qui aimait beaucoup boire, vivait dans un chalet situé sur environ un demi-acre, juste en haut de la colline par rapport à ma maison. C'est elle qui m'a parlé du groupe un jour où je me promenais avec mon fils. Elle m'a dit qu'elle entendait mon garçon pleurer dans la caravane lorsqu'elle passait devant chez moi et qu'elle avait eu pitié de moi. J'ai trouvé ce commentaire étrange, surtout compte tenu de la maison que nous étions en train de construire. Je ne me suis jamais apitoyée sur mon sort.

Jan venait d'une grande famille catholique en Ontario et aimait l'alcool. Elle me racontait qu'elle avait quitté une magnifique maison en briques pour s'installer dans ce qu'elle appelait « ce taudis ». Elle avait un petit garçon d'environ quatre ans, Luke, et il me semblait qu'elle manquait souvent de patience avec lui. Son mari était en prison dans l'Est pour trafic de drogue et devait bientôt être libéré. Elle racontait cela ouvertement à tout le monde, disant qu'ils allaient recommencer une nouvelle vie ici. Jan travaillait de façon intermittente pour le gouvernement et, juste avant notre départ d'East Sooke, elle a obtenu un poste de gestionnaire à l'Armée du Salut de Sooke. Gary, son mari, aimait beaucoup fumer du cannabis, mais il était plombier de métier et, avant notre départ, il a trouvé un emploi aux Dockyards. Ils sont devenus nos amis.

Un peu plus loin sur la route vivaient Dorothy et Larry, un couple avec deux jeunes enfants : un garçon d'environ quatre ans, Morgan, et une petite fille d'environ deux ans, Tessa. Dorothy était enseignante, mais ne parvenait pas à obtenir un poste dans ce domaine et a donc trouvé un emploi au gouvernement. Quant à Larry, personne ne savait vraiment ce qu'il faisait ; cela changeait constamment. Dès notre première rencontre, j'ai senti qu'ils avaient des problèmes. J'ai appris plus tard qu'en plus de fumer du cannabis, ils étaient dépendants à la cocaïne. Ils vivaient eux aussi dans un chalet qu'ils agrandissaient à l'angle de Seaguirt Road. Après mon départ d'East Sooke et après avoir quitté John, j'ai appris que Larry enseignait à des garçons comment fabriquer des bombes artisanales. L'un d'eux, qui n'était pas leur enfant, a été grièvement blessé dans leur garage. Peu de temps après cet incident, Dorothy a quitté Larry.

Un autre couple, Uta et Don, avait un jeune garçon, Adam, du même âge que mon fils. Ils se donnaient des airs de personnes très pieuses, allant à l'église le dimanche, mais organisaient chaque été de grandes fêtes chez eux où il se passait toutes sortes de choses. Je ne l'ai appris qu'après avoir quitté John. Uta travaillait comme factrice pour Postes Canada, et Don a lui aussi obtenu un emploi gouvernemental grâce à Dorothy. Ils se sont séparés après mon départ.

À l'extrémité de Seaguirt vivaient Barb et Randy, qui avaient également un petit garçon du même âge que le mien, Paul. Barb a été la première personne avec qui je me suis liée d'amitié. Elle travaillait pour Spratt Shaw comme enseignante de dactylographie, puis a été embauchée à l'école secondaire Edward Milne de Sooke. Randy était briqueteur et travaillait pour une entreprise de construction. Ils agrandissaient également un chalet. Randy s'est noyé peu avant notre départ d'East Sooke, dans l'océan à Oak Bay. Barb s'est remariée quelque temps après que j'ai quitté John.

Il y avait aussi Marion et John, parents de deux petites filles d'environ deux et cinq ans. John travaillait pour le service des pompiers volontaires d'East Sooke pendant la majeure partie de cette période. Marion était mère au foyer, puis plus tard elle est devenue interprète en langue des signes pour le district scolaire de Sooke, après avoir quitté son mari, tout comme moi. Son mari travaillait alors dans le département informatique d'un magasin en ville. Ils agrandissaient eux aussi un chalet à l'autre extrémité d'East Sooke Road.

La seule maison véritablement construite dans le lotissement appartenait à une infirmière, Irene, et à son mari Paul. Ils avaient un petit garçon d'environ trois ou quatre ans. Je crois que Paul était plombier et travaillait lui aussi aux Dockyards, mais je n'en suis pas certaine.

Il y avait encore trois ou quatre autres couples dans le groupe à cette époque, mais comme ils n'ont pas vraiment eu d'impact sur ma vie, je ne les mentionnerai pas. Un jour, alors que nous construisions notre maison, un couple d'Edmonton campait sur le terrain rural voisin de celui de Bill et Corrine. Ils sont venus se présenter et nous ont expliqué qu'ils étaient enseignants et qu'ils avaient acheté ce terrain pour leur retraite, avec l'intention d'y venir aussi souvent que possible. À partir de ce moment-là, chaque fois qu'ils revenaient, ils passaient nous rendre visite.

Je me sentais au sommet du monde. J'allais enfin avoir la famille dont j'avais toujours rêvé et une toute nouvelle maison au bord de l'eau, chose que je n'aurais jamais imaginée possible un jour. Le seul problème, c'est que John continuait à boire. Comme il travaillait sans arrêt, j'ai commencé à remarquer que son irresponsabilité devenait de plus en plus évidente, et j'ai donc pris soin de m'assurer qu'il ne s'occupait pas des enfants. Il possédait toujours le camion vert qu'il avait acheté lorsque nous vivions sur Pembroke Street, et au fil des années, il s'est avéré très pratique pour transporter régulièrement du matériel pour la maison. Un jour, John est rentré à la maison avec une petite Chevrolet bleue pour que je puisse me déplacer, et je l'aimais bien. Je la trouvais idéale, mais cela n'a pas duré, car John a fini par acheter une berline beige qui s'est révélée être une vraie catastrophe mécanique, que j'ai conduite très peu de temps. Je n'aimais pas la Charger ; elle était trop rapide, avec un moteur de quatre cents chevaux, et je la considérais comme un simple gouffre à essence. De toute façon, John essayait de la préserver.

Un jour, je roulais sur Sooke Road. Mon fils était assis à l'arrière de la Charger, mangeant un cornet de crème glacée dont il avait partout sur le visage et les vêtements, lorsque la Gendarmerie royale du Canada m'a arrêtée pour excès de vitesse. Lorsque l'agent a vu mon fils et remarqué que j'étais enceinte, il m'a laissée repartir. C'est à ce moment-là que j'ai décidé que John méritait de garder la Charger s'il le souhaitait. Aujourd'hui, je pense plutôt qu'il mérite d'être renvoyé en Angleterre à coups de pied pour qu'on l'y enferme et qu'on jette la clé.

Barb, la femme de Randy, et moi nous retrouvions souvent pour que les enfants puissent jouer ensemble. Elle fumait des cigarettes pendant sa grossesse et essayait de me convaincre d'en fumer moi aussi vers la fin de ma grossesse avec ma fille. Fumer me donnait la nausée lorsque j'étais enceinte, pour mes deux grossesses, alors je n'y ai jamais touché. Le café me faisait le même effet : dès que j'en sentais l'odeur, j'avais envie de vomir. Barb était également enceinte de son deuxième enfant. Son fils Paul était un vrai petit tyran ; il s'en prenait toujours à mon fils pour ses jouets et le mordait. Elle le prenait alors sur ses genoux et lui disait qu'il ne pouvait pas jouer avec les autres enfants s'il se comportait ainsi. Il se débattait, la frappait et la mordait pour se libérer. Mon fils a vite compris comment il était, alors il lui donnait le jouet et s'enfuyait.

Un dimanche matin, j'ai commencé à avoir des contractions, puis ma poche des eaux s'est rompue peu après. John a appelé Barb pour lui dire qu'il était temps que j'aille à l'hôpital pour accoucher et lui demander si elle pouvait garder notre fils. Nous avions tout prévu à l'avance, alors elle a accepté. Nous avons déposé notre fils chez elle. C'est la seule fois que je l'ai vue sans maquillage ; elle disait que cela lui prenait une heure pour se préparer. Elle paraissait dix ans plus âgée que son âge réel, et je crois que c'est l'une des raisons pour lesquelles je n'ai jamais porté de maquillage.

À ce moment-là, un nouvel hôpital venait d'être construit près de l'autoroute de l'île, à environ trente minutes d'East Sooke : le nouveau Victoria General Hospital. Turd y avait maintenant des privilèges. J'avais suivi les exercices de Jane Fonda pour femmes enceintes avec Jan, qui attendait aussi son deuxième enfant. Elle m'avait invitée chez elle pour faire les exercices à partir de la cassette qu'elle possédait, et je crois que cela m'a beaucoup aidée. Les contractions étaient moins douloureuses que pour mon fils. Après six heures de travail, j'ai donné naissance à ma fille.

Elle est sortie en trombe, hurlant à pleins poumons, avec

une chevelure foncée dressée sur la tête, décolorée aux pointes à force d'être restée trop longtemps dans l'utérus. Elle me faisait penser à une punk, et je n'ai pas pu m'empêcher de rire en la voyant. J'étais ravie d'avoir une fille, car ce serait mon dernier enfant. Elle ressemblait exactement à ma grand-mère maternelle. J'ai été surprise par sa chevelure foncée, car John et moi étions tous deux blonds. Je pensais accoucher le jour de mon anniversaire, le 6 juin, car j'avais eu des contractions ce jour-là, mais elles s'étaient arrêtées. J'avais prévu une ligature des trompes immédiatement après la naissance, et la douleur a été si intense qu'on m'a administré de la morphine par la suite. Je suppliais qu'on m'en donne davantage, mais les doses étaient strictement limitées. Je n'en revenais pas de la douleur. Turd aurait pu prescrire plus, mais il ne l'a pas fait, sachant probablement que la dose était insuffisante. La douleur était presque aussi insupportable que lorsque cet salaud m'avait brûlée atrocement.

John était là, jouant la comédie du mari inquiet. Sans sa présence, je crois que Turd ne m'aurait même rien donné contre la douleur. À un moment donné, John m'a dit : « Peut-être que tu n'aurais pas dû le faire. » Le catholicisme ressortait sans doute à cet instant, et quel moment il avait choisi pour dire cela. Il avait refusé de se faire opérer lui-même quand je le lui avais demandé, disant que tout fonctionnait très bien pour lui. Il me violait parfois, mais à ce stade, j'étais devenue insensible à cela.

Ironiquement, une ancienne camarade du collège, Teresa, se trouvait dans le lit voisin, en train d'accoucher elle aussi. Ma belle-sœur, infirmière, m'a demandé : « Ton médecin ne t'avait pas dit que ce serait pire que l'accouchement si tu faisais ça juste après ? » Le maudit Turd n'a jamais cessé de rendre ma vie douloureuse et misérable. Comme d'habitude, il ne m'avait rien expliqué.

Peu après la naissance de ma fille, j'ai changé de médecin et consulté le Dr Leon, plus près de chez nous, à la clinique St. Anthony's de Langford. Il était chinois et je l'aimais beaucoup ; il semblait compétent et efficace. Je ne l'ai vu que quelques fois avant qu'il ne disparaisse soudainement, remplacé par un autre médecin, Saffery. Le Dr Leon était censé être en congé, mais il n'est jamais revenu après que j'ai commencé à lui poser des questions sur ma santé. Je comprends maintenant pourquoi il est parti : il ne voulait plus être médecin généraliste dans un système de santé corrompu. Le Dr Saffery s'est révélé aussi mauvais que Turd.

Barb est venue à l'hôpital avec un ours en peluche rose pour ma fille. Elle m'a confié qu'elle espérait aussi avoir une fille, mais elle a eu un garçon, Mark, un mois ou deux après moi. Jan a eu un autre garçon, Matthew, à seulement quelques semaines d'écart avec ma fille. C'était étrange : ils avaient exactement la même tache de naissance au même endroit dans le dos. Ils sont devenus très proches pendant un temps. Uta, que je voyais peu en dehors du groupe de mères, était également enceinte et a eu une fille, Laura. Une fois de plus, j'étais entourée de catholiques cupides et toxiques.

Trois semaines après la naissance de ma fille, ma grand-mère est décédée d'un cancer. Je voulais emmener ma fille à l'hôpital pour que ma grand-mère puisse la voir avant de mourir, mais ma tante Carol a pensé que cela pourrait déclencher quelque chose et a dit à ma mère que ce n'était pas une bonne idée. Je ne l'ai donc pas fait, et je le regrette aujourd'hui. Ma grand-mère refusait que son mari fou soit dans sa chambre d'hôpital, et elle semblait très en colère à son sujet, selon ma mère. Elle a également exprimé la même colère à propos de John lors d'une conversation privée avec moi. Elle m'a demandé : « Tu fais toujours des frites maison pour John ? » J'ai répondu oui, et elle m'a dit, d'un ton amer : « Je le ferais se les préparer lui-même. » Je me demande maintenant si elle savait ce qui se passait réellement.

Après la mort de ma grand-mère, mon grand-père restait assis sur une chaise de jardin devant sa maison, comme s'il cherchait de la compassion. À l'époque, j'ai eu pitié de lui. Il est mort trois semaines après elle, de cancer et d'autres complications. Aussitôt après sa mort, tous les frères et sœurs de ma mère ont disparu avec ce qu'ils considéraient être leur part de l'héritage, escroquant délibérément mes parents, et nous n'avons plus jamais entendu parler d'eux. Apparemment, Maxi devait de l'argent à la succession ; ma mère m'a souvent raconté que ma grand-mère venait se plaindre du fait qu'il n'avait jamais remboursé l'argent qu'ils lui avaient prêté à son mariage. Mes parents avaient également reçu la promesse que mon père serait payé pour la maison qu'il avait construite pour eux, ce qui n'est jamais arrivé. Ils ont consulté un avocat, qui leur a dit qu'ils avaient un bon dossier, mais mon père a estimé que sa santé était plus importante et que cela ne valait pas la peine de se battre.

Lorsque je repense à tout ce qui s'est passé dans ma vie, j'ai encore du mal à y croire. Je me blâme très souvent pour tout. Je me dis que j'aurais dû comprendre bien plus tôt. Mais il y a tant de personnes dans le monde qui souffrent de cette maladie curable mais dévastatrice qu'est la maladie de Crohn, sans en comprendre les causes. Aussi horrible que soit mon histoire, rappelez-vous ceci : je ne suis pas mon histoire. Certains ne comprendront peut-être pas ce que j'ai dû faire pour survivre, mais c'est précisément pour cela que je prends la parole. Cette douleur émotionnelle et physique inimaginable, cette tromperie et ce traumatisme orchestrés par un système catholique corrompu et son « réseau clandestin international » doivent cesser.

Ma fille dormait très rarement. Une fois, alors qu'elle était encore nourrisson, elle est restée éveillée pendant treize heures d'affilée. Lorsque ses dents ont commencé à pousser, les vrais problèmes ont commencé. Ses deux premières dents sont sorties en même temps et étaient soudées l'une à l'autre. Je savais toujours quand une nouvelle dent allait apparaître, car elle pleurait énormément. Mon fils, de son côté, était très jaloux d'elle. Ainsi, lorsque j'allaitais ma fille, je lui lisais un livre pour qu'il ne se sente pas exclu.

Mon fils, quant à lui, souffrait d'otites à répétition dès l'âge de quatre mois, et ce jusqu'à environ huit ans. Le pauvre petit avait souvent de fortes fièvres, pleurait de douleur, et je devais l'emmener en urgence, de jour comme de nuit, à l'hôpital ou à la clinique de Langford, à une demi-heure de route. Finalement, lorsqu'il eut quatre ans, le docteur Shifty fit intervenir un spécialiste qui lui posa des drains dans les oreilles, prolongeant ainsi son calvaire. Les tubes finissaient par tomber, et les infections recommençaient. Je lui mettais des bouchons d'oreilles pour le bain ou lorsque je l'emmenais nager afin d'éviter que l'eau n'entre dans ses oreilles.

Le petit idolâtrait son père. Son premier mot fut « lumière », car il regardait sans cesse par la fenêtre en attendant son père, et, lors des rares moments où celui-ci était à la maison, il voyait les phares de son camion dehors. Il montait sur le canapé et allumait et éteignait la lumière sans arrêt. C'était triste, car John ne consacrait jamais de temps aux enfants, sauf lorsqu'il voulait les traumatiser.

Il y eut de nombreux accidents inexpliqués dans la vie des enfants. Une fois, lorsque mon fils avait environ un an et demi, il jouait dans la petite piscine installée sur la terrasse. La barre du portail était verrouillée, comme je m'en assurais toujours. En l'espace d'une seconde, quelqu'un a ouvert le portail, l'a fait sortir, l'a placé sur cette voiture beige près de la fosse mécanique de John, et il est tombé sur des barres d'armature, se fendant le front juste entre les yeux. J'ai entendu ses cris et je l'ai vu se hisser le long de la maison, le sang jaillissant de son front. Je l'ai emmené à la piscine pour essayer de nettoyer la plaie, mais le sang pulsait dans l'eau. J'ai appuyé pour tenter d'arrêter l'hémorragie et je l'ai conduit immédiatement à la clinique, où il a dû recevoir des points de suture.

J'ai appris par le groupe de mères qu'un médecin retraité vivait à Beacher Bay, à une dizaine de minutes, et qu'il acceptait les urgences. J'ai appelé Jan pour qu'elle garde ma fille, car elle habitait sur le trajet, et j'ai emmené mon fils là-bas. Je réalise aujourd'hui qu'un enfant de cet âge ne pouvait en aucun cas ouvrir seul ce portail et monter sur une voiture. John a dû le mettre là.

Une autre fois, lorsque mon fils avait environ deux ans et demi, il a trouvé la bonne clé parmi une vingtaine sur le porte-clés de John, a démarré la voiture beige, l'a sortie de vitesse, et elle a reculé dans notre allée très pentue, désormais de l'autre côté de la maison. La voiture a basculé d'une falaise et s'est arrêtée sur un rocher à mi-chemin d'une chute de vingt pieds. J'étais sur la terrasse avec ma fille dans les bras lorsque cela s'est produit. Je

n'oublierai jamais son petit visage lorsqu'il pleurait en disant «
maman ». J'ai rapidement donné le bébé à John, qui riait, et j'ai
couru pieds nus pour le secourir. Par un hasard incroyable, un ami
de Randy, le mari de Barb, passait alors avec une pelleteuse et
John lui a fait signe pour remonter la voiture. Malgré cela, John
continuait de laisser ses clés sur la table, et je devais sans cesse les
mettre hors de portée des enfants. Je comprends aujourd'hui que
mon fils a dû être encouragé à agir ainsi.

Ma fille avait deux ans et mon fils quatre ans lorsque nous
avons appris une terrible nouvelle concernant Randy, le mari de
Barb. Il s'était noyé dans un prétendu accident de bateau à Oak
Bay, à Victoria. Apparemment, ils avaient tous bu, Randy ne savait
pas nager, ne portait pas de gilet de sauvetage, et la rambarde
contre laquelle il s'appuyait s'est brisée. Il est tombé dans une eau
glaciale et agitée et n'a pas pu être secouru. Aujourd'hui, je me
demande si c'était vraiment un accident. Il était protestant.

Ses funérailles eurent lieu dans le centre communautaire
près de la caserne de pompiers sur Copper Mine Road. Je m'y suis
rendue pour exprimer mes condoléances à Barb, mais elle ne m'a
ni regardée ni répondu lorsque je lui ai dit combien j'étais désolée
et que j'étais là si elle avait besoin de quoi que ce soit. J'aimais
beaucoup Randy et Barb. Randy était un homme honnête et
travailleur qui, à ma connaissance, ne buvait pas excessivement. La
maison était terminée, mais le terrain ne l'était pas. La

communauté s'est mobilisée pour l'aménager et beaucoup de gens lui ont apporté des plats, moi comprise. Notre amitié ne fut plus jamais la même.

C'est à cette époque que John eut un accident avec son camion vert, acheté lorsque nous vivions sur Pembroke Street. Il était ivre, a percuté un arbre et a complètement détruit le véhicule. Il eut de la chance de s'en sortir vivant. Gary, l'employeur de John, commençait à vendre le matériel de son atelier de soudure en prévision de la fermeture. John lui a acheté un camion et une machine à souder afin de lancer sa propre entreprise de soudure mobile. Il avait déjà quelques clients fidèles, mais les affaires étaient lentes. J'étais inquiète pour notre avenir financier.

Je suis devenue sa comptable. Une comptable du lotissement, Eva Banks, m'a appris à tenir les comptes. Nous faisions ensuite nos impôts chez elle chaque année. J'étais retournée travailler à temps plein, mais la gardienne, Nicky, gagnait plus que moi. Une fois, à cause de la neige, je n'ai pas pu rentrer à la maison avec la vieille Oldsmobile chargée à bloc que je conduisais alors, encore un des jouets de John. J'ai dû rester chez ma mère. John n'est rentré qu'à onze heures ce soir-là, et Nicky a gagné une petite fortune. J'ai fini par accepter un poste les week-ends et jours fériés au service d'entretien de l'hôpital afin de rester employée, ce qui s'est avéré plus avantageux financièrement.

Lorsque Gary a fermé définitivement son atelier à l'été

1985, il a donné à John une clôture destinée à être détruite. J'avais un potager près du terrain de Bill et Corrine, et Bill est sorti pour dire à John que la clôture était sur son terrain. C'était le début des conflits. Plus tard, John a commencé à courir en voiture de démolition pour faire de la publicité à son entreprise, ce qui a déclenché de nouvelles plaintes de Bill et Corrine concernant des véhicules non immatriculés. L'agent municipal a simplement demandé que la voiture soit transportée sur une remorque et que le terrain reste conforme.

Lorsque des camions ont commencé à déverser de la terre sur notre terrain pour des travaux, Bill et Corrine se sont encore plus énervés, surtout lorsque notre terrain est devenu plus élevé que le leur. Bill alla jusqu'à faire arpenter son terrain pour nous forcer à déplacer un énorme rocher. Un jour, alors que je plantais des marguerites près de la limite de propriété, Bill est sorti en hurlant pour que je quitte son terrain, le visage rouge de rage.

Avec le temps, les plaintes se sont multipliées : bruit, métal, outils. Rien n'aboutissait, car ils étaient les seuls à se plaindre. Bill alla jusqu'à faire tourner une scie circulaire pendant des heures sans couper quoi que ce soit, juste pour me déranger pendant la sieste des enfants. Corrine dut finalement travailler, leur maison restant inachevée pendant des années. Bill, lui, restait chez lui et se mit à me terroriser, allant jusqu'à prendre des photos de chacun de nos mouvements. Lorsque d'autres voisins s'installèrent, le harcèlement s'intensifia avec l'aide d'un autre agent municipal, Tim, qui était un véritable imbécile.

Un jour, John rentrait chez lui dans son rutilant camion de soudure rouge. Il est sorti de la route d'East Sooke tard dans la nuit, ivre, et a de nouveau foncé dans un arbre. L'homme qui vivait dans la maison derrière la nôtre avant l'arrivée d'Armin et Petra était chasseur ; il lui a donné de la fourrure à coincer dans la calandre du camion avant de l'amener à l'Insurance Corporation of British Columbia. John a déclaré qu'il avait percuté un cerf, et l'assurance a donc payé les réparations.

Une nuit, il est rentré ivre et a décidé que le dîner que j'avais gardé pour lui n'était pas suffisant. Il a fait frire du bacon, puis s'est endormi. Je me suis réveillée avec la maison remplie de fumée et le bacon noir comme le derrière de Toby. Je l'ai secoué alors qu'il dormait profondément sur le canapé et je l'ai réprimandé : « Tu aurais pu tous nous brûler. » Pendant toute la durée de notre mariage, il n'est jamais rentré avant onze heures du soir. Il était soit au travail, soit ivre, soit Dieu seul sait où.

Le groupe des mères organisait parfois des danses pour des occasions spéciales dans la salle communautaire d'East Sooke. John arrivait toujours en retard ou pas du tout, et je devais m'y rendre avec Jan et Gary. À quelques reprises, je suis allée au pub local, le Seventeen Mile House sur Sooke Road, avec Jan et Gary, Dot et Larry, mais ils buvaient tellement que je n'avais aucune envie de sortir avec eux. John était toujours invité ; comme d'habitude, il arrivait tard ou pas du tout.

C'est à cette époque que j'ai découvert que Dot et son mari étaient de très mauvaises fréquentations. Un soir, nous sommes allés chez eux pour ce qui devait être une soirée spa et sauna, et tout le monde se trouvait dans la cuisine à sniffer de la cocaïne, John y compris. J'étais furieuse contre lui. Je pensais qu'il aurait dû savoir mieux, surtout après que son patron avait tout perdu en partie à cause de cette dépendance apparente à la cocaïne. John a promis qu'il ne recommencerait pas, mais parfois je le voyais rentrer de ce côté-là sans véritable excuse.

John m'achetait des vêtements bon marché et vulgaires à porter au jardin. Je dis cela parce qu'il ne m'emmenait jamais nulle part. Pour mon anniversaire, il m'a un jour offert du fumier de vache pour mes rosiers ; une autre fois, un coupe-bordures qu'il n'a jamais utilisé. John était très verbalement abusif envers moi. Il me répétait sans cesse que je devais perdre du poids, alors que je faisais du 38/40. Il me disait que je devrais teindre mes cheveux en violet et les coiffer comme une punk. Il affirmait aussi que j'étais comme un meuble sur lequel il pouvait s'asseoir quand bon lui semblait, ainsi que quantité d'autres remarques étranges.

Lorsque je voulais discuter de son problème d'alcool, j'étais une « garce », et il avait le culot de me dire que j'étais gâtée et que rien ne me rendrait jamais heureuse. Pourtant, j'étais heureuse d'avoir simplement de la nourriture sur la table et un toit au-dessus de ma tête. Il ne m'a jamais dit clairement qu'il m'aimait, et ce n'est pas faute d'avoir cherché des signes de réassurance.

Les enfants avaient environ deux et quatre ans lorsque j'ai commencé à envisager de quitter John. C'était juste après son soi-disant accident de camion. J'en ai parlé à ma mère au téléphone, et elle m'a répondu : « Quoi que tu fasses, ne t'engage pas avec un autre homme. » Je lui ai dit que j'en avais assez des hommes. Mais le gouvernement malveillant semblait avoir d'autres plans, car peu après, j'ai reçu un appel de Dave, l'ami de Ron, qui, avec Ron, m'escortait autrefois à toutes les fêtes. Ron était impliqué dans une mise en scène avec les policiers de Saanich et une fausse arrestation pour drogue, mais je ne le savais pas à l'époque.

Dave a commencé à passer avec un sac de marijuana et de l'alcool, et John l'a rencontré à quelques reprises. Je pensais simplement qu'il prenait de mes nouvelles, mais aujourd'hui je me demande ce qu'il faisait réellement. Il n'a jamais tenté quoi que ce soit avec moi ; je suppose qu'il voyait bien qu'il perdrait son temps. Peu après, Margaret est venue chez moi avec sa Camaro jaune. Elle avait rompu ses fiançailles avec Andy. J'ai appris plus tard qu'elle avait été avec un ami de mon ancienne camarade de collège, Teresa, et qu'une dispute avait éclaté ; elle l'aurait frappé à la tête avec un objet et l'aurait tué. Je ne le savais pas lorsqu'elle est venue me voir. Je me demande aujourd'hui si elle cherchait quelqu'un sur qui rejeter la faute.

C'est à cette période que j'ai commencé à faire des cauchemars très vifs dans lesquels je mourais de différentes façons. Je rêvais que je nageais trop loin et que je sombrais ; je me réveillais en haletant, incapable de respirer, comme si je me noyais. J'ai aussi rêvé que ma mère et moi étions en vacances à Hawaï, au onzième étage d'un immeuble, lorsqu'un tremblement de terre survenait. Le gratte-ciel oscillait et s'effondrait, et j'étais plaquée contre la baie vitrée. Je me réveillais encore une fois en suffoquant, écrasée par une pression énorme. Dans un autre rêve, j'étais prise dans des sables mouvants ; quelqu'un essayait de me sauver en me tendant un bâton et en me disant de ne pas bouger. Là encore, je sombrais et me réveillais en cherchant l'air. À l'époque, je n'en comprenais pas le sens, mais aujourd'hui je crois que mon subconscient m'avertissait du danger dans lequel se trouvait ma famille.

J'ai alors décidé de me préparer à quitter John. Il était évident que sa consommation d'alcool devenait incontrôlable et qu'il ne changerait jamais. C'est à ce moment que Diane, de mon travail, et Darlene sont revenues dans ma vie. Je ne les avais pas vues depuis longtemps, bien avant la naissance de mon fils. Elles sont arrivées à l'improviste avec une quantité incroyable de vêtements pour ma fille. Elles n'avaient rien apporté à la naissance de mon fils, ce qui m'a paru étrange.

Diane avait terminé sa formation de superviseure en service alimentaire et travaillait désormais au pavillon Memorial. Je postulais à toutes sortes d'emplois et j'en ai obtenu un en entretien ménager, avec plus d'heures mais pas à temps plein, faute d'ancienneté. C'était au sous-sol du pavillon Memorial. Diane m'a suggéré de suivre la même formation qu'elle et m'a proposé de me prêter ses livres. Épuisée de travailler comme une forcenée, j'ai accepté. Plus tard, lorsqu'elle m'a demandé les livres, elle s'est excusée en disant qu'elle les avait donnés à une autre femme déjà superviseure mais sans qualification.

Entre-temps, j'ai postulé pour un poste de brancardière le week-end à Eric Martin, car je suivais cette formation et ne voulais pas trop d'heures. La formation n'était pas offerte en Colombie-Britannique ; je la suivais par correspondance auprès du Southern Alberta Institute of Technology. J'ai complété la première année, la plus difficile selon Diane. Les diététiciennes de la cafétéria laissaient parfois leurs livres pour moi, et je les consultais pendant ma pause. Je n'ai pas fait la deuxième année, car on m'a dit que je n'obtiendrais pas de poste en raison de mon ancienneté et de mes relations. Diane a dû quitter son emploi pour la même raison, perdant toute son ancienneté, avant d'être réembauchée plus tard. Je n'ai pas voulu prendre ce risque, surtout avec mes enfants et l'état de santé de mon père.

Au moins, cette première année me qualifiait comme cuisinière de restauration rapide et me faisait progresser d'un échelon à l'hôpital. Pourtant, on hésitait à me donner une chance. J'ai passé l'examen devant le policier Dale Milan et obtenu des A à tous mes travaux, mais à l'examen final, j'ai à peine réussi. Je me demande encore pourquoi. Ai-je été sabotée ? Quoi qu'il en soit, j'ai reçu une petite carte attestant cette qualification en 1986.

J'emmenais régulièrement les enfants à Langford pour que Sue les garde, et cela devenait vraiment compliqué à gérer. Nous avons donc décidé d'aménager le sous-sol en logement indépendant. En attendant, je cherchais une baby-sitter pour les week-ends. John était occupé à combler le grand trou du sous-sol avec des pierres, à la main, à l'aide d'une brouette. Cela lui a pris près d'un an, sur son temps libre. Une fois ce travail terminé, nous avons fait venir mon frère pour couler le béton.

C'est à peu près à cette époque qu'Armin et Petra ont emménagé dans la maison située derrière la nôtre. Ils avaient deux filles : Tessa, d'un an plus âgée que mon fils, et Lydia, d'un an plus jeune que ma fille. Armin travaillait pour les Parcs du CRD (Capital Regional District), et je le voyais souvent rentrer chez lui avec des matériaux de construction dans son camion, que je savais provenir de son travail et qu'il utilisait pour construire son garage. Une autre fois, il est rentré pendant sa pause déjeuner avec du gravier, probablement pour aménager son chemin d'accès.

Fuir les démons

Sa femme, Petra, ne travaillait pas et avait rejoint le groupe des mères. Leurs enfants descendaient souvent chez moi pour jouer avec les miens. Une fois, je les ai emmenés sur la terrasse pour faire de la peinture au doigt. Tessa a montré dès le départ des difficultés à l'école, et je pouvais voir qu'elle était émotionnellement perturbée par quelque chose. Elle refusait de mettre les doigts dans la peinture et, lorsqu'elle le faisait, elle courait immédiatement se laver les mains dans la salle de bain. Elle ne voulait même pas peindre. J'en ai parlé à Petra, qui m'a répondu que, bébé, Tessa enlevait sa couche et étalait ses excréments sur les murs, et qu'elle avait de gros problèmes de discipline avec elle.

Parfois, les enfants allaient jouer dans la Charger, qui était stationnée sur la propriété. Je n'aimais pas cette idée, mais John me répétait qu'ils risquaient davantage de se blesser dans une aire de jeux. J'ai mentionné cela à Armin un jour lorsqu'il est venu se plaindre du fait que les enfants jouaient dans la voiture. Il a dit qu'il craignait qu'ils se coincent les doigts dans les portières. John continuait à travailler sur sa voiture de course dans son atelier. Armin est venu se plaindre du bruit un soir assez tôt, peu après une discussion que j'avais eue avec lui, en disant : « Nous n'avons jamais eu de plaintes pour bruit de la part des gens qui vivaient ici avant vous. » J'ai remarqué qu'il se rendait très souvent chez Bill et Corrine. Après cela, nous avons commencé à recevoir des appels du nouvel agent des règlements municipaux, Tim. Lorsque notre nounou a emménagé chez nous, il se présentait souvent sans prévenir et regardait par les fenêtres du sous-sol.

John travaillait presque toujours les week-ends, principalement parce que les machines nécessitaient des réparations lorsqu'elles n'étaient pas en fonctionnement. Ma première baby-sitter à domicile pour les week-ends s'appelait Olivia. Elle vivait près du cul-de-sac d'East Sooke Road, et son beau-père et sa mère étaient tous deux enseignants. Denise, son beau-père, enseignait le programme STEP (Systematic Training for Effective Parenting) et animait un cours pour les parents du groupe des mères, qui se tenait chez moi lorsque mes enfants avaient environ quatre et six ans. C'est lui qui me l'a recommandée. Il était directeur d'une école pour enfants ayant des troubles du comportement, près de la Pat Bay Highway.

Petra n'a jamais participé au programme STEP, alors qu'elle en avait grandement besoin. Jan n'y est jamais venue non plus, et je crois qu'elle aurait aussi beaucoup bénéficié de ce cours. Lorsqu'un de ses enfants se blessait, elle paniquait et leur criait dessus. Ce programme a été l'une des meilleures choses que j'ai faites pour mes enfants. Olivia avait treize ans lorsqu'elle a commencé à garder mes enfants, et elle était très douce avec eux. Elle apportait parfois sa clarinette et leur jouait de la musique. Mais à seize ans, elle a commencé à les punir excessivement, les mettant au coin pendant de longues périodes. Mon fils me racontait de petites choses, comme le fait qu'elle ne les laissait pas finir leur repas. Je lui ai expliqué qu'ils obtenaient autant de nutriments avec leur dessert et qu'il ne fallait pas en faire tout un drame. Elle n'utilisait jamais de conséquences appropriées à leurs comportements.

Un jour, Denise m'a appelée pour me demander si je pouvais nettoyer leur maison pendant la semaine, sachant que j'avais travaillé en entretien ménager à l'hôpital. J'ai accepté. Ils me payaient en espèces et me disaient que c'était un cadeau. Ma fille m'accompagnait, et je faisais le ménage le matin pendant que mon fils était à la maternelle. C'était toutes les deux semaines seulement. Même si les parents d'Olivia étaient assez négligés, j'aimais aller chez eux, car leur maison avait de grandes fenêtres donnant sur l'eau. Je devais les nettoyer à chaque visite, mais cela m'apportait une certaine paix intérieure.

Un jour, j'ai remarqué des calmants sur la table de nuit dans la chambre. Dana, la mère d'Olivia, m'a dit qu'elle les prenait parce que sa mère était décédée. Mais je savais qu'ils buvaient beaucoup d'alcool, et j'ai commencé à me demander si elle n'était pas devenue dépendante à ces médicaments. Peu après, j'ai commencé à travailler pour une de leurs amies, une autre enseignante du lotissement, en nettoyant sa maison. Elle me payait par chèque, et là encore, je travaillais comme une forcenée. Elle n'avait pas d'enfants à la maison, donc ce n'était pas très sale, mais elle me tenait occupée en permanence. Elle possédait des meubles anciens dans la salle à manger qu'elle me demandait de cirer chaque semaine, en plus de nombreuses autres tâches. Lorsqu'ils ont rénové leur sous-sol, j'ai dû le nettoyer aussi, sans recevoir ni temps supplémentaire ni rémunération additionnelle.

À peine la maison et l'atelier terminés, John décida qu'il voulait faire fermer la buanderie, car le bruit le dérangeait. Mon père est donc venu s'en occuper. Il a également construit un grand mur afin de créer un placard dans la cuisine, ainsi qu'un petit placard à linge dans la salle de bain. Il n'y avait pas encore d'escalier menant au sous-sol, et John en voulait absolument ; bien sûr, mon père s'est encore porté volontaire pour le faire. John trouvait toujours du travail à donner à mon père.

Après tout cela, nous avons lentement commencé à préparer le sous-sol pour le transformer en logement indépendant, car j'en avais assez d'Olivia et je n'arrivais pas à trouver quelqu'un d'autre de fiable. Gary, le mari de Jan, est venu faire toute la plomberie, puisqu'il était sans emploi à ce moment-là et avait besoin de travailler. Le sous-sol était déjà câblé. Nous avons engagé quelqu'un du coin pour poser le placoplâtre et appliquer une sous-couche, et j'ai commencé à peindre, mais à ce stade, mes tendons étaient abîmés par tout le travail de peinture que j'avais déjà accompli. Comme toujours, mon père était occupé chez lui à fabriquer des armoires pour le logement ; il les a installées, et je leur ai appliqué trois couches de peinture. Avant cela, j'avais terminé de peindre toutes les rampes autour de la terrasse, également avec trois couches, et c'était une grande terrasse. Finalement, nous avons embauché un garçon de seize ans pour peindre les murs du logement. John est arrivé avec tout un lot de tapis provenant d'un hôtel en rénovation, qu'il avait récupérés gratuitement.

Pendant que nous travaillions sur le logement au sous-sol, deux policiers construisaient une maison de l'autre côté de chez nous. L'un était un policier de Saanich qui faisait l'électricité, et l'organisateur était un policier d'Esquimalt qui construisait la maison pour son père, un ministre chrétien pervers. Ils utilisaient notre électricité, gratuitement, ce qui leur permettait aussi de venir fouiner. Je me demande encore si tout cela se faisait sous la table. Une nouvelle réglementation sur le bruit a été instaurée à Sooke, je crois, uniquement pour couvrir John. Nous avons reçu un appel du service des règlements municipaux du Capital Regional District nous demandant de nous présenter à leur bureau. John et moi y sommes allés ensemble. L'homme que nous avons rencontré, dont je ne me souviens plus du nom, nous a montré une photo d'un équipement industriel qu'ils prétendaient que John utilisait sur notre propriété. Il avait toute une pile de photos, mais il a refusé de nous en montrer d'autres. Nous lui avons expliqué que John possédait une unité de soudage mobile et qu'il n'était absolument pas logique de transporter des machines jusqu'à East Sooke pour y travailler ; il travaillait toujours sur site. Il s'est longuement plaint du bruit soi-disant généré chez nous. Je lui ai dit moi-même que John n'était presque jamais à la maison et qu'il travaillait tout au plus une fois par mois sur sa voiture de course avant une course, rien de plus. Nous avions des enfants à la maison.

J'ai demandé un exemplaire du règlement municipal, mais il m'a répondu qu'ils n'en avaient pas. Quand j'ai demandé où je pouvais m'en procurer un, il m'a dit qu'il fallait aller au bureau du centre-ville de Victoria. Je m'y suis rendue immédiatement, et l'ancien agent des règlements qui y travaillait m'en a donné un exemplaire. Cela a mis John en colère. Un jour, alors que ses parents, son frère et sa belle-sœur Andrea étaient venus d'Angleterre, il a élaboré un plan. Il a ramené un godet d'excavatrice appartenant à Norm et l'a placé dans son atelier, puis nous sommes tous allés au défilé du 1er mai avec sa famille. Pendant le défilé, John a pris une photo de l'horloge à l'angle de Douglas et Hillside, au centre-ville. Ce même week-end, son frère David a conduit la Charger sur East Sooke Road, après que John l'eut assurée spécialement pour sa famille dysfonctionnelle, et a fait crisser les pneus devant la maison.

Sa famille est restée trois semaines, et ils se montraient constamment grossiers et envahissants. Ma mère, qui n'avait

jamais voyagé, et moi avons donc planifié un séjour de quatre
jours à Disneyland pendant leur visite. Ma mère a même payé le
voyage. Je pensais qu'ils seraient obligés de s'occuper des enfants,
et j'avais besoin d'une pause, car ils ne m'en accordaient jamais.
Leur seule aide consistait à essuyer le visage des enfants avec un
torchon, ce dont je n'avais absolument pas besoin. Ils partaient
tous faire de longues promenades pendant que je préparais leurs
repas, et ils refusaient même de faire leur lessive sous prétexte
qu'ils ne savaient pas utiliser la machine, malgré mes explications.
Margaret, pourtant, savait parfaitement s'en servir, car elle avait
exactement la même chez elle.

La mère de John me donnait des ordres pour que j'aille
chercher la nourriture de John lorsqu'il rentrait tard du travail,
alors que tout était déjà prêt dans le réfrigérateur et qu'il n'avait
qu'à utiliser le micro-ondes. Ils étaient tous furieux de mon départ,
sauf le père de John. Lui comprenait la pression que je subissais,
car nous leur avions tout raconté, et il a été le seul à me souhaiter
de passer un bon moment. David, le fils à maman, m'a lancé : «
Comment peux-tu nous faire ça ? Nous avons fait tout ce chemin
et toi, tu t'en vas ? » Il m'a fait pleurer, car John était censé les
prévenir à l'avance, mais il ne l'avait pas fait.

Au retour, j'avais acheté tellement de souvenirs que j'ai
oublié de déclarer le manteau en cuir blanc que je portais, acheté
lors d'une excursion au Mexique avec ma mère. Ils ont fouillé nos

bagages. On ne nous donne que quelques minutes pour remplir les formulaires, et je me creusais la tête pour me souvenir de tout ce que j'avais acheté. J'ai appelé John pour lui expliquer que nous serions en retard, et ce démon s'en est trouvé très amusé.

Peu après le départ de la famille de John, l'agent des règlements municipaux, Tim, est venu nous remettre des documents juridiques nous convoquant au tribunal pour bruit excessif et utilisation d'équipement industriel en zone résidentielle. J'étais également poursuivie, mais ils ont ensuite décidé que cela ne me concernait pas. Je suppose qu'ils ne voulaient pas que je puisse me retourner contre ce système pourri. C'était exactement ce que John espérait.

À ce moment-là, nous avions loué le logement du sous-sol à une jeune mère végétarienne, May, et à sa fille de trois ans, en échange de la garde de mes enfants. Nous l'appelions notre nounou. Le père de son enfant avait apparemment abusé de la fillette, et elle était en pleine procédure judiciaire. Elle nous donnait un peu d'argent pour l'électricité, très coûteuse en hiver. C'est May qui m'a conseillé de retirer la viande de l'alimentation de mon fils pour faire disparaître ses otites. Je l'ai fait pendant quelques mois, et il n'a plus jamais eu d'infection à l'oreille après cela.

Un jour, l'agent des règlements, Storm, m'a dit que nous avions aussi un logement illégal au sous-sol et qu'il comptait nous poursuivre pour cela, mais je l'ai rapidement remis à sa place. L'affaire est allée au tribunal. Même si May a témoigné qu'elle n'entendait aucun bruit, alors qu'elle vivait juste à côté de l'atelier, John a tout de même été condamné à une amende pour crissement de pneus. Je suppose que May essayait de donner l'impression qu'elle appréciait les hommes. John n'a pas été condamné pour avoir travaillé sur de l'équipement industriel, mais il a été sanctionné pour l'avoir amené dans un quartier résidentiel. L'amende totale s'élevait à cinq cents dollars, et John a dit que chaque centime en valait la peine. Cela servait à donner l'illusion qu'il était présent pour sa famille, alors qu'il ne l'a jamais été. Jamais.

Au fait, quelqu'un travaillait bel et bien sur ce godet ce week-end-là : c'était Jamie, le jeune frère de l'ancien patron de John. C'était le genre d'homme qu'il était : trompeur et malveillant.

CHAPITRE NEUF

Jan et moi avions eu l'idée de former un groupe que nous avons appelé « Contact pour les enfants ». C'était un groupe destiné aux enfants d'âge préscolaire afin qu'ils puissent venir avec leur mère ou leur père et se retrouver pour socialiser. Mon fils prenait le bus le matin et faisait un trajet d'une demi-heure jusqu'à l'école primaire Sasseno, à Sooke, pour sa classe de maternelle, alors nous organisions le programme à ce moment-là. Nous avons demandé des dons de jouets et mis en place des activités artistiques dans le centre communautaire. La location de la salle ne coûtait que dix dollars par mois. Il y avait un petit parc avec une aire de jeux, et quand il faisait beau ou que les enfants devenaient agités, ils pouvaient sortir pour se dépenser.

J'ai été élue présidente du groupe et, à ce moment-là, il y avait déjà pas mal d'enfants d'âge préscolaire dans le secteur. Cependant, j'ai été déçue par la fréquentation. Les seuls qui semblaient venir régulièrement étaient Jan et son plus jeune fils, Matthew, Uta avec sa petite fille Laura, qui avait le même âge que ma fille, et l'épouse d'un policier, Donna, qui était la secrétaire du groupe, avec son unique enfant, un peu plus jeune que les autres. Le groupe a fonctionné pendant quelques années, puis nous l'avons transformé plus tard en « Club de jeunes », car il y avait davantage de demande pour des activités destinées aux enfants plus âgés.

Nous vivions toujours dans la maison que mon père avait

construite lorsqu'ils ont organisé une course de caisses à savon. Bien sûr, John, tellement avide d'argent, n'a pas pris le temps de fabriquer une caisse à savon pour son fils. Mon frère en avait une pour son garçon Jeff, qui était de quelques années plus âgé que le mien, et il a dit que mon fils pouvait l'utiliser. Ils ont fermé East Sooke Road près de la mine de cuivre, à l'endroit où l'on tournait pour entrer dans le lotissement, et ont utilisé la grande côte devant notre maison pour la course. Mon fils était tellement excité ; il a failli gagner, mais quelqu'un avait fabriqué une caisse pour Paul, le fils de Barb, et il l'a battu d'un cheveu.

Les parents de John continuaient à venir nous rendre visite, et Francis s'installait chaque année, assise sur son gros derrière, parce que John avait vendu l'appartement en Angleterre et avait donné l'argent à ses parents pour tous les soi-disant problèmes qu'ils avaient eus avec ce logement. John leur avait dit : « Utilisez-le pour venir nous rendre visite. » Je crois que les enfants avaient environ sept et cinq ans lorsqu'ils sont revenus une nouvelle fois. Ils voulaient voir une autre région du Canada, en particulier les Rocheuses. Sa mère a donc pris contact avec son cousin, un célibataire vivant à Edmonton, et lui a dit qu'ils venaient lui rendre visite. Ils correspondaient depuis des années, et je me demande aujourd'hui si ce cousin connaissait le couple d'Edmonton, en Alberta, qui disait avoir acheté le terrain voisin de celui de Bill et Corrine.

Il a été décidé que nous prendrions le train jusqu'à
Edmonton pour y retrouver ses parents. Mon fils a de nouveau
attrapé une infection à l'oreille juste avant notre départ. J'étais
extrêmement inquiète pour lui. J'avais même suivi un cours de
langue des signes parce que je craignais qu'il ne devienne sourd.
Ce cousin possédait une petite maison sur ce qui avait autrefois été
une ferme, avec beaucoup de terrain. Il a absolument tout payé :
l'hôtel pour tout le monde, les petits-déjeuners chaque matin, tout.
Pendant notre séjour à Edmonton, nous sommes allés au centre
commercial West Edmonton Mall, mais ce jour-là, son cousin n'est
pas venu. Je me souviens que nous sommes allés à la grande
piscine à vagues : ma fille était sur le dos de John et elle a été
aspirée sous l'eau ; j'ai dû la tirer à la surface. John a laissé mon
fils descendre seul le grand toboggan, et moi je l'attendais en bas,
paniquée.

Nous sommes restés environ une semaine à Edmonton afin
que sa mère malveillante puisse rencontrer toute sa famille. Nous
sommes tous rentrés à Victoria dans un camping-car Winnebago
qu'un riche parent de sa mère avait loué. Ce cousin nous a conduits
jusqu'à la maison, car il voulait voir où vivait John et disait que ce
serait aussi de belles vacances pour lui. Nous avons dormi dans des
hôtels en chemin, et il a tout payé, y compris les repas. Pendant
que nous traversions les Rocheuses, j'ai décidé de m'allonger dans
le lit tout au fond, là où j'avais demandé aux enfants de rester. Le

père de John était assis à l'avant, et John et sa mère se trouvaient sur une banquette à l'arrière.

Mon fils dormait lorsque je me suis endormie un moment. Quand je me suis réveillée, c'était juste à temps pour voir ma fille, la main sur la poignée, en train d'ouvrir la porte du camping-car. J'ai bondi, me suis penchée par-dessus la mère de John et j'ai refermé la porte. J'étais furieuse et bouleversée. J'ai dit : « Pourquoi ne la surveillais-tu pas ? Elle était censée être allongée à l'arrière avec moi. » Aujourd'hui, je pense que Francis voulait qu'elle tombe dehors, car cette salope de belle-mère ne l'a même pas empêchée d'ouvrir la porte alors que nous roulions sur l'autoroute à travers les Rocheuses. Un véritable démon maléfique.

À ce moment-là, j'étais épuisée par le harcèlement constant de nos voisins. John et moi sommes allés consulter un avocat à Langford, car j'avais commencé à consigner par écrit tout ce qui se passait avec eux. Nous lui avons présenté le dossier, et il nous a dit qu'il n'existait aucune loi contre le harcèlement et que nous n'avions rien d'autre à faire que déménager — un mensonge. Nous aurions dû consulter quelqu'un d'autre, mais nous ne l'avons pas fait ; de toute façon, cela n'aurait probablement rien changé.

Pendant ce temps, le fou de Bill travaillait depuis chez lui, fabriquant des tabourets de bar pour un établissement en ville, selon Corrine, tout en faisant un vacarme infernal et en me harcelant par-dessus le marché. Un jour, John et moi nous disputions à propos des voisins, car ils s'étaient encore plaints de quelque chose. C'est alors que, pour la première fois, John a levé le poing contre moi et a tenté de me frapper. Il a laissé entendre qu'il était furieux à cause des voisins et de leur harcèlement, et il a dit : « Pour quelques milliers de dollars, ce sera la fin d'eux et de quiconque essaiera de foutre en l'air mon business. Même si c'est dans dix ans, personne ne pourra le prouver. » Cela m'a terrorisée. J'étais aussi à bout de nerfs à cause de l'état d'ivresse dans lequel il rentrait constamment à la maison, et nous nous disputions également à ce sujet. Il avait l'air très sérieux en tenant ces propos ; son visage était rouge écarlate et les veines ressortaient de sa tête. À mes yeux, il prenait plaisir à provoquer les ennuis.

Une fois, John rentrait du travail et, apparemment, il a essayé de pousser Armin, le voisin qui habitait derrière nous, hors de la route Gillespie alors qu'il rentrait chez lui à moto. Il me l'a raconté, et quand je l'ai confronté, il a répondu : « Je lui ai juste donné une petite poussée. » Des accusations ont été portées et John est passé devant le tribunal, mais comme les policiers de Sooke ont « opportunément » perdu les documents et qu'il ne s'est jamais présenté, l'affaire a été classée. Je pense que c'était une vaste mise en scène pour donner l'impression que John ne s'entendait jamais avec les voisins. Après qu'il a dit « et quiconque essaiera de foutre mon business en l'air », j'ai commencé à mettre de l'argent de côté. Je voulais être certaine d'avoir de quoi payer une séparation et assurer un toit au-dessus de nos têtes. Je ne savais pas encore que, à l'époque, le système avait déjà payé cette séparation. Après que l'avocat chargé de la séparation a pris toutes mes économies — cinq mille dollars —, je me suis retrouvée sans un sou.

Je laissais très rarement John s'occuper des enfants. Il avait acheté à mon fils une petite moto quand il avait environ six ans, un engin parfait pour se tuer. Un jour, alors qu'il gardait les enfants, John a fabriqué une rampe pour que le garçon la franchisse avec la moto et il a permis à ma fille de monter derrière lui. Ils ne portaient même pas de casque. Il a pris une photo, trouvant cela formidable. À peu près à la même période, un homme que John connaissait de l'atelier de Gary, Pat, est venu nous rendre visite. Il était arrivé à moto depuis la ville, à plus d'une demi-heure de route, et le pot d'échappement était brûlant. Mon fils était fasciné par les motos. Pendant que nous parlions, il était près de moi et, avant que je m'en rende compte, il s'est mis à hurler. Il avait posé la main sur le pot d'échappement et s'était gravement brûlé. Je me demande aujourd'hui qui l'avait envoyé là.

J'ai appelé Irene, une infirmière, pour lui demander si je devais emmener mon fils à l'hôpital. Elle m'a dit qu'ils ne feraient rien pour lui. J'ai donc passé environ six heures à le consoler pendant qu'il hurlait de douleur. J'ai passé sa main sous l'eau froide un moment, puis je lui ai donné du Tylenol, mais je sais maintenant que j'aurais dû l'emmener à l'hôpital. Belle infirmière, hein ? Une autre fois, John était censé s'occuper de mon fils, mais comme toujours, il travaillait dans son atelier. Il avait demandé au garçon d'aller chercher du bois sous la terrasse et de l'apporter pour le poêle qu'il avait dans le garage. Alors qu'il faisait ce qu'on lui avait demandé, deux gros chiens sont sortis de nulle part et l'ont attaqué. J'ai entendu les grognements et je suis sortie ; l'un des chiens avait attrapé la combinaison de ski de mon fils et essayait de le mordre. J'ai crié pour appeler John. Quand il a vu les chiens, il a pris un pied-de-biche et s'est avancé vers eux. Il les a fait fuir, et j'ai emmené mon fils à l'intérieur pour vérifier s'il était blessé. Heureusement, il portait plusieurs couches de vêtements et une combinaison de ski.

John est monté dans son camion avec le pied-de-biche pour retrouver les chiens, a-t-il dit. À son retour, il a mentionné qu'il avait tué l'un des chiens et que l'autre s'était enfui. Il a ajouté qu'il avait rencontré le policier de la GRC, Mike, le mari de Donna, qui habitait le lotissement, et que celui-ci allait retrouver le propriétaire. Le policier est venu peu après et a dit qu'il avait trouvé le propriétaire et que, si cela se reproduisait, l'autre chien serait abattu. À mon avis, ce chien aurait dû être abattu immédiatement. Que tramaient John et ce policier ? Bravo à eux…

Peu après, le couple d'Edmonton qui possédait le terrain voisin de celui de Bill et Corrine est venu camper sur leur propriété. Ils étaient chez moi pendant que John travaillait. Je croyais que les enfants étaient à l'intérieur, mais d'une façon ou d'une autre, ils sont allés jouer dans cette installation dangereuse que le grand John avait construite dans le jardin. Soudain, j'ai entendu des cris. Juste au moment où je m'apprêtais à sortir par la porte arrière, ma fille est entrée en pleurant, disant qu'ils avaient marché sur un nid d'abeilles et qu'elle s'était fait piquer. Le garçon était resté sur place, hurlant et tapant du pied. J'ai couru vers lui pieds nus et je l'ai ramené à l'intérieur. Ils avaient marché sur un nid de guêpes de boue, et je me demande aujourd'hui comment il s'était retrouvé là.

Le couple de l'Alberta a appelé le 911 pendant que j'essayais de trouver quelque chose pour les soigner, car ils avaient été piqués de nombreuses fois sur tout le corps. Mon fils était le plus atteint parce qu'il n'avait pas bougé de l'endroit. J'étais très inquiète, car il avait déjà été piqué par une abeille à la main auparavant et cela avait beaucoup enflé. Je savais qu'on pouvait mourir en cas d'allergie. Les seules choses que j'avais sous la main étaient du déodorant et des antihistaminiques, comme recommandé par la personne au téléphone. À ce jour, je ne comprends toujours pas comment ils ont pu sortir par ce portail. Je le gardais toujours fermé. Je crois maintenant que John essayait d'organiser la mort de son propre enfant, ce qui s'est avéré vrai par la suite. Il savait que mon fils pouvait être allergique aux piqûres, et on m'a apparemment dit, plus tard, via mon ordinateur, que John avait lui-même placé le nid de guêpes de boue à cet endroit.

Avant Saffery, lorsque j'avais encore le médecin chinois, le Dr Leon, vers 1985, je suis allée faire mon examen annuel, comme chaque année. Le médecin chinois m'a dit que mon frottis (test Pap) était au troisième stade et que le stade suivant était le cancer. Je me souviens lui avoir demandé si je pouvais passer un test de dépistage du sida, et il m'a répondu : « Pourquoi en voulez-vous un ? » Je lui ai dit : « Parce qu'on ne sait jamais avec qui son partenaire a été auparavant. » Après cela, je ne l'ai plus jamais revu, et le docteur Shifty a pris sa place.

Quand j'ai vu le docteur Shifty à propos de mon test Pap — car je lui ai fait refaire un test immédiatement après le départ du médecin chinois —, il m'a dit : « Votre frottis est normal. » Je lui ai parlé de ce que le médecin chinois m'avait dit, et c'est alors qu'il a répondu : « Il n'y a rien à craindre. » J'ai remarqué que Shifty écrivait ses notes au crayon, mais à l'époque je n'y ai pas prêté attention. Comme tout le monde, je faisais confiance à notre système de santé.

Shifty a eu beaucoup de consultations avec les enfants et moi. Chaque année, lors de mon examen annuel, je disais à John qu'il devrait lui aussi consulter un médecin, car il n'en avait jamais vu. J'ai également raconté mon historique médical à Shifty et mentionné mes anciens médecins. Il faisait semblant de bien s'occuper de mes enfants et de moi, mais il s'est révélé être aussi mauvais que le Dr Turd.

Un jour, ma fille a dû être traitée pour un impétigo parce que John avait laissé sortir notre petit chien, « Chase », qui était allé dans le fossé devant la maison, avait contracté l'infection et l'avait transmise à ma fille. J'imagine qu'ils essayaient de me faire passer pour quelqu'un de sale. Les gens vivaient dans ces chalets et les agrandissaient sans mettre à niveau leurs champs d'épuration. Le contenu des fosses septiques descendait la colline et s'accumulait devant notre maison. Tout le monde s'en plaignait depuis des années. Le District régional de la capitale a même essayé de nous en rendre responsables une fois, mais ils ont fini par obliger les gens à mettre leurs installations aux normes.

J'avais des problèmes gynécologiques, mais le bon vieux Shifty les balayait toujours d'un revers de main, disant que c'était une infection à levures et me recommandant des produits de pharmacie, ce que je faisais. En réalité, c'était dû à des années d'infections dont je n'étais pas consciente à l'époque. Je souffrais souvent atrocement de l'herpès, et il me disait de prendre des bains chauds et d'appliquer du peroxyde d'hydrogène sur les plaies.

Une fois, je suis allée le voir à cause d'un grain de beauté sur les fesses. Shifty m'a dit qu'il n'y avait pas lieu de s'inquiéter après l'avoir retiré à la clinique. Après que nous soyons allés voir un avocat à Langford à propos du harcèlement que nous faisaient subir les voisins, j'ai décidé d'en parler à mon médecin. J'avais besoin de quelqu'un à qui parler, car je ne comprenais pas pourquoi tout cela m'arrivait.

Le docteur Shifty m'a demandé si je voulais consulter un psychiatre, et j'ai répondu : « Oui, si vous pensez que cela peut m'aider. » C'était la première fois de ma vie que je voyais un psychiatre. Il m'a envoyée au centre de santé de Goldstream Road, la même clinique où travaillait mon médecin. J'ai eu trois séances avec lui, mais John n'a jamais voulu m'accompagner.

Ce psychiatre me mettait mal à l'aise. Il avait une grosse moustache noire et touffue qu'il n'arrêtait pas de tortiller entre ses doigts pendant que je lui parlais. Je lui ai raconté tout ce qui se passait, et quand je lui ai dit que les voisins prenaient des photos de chacun de nos faits et gestes, il m'a demandé : « Que veulent-ils ? Votre corps ou celui de votre mari ? » J'ai répondu : « Je n'en sais rien, c'est justement pour cela que je suis ici. » Je lui ai ensuite demandé : « Pensez-vous que je sois folle ? » Il m'a répondu : « Non. » Puis j'ai demandé : « Dois-je revenir ? » Il a répondu : « Non, vous n'avez pas besoin de revenir. »

J'imagine que le docteur Shifty voulait donner l'impression qu'il m'aidait, mais en réalité, il n'en avait absolument rien à faire de moi ni de mes deux jeunes enfants innocents. Pendant que je suivais mon cours de supervision, j'ai commencé à remarquer des problèmes de vision. Je suis donc allée consulter un ophtalmologiste à Sooke, qui était censé être réputé.

Je lui ai parlé des difficultés que j'avais eues enfant, comme sauter des lignes en lisant, mais il n'a fait aucun commentaire à ce sujet. Il m'a dit que ma vue était faible de l'œil gauche et que, si je couvrais l'autre œil et m'exerçais à lire avec l'œil déficient, je pourrais peut-être améliorer ma vision. Il m'a prescrit des lunettes, mais je les ai finalement rapportées, car je n'avais pas l'impression qu'elles faisaient une différence à ce moment-là.

Un jour, Petra est venue me voir, et je lui ai mentionné que je devais acheter un nouveau maillot de bain, puisque la conversation était tombée sur le sujet. Elle m'a proposé de m'en prêter un des siens, et je lui ai répondu que ce n'était pas important, que j'allais en acheter un moi-même. Mais elle a insisté, est retournée chez elle et en a apporté un. Bien sûr, je ne l'ai jamais porté, et quelque temps plus tard, je le lui ai rendu. Je l'avais tout de même essayé.

Peu après ce jour-là, Armin est venu me demander si je pouvais garder leurs enfants, car il devait emmener Petra à l'hôpital. Je lui ai demandé : « Qu'est-ce qui ne va pas ? » Il m'a simplement répondu qu'ils ne savaient pas, mais qu'ils devaient se rendre aux urgences. J'ai dit : « Bien sûr que je m'en occupe. » Quelques heures plus tard, j'ai reçu un appel téléphonique : c'était Petra. Elle m'appelait pour me dire qu'elle avait l'herpès, et elle semblait pleurer. Je lui ai dit : « Il doit y avoir une erreur. Toi et Armin êtes ensemble depuis toujours. » Je lui ai demandé qui était son médecin, et elle me l'a dit. C'était le même médecin qui avait pratiqué mon avortement — le nom approprié de Dr Rippington.

Je lui ai dit de ne pas s'inquiéter pour les enfants, que je m'en occuperais aussi longtemps que nécessaire, puis nous avons raccroché. À ce moment-là, je ne savais pas quoi penser de toute cette histoire. Je trouvais cela à la fois étrange et effrayant. Cependant, j'avais lavé son maillot de bain après l'avoir essayé. Quand John est rentré à la maison, je lui ai raconté ce qui s'était passé, et il s'est mis à rire. Il trouvait cela drôle.

Un jour, alors que John était à la maison, nous étions tous les deux dehors, et Petra faisait sa promenade quotidienne. John, ce démon malfaisant, lui a crié en riant : « Ha ha, tu as l'herpès ! » Je lui ai dit de se taire, que ce n'était vraiment pas une chose gentille à dire. Mais il l'a répété encore plus fort, en riant de plus belle. Quelle mascarade. Je suppose que tout cela était destiné à me faire paniquer à l'idée d'avoir essayé son maillot de bain, mais cela n'a pas fonctionné, et j'imagine que ce médecin essayait simplement de sauver sa peau corrompue.

J'étais tellement bouleversée par tout ce que les voisins avaient fait que j'ai fini par aller chez le ministre pour lui parler du harcèlement de certains voisins et lui donner l'un des paniers de Noël que j'avais préparés. Le groupe des mères venait tout juste d'organiser une foire de Noël à la salle communautaire, et il me restait plusieurs paniers invendus. J'avais pitié de lui, car quelqu'un m'avait dit que sa femme mourait d'un cancer à la maison, et qu'il faisait le trajet d'une heure entre East Sooke et l'hôpital Jubilee deux fois par semaine pour des séances de dialyse rénale.

Je suis allée chez lui, et sa femme n'est jamais sortie de la chambre. Je me suis dit qu'elle devait être très malade. Il m'a emmenée dans son garage, où se trouvait une immense armoire blanche remplie de nourriture qu'il disait être destinée aux pauvres. Si c'était vrai, que faisait-elle donc chez lui, perdu au fin fond d'East Sooke ? J'en doute fortement.

Il a accepté le panier, et nous nous sommes assis sur le canapé du salon pour discuter. Je lui ai raconté ce qui se passait avec nos deux autres voisins, pensant que, comme ministre, il comprendrait ce que je vivais. Mais à ma grande surprise, il était encore plus malade que les autres. Il s'est rapproché de moi sur le canapé, ce qui m'a mise très mal à l'aise, puis il a commencé à me caresser la cuisse pendant que sa femme agonisait dans leur lit. Je me suis levée et j'ai dit : « Je dois partir. »

La seconde d'après, il m'a attrapée et a commencé à m'embrasser à la française. Je me suis dégagée et j'ai couru dans la maison, où John et Nick, du service des pompiers, étaient assis à la table de la cuisine. Je leur ai raconté ce qui s'était passé, et

John s'est mis à rire. Nick a simplement dit : « C'est vraiment malsain. » Personne ne m'a dit que je devais le signaler, même quand j'en ai parlé à Jan. Elle a juste répondu : « Oh, ce n'est qu'un vieil homme malade. » Et j'en suis restée là.

John avait un ami, Angus, mécanicien diesel qui possédait sa propre entreprise, et ils passaient beaucoup de temps ensemble. Un jour, j'en ai eu assez et j'ai pris le camion de travail jaune de John, qu'il utilisait comme véhicule de secours, et je l'ai rempli de toutes ses affaires. La petite amie de Nick, qui venait parfois me voir, m'a aidée, puis m'a suivie en voiture pendant que je déposais le camion et toutes les affaires de John chez Angus. J'aurais dû changer les serrures, et j'y ai pensé, mais j'avais peur de ce que John pourrait faire.

Avant même que je puisse faire quoi que ce soit d'autre ce soir-là, John est rentré avec son camion jaune et a ramené toutes ses affaires à la maison. J'ai eu l'impression que les enfants et moi étions piégés. Il m'a dit que tous nos problèmes venaient des voisins et que nous devrions trouver un autre endroit où vivre, avec plus de terrain, pour que cela ne se reproduise plus.

Il n'était absolument pas question pour moi de quitter la maison que mon père avait construite ni de revivre la construction d'une autre maison. Mon père n'aurait pas pu recommencer : il devenait de plus en plus malade. J'ai accepté de regarder s'il existait une maison déjà construite, mais nous ne l'avons jamais fait, car je savais qu'il n'y avait rien d'aussi beau que ce que nous avions. Je ne voulais pas non plus m'endetter davantage. En même temps, je ne voulais plus rester à East Sooke.

Un jour, j'ai compris ce qui se passait lorsque j'ai emmené ma fille voir si elle pouvait jouer avec Matthew. Ils faisaient des bêtises. En les cherchant dans leur jardin, j'ai vu partout d'énormes plants de marijuana. Je n'en avais jamais vu autant. Je me demandais depuis longtemps comment ils trouvaient l'argent pour rénover leur maison, puisque Gary ne travaillait toujours pas. J'ai alors compris ce qu'ils faisaient et j'ai su que je ne voulais rien avoir à faire avec ça.

Je lui ai demandé, stupéfaite : « Qu'est-ce que vous faites avec tous ces plants de marijuana ? » Jan, que je n'avais jamais vue fumer un joint — sans doute faisait-elle attention autour de moi — a répondu : « Oh, on les garde juste pour quelqu'un. » Oui, bien sûr. Peu après, ils ont acheté cent acres de terrain avec son amie Nicky et le mari de celle-ci, Ivan. Comment ont-ils obtenu un prêt hypothécaire avec un seul revenu de la Salvation Army ?

Pendant ce temps, le couple de l'Alberta avait acheté un chalet au bord d'un lac à Edmonton, en Alberta, pour y vivre. Ils ont alors décidé de vendre le terrain qu'ils possédaient à côté des « arbustes » à East Sooke et d'utiliser l'argent pour leur nouveau chalet. John m'a convaincue d'acheter ce terrain comme investissement, disait-il, parce que « c'était une affaire exceptionnelle ». Ils nous l'ont vendu pour dix-huit mille dollars, et nous l'avons mis au nom de John, car il affirmait que de cette façon je ne serais pas impliquée si les voisins se plaignaient de ce qu'il faisait sur ce terrain.

Le terrain était classé comme rural, semblable à celui de Bill et Corrine, et comme il n'y avait pas d'arrivée d'eau, c'était encore une véritable aubaine. Nous avions déjà fini de payer notre maison à ce moment-là, c'était donc la seule dette que nous avions, et c'est pour cette raison que j'ai accepté. En moins d'un an, le terrain était entièrement payé, et John a commencé à y aller pour défricher et abattre tous les grands arbres. Cela a mis toute la communauté en colère, surtout Bill et Corrine, qui ont alors déplacé leur caméra vers une fenêtre de l'autre côté de leur maison.

Steve, originaire du pays de Galles et habitant dans le lotissement, était devenu ami avec John. Il s'était lancé dans le terrassement avec une pelle mécanique, comme passe-temps, disait-il. Au début, Steve venait s'entraîner sur le terrain, puis plus tard, lorsqu'il a eu besoin de travaux de soudure sur sa machine, John s'en est occupé pour lui.

Un jour, John est rentré à la maison en me disant qu'il avait trouvé un terrain de dix acres et qu'il avait déjà versé un acompte de mille dollars. Aussi étrange que cela puisse paraître, ma mère m'a dit que mon père avait lui aussi acheté un terrain derrière son dos autrefois. John m'a expliqué que nous allions vendre la maison et installer une roulotte sur le terrain à côté des « arbustes » pour y vivre pendant qu'il construirait une nouvelle maison. Il disait que nous utiliserions l'argent de la maison que mon père avait construite pour payer le terrain.

Ensuite, il ferait défricher le terrain et construire une route, ce qui, selon lui, prendrait du temps, puis il contracterait une autre hypothèque. Une fois la maison terminée, nous utiliserions l'argent obtenu de la vente de la roulotte pour payer la nouvelle maison. À ce stade, je n'avais pas vraiment le choix, car un accord avait déjà été conclu.

Vendre la maison que mon père avait construite n'a pas été facile. L'agente immobilière, une amie de Jan, a finalement réussi à la vendre après nous avoir conseillé d'acheter des meubles blancs pour le salon et de repeindre celui-ci en blanc éclatant afin de rendre la maison plus lumineuse. J'avais encore les mêmes meubles que j'avais achetés à dix-sept ans avec mon premier mari, Steve, et le canapé avait de grosses boîtes de conserve de tomates en guise de pieds.

Ironiquement, pendant ce temps-là, John a croisé le chemin de Lebor, un homme avec qui je sortais autrefois. John l'avait déjà rencontré lorsqu'il était arrivé pour la première fois. Nous avons été invités à son mariage : il épousait Dawn Lee, une femme que j'avais connue auparavant, qui avait fréquenté mon premier mari instable, puis l'ami de Robin, Wayne, lorsque j'avais commencé à sortir avec Robin.

Lebor et Dawn se séparaient et possédaient une roulotte à Sooke qu'il voulait vendre à bas prix. John m'a dit que Lebor était profondément impliqué dans la cocaïne et en faisait le trafic un peu partout, et que c'était probablement la raison de leur séparation. Nous avons fini par acheter la roulotte comptant et l'avons installée sur le terrain à côté des « arbustes ».

La roulotte a été mise à mon nom, tandis que le terrain restait au nom de John. Nous avons fait venir la régie des eaux pour raccorder l'eau municipale au terrain et à la roulotte, et, avec l'aide de mon père, nous avons installé un champ d'épuration. La roulotte était à peine habitable lorsque nous avons dû y emménager.

Nous avons vendu la maison juste avant Noël, et c'est en février 1989, en pleine saison des pluies, que nous avons emménagé dans la roulotte. Lorsque nous étions encore dans la maison mais que la roulotte se trouvait déjà sur le terrain, une violente tempête de vent a frappé la région. Notre terrain était désormais complètement dénudé. Le terrain voisin appartenait alors à BC Tel, aujourd'hui Telus, et était couvert de grands aulnes maigres qui se balançaient dangereusement au vent.

Un jour, John a remarqué une grosse branche juste au-dessus de la chambre où nous allions dormir. Il a dit : « Si elle tombe, on sera tués. » Il a donc décidé de couper la branche sans en informer le propriétaire. Peu après, j'ai reçu un appel du directeur de BC Tel, m'informant qu'ils avaient reçu une plainte disant que John empiétait sur leur terrain et coupait leurs arbres.

J'ai expliqué la situation au téléphone, et l'homme semblait comprendre. Il m'a dit de mettre cela par écrit et de ne pas m'inquiéter, ce que j'ai fait. J'en ai d'abord parlé à John, me demandant si je devais écrire une lettre, et il m'a répondu : « Fais comme tu veux. » Je pensais que l'affaire était réglée, mais non.

Peu après, alors que nous vivions déjà dans la roulotte, BC Tel a envoyé toute une équipe pour abattre tous les arbres, puis ils ont intenté une poursuite judiciaire contre John, puisque le terrain était uniquement à son nom. Bien sûr, comme toujours, ses actes sont devenus de ma faute. Aujourd'hui, je comprends que tout cela était lié à la diffusion de fausses informations à mon sujet. Peu de temps après avoir quitté John, BC Tel a changé de nom pour devenir Telus. J'imagine qu'ils craignaient une poursuite judiciaire. Je parie qu'ils tremblent encore aujourd'hui.

À peine avions-nous emménagé dans la roulotte que le téléphone a sonné au milieu de la nuit. J'ai répondu, et c'était la mère de John, en Angleterre, qui voulait lui parler. Son père était mort alors qu'il se trouvait à Liverpool pour livrer une cargaison. Il faisait marche arrière avec son semi-remorque et aurait eu une crise cardiaque, apparemment. Lorsque John a raccroché, il a posé la tête sur la table de la cuisine comme s'il pleurait, mais il ne pleurait pas, puis il m'a dit : « Mon père est mort. » Je voyais bien qu'il faisait semblant de pleurer. Nous avons organisé son départ immédiat pour qu'il puisse rejoindre sa famille. Aujourd'hui, je sais que cette mère malveillante l'a fait assassiner. Je suppose que, sachant tous que j'étais proche de la mort, il était temps de se débarrasser de Jack aussi, afin qu'ils puissent former une grande et heureuse famille catholique. Peu de temps après la mort de Jack, la mère de John nous a informés que son appartement avait été cambriolé et que tous ses papiers d'identité avaient disparu.

Environ dix ans plus tard, après avoir découvert qu'il y avait eu une enquête de vingt ans sur cette affaire, j'ai compris que cela expliquait le cambriolage. Je pensais que John serait de retour après une semaine, car il nous avait laissés, les enfants et moi, dans une situation catastrophique, coincés dans la boue sans aucune installation de lavage. Tout ce qui pouvait mal tourner a mal tourné. Je faisais sans cesse des allers-retours chez mes parents pour laver notre linge. Puis la plomberie a lâché : tout était bouché. Gary a dû venir avec un furet et se glisser sous la roulotte, dans la boue, pour déboucher les conduites. Ensuite, le chauffe-eau est tombé en panne, et Gary en a acheté un nouveau et l'a installé pour moi. À ce stade, j'étais à bout à cause du chaos dans lequel John m'avait laissée. Il était absent depuis presque trois semaines et je n'avais aucune nouvelle de lui.

Fuir les démons

J'ai alors téléphoné en Angleterre pour lui dire tout ce qui s'était passé et pour exiger qu'il rentre immédiatement. Toute sa famille malveillante s'est mise en colère contre moi pour avoir osé lui demander de rentrer alors qu'ils étaient soi-disant en deuil. C'est ce que John m'a rapporté. Leur deuil, mon œil : ils étaient dans les pubs à chaque occasion possible, célébrant leur soi-disant réussite, tout en sachant parfaitement ce que je devais endurer. Mon père s'est dépêché de construire une terrasse et une buanderie pour moi. Il avait encore son petit camion vert, qu'il avait acheté pour nous aider. Il avait toujours su que John se fichait complètement de moi et des enfants.

Peu après le retour de John de ce qui ressemblait davantage à des vacances en Angleterre, le talus qu'il avait fait aménager entre le terrain de BC Tel et le nôtre a cédé. Un grand lac s'était formé dans un ravin tout au fond du terrain de BC Tel, et toute cette eau s'est déversée sur notre propriété. Matthew était présent ce jour-là, et lui et ma fille jouaient avec des camions sur le talus lorsqu'il s'est effondré. L'eau montait rapidement et atteignait presque le niveau de la terrasse que mon père avait construite pour la roulotte. J'étais en panique totale. Ne sachant que faire, j'ai appelé Jan pour voir si Gary était à la maison. Je n'arrivais pas à joindre John — il faisait toujours en sorte d'être injoignable — alors je me suis dit que Gary saurait peut-être quoi faire.

Jan et Gary sont venus avec des pelles, et toute la journée, sous la pluie, nous avons creusé des tranchées pour détourner l'eau loin de la roulotte. Gary a dû aller sur le terrain de BC Tel pour creuser des fossés à partir du lac afin que la majeure partie de l'eau reste sur leur terrain. John avait commencé à défricher le terrain de dix acres à Metchosin. Il travaillait soi-disant pour son entreprise, puis consacrait le reste de son temps à ce terrain. Un soir d'été, alors qu'il rentrait tard du travail, il a été arrêté par la GRC de Sooke sur la route Gillespie pour conduite en état d'ivresse et possession de marijuana.

John m'a dit qu'ils ne lui avaient pas fait passer d'alcootest, seulement un test routier. Aujourd'hui, je me pose de sérieuses questions sur toute cette histoire. Les policiers de Sooke ont finalement abandonné les accusations de possession de marijuana et l'ont poursuivi uniquement pour conduite avec facultés affaiblies. Lorsqu'il est passé en cour, il s'en est tiré en utilisant sa jambe handicapée comme excuse. La nuit où il a été arrêté, ils l'ont relâché le soir même, toujours complètement ivre, et l'ont laissé reprendre le volant pour rentrer chez lui. Lorsqu'il m'a réveillée pour me raconter ce qui s'était passé, je pouvais voir qu'il était totalement ivre et qu'il empestait l'alcool. À ce moment-là, j'ai su avec certitude que j'allais quitter ce salaud. Ce n'était plus qu'une question de temps.

Fuir les démons

CHAPITRE DIX

Comme toujours, mon père a fait un excellent travail pour le soubassement de la roulotte simple largeur, la terrasse et la buanderie. J'ai tout peint moi-même. Mon père nous avait fabriqué une grande table de pique-nique, et nous avons organisé l'anniversaire de ma fille sur la terrasse, avec une bâche au-dessus de la table, parce qu'il s'est mis à pleuvoir à verse. John était trop occupé à tracer une route, avec cinq virages en épingle, sur les dix acres en montagne de la propriété de Metchosin. Il voulait que la maison ait une vue sur le détroit et sur la vallée de Metchosin. John travaillait en échange de l'utilisation de l'excavatrice de Norm et, durant les deux années suivantes, il n'a pratiquement rien déclaré sur papier. J'étais très inquiète de ce qu'il faisait. Je pensais qu'il fraudait le gouvernement, mais je ne savais pas encore que le gouvernement se fraudait lui-même — et à grande échelle. Il a même acheté un vieux Caterpillar de 1959 pour pouvoir niveler plus tard l'allée.

Le jour où j'ai vu les plants de marijuana chez Jan est le jour où j'ai cessé d'aller chez elle. J'y allais souvent le matin prendre un café après avoir accompagné mon fils à l'arrêt d'autobus pour l'école, et elle m'offrait presque toujours de l'alcool avec le café — généralement de la crème irlandaise. Il m'est arrivé d'en prendre. Jan et Gary avaient toujours une bouteille de 750 ml de différentes sortes d'alcool et buvaient à toute heure du jour et de la nuit. Un soir, nous sommes allés chez eux, et John et Gary ont convaincu Jan de fumer un joint. Gary avait toujours sa propre réserve de marijuana, et parfois John en achetait dans sa soi-disant réserve personnelle. C'est la seule fois où je l'ai vue fumer. Jan ne venait jamais chez moi, sauf juste avant une activité au centre communautaire. Lorsqu'elle a commencé à travailler à la Sally Ann, elle m'a encouragée à y faire mes achats. Je lui ai dit que l'Armée du Salut était destinée aux pauvres, mais elle m'a répondu : « En y faisant tes achats, tu aides les pauvres. » Elle avait deux pièces au sous-sol de sa maison remplies d'objets qu'elle rapportait de la Sally Ann, et sa maison était toujours dans un état de chaos total : vêtements empilés partout, vaisselle sale, jouets éparpillés. Les enfants avaient tous les jouets imaginables.

Un jour, je suis allée à la Sally Ann et je l'ai trouvée à l'arrière, fouillant dans les cartons à la recherche de bonnes affaires. Elle m'a dit qu'elle avait le droit de faire ça. Pas étonnant qu'il n'y ait jamais rien de bien sur les étagères. Je cherchais souvent de la poterie Blue Mountain, car ma mère en collectionnait, et on n'en trouvait plus dans les magasins. Je lui ai dit que cela pourrait devenir un objet de collection un jour. Après ça, on n'en a plus jamais vu sur les étagères de toutes les Sally Ann de la ville. Chaque année, lors des bals d'Halloween au centre communautaire, elle arrivait avec des costumes vraiment réussis,

qu'elle avait obtenus à bon prix à la Sally Ann. Une année, elle
m'a donné un costume de fille de saloon à porter. Elle aurait dû
l'être elle-même. J'aidais à servir les boissons lors de ces bals,
surtout quand je savais que John ne viendrait pas.

Je continuais d'aller au groupe des mères quand je le pouvais, mais
j'ai vite remarqué qu'il y avait de plus en plus de jeunes
participantes. J'ai donc commencé à passer davantage de temps
avec le « Club jeunesse ». Mon fils grandissait, voulait davantage
socialiser et avait besoin d'activités. La dernière chose que j'ai
faite pour le groupe des mères a été d'aider à organiser un défilé de
mode pour la communauté. Bien sûr, je n'ai pas été choisie comme
mannequin — ce rôle était réservé aux grandes beautés
exubérantes. J'ai aidé à fabriquer des décorations murales en fleurs
de soie à partir d'assiettes en osier pour les vendre lors de
l'événement.

On m'a aussi demandé d'aider ces dames très élégantes à se
préparer pour défiler dans l'allée, mais elles étaient tellement
occupées à s'occuper d'elles-mêmes que je n'ai finalement pas fait
grand-chose. J'ai payé l'entrée de ma mère parce que l'événement
avait lieu le jour de la fête des Mères, et je me suis assise avec elle.
Elle semblait avoir passé un bon moment et a acheté une des
décorations murales que j'avais fabriquées. Le « Club jeunesse » a
organisé un concert d'Air Band un soir, et ce fut un immense
succès. Les parents ont participé en fabriquant des instruments

factices pour que les enfants puissent faire semblant de jouer. John, bien sûr, n'a jamais eu le temps de s'impliquer. Nous n'avions pas non plus d'instruments pour que mon fils participe, et cela ne le dérangeait pas vraiment. « Je veux juste regarder », disait-il.

Un des parents a apporté une chaîne stéréo très coûteuse et l'a installée dans la salle. Les enfants ont choisi leur groupe préféré à imiter, dont un qui faisait semblant d'être les Beatles. Ils avaient de faux micros, des accessoires de scène et même des lumières stroboscopiques. J'ai aidé à maquiller les enfants avant leur passage sur scène. Ils étaient tous tellement excités par le concert.

C'était amusant pour tout le monde. C'est à ce moment-là que j'ai rencontré une femme prénommée Vivian, qui aidait elle aussi au maquillage. Elle était enseignante suppléante au lycée Edward Milne à Sooke, et elle ainsi que son mari alcoolique, Gary, étaient écossais. Son mari était un soi-disant architecte et c'est lui qui a fini par dessiner les plans complètement dérangés de la maison de Metchosin que John a ensuite fait construire. En fait, toutes les personnes impliquées dans la construction de cette maison pour John n'étaient rien d'autre que des ivrognes invétérés. Vivian se plaignait constamment que la police finissait toujours par retrouver son mari. Gary s'est même retrouvé inconscient sur le bord de la route Gillespie en rentrant du pub Seventeen Mile. Ils avaient un garçon du même âge que le mien, avec qui mon fils ne s'entendait jamais, une fille d'environ quatre ans plus âgée, et une autre plus jeune que mes enfants. Je lui ai confié que j'avais les mêmes problèmes avec John et que, dès que la maison de Metchosin serait terminée, je le quitterais. Je lui ai dit que je voulais d'abord m'assurer qu'un permis d'occupation soit délivré avant de partir, afin que la maison puisse être vendue, et qu'en attendant, j'économisais tout mon argent pour le jour où je le quitterais. Elle m'a dit qu'elle comptait faire la même chose, mais elle est retombée enceinte et a décidé de « tenir le coup », comme elle disait. C'est la dernière fois que je l'ai vue.

Mon fils avait des difficultés à l'école et, en première année, il avait une enseignante qui avait plus de problèmes que lui. J'allais à l'école pour aider une fois par semaine et, un jour, en arrivant, j'ai vu cette enseignante frapper du poing sur le bureau d'un enfant en criant : « Combien de fois dois-je te le dire… ». Cette enseignante a décidé que mon fils devait voir le psychologue scolaire. Celui-ci lui a fait passer une batterie de tests, puis m'a dit que je devais l'emmener voir un neurologue. Je l'ai donc emmené chez un neurologue. Tout ce qu'il a fait, c'est taper sur ses genoux, regarder ses yeux avec un instrument, lui demander de tendre les bras puis de toucher son nez. Il m'a posé quelques questions sur son père, et cela a constitué l'ensemble de l'évaluation. Dans son rapport, il a écrit que mon fils souffrait de « trouble du déficit de l'attention » et que son père devrait passer plus de temps avec lui — ce qui, bien sûr, n'est jamais arrivé. Il ne m'apprenait rien que je ne savais déjà. Finalement, ils l'ont placé dans une classe de soutien scolaire, ce qui semblait l'aider, mais chaque année, je devais me battre pour qu'il obtienne de l'aide.

Une fois installés dans la roulotte, je travaillais comme préposée de fin de semaine tardive au service de plonge à l'hôpital Eric Martin, et j'ai décidé de m'inscrire aussi sur la liste d'appel. On m'appelait à la dernière minute, très tôt le matin, et je devais me précipiter au travail. Lorsque j'arrivais, les superviseurs faisaient déjà le travail, puis je prenais la relève. Plus tard, les infirmières se plaignaient aux superviseurs que le travail n'était pas bien fait, et on essayait de m'en faire porter la responsabilité. Une fois, alors que j'occupais ce poste de fin de semaine, un cuisinier nouvellement embauché m'a dit que j'avais de belles jambes. Cela m'a mise très mal à l'aise au travail. Peu de temps après, il est parti à Vancouver pour suivre le cours de superviseur en services alimentaires, désormais offert au British Columbia Institute of Technology. J'imagine que c'était sa récompense pour m'avoir harcelée sexuellement au travail.

Mon père avait terminé de nous aider, alors il a décidé de se lancer dans la fabrication d'ornements de jardin en bois. Je lui ai dit que je pourrais probablement les vendre à mon travail, et j'ai ainsi obtenu plusieurs commandes. Il s'est mis à l'ouvrage et a monté une sorte de petite usine, fabriquant des ânes avec des charrettes et des roadrunners dont les pattes tournaient avec le vent. Je les emmenais au travail et les vendais pratiquement au prix de revient pour mon père, et tous les catholiques cupides de l'établissement Eric Martin ont fait une bonne affaire. Vingt-cinq dollars pour l'âne et la charrette, et quinze dollars pour le roadrunner. Il a aussi fabriqué pour ma mère un magnifique puits à souhaits ainsi que d'autres décorations de jardin, simplement pour rester occupé. Il n'a jamais su rester inactif, même lorsqu'il était constamment malade.

Un jour, j'ai été obligée de laisser les enfants avec John pendant le week-end pendant que j'allais travailler. Il brûlait des souches et des broussailles, et j'ai appris par la suite que cet imbécile avait demandé à ma fille d'aller chercher une bouteille de boisson gazeuse dans les braises encore brûlantes. Elle s'est gravement brûlé la main. Il l'a emmenée à l'hôpital, où on lui a donné de la codéine liquide. Quand je suis rentrée à la maison, sa main était entièrement bandée et elle était complètement abrutie par le médicament. J'imagine que cela donnait bonne apparence à John : il avait fait quelque chose pour la petite, l'avait fait soigner. Mais j'étais furieuse contre lui, car sur le moment, j'ai attribué cela à son manque de surveillance. Mon père avait posé du carrelage à l'entrée de la roulotte pour remplacer le tapis sale qui s'y trouvait. Un jour, ma fille est rentrée de la neige, a glissé sur le sol et s'est cogné la tête contre la table basse. J'ai dû l'emmener à la clinique pour qu'on lui fasse des points de suture.

Fuir les démons

Un emploi s'est libéré dans la cuisine principale de
l'hôpital Eric Martin, pour le service « Meals on Wheels » destiné
aux personnes âgées, et je l'ai obtenu. C'était idéal : du lundi au
vendredi, de huit heures à midi. Ma fille a commencé la
maternelle et y allait le matin. J'étais à la maison lorsqu'elle
rentrait, et John avait la lourde responsabilité de s'assurer que les
enfants prennent le bus le matin. Je faisais tous les travaux
extérieurs sur le terrain pendant que nous vivions dans la roulotte.
J'ai construit des murets en pierre autour d'un jardin de fleurs
situé au milieu d'un rond-point, et le résultat était plutôt joli. Je
me souviens que lorsque nous avons installé la roulotte pour la
première fois, des gens du quartier passaient en voiture, nous
faisaient des gestes obscènes et nous criaient dessus pendant que
nous travaillions. Ils étaient furieux que John ait coupé
absolument tous les arbres du terrain, dont certains étaient très
vieux et très grands.

Lorsque nous avons emprunté de l'argent à la banque pour
commencer la construction de la maison, nous avons acheté une
Subaru à quatre roues motrices avec une partie de cet argent, car
c'était ce dont j'avais besoin pour monter l'allée. J'ai conduit
l'Oldsmobile pendant un certain temps, mais le chauffage ne
s'arrêtait jamais. En été, le trajet de presque une heure pour rentrer
à la maison était étouffant. Puis le moteur a commencé à lâcher, et
lorsque je m'arrêtais à un feu rouge, on ne pouvait même plus me

voir à cause des fumées. J'étais tellement embarrassée. Je
harcelais John pour qu'il fasse quelque chose à ce sujet ; après
tout, c'est un mécanicien. J'avais peur qu'un soir, en rentrant avec
les enfants, nous tombions en panne au milieu de nulle part. J'ai
continué à conduire la voiture ainsi pendant un certain temps, puis
un jour, en partant travailler, elle est tombée en panne juste devant
notre maison sur East Sooke Road, celle que mon père nous avait
construite. Après cela, l'Oldsmobile a été mise hors service, et j'ai
conduit la Subaru pendant trois semaines. Un jour, en rentrant des
courses, j'ai serré le frein à main et garé la voiture au point mort.
Le frein a lâché, la voiture a dévalé la petite pente et s'est écrasée
contre un arbre. Je suis allée chez le concessionnaire Subaru pour
essayer de les faire payer, pensant que le frein à main était
défectueux, car il était très dur à serrer, mais ils n'ont rien voulu
savoir. Voilà pour une voiture neuve : neuf cents dollars de
réparations.

Je ne voulais rien savoir de la construction de la maison à
Metchosin, et il est vite devenu évident que John voulait en tirer
tout le mérite. Encore aujourd'hui, il dira qu'il a construit la
maison, et j'ai envie de lui demander où il a appris la menuiserie
— en Angleterre, où il n'y a que des immeubles en briques. Il n'a
absolument rien fait sur cette maison, sauf fabriquer plus tard les
rampes autour des terrasses. La conception était la plus étrange
que j'aie jamais vue. Les chambres des enfants étaient au rez-de-

chaussée, avec une salle de bain entre elles et une chambre d'amis équipée d'un poêle à bois. Cette pièce était inutilisable, car elle devenait beaucoup trop chaude. Elle était toujours en désordre et, chose incroyable, il y avait fait poser un tapis. Il y avait également une buanderie au rez-de-chaussée. En entrant, on trouvait un vestiaire et un escalier menant au deuxième niveau. À l'étage, il y avait le salon, une immense salle à manger et la cuisine. Un autre escalier menait à la chambre principale, attenante à une salle de loisirs surplombant le salon, lequel possédait un plafond cathédrale. Dans la chambre principale se trouvaient aussi des toilettes, un lavabo et un jacuzzi. La maison faisait environ deux mille huit cents pieds carrés et comptait quarante-huit fenêtres. Comme si je n'avais pas déjà assez travaillé dans ma vie, j'ai aussi dû m'occuper de tout l'aménagement extérieur, ce qui consistait essentiellement à planter des plantes de rocaille partout, puisque nous vivions sur un immense rocher. Il était impossible d'avoir un potager, car le climat là-haut ne s'y prêtait pas. À côté de notre propriété se trouvait la Vancouver Island Motocross Society, et on entendait constamment les motos rugir sur leur terrain.

Nous avons vendu la roulotte pour quatre-vingt mille dollars, mais malgré la vente du terrain avec la roulotte, nous n'avions plus d'argent. Nous avons dû nous endetter de soixante-dix mille dollars supplémentaires pour terminer la maison. Je savais dès le départ que cela finirait ainsi, car John avait toujours de grands rêves. Il voulait toujours le meilleur de tout et devait être le centre de l'attention. Comme il n'y avait pas d'eau municipale, il a fallu forer un puits, ce qui a coûté une fortune. Il a gaspillé énormément d'argent pour faire dynamiter la route ; il a même fait dynamiter un futur emplacement de piscine dans la roche à côté de la maison, ce qui n'était qu'un danger sanitaire et un risque pour les enfants. Il n'a même pas fait installer d'armoires dans les placards, si bien que mon père, qui avait alors de grandes difficultés à respirer, a dû venir les installer pour que nous ayons un endroit où ranger nos vêtements et notre linge de maison. Mon père a aussi posé les portes de placard. Lorsque nous avons emménagé dans la maison, il n'y avait pas de garde-corps sur l'immense terrasse qui entourait la maison sur trois côtés, ni sur les balcons attenants à la chambre principale et à la salle de loisirs. Malgré cela, l'inspecteur du bâtiment nous a autorisés à emménager.

Si John n'était pas déjà assez malade à ce stade, il avait complètement perdu la tête à cause de l'alcool. J'ai remarqué une augmentation considérable des dépenses personnelles dans les comptes de son entreprise. Il dépensait environ mille dollars par mois pour je ne sais quoi, mais aujourd'hui, je crois que c'était pour de la cocaïne. Une fois, nous sommes allés dîner chez un ami indien de John, Kete. Je lui ai demandé s'il était dans ma classe au collège, mais il a répondu que non. J'en doute encore aujourd'hui.

Je savais que cet homme était dangereux et je ne l'ai jamais laissé entrer chez moi, mais j'ai accepté l'invitation parce que John aimait le curry, et moi aussi, à ce moment-là. Sa femme, Pam, était très gentille. Cette année-là, ils nous ont invités à leur fête du Nouvel An, et j'ai appris que le frère de Kete habitait juste en face de chez eux. J'ai remarqué que John avait disparu de la fête, et j'ai demandé à Pam où il pouvait être. Elle m'a dit qu'ils étaient tous passés de l'autre côté de la rue. Lorsque je suis allée voir, j'ai vu le frère de Kete en train de sniffer de la cocaïne. J'ai présumé que c'était ce qu'ils faisaient tous, mais je ne suis pas restée assez longtemps pour le confirmer. Dès que j'ai vu la poudre, je suis partie. John m'a assuré qu'il n'en avait pas pris ce soir-là, mais je savais qu'il mentait.

John était constamment ivre, et je pense que la construction de cette maison lui a simplement donné une excuse supplémentaire pour boire davantage et fréquenter tous les drogués qu'il avait engagés pour bâtir la maison. Je devais sans cesse gérer Norm, l'entrepreneur, qui essayait de me séduire au téléphone. Une fois, il a invité John et moi à un dîner dansant à la Ranger's Station, et Bill et Sue étaient également invités. John m'a dit qu'il me rejoindrait là-bas. Je devais y aller avec Bill et Sue. Ils ont servi ce soir-là des plats des plus étranges, comme du couguar et de l'ours. J'ai goûté un peu de couguar, et cela avait un goût semblable au porc. Cette nuit-là, Norm revenait sans cesse à

notre table, ivre, en insistant pour que je danse avec lui.
Finalement, excédée par sa présence constante, j'ai dit à Bill et
Sue que je partais. Je suis sortie du bâtiment pour rejoindre le
stationnement, et qui ai-je vu ? Dot, son mari et d'autres
personnes, probablement en train de préparer quelque chose de
louche. Je leur ai demandé s'ils avaient vu John ; ce n'était pas le
cas. Je suis donc montée dans ma voiture pour partir. À peine
arrivée, Norm, complètement ivre, est arrivé en courant,
m'agrippant et me tripotant, en me suppliant de ne pas partir. Je
suis montée dans ma voiture et il a tenté d'ouvrir la portière, mais
j'ai réussi à la verrouiller. Je suis repartie à toute vitesse, le
laissant sur place.

J'ai souvent parlé à John du comportement de Norm
envers moi, au téléphone comme ailleurs, et il me disait que c'était
dans sa nature. Je lui ai aussi raconté ce que Norm avait essayé de
faire ce soir-là à la Ranger's Station, alors que John n'était même
pas venu, et John a simplement répondu que Norm était ivre et
qu'il ne savait pas ce qu'il faisait.

Eh bien, Bill et Sue avaient été nos amis au fil des années.
Ils venaient à East Sooke passer le week-end avec moi, espérant
voir John par la même occasion. Bill cherchait toujours du travail
supplémentaire, et il arrivait parfois que John lui donne des petits
boulots sur la propriété de Metchosin. Tommy, leur plus jeune
garçon, n'avait qu'un an de plus que mon fils ; Ben, le deuxième,

avait trois ans de plus que lui ; et puis il y avait le petit Bill, qui avait environ cinq ans de plus que mon fils. Quand ils étaient plus jeunes, ils s'entendaient tous assez bien, et ma fille apprenait à suivre le rythme de tous les garçons lorsqu'ils venaient nous voir de temps en temps le week-end. Ils apportaient leur alcool, un sac de marijuana et un peu de nourriture, et cela me faisait de la compagnie. Comme d'habitude, John arrivait tard et complètement ivre. Une fois, il s'est endormi immédiatement à table. Nous lui avons mis une cigarette non allumée dans la bouche, empilé des canettes de bière vides sur sa tête et pris une photo de lui ainsi. Je voulais lui montrer à quel point il avait l'air ridicule. J'étais toujours tellement honteuse de son état d'ivresse. Il rentrait comme ça à la maison, et je me disais que si je lui montrais à quoi il ressemblait, il se calmerait. Mais il ne l'a jamais fait. Il a empiré.

Avant que nous louions le logement du sous-sol à May, la végétarienne, nous avons laissé Bill, Sue et leurs enfants y vivre gratuitement pendant environ deux mois, parce qu'ils avaient vendu la petite maison où ils vivaient à Gary, le frère aîné de Sue, l'ancien patron de John. Gary l'a rénovée puis l'a finalement vendue à son frère cadet Jamie et à sa femme. Bill et Sue avaient acheté une maison avec un logement au sous-sol pour les parents de Sue. Ils ne pouvaient pas y emménager tout de suite, alors ils sont venus vivre chez nous, en bas. Je pensais que Sue et moi étions de bonnes amies, mais lorsque je me mourais — sans le savoir à l'époque — j'ai découvert qui étaient mes véritables amis, et c'était moi. Seulement moi. Cette femme cupide a pris le parti de John lors de l'audience de divorce, rédigeant un affidavit affirmant que si John obtenait la garde des enfants, elle s'occuperait d'eux pour lui.

Nous avons emménagé dans la maison à la fin de l'année 1991. À partir de ce moment-là, John a commencé à avoir des accidents, au travail comme à la maison. Un jour, il était chez Agnes, travaillant seul sur son camion, lorsqu'il est descendu du palan et que le camion lui est retombé sur un doigt, lui arrachant l'extrémité. Il s'est rendu lui-même à l'hôpital avec le bout de son doigt. Ils l'ont opéré et ont réussi à le rattacher. Il a dû porter une tige métallique dans le doigt pendant un certain temps pour le maintenir en place. Une autre fois, il travaillait à la maison, déplaçant de gros rochers à l'entrée. J'avais la porte d'entrée verrouillée, ce qui était devenu une habitude. Une énorme pierre a roulé sur un autre doigt et l'a presque sectionné. Il frappait à la porte pour entrer, furieux que la porte soit verrouillée et qu'il doive attendre que je vienne lui ouvrir. On lui a recousu le doigt à la clinique St. Anthony's de Langford.

John allumait constamment d'énormes feux sur la propriété lorsque nous avons emménagé. Un soir, après le souper, il est descendu surveiller un feu, disant qu'il reviendrait dans environ une heure. Plus de deux heures ont passé et il n'était toujours pas remonté. Comme toujours, il buvait en travaillant sur le terrain. Je suis donc descendue pour voir ce qui se passait. Il se trouvait à environ vingt pieds du feu, dans son camion de soudage rempli de propane, le moteur en marche, profondément endormi. J'ai eu énormément de mal à le réveiller. Je lui criais : « Tu vas te faire exploser dans ce camion ! » Finalement, il s'est réveillé et est remonté à la maison, je ne sais comment. Inutile de dire que j'étais très inquiète à propos de ce feu et que je n'ai pas dormi cette nuit-là. Je suis descendue moi-même pour le surveiller.

Un autre incident est survenu alors que les garde-corps n'étaient toujours pas installés sur la terrasse. John est rentré complètement ivre, et je me suis réveillée juste à temps pour le voir se diriger vers la porte vitrée coulissante de notre chambre, située à trois étages du sol. Je l'ai tiré à l'intérieur. Il avait visiblement besoin d'aller aux toilettes, alors je lui ai indiqué la direction. Et l'instant d'après, il urinait par terre, dans le coin de la pièce.

Un jour, mes parents étaient à la maison et mon fils était avec son père. Tout à coup, mon fils est arrivé au volant du camion de travail jaune de John, qu'il utilisait comme véhicule de rechange. On aurait dit qu'il n'y avait personne au volant, tant il était petit. Il ne voyait même pas par-dessus le capot et montait la montagne de façon totalement imprudente. Il n'avait que dix ans. Mes parents n'en croyaient pas leurs yeux, et moi non plus. John ne montait jamais à la maison pour voir mes parents lorsqu'ils venaient, ce qui était rare, sauf lorsque mon père venait faire des travaux. John laissait aussi mon fils utiliser seul l'excavatrice lorsqu'elle était sur la propriété pour d'autres travaux. Il était impossible d'arrêter ce maniaque, et à mesure que mon fils grandissait — il n'avait que onze ans — il devenait de plus en plus difficile de le tenir éloigné de John.

J'étais constamment inquiète pour la sécurité des enfants sur cette propriété. Mon fils montait sur sa moto et faisait des allers-retours dans l'allée, hors de ma vue. Ils jetaient sans cesse des pierres dans l'eau stagnante des bassins, et j'avais peur qu'ils y tombent, attrapent une maladie ou se cognent la tête contre un rocher. John me rendait complètement nerveuse.

Juste après que nous ayons obtenu le permis d'occupation, une femme nommée Anne, qui travaillait à la préparation des salades dans la cuisine principale à mon travail, a commencé à se rapprocher de moi. J'entraînais l'équipe de balle rapide de mon fils pour la deuxième année consécutive, et elle venait souvent assister aux matchs avec son mari, Russ. J'ai appris que Russ venait de passer l'examen d'agent immobilier, alors je lui ai demandé de venir chez nous pour estimer la valeur de la maison. Je lui ai confié que les choses n'allaient pas bien dans mon mariage et que je songeais à quitter mon mari, mais je lui ai demandé de ne rien dire à John, car il n'était pas au courant. J'ai dit à John que ce serait bien de savoir combien valait la maison et que ces gens allaient passer. Je me souviens aussi qu'une collègue, Debbie, m'a demandé un jour si j'avais pris une douche avant de venir travailler, ce que j'ai trouvé être une question très personnelle. Bien sûr, j'ai répondu oui.

Un jour, John travaillait pour Norm, et Norm lui avait dit que je pouvais venir cueillir ses bleuets dans son jardin. J'ai accepté l'offre en rentrant du travail. L'entreprise de Norm fonctionnait depuis sa maison à Langford. C'est là que j'ai rencontré un homme qui venait d'être embauché pour couler des coffrages de fosses septiques. John a invité cet homme et sa femme chez nous un soir. Il nous a dit qu'il avait travaillé auparavant à l'hôpital Jubilee, au service de contrôle des maladies. Sa femme, cependant, ne venait jamais avec lui. C'était aussi un gros buveur et un fumeur de marijuana. Je ne me souviens pas de son nom, car je ne l'ai rencontré que deux ou trois fois.

Au début de l'été 1992, j'étais constamment épuisée. Je rentrais du travail après avoir fait « Meals on Wheels » et je m'endormais parfois. Il m'arrivait de manquer l'heure pour aller chercher les enfants à l'arrêt de bus, et je me réveillais en les entendant frapper à la porte d'entrée. Le grain de beauté que j'avais sur les fesses a grossi et s'est mis à saigner. Je suis allée voir le docteur Shifty, et il l'a retiré à la clinique St. Anthony's, sous son cabinet. Je lui ai demandé de faire analyser le grain de beauté, car j'avais entendu dire que certains pouvaient être cancéreux. Plus tard, je lui ai demandé s'il était cancéreux, et il m'a répondu que non. Je lui ai aussi parlé de ma fatigue constante. Shifty a dit que c'était probablement dû au stress, ce qui était vrai en partie. Mais j'ignorais alors que j'avais réellement un cancer, et que le médecin ne voulait pas me traiter.

En juillet de cette année-là, John a organisé un voyage en Angleterre pour voir sa famille dysfonctionnelle. Je ne voulais pas y aller. J'étais épuisée et je pensais que rester serait bénéfique pour moi. De plus, sa mère payait le voyage, et je ne voulais pas prendre son argent, car elle se plaignait toujours de ne pas en avoir beaucoup. Je n'oublierai jamais le moment où je les ai déposés au ferry. Les enfants n'avaient que dix et huit ans et le suivaient comme deux petits moutons perdus. Je venais de rappeler à John de bien les surveiller, mais il passait la moitié du temps comme dans un état de transe. Et lorsqu'il n'était pas dans cet état, il se comportait comme s'il était au-dessus de la majorité des gens — y compris ses propres enfants et sa femme.

Pendant leur absence, je n'ai fait que dormir, il me semble, et je me sentais de plus en plus mal, au lieu d'aller mieux. Apparemment, pendant qu'ils étaient en Angleterre, la parade de Leyland avait lieu, un événement qui n'arrivait qu'environ tous les vingt ans, et John les y a emmenés. Il les a aussi conduits à la fête foraine et les a laissés monter sur des manèges dangereux. Mon fils m'a raconté que son père passait beaucoup de temps avec une femme nommée Kathy et qu'ils allaient souvent au pub ensemble. Pendant qu'ils étaient en Angleterre, je les ai appelés et j'ai parlé à la mère de John. Elle m'a fait part de ses inquiétudes concernant l'alcoolisme de John, et je lui ai dit que moi aussi, j'étais préoccupée. Je savais, en les déposant au ferry, que je n'aurais pas dû laisser les enfants partir seuls avec lui. Mais je savais aussi que je n'allais pas bien et que j'avais du mal à simplement passer mes journées.

À l'approche du mois de septembre, je me suis mise à pleurer constamment, surtout lorsque je regardais ma fille, et je savais qu'il y avait vraiment quelque chose qui n'allait pas chez moi. J'ai donc pris rendez-vous pour voir le docteur Shifty. Je lui ai dit que je n'arrivais plus à arrêter de pleurer et je lui ai demandé s'il pouvait me donner quelque chose. Il m'a répondu : « Je me demandais quand vous alliez me le demander. » Il m'a prescrit 75 milligrammes de Deserial à prendre tous les jours, mais je ne me sentais pas bien physiquement non plus. Je suppose que Shifty espérait que je prenne des antidépresseurs afin de donner l'impression qu'il me soignait, au cas où je me serais suicidée à cause de toutes les douleurs physiques que j'éprouvais, puisqu'il refusait de me traiter.

J'ai fini par obliger Shifty à me faire passer des examens médicaux complets, à moi et aux enfants : analyses de sang, analyses d'urine, tout ce qu'il fallait. Quelque chose me disait que quelque chose n'allait pas non plus chez les enfants, mais il nous a tous examinés et a affirmé que nous allions bien. Un jour, je me suis arrêtée à l'atelier de Norm à Langford et j'ai discuté avec le nouvel employé qui avait autrefois travaillé à l'hôpital au service du « contrôle des maladies ». Je lui ai expliqué ce que je traversais et que mon médecin ne me donnait aucune réponse. Il m'a dit qu'il possédait des livres médicaux que je pourrais emprunter. Il les a déposés à la maison un soir. Je les ai tous consultés, essayant de trouver des symptômes correspondant à ce que je vivais, et j'y ai aussi trouvé des informations sur le « trouble déficitaire de l'attention ».

Personne ne pouvait me convaincre que je n'étais pas physiquement malade, et en réalité, je mourais d'un carcinome in situ de la vessie et je traversais un épisode sévère de maladie inflammatoire pelvienne. Mais cela ne m'a été confirmé que sept ans plus tard. Je suis retournée voir le docteur Shifty. Je lui ai dit que j'avais des douleurs inexpliquées et que je croyais avoir trouvé une petite masse dans mon sein. Il m'a examinée et a décidé qu'il fallait peut-être enlever cet « agresseur mental ».

En octobre 1992, j'ai subi une opération pour retirer cette masse au sein. J'ai obligé John à venir avec moi. Il m'a conduite à l'hôpital, mais il n'est pas resté, car son travail était plus important pour lui. La dernière chose dont je me souviens avant de perdre connaissance, c'est d'avoir expliqué à ce médecin chinois que j'avais déjà fait une réaction allergique auparavant, qu'on avait attribuée à quelque chose que j'avais mangé. Ils m'avaient demandé si j'étais allergique à quelque chose. Après l'opération, lorsque je me suis réveillée en salle de réveil, le médecin chinois est venu vers moi et m'a dit : « Vous vouliez mourir, n'est-ce pas ? », puis il est parti. Je n'en croyais pas mes oreilles. Cela m'a profondément bouleversée. La masse n'était pas cancéreuse, mais cela ne m'a toujours pas convaincue qu'il n'y avait rien de physiquement anormal chez moi.

J'en suis arrivée à un point où je ne dormais plus. Je me réveillais en faisant les cent pas, en proie à des crises de panique, et j'ai appelé une ambulance à mon domicile à trois reprises, persuadée que je faisais une crise cardiaque. Dès que j'arrivais à l'hôpital, les crises de panique disparaissaient. Une fois, je suis allée moi-même à l'hôpital parce que je n'avais pas eu de selles depuis plus d'une semaine. À l'hôpital, ils se sont contentés de me faire une radiographie et de me montrer à quel point j'étais constipée. Ils m'ont renvoyée chez moi avec un lavement, mais j'étais trop malade pour l'utiliser.

Juste avant d'appeler l'ambulance chez moi pour la dernière fois, j'étais clouée au lit, incapable de me lever. Mon ventre me brûlait comme s'il était en feu, et j'avais des douleurs aiguës et poignardantes partout dans les entrailles. Il y avait un téléphone sur la table de chevet, et j'ai appelé le docteur Shifty. Je lui ai dit que mon ventre brûlait et je lui ai expliqué ce qui m'arrivait. Il m'a répondu qu'il n'y avait rien d'anormal et m'a demandé ce que j'attendais de lui. Je ne supportais plus la douleur, alors j'ai appelé une ambulance. Une fois arrivée à l'hôpital, la douleur a de nouveau disparu, et on m'a encore dit de rentrer chez moi.

C'était en pleine nuit. J'ai appelé John pour qu'il vienne me chercher. À ce moment-là, il était très agacé contre moi. Pendant que je l'attendais, je pleurais à chaudes larmes. Une infirmière a eu pitié de moi et m'a dit d'aller à Eric Martin. « Ils vous aideront là-bas », m'a-t-elle dit. John est finalement venu me chercher après de longues insistances et m'a ramenée à la maison, se plaignant tout le trajet qu'il travaillait le lendemain et que je l'avais réveillé pour rien. Il est allé travailler le matin suivant, et moi j'étais extrêmement malade. Mes yeux étaient rouges vif et me brûlaient parce que je n'avais pas dormi depuis longtemps.

Une nuit, je me suis réveillée à cause d'une douleur atroce dans le bas de la jambe, semblable à une crampe, mais bien pire, infiniment pire. Je me suis redressée brusquement dans le lit, sortie d'un sommeil profond, et j'ai regardé en direction du placard. En tenant ma jambe, j'ai vu ce qui ressemblait à un fantôme. J'ai cru que je rêvais, mais ce n'était pas le cas. Quelques secondes après l'avoir vu, il a disparu dans le placard, qui n'avait pas de portes. Quelques secondes plus tard, la douleur intense dans ma jambe s'est dissipée, me laissant complètement traumatisée, toujours en proie aux douleurs poignardantes et à la sensation de brûlure dans l'estomac. J'ai presque aussitôt oublié cet épisode, sans doute parce qu'il était trop traumatisant et que j'étais physiquement très malade.

Nous étions le 16 novembre 1992 lorsque j'ai décidé d'appeler mon frère, que je n'avais pratiquement pas vu depuis qu'il avait fait les travaux de béton chez nous à East Sooke vers 1986, et qu'il avait donné à John une boîte remplie de vieux magazines Playboy en lui disant qu'ils pourraient valoir de l'argent un jour. Je lui ai demandé s'il accepterait de m'emmener au pavillon Eric Martin. Je ne supportais plus la douleur. À l'hôpital, je faisais les cent pas dans les couloirs. Je voyais très mal, tout était flou. Mes yeux brûlaient, mon ventre était en feu, et j'avais des douleurs aiguës partout. La femme à l'accueil qui a pris mes renseignements a eu pitié de moi et je me souviens qu'elle a dit : « Oh, la pauvre. »

Mon frère est resté avec moi jusqu'à ce que je sois admise, ce que John n'a jamais fait pour moi. C'est à ce moment-là que le véritable cauchemar a commencé pour moi, et il n'est toujours pas terminé.

CHAPITRE ONZE

Aux urgences, on m'a installée dans une chambre privée avec un lit, en attendant qu'un médecin vienne me voir. Je lui ai répété à plusieurs reprises que je ne voyais pas très bien et que j'avais aperçu cette plaie sur mon mari juste avant de venir. À ce moment-là, j'étais complètement paniquée. J'étais désorientée et dans une douleur atroce, et le médecin des urgences ce jour-là m'a dit d'écrire ce que j'avais vu. Ce que j'ai fait, mais ils ont très probablement modifié mes notes ou les ont jetées. Après tout, ce système complètement tordu voulait ma mort, c'était bien le but de m'avoir liée à un sacré malade. Ils voulaient m'empêcher de savoir ce que je portais en moi depuis douze ans.

Je suis restée à l'hôpital pendant environ un mois. On m'envoyait à des conférences et à des cours d'exercices, alors que j'étais tellement malade que je n'étais même pas capable de comprendre ce qui se passait. J'ai fini par être de nouveau alitée, et les infirmières entraient toutes dans ma chambre pour me harceler. Je n'arrêtais pas de leur dire que j'avais l'herpès, et elles faisaient comme si elles ne me croyaient pas.

Finalement, elles m'ont apporté un téléphone dans ma chambre et ont appelé le docteur Turd. Je lui ai demandé : « Vous souvenez-vous de m'avoir diagnostiqué l'herpès ? » et il a répondu : « Oui, je me souviens de quelque chose comme ça. » Le salaud. Je lui ai donc fait confirmer cela à mes infirmières, mais elles ont

286

fait venir un autre médecin pour m'évaluer. Je n'ai même rien dit à celui-là. Il s'est assis sur une chaise dans ma chambre, entouré de toutes ces infirmières soi-disant attentives, puis il est reparti en disant quelque chose à propos du fait que j'hallucinais. Je ne comprenais absolument pas pourquoi il disait une chose pareille.

J'imagine que le cancer est entré en rémission, car j'ai commencé à me sentir un peu plus normale. Toutefois, j'avais encore de temps en temps des douleurs aiguës dans l'estomac. À un moment où j'étais encore quelque peu désorientée, je me souviens avoir vu une affiche qu'ils avaient installée spécialement pour moi, portant sur les abus sexuels. Je me suis effondrée en larmes en la voyant, car des souvenirs d'abus sexuels ont commencé à refaire surface. Une infirmière m'a alors raccompagnée dans ma chambre.

Elle m'a demandé ce dont je me souvenais, et j'ai répondu que je me rappelais être tombée du lit et l'avoir entendu dire : « Je te tuerai si tu en parles. » C'était le tout premier souvenir conscient que j'avais jamais eu de cet événement. Cependant, je me rappelle qu'une fois, juste après la naissance de ma fille, j'avais eu la pensée que j'avais été victime d'abus sexuels, mais cette idée s'était rapidement dissipée. J'en avais parlé à John, et il avait simplement répondu : « Vraiment. »

Lorsque j'ai commencé à me sentir un peu mieux, j'ai demandé à mon psychiatre traitant, le docteur Boraston, quand la douleur disparaîtrait. Il m'a répondu : « Quand vous affronterez vos problèmes. » J'ai immédiatement pris le téléphone, appelé mon agresseur et l'ai confronté. Je lui ai demandé : « Quel âge avait ta fille quand tu avais ces douleurs à l'estomac et que tu devais aller à l'hôpital ? » Il a répondu qu'elle avait environ huit ans. Je lui ai dit : « C'est l'âge que j'avais quand tu m'as agressée sexuellement. » Il a alors répondu : « Je ne sais pas de quoi tu parles. » J'en suis restée là. De toute façon, je lui ai pardonné presque immédiatement. Je pensais que toute la douleur que je ressentais était psychologique, qu'elle avait disparu et qu'elle ne reviendrait pas, tout comme ce qui s'était produit chez mon agresseur ce jour-là. Soudain, je me suis souvenue avoir vu ce fantôme, et j'en ai parlé à l'infirmière à ce moment-là. « Je crois avoir vu un fantôme quand je me suis réveillée au milieu de la nuit une fois », lui ai-je dit. Elle m'a répondu : « Il arrive que les gens hallucinent quand ils sont très malades. » J'en suis restée là et je n'en ai plus jamais parlé à personne, car cela a complètement quitté mon esprit pendant un certain temps. Même aujourd'hui, seules ma famille et mon ancien médecin sont au courant. Je ne l'avais pas encore associé au Saint-Esprit, car cette infirmière m'avait convaincue qu'il s'agissait d'une hallucination. Je sais maintenant que ce n'était pas le cas.

Le psychiatre Bore m'a prescrit un médicament, le Luvox, que je pensais aggravait la sensation de brûlure dans mon estomac.

Il a ensuite décidé de me remettre à 75 milligrammes de Deserial après que je leur ai expliqué ce que je ressentais. Je leur ai également dit que je pensais être atteinte de la maladie de Crohn et que je voulais passer tous les examens nécessaires. Ils m'ont fait subir une série de tests et ont essayé de me convaincre que je n'avais pas la maladie de Crohn et qu'il n'y avait rien d'anormal chez moi : tout était dans ma tête. L'assistante sociale a organisé une rencontre avec mon mari, John, car je pensais qu'il faisait partie des raisons pour lesquelles je me retrouvais dans ce type d'hôpital. Je lui ai donc dit, devant l'assistante sociale, Jack, que je voulais qu'il se fasse aider pour son problème d'alcool. John m'a répondu : « C'est toi qui as un problème, c'est pour ça que tu es ici et que moi je suis dehors. » Il était impossible de discuter avec John. L'assistante sociale tentait de servir d'intermédiaire entre nous, mais John n'écoutait rien de ce que je lui disais. Je lui ai alors dit : « Dans ce cas, je vais te quitter. » Nous avions déjà discuté de mon départ auparavant ; je voulais qu'il se fasse aider pour son alcoolisme. Je lui ai dit que si je partais, je ne reviendrais jamais en courant vers lui. Nous étions mariés depuis onze ans. Je suis allée voir un avocat qui a pris chaque centime que j'avais à la banque, cinq mille dollars, pour la séparation et la garde de mes deux enfants. J'ai dû subir une évaluation psychiatrique pour obtenir la garde de mes enfants, ce que mon avocat m'a dit coûter trois mille dollars, alors que je n'ai vu la psychologue que trois fois. C'était la même psychologue que celle que mon fils avait consultée. Avant ma sortie, une infirmière prénommée Wendy, qui boitait en marchant, est venue me demander si j'avais des pensées suicidaires. J'ai répondu « Non », mais j'ai eu cette vision d'une femme qui entrait dans l'océan au coucher du soleil et ne revenait jamais. Un peu plus tard, ma mère m'a dit qu'elle avait entendu aux informations qu'une femme de trente-huit ans, qui avait le même âge que moi à l'époque, avait quitté Eric Martin et s'était noyée dans l'océan à la plage Willows. Dès que ma mère m'a dit cela, je me suis souvenue de cette vision et je lui en ai parlé, mais je n'en ai plus parlé à personne pendant plusieurs années. Peut-être que Dieu me mettait en garde contre cet endroit. J'ai quitté l'hôpital le 18 décembre et j'ai demandé au psychiatre Bore une lettre indiquant mon diagnostic. Il a écrit que je souffrais d'un « épisode dépressif majeur » avec une personnalité « obsessionnelle-compulsive » et des conflits conjugaux.

Beaucoup de choses se sont produites avant ma sortie de l'hôpital. John a appelé sa mère en Angleterre pour lui expliquer la situation, et elle est venue soi-disant pour aider. En réalité, elle ne faisait que m'agresser verbalement à chaque occasion, me disant : « Beaucoup de gens font des dépressions nerveuses et ne s'enfuient pas de leur famille. » Lorsque j'avais des permissions pour rentrer à la maison, je devais tout faire : préparer le dîner, faire la vaisselle, etc. Elle ne faisait absolument rien pour m'aider, et j'étais si malade que mes oreilles bourdonnaient à force de subir ses attaques verbales. C'était autour de Noël, et les enfants voulaient aller faire des courses au centre commercial. Je leur avais promis de les y emmener. John n'était pas encore rentré du travail lorsque nous nous préparions à partir. Un ami de mon fils, Gary, venait avec nous. Juste au moment où nous montions dans la voiture, ce démon est rentré, ivre comme d'habitude. Il m'a dit : « Où est-ce que tu crois aller ? » Je lui ai répondu : « J'emmène les enfants au centre commercial Mayfair pour faire des achats de Noël. » Il a titubé et a dit : « Oh non, tu n'y vas pas. Tu viens juste de sortir de l'asile de fous. »

J'ai essayé de fermer la portière de la voiture, mais il l'a rouverte et a tenté de me tirer hors de la voiture par les jambes. Les enfants criaient : « S'il te plaît, ne vous battez pas ! » D'une manière ou d'une autre, j'ai réussi à le repousser et à fermer la portière du conducteur, mais il a réussi à ouvrir la portière arrière et à s'installer à l'arrière avec les enfants. J'ai commencé à rouler vers le centre commercial. Il m'insultait verbalement tout le long du trajet et se battait avec les enfants à l'arrière. J'ai pensé me rendre directement au poste de la GRC de Colwood, mais j'avais peur qu'il m'attaque pendant que je conduisais, alors j'ai continué vers le centre commercial. En descendant Sooke Road, j'ai aperçu un barrage routier et je me suis rapidement arrêtée. J'étais sous le choc lorsque j'ai expliqué à l'agent qui s'est approché de ma portière que je voulais que John sorte de la voiture parce qu'il était ivre et provoquait un scandale. Ils lui ont ordonné de sortir du véhicule et m'ont dit d'attendre. Peu après, un agent a appelé depuis une voiture de patrouille l'établissement pour personnes défavorisées et a parlé à mon psychiatre traitant. J'ai entendu John dire aux policiers que je venais de sortir de l'asile. Peu de temps après, un agent est revenu à ma portière et m'a dit que je pouvais partir. Je n'attendais qu'une chose : m'éloigner de John. Je l'ai vu monter dans la voiture de police, et en rentrant à la maison, j'ai appris qu'ils l'avaient simplement ramené chez nous. Personne ne m'a demandé si j'étais blessée ou s'il avait fait quelque chose aux enfants. J'étais en état de choc, incapable de parler, et en plus, j'étais en train de mourir.

Ma fille s'inquiétait alors de savoir comment elle allait se rendre à ses matchs de football, et je lui ai assuré que je l'y emmènerais. À huit ans, elle savait déjà qu'elle ne pouvait compter que sur moi. J'ai obtenu une permission de sortie pour le week-end où elle devait jouer au football. En remontant l'allée, John a surgi de nulle part avec une tronçonneuse en marche dans les mains, se plaçant devant la voiture pour m'empêcher d'avancer. Il m'a terrifiée. J'ai immédiatement verrouillé les portières et remonté la vitre. Il est venu à l'avant de la voiture et m'a dit : « Il y a quelque chose qui ne va pas avec la voiture. Ouvre le capot. » En montant l'allée en pente, de la vapeur sortait du capot, alors j'ai pensé qu'il y avait effectivement un problème. J'ai entrouvert le capot pour regarder. Il a alors retiré les bougies d'allumage et la voiture s'est arrêtée. Ensuite, il est revenu à la portière, la tronçonneuse toujours en marche, en disant : « Maintenant, tu vas parler. » Les portes étaient toujours verrouillées, la vitre toujours relevée. Je ne savais pas quoi faire, alors je suis restée dans la voiture jusqu'à ce qu'il s'en aille vers son atelier. Je suis sortie de la voiture, j'ai couru dans la maison et j'ai appelé la police. Deux agents masculins sont venus, et je leur ai expliqué ce que John avait fait. Ils m'ont demandé : « Qu'est-ce que vous voulez que nous fassions ? » Je leur ai répondu que je devais emmener ma fille à son match de football et que nous allions être en retard, et que je voulais aussi que les bougies soient remises dans la voiture. J'ai demandé qu'un rapport de police soit établi contre John, et ils m'ont assuré que cela serait consigné. Mais ce ne fut pas le cas.

Une autre fois, ce fou est venu à l'hôpital et a pris ma voiture, et j'ai dû la déclarer volée. Il a dit à l'agent qu'il en avait besoin pour sa mère parce qu'elle ne pouvait pas monter dans le camion. J'ai alors appelé Jan et Gary pour qu'ils viennent me chercher à l'hôpital afin que je puisse voir mes enfants, pensant qu'ils s'assureraient que John me rende ma voiture. Mais ils ne sont jamais restés. Ni John ni sa mère n'ont jamais eu la décence d'amener les enfants à l'hôpital pour que je puisse les voir, ni même de venir me voir. Je suppose qu'ils pensaient que j'étais condamnée. Je me souviens que Gary m'a demandé : « Est-ce qu'ils ont de bons médicaments là-bas ? » Je l'ai regardé et j'ai répondu : « Pas vraiment. » J'ai finalement récupéré ma voiture grâce à la police, probablement parce qu'elle était aussi à mon nom. Nous étions le 15 décembre et il n'y avait pas de sapin de Noël. Les enfants me demandaient sans cesse quand ils en auraient un. Lors d'une de mes permissions, j'ai demandé à John d'en acheter un. Il est entré dans la maison avec un sapin énorme et hideux, d'au moins six mètres de haut, l'a jeté par terre dans le salon et est reparti, comme s'il nous avait rendu un grand service. Je ne savais pas comment l'installer et je le lui ai dit, mais il m'a répondu : « Débrouille-toi. » Les enfants pleuraient parce que nous n'arrivions pas à le faire tenir. J'ai pris un seau de pierres, j'y ai planté le sapin et je l'ai attaché à la poignée d'une fenêtre, mais il tombait quand même. J'ai dû partir sans que les enfants puissent le décorer, et ils étaient tellement déçus. Chaque fois que je le pouvais, j'allais chercher les enfants à l'école de Metchosin sur Happy Valley Road, où ils étaient tous les deux scolarisés. Un jour, ma fille a décidé de glisser le long de la rampe de l'escalier extérieur très raide. Dès que je l'ai vue, je lui ai dit de ne pas le faire, que c'était dangereux ; la chute faisait plus de six mètres. Elle l'a fait quand même, et lorsqu'elle est arrivée en bas, je lui ai donné une tape sur les fesses, par peur pour sa vie. Selon le programme STEP de parentalité que j'avais suivi, une tape était acceptable, et dans un cas comme celui-là, c'était un réflexe parental. Une autre fois, juste avant que je ne m'admette moi-même à l'institution, les enfants se disputaient, et mon fils s'est cogné l'oreille contre la poignée de la bibliothèque ; elle est devenue immédiatement noire et bleue. Je suppose que les enfants sentaient que j'étais malade et qu'ils réagissaient. Je l'ai attrapé par les cheveux et je l'ai emmené en bas pour un temps de réflexion ; c'est la seule fois où j'ai levé la main sur cet enfant.

Peu après, le psychiatre Bore m'a fait sortir de l'hôpital avec seulement 75 milligrammes de Deserial, au lieu d'une dose clinique de 200 milligrammes. John continuait à être verbalement abusif envers les enfants et moi. J'ai acheté une cassette de relaxation avec le bruit d'une cascade, sur le conseil d'une infirmière. Mon fils voulait l'écouter, je le lui ai donné, et John la lui a arrachée des mains en disant : « C'est cette merde que les psys te donnent à l'asile ? » J'en avais assez de tout ce qu'il m'avait fait, ainsi que de ce que sa mère m'avait fait subir. J'ai appelé la GRC pour qu'ils viennent au moins le faire sortir de la maison. Les enfants étaient enrhumés et ne comprenaient pas ce qui m'arrivait, alors ils agissaient mal. Quand la police est arrivée, je tentais de soigner le rhume de ma fille, de lui donner du Dimetapp et de parler aux agents en même temps. Bien sûr, la mère de John n'a pas levé le petit doigt pour aider. En regardant la bouteille de Dimetapp, j'ai remarqué qu'il ne restait qu'environ une cuillère à café, que j'ai donnée à ma fille. Peu après, ils ont suggéré d'appeler l'équipe médicale d'Eric Martin pour leur demander leur avis. J'ai pensé que c'était une bonne idée, croyant qu'ils m'aidaient.

J'ai dit à une infirmière de l'hôpital que j'avais peur de John. Elle a vu la terreur dans mes yeux et m'a dit que je pouvais aller dans une « maison de transition » avec mes enfants. Je n'avais jamais entendu parler de cet endroit auparavant ; si j'en avais eu connaissance, je l'aurais quitté depuis longtemps. L'agente de police présente a appelé l'équipe, et ils sont venus me conduire dans la salle de loisirs à l'étage pour m'interroger. Je me souviens leur avoir serré la main en montant le premier escalier. J'étais soulagée de les voir, pensant qu'ils me défendraient, mais ils ne l'ont pas fait. Ils m'ont interrogée sur ce qui s'était passé à l'école l'autre jour, et je n'avais aucune idée de quoi ils parlaient. Je n'ai compris que plus tard que quelqu'un avait signalé la tape que j'avais donnée à ma fille pour avoir glissé sur la rampe dangereuse. J'ai dû quitter ma propre maison en laissant mes enfants derrière moi. Ces policières m'ont dit d'aller chez ma mère pour le reste du week-end. J'ai dû laisser mes enfants avec un homme violent et sa mère, qui l'était tout autant.

En route vers chez ma mère, j'ai aperçu l'agente de police arrêtée au bord de Happy Valley Road, alors je me suis arrêtée pour lui parler. Je lui ai demandé : « Pourquoi m'avez-vous obligée à laisser mes enfants avec un homme violent ? » Elle m'a répondu que ce n'était que pour le week-end. Je lui ai dit : « Ils ont déjà passé bien trop de temps avec lui », puis je suis repartie en pleurant. Mes parents n'arrivaient pas à croire qu'on m'avait forcée à quitter mes enfants.

Un jour, je suis allée à la maison pour prendre les enfants afin de les emmener à la maison de transition, et seule ma fille s'y trouvait avec sa grand-mère. Mon fils était avec son père au travail. J'ai dit à ma fille de préparer sa valise : nous partions. J'avais préparé les deux enfants à l'avance, leur expliquant qu'il n'était plus sûr pour nous de rester là parce que leur père n'arrivait pas à arrêter de boire de l'alcool. Je leur ai dit que, pour qu'il cesse de boire, nous devions partir vivre ailleurs, mais qu'ils pourraient toujours le voir s'ils le souhaitaient. Je leur ai aussi expliqué comment je me sentais. Je leur ai dit : « J'ai l'impression d'avoir un énorme mal de tête dans tout le corps. » Je leur ai expliqué : « Rien de tout cela n'est de votre faute, et ne pensez jamais que ça l'est. »

Après que ma fille et moi avons mis quelques vêtements dans une valise, j'ai donné à la mère de John des brochures sur l'alcoolisme que j'avais rassemblées et je lui ai dit que son fils avait un grave problème, et que c'était pour cette raison que nous partions. Alors que nous descendions l'escalier pour partir, la mère démoniaque de John s'est tenue en haut des marches et m'a traitée de « traînée » devant ma fille. J'ai regardé sa petite-fille, et comme elle avait le dos tourné, j'ai craché dans sa direction et je suis partie. Je n'y ai même pas réfléchi sur le moment, mais aujourd'hui je suis bien contente de l'avoir fait, car elle le méritait. Elle avait eu cette idée de « traînée » à cause des policiers de la GRC cette nuit-là, lorsqu'ils étaient venus me dire d'aller chez ma mère pour le week-end.

J'ai emmené ma fille chez mes parents, et bien que j'aie la garde des deux enfants, John a refusé de me rendre mon fils, et je ne pouvais rien y faire parce que je n'avais pas encore les documents officiels de garde. J'ai essayé une fois de retrouver mon fils après l'école. J'ai découvert où habitait son ami Gary et je suis allée chez lui pour voir si mon fils s'y trouvait. Ma fille était avec moi. La mère de Gary, à qui je n'avais jamais parlé auparavant, a sans doute téléphoné à John lorsqu'elle a dit qu'elle allait demander à Gary s'il avait vu mon fils. Un peu plus tard, elle est revenue dire que Gary ne savait pas où il était. Puis, juste au moment où nous allions partir, John est arrivé dans l'allée en voiture. J'essayais de parler à John pour qu'il me rende mon fils quand ma fille est montée dans son camion et s'est assise sur le siège du conducteur. Lorsque John s'en est aperçu, il l'a attrapée par la main et lui a tordu les doigts en arrière pour la faire sortir du véhicule. J'ai raconté à mon avocate toutes les difficultés que j'avais pour récupérer mon fils, et elle a élaboré un plan, car elle m'a dit que les documents étaient bloqués au tribunal. Elle m'a conseillé de me montrer amicale avec John et de l'amener à me laisser emmener le garçon chez mes parents pour le dîner. Elle ne m'a pas dit d'emmener les enfants à la maison de transition, bien qu'elle sache quel genre d'homme il était, mais je l'ai fait quand même. J'avais appelé la maison de transition pour leur expliquer ce qui se passait et leur dire que je n'y viendrais pas tant que je n'aurais pas récupéré mon fils. Ce soir-là, lorsque je leur ai dit que j'arrivais, en partant vers la maison de transition, mon fils m'a demandé : « Où est-ce qu'on va ? » Je lui ai rappelé la conversation que nous avions eue à la maison au sujet de l'alcoolisme de son père. Je lui ai dit que nous allions être avec des amis. Quand nous sommes arrivés, il a fallu un certain temps à mon fils pour se calmer, mais il a fini par y parvenir. Au début, il sortait sans cesse par la porte d'entrée en pleurant, disant : « Je ne veux pas rester ici. »

J'avais souvent entendu John dire aux enfants que nous finirions à l'aide sociale s'ils venaient vivre avec moi. Je ne sais pas s'ils étaient assez âgés pour comprendre ce concept, mais je crois que mon fils avait compris l'essentiel : ce ne serait pas une expérience agréable. La GRC a appelé la maison de transition en disant que John leur avait affirmé qu'il avait la garde des enfants. À ce moment-là, après plus de trois semaines d'attente, j'avais enfin les documents, et j'ai dû les montrer pour qu'ils me croient. Un jour, en revenant du cabinet du docteur Shifty, j'ai remarqué que le camion jaune de John me suivait à la sortie du stationnement. En arrivant à la maison de transition, j'ai décidé d'en parler à ma conseillère, car je pensais qu'il essayait de me suivre, mais que j'avais réussi à le semer. Une autre fois, mon fils avait mal au ventre, et John a dit devant lui que je ne nourrissais pas les enfants. Il a rédigé un chèque de cinq cents dollars sous le coup de la colère, sur lequel il avait écrit : « Nourriture pour les enfants. » J'ai montré ce chèque à ma conseillère de la maison de transition. C'est d'ailleurs ce que le juge m'a d'abord accordé pour l'entretien des enfants. Une autre fois encore, il a appelé la police en prétendant que j'avais volé de l'argent chez lui, ce qui était faux. J'avais emmené avec moi une femme de la maison de transition ce jour-là comme témoin. Je me souviens avoir remarqué de la petite monnaie coincée dans le joint de la fenêtre près de la porte d'entrée en partant. J'imagine que c'était son excuse pour changer les serrures de la maison.

Alors que je pensais que les choses s'étaient enfin calmées, le téléphone a sonné : c'était John. Cette vieille conseillère, Norma, a donné le téléphone à mon fils pour qu'il parle à son père. Mais il a commencé à lui dire où nous nous trouvions, alors Norma lui a retiré le téléphone. John m'avait dit que la GRC lui avait fait savoir où nous étions. Dans ma confusion, j'ai laissé cette femme, Norma, me convaincre de rendre mon fils à son père. Je voyais bien que la police protégeait John. Norma m'a dit que c'était là que le garçon voulait être et qu'il rendait la situation dangereuse pour toutes les personnes vivant ici. Ils ne pouvaient pas prendre le risque que John sache où nous étions. Je sais maintenant que tout cela était un tissu de mensonges. Je me souviens qu'un groupe de soi-disant professionnels est venu à la maison de transition ; peut-être s'agissait-il de l'équipe de l'Institution pour les défavorisés (Eric Martin). Ils y ont certainement joué un rôle, après tout ce que ces démons m'avaient déjà fait. La maison de transition m'a dit que je devais partir ; ma fille et moi avons donc été jetées dehors, dans le froid. Je pensais qu'une fois que j'aurais trouvé mon propre logement, je récupérerais mon fils. Ils auraient pu nous transférer à « Hill House », une autre maison de transition, dont j'ignorais l'existence à l'époque, mais ils ne l'ont pas fait. J'imagine qu'ils choisissent qui ils veulent sauver.

Avant de partir, ils m'ont donné un formulaire de demande pour un programme appelé « Programme de deuxième étape pour femmes battues », qui était tout aussi mauvais. Pour se donner bonne conscience, ils m'ont aussi remis de nombreuses demandes de logements à faible coût et m'ont dit que les femmes qui passent par la maison de transition sont prioritaires pour ce type de logement, qu'elles sont placées en haut de la liste. Mais cela ne m'aidait pas sur le moment. Je me suis dit qu'après tout ce que j'avais traversé pour amener mon fils ici, ils auraient dû comprendre que je voulais mes enfants en sécurité, loin de ce fou. J'avais commis la plus grande erreur de ma vie. Sans mes parents, je ne sais pas ce que je serais devenue, sans argent, jetée dehors au milieu du mois de janvier. Nous avons vécu chez mes parents pendant quelques mois, pendant que je me mourais. Je continuais à emmener ma fille à l'école chaque matin, à une demi-heure de route. Un matin, elle avait oublié ses crayons de couleur à la maison, alors j'ai fait demi-tour dans une allée près de Burnside Road. Au moment où je reprenais la route, un camion de lait est sorti de nulle part et je lui ai rentré dedans en reculant. Il n'y a eu aucun dégât sur le camion de lait, mais ma Subaru a encore subi environ 900 $ de dommages, que j'ai payés moi-même plutôt que de passer par l'assurance et d'être pénalisée. Aujourd'hui, je me demande si ce n'était pas intentionnel. Je n'ai jamais cessé d'essayer de récupérer mon fils. Mon père a même tenté de raisonner John au sujet de la garde et lui a montré les documents officiels. John lui a répondu : « Je me fous de ces papiers. » Il a aussi dit à mon père que j'étais folle, et cela dans le café de Metchosin, tout en prétendant se soucier du garçon, alors que tout ce qui l'intéressait était l'argent qu'il devait payer. Il savait aussi que le fait d'avoir les enfants me ferait sombrer.

Il a dit à mon fils que la maison de mes parents était

instable. Avant que je ne m'admette à l'Institution pour les défavorisés, j'avais organisé l'entrée de mon fils dans une classe d'éducation spécialisée, recommandée par son enseignant. Il y avait encore des formulaires psychologiques à remplir, et John a refusé de les remplir, disant qu'il n'y avait rien qui n'allait chez son fils et qu'il était offensé qu'on le pense. Il a déclaré : « J'en ai marre de toutes ces conneries psychologiques », et il a déchiré les papiers. Impossible de lui faire comprendre que mon fils apprenait simplement différemment. En réalité, je savais que le plus gros problème de mon fils, c'était lui. Les alcooliques sont tous au-delà du raisonnement ; il n'était absolument pas en contact avec la réalité. C'était lui qui aurait dû être à l'asile, pas moi. Pendant ce temps, mon fils souffrait de maux de tête et de maux d'estomac, et devait souvent s'allonger dans le bureau de l'école. À l'époque, je pensais que c'était psychologique, mais je sais maintenant que c'était bien plus que cela : la maladie de Crohn. Il devait voir un médecin à ce sujet, mais il a manqué son rendez-vous, sans doute parce que le médecin n'aurait rien fait de toute façon. J'avais déjà fait examiner les enfants par ce médecin. Je ne l'ai appris qu'après coup. Une fois, j'ai demandé à mon père de m'accompagner à l'école pour essayer de convaincre son petit-fils de venir avec lui. Ils étaient très proches ; papa était le seul vrai père que mon fils ait jamais connu. Je pensais qu'il l'écouterait, mais John avait déjà empoisonné l'esprit du garçon contre ma famille, et l'enfant avait peur de ce que son père pourrait faire s'il partait avec son grand-père. Mon père est allé à l'école, et son petit-fils est monté dans la voiture avec lui, mais il a finalement demandé à être conduit à la maison de Metchosin. John a appelé la GRC de Colwood, qui a téléphoné chez mes parents, accusant mon père d'avoir kidnappé l'enfant. John voulait porter plainte contre lui, alors que j'avais toujours la garde légale de mon fils à ce moment-là. À la fin du mois de février, j'ai reçu un appel de la conseillère du « Programme de deuxième étape pour femmes battues », qui m'a dit qu'un logement de type maison en rangée avec deux chambres était disponible pour ma fille et moi, et que je pouvais commencer le programme début mars. Je me suis sentie chanceuse, car je n'avais pas à payer le logement et le programme était gratuit. Le programme était géré depuis un ancien orphelinat, celui où mon grand-père me disait que je finirais si je me comportais mal. Le salaud avait raison, sauf que je n'étais pas la mauvaise personne. L'endroit s'appelait désormais le Centre Cridge pour la famille. Il y avait une petite rangée de maisons juste en face, où les femmes battues vivaient pendant le programme.

C'était une tromperie qui prétendait aider les femmes et les enfants, mais qui était en réalité pire que l'orphelinat. Mon logement était meublé, et je me demandais pourquoi les autres ne l'étaient pas. J'ai compris plus tard que ce logement était destiné aux femmes qu'ils comptaient harceler, qu'ils n'avaient aucune intention d'aider et qu'ils savaient qu'elles ne resteraient pas longtemps, car elles faisaient partie, comme moi, de leurs « victimes du système ». J'ai transféré ma fille dans une école primaire voisine, Oakland's. Le juge avait ordonné que John puisse voir les enfants un week-end sur deux, à condition qu'il s'abstienne de consommer de l'alcool. J'ai parlé au conseiller des enfants, un homme, pour récupérer mon fils puisque j'avais toujours les documents de garde, mais il m'a répondu non : il était trop tard maintenant. Il avait un regard plein de colère. Je me suis demandé ce que cela signifiait, car je pensais que ces gens étaient censés aider. J'ai dû permettre à John de voir ma fille, et un jour il a refusé de me la ramener. Il lui a demandé où nous vivions, puis me l'a demandé à moi, mais j'ai refusé de le lui dire. J'entendais ma fille faire des histoires à l'arrière-plan lorsque je lui parlais au téléphone depuis le stationnement de Hillside, car ils n'étaient pas encore arrivés. Finalement, nous avons convenu de nous retrouver au centre commercial Hillside, à quelques rues du Centre Cridge, pour qu'il me rende la fille. Il nous a suivies jusqu'à la maison ce soir-là, et je n'ai pas réussi à le semer. En arrivant à la maison, ma fille et moi avons couru hors de la voiture et autour des bâtiments jusqu'à ce que nous le voyions partir. Il n'a pas découvert dans quelle maison nous vivions, mais il savait où nous étions. Une fois, John a emmené les enfants au Western Speedway et les y a laissés seuls. Ensuite, le soir, j'entendais la police dans le stationnement, parlant dans leur haut-parleur et disant : « Les lumières viennent de s'éteindre », chaque fois que j'éteignais les miennes pour aller me coucher. Je ne savais pas quoi en penser. J'avais l'impression que la police surveillait chacun de mes gestes, et cela me terrorisait. J'ai appelé Robin, ma deuxième relation intime, et je lui ai demandé de me rencontrer au terrain de football un week-end où ma fille avait un match. Je l'y avais déjà vu avec ses enfants. Il m'a rappelé ce que mon psychiatre Bore m'avait dit : affronter mes problèmes ferait disparaître la douleur. J'imagine que la rémission était terminée, car mes entrailles ont recommencé à me faire mal : des douleurs lancinantes et des brûlures. Je l'ai confronté au sujet des maladies sexuellement transmissibles qu'il m'avait transmises, et il a dit qu'il ne les avait jamais eues. Je lui ai répondu : « Tu étais seulement le deuxième homme avec qui j'ai été, alors je sais que ça vient de toi. » Sa bouche sale est restée grande ouverte. Je l'ai laissé là, comme un démon, et je suis retournée regarder le reste du match de football.

J'essayais de comprendre pourquoi les policiers venaient ici la nuit, patrouillant les lieux, et en plus, à cause de ma maladie, j'étais de plus en plus confuse. Je pensais avoir fait quelque chose de mal. J'essayais de suivre le programme, et j'avais aussi l'impression que quelqu'un entrait constamment dans ma maison de ville. L'un des exercices consistait à trouver le plus grand nombre possible de noms pour notre agresseur. Quelqu'un avait écrit toutes sortes de mots horribles dans mon cahier. J'imagine qu'ils pensaient que j'étais remplie de colère, mais je trouvais cela très difficile. Des souvenirs ont commencé à revenir, et j'ai commencé à les écrire. Lorsque je relisais ce que j'avais écrit, j'avais l'impression que quelqu'un y avait touché, sans en être certaine. Je me souviens avoir dit au conseiller masculin où je travaillais lorsque j'ai commencé à l'hôpital, parce qu'il me l'avait demandé, et il m'a alors demandé : « Est-ce que Mademoiselle Stevens y travaillait ? » Je lui ai immédiatement répondu : « Comment le savez-vous ? » Il est sorti sans répondre. J'avais l'impression de perdre pied. On m'a demandé si je voulais de l'aide pour le ménage, et j'ai répondu oui. Une femme de Nitaka Home Care est venue, a fait une salade avec des œufs noirs, pourris et détrempés, que j'ai dû jeter. Elle a aussi mis mes sous-vêtements dans le tiroir de ma fille. Je lui ai dit que je n'avais plus besoin d'aide. Après cela, j'étais dans une telle douleur, peur et confusion que je voulais simplement dormir et me réveiller sans tout cela. J'ai alors pris le reste des somnifères que le démon Bore m'avait prescrits. Comme Bore m'avait libérée avec seulement 75 mg d'antidépresseur au lieu d'une dose clinique, je me suis rapidement détériorée. Il m'avait aussi dit d'arrêter de fumer, sans doute pour se donner bonne conscience. J'ai pris environ quinze somnifères et, aussitôt après, j'ai compris que je n'aurais pas dû. J'ai appelé le conseiller masculin, qui m'avait donné son téléavertisseur, mais personne n'est venu. J'ai même appelé les urgences, mais personne n'est venu non plus.

Le lendemain matin, ma fille a réussi à me lever et je l'ai conduite à l'école, bien que je n'aie pas été en état de conduire. Je me souviens à peine de cela. En rentrant, la conseillère en violence familiale, Jane, était à la maison, je lui ai dit ce que j'avais fait et elle m'a emmenée à l'hôpital. Je me souviens être allongée aux urgences lorsque mon père est venu me voir. Je lui ai dit : « Je voulais juste mourir. » Je n'ai pas parlé de la douleur, car j'ai entendu un médecin demander : « Qui vous a donné ces somnifères ? » Quand j'ai répondu, il a soupiré avec dégoût et est parti. Je me souviens peu de choses ensuite, si ce n'est une infirmière qui me parlait de mes relations abusives. Quand elle a mentionné Mike, je n'ai pas pu me souvenir de son nom, puis je suis devenue aveugle et j'ai dit que je ne voyais plus. Ensuite, j'ai perdu connaissance. Plus tard, la même infirmière m'a humiliée en me demandant si je me souvenais enfin de son nom. Puis ils m'ont emmenée pour des électrochocs à l'Institution pour les Défavorisés. J'avais dit que je n'en voulais pas. J'y suis restée trois mois et j'ai reçu huit séances d'ECT. J'ai perdu onze livres du jour au lendemain. Certains collègues sont venus me voir. Pendant les traitements, le docteur Shifty m'a envoyée chez un urologue qui m'a parlé de « carcinome in situ ». Je savais que c'était un cancer, mais je l'ai refoulé. On m'a traitée pour le cancer, mais pas pour sa cause.

Fuir les démons

Après l'ECT, on m'a permis de continuer le programme. Pendant ce temps, mon ex-mari a obtenu la garde de mon fils pendant que je mourais à l'hôpital. Il a aussi tenté d'obtenir celle de ma fille, mais mes parents sont intervenus et ont obtenu une garde temporaire. Les documents ont ensuite été volés chez moi, ainsi que toutes les preuves que j'avais accumulées. Ma santé mentale se dégradait pendant que je commençais à me souvenir. J'ai été de nouveau internée par le démon Turd et un autre psychiatre nommé Jensen. On m'a enfermée, humiliée, forcée à me déshabiller, placée dans une chambre sale. On a voulu me donner de l'Haldol. J'ai exigé une chambre propre. Lorsque ma mémoire est revenue, j'ai confronté Turd, mais il a nié. J'ai été libérée rapidement, sans doute pour éviter des conséquences judiciaires. On m'a donné de la loxapine et du Zoloft. Ensuite, on m'a exclue du programme et, encore une fois, ma fille et moi avons été mises à la rue. Mes parents nous ont recueillies.

John a continué à harceler mes parents, à menacer mon père, à terroriser ma fille, à ignorer les décisions judiciaires. Il buvait constamment, laissait les enfants sans surveillance, faisait des promesses pour les manipuler. La police ne faisait rien. Un jour, il a tenté de faire sortir ma fille de force de l'hôpital, et elle a refusé. Plus tard, il a essayé de faire sortir mes parents de la route en voiture. La police a refusé de prendre un rapport. J'en ai écrit un moi-même plus tard.

En juin 1993, on m'a attribué un logement de la BC Housing à Tillicum Terrace. Nous avons emménagé le 15 juin avec seulement nos vêtements. J'étais reconnaissante, mais je n'avais toujours pas mon fils. J'ai vite compris que je ne l'aurais pas. Ce logement s'est révélé être une autre forme de harcèlement déguisée en aide. Pendant des années, j'ai entendu cette organisation se vanter d'aider les femmes et les enfants, alors que Tillicum Terrace est devenu un autre cauchemar.

CHAPITRE DOUZE

J'avais un avocat différent, recommandé alors que j'étais internée à l'Institution pour les Défavorisés. Il est venu me voir à l'hôpital et je lui ai dit que j'avais trouvé un logement, mais que je n'avais absolument rien pour l'aménager. John avait tout. Il m'a demandé ce que je voulais, et je lui ai répondu que j'avais acheté les meubles de la chambre avec mon propre argent, ainsi que l'ordinateur, qui n'avait qu'un peu plus d'un an, et que je voulais les récupérer. Maman et papa nous avaient donné un bureau en chêne qui se trouvait dans la salle de loisirs et servait aussi de bureau, et je l'ai demandé également. Bien sûr, je voulais le lit de ma fille. À mes yeux, j'aurais dû recevoir tous les meubles et biens ménagers, puisque je possédais tout cela lorsque j'ai épousé John. Lorsque l'affaire est passée devant le tribunal, le juge a ordonné à John de nous fournir des lits et tous nos effets personnels, et c'est tout. J'ai envoyé une entreprise de déménagement, « Two Little Men with Big Hearts », à la maison, et lorsqu'elle est revenue, elle était remplie de déchets. John avait fait son ménage, et j'ai dû demander aux déménageurs d'emporter la plupart des choses. Il n'y avait aucun lit pour nous deux. En quittant le « Second Stage Program for Battered Women », Jane, la conseillère en violence familiale, m'a donné une lettre pour « Women in Need » expliquant que ma fille et moi n'avions ni meubles, ni draps, ni articles ménagers, et que nous avions besoin de tout cela. WIN est venu avec un camion et a déposé une vieille commode et un lit pour moi, mais je ne pouvais pas dormir dedans tellement il sentait mauvais. Je l'ai apporté chez mes parents, et ma mère les a appelés pour qu'ils viennent le reprendre. Ils ne voulaient pas, mais ma mère leur a dit : « Vous le lui avez donné. » Ils sont finalement venus le chercher. Ils aident certes les femmes dans le besoin, mais ils les harcèlent aussi. Maman et papa ont acheté un lit pour ma fille et nous ont donné une causeuse convertible sur laquelle nous avons dormi au début. Avec le temps, quand j'ai obtenu plus d'heures de travail, j'ai acheté ce qui devait être du mobilier neuf, mais je me suis aussi fait arnaquer. J'ai dû racheter un matelas pour ma fille parce qu'Anne, la grosse fille des salades, et son gros mari l'avaient abîmé. Puis j'ai dû en acheter un autre. Quant au mien, je ne sais même plus, ayant dormi sur un canapé pendant plus de dix ans. La table basse achetée chez Dodd's s'est révélée défectueuse, un pied branlant qui a fini par casser, et je l'ai jetée. J'aurais dû la rapporter tout de suite, mais j'étais trop médicamentée.

Un enquêteur judiciaire a été nommé pour interroger les enfants. L'ordonnance datait de l'époque où je vivais encore à la Maison de Transition, mais des années se sont écoulées avant qu'il n'agisse. Ma fille s'inquiétait de ce qu'il dirait à propos du fait que j'avais tiré les cheveux de son frère, et une conseillère lui a dit qu'elle pouvait expliquer que maman était malade à ce moment-là.

Fuir les démons

J'ai été choquée qu'on laisse une fillette de dix ans et un garçon de huit ans décider avec qui ils voulaient vivre dans un contexte aussi abusif, mais c'est ce qu'ils ont fait. Ils ont interrogé tous les témoins de John, mais aucun des miens : la GRC qui m'avait dit de laisser mes enfants cette nuit-là, Sue la cupide qui avait pris le parti de John, le docteur Shifty qui m'a laissée mourir, la mère de Gary à qui je n'avais parlé qu'une fois, et le vice-directeur de l'école de Metchosin que John ne connaissait même pas. La décision de laisser les enfants là où ils étaient a été prise en février 1993. John n'a pas assisté aux réunions prévues en janvier 1994 avec la nouvelle enquêtrice, Sharon, qui l'a noté dans son rapport. Il a prétendu qu'il était en Angleterre avec mon fils, ce qui violait l'ordonnance du tribunal, mais il était en réalité avec sa future épouse Kathy, avec qui il avait commis l'adultère. C'était à Noël. Mes parents nous ont donné quelques décorations et leur sapin artificiel. Ma fille et moi avons fabriqué les nôtres avec des bâtonnets de glace et des crémiers à café enveloppés de papier aluminium. J'ai acheté des articles ménagers dans des friperies. Un autre enquêteur a été désigné plus tard, avec le même résultat. Je n'ai jamais récupéré mon fils.

Une femme nommée Sandra a emménagé à côté de chez moi. Elle était mère célibataire, catholique soi-disant, et son appartement était une porcherie. Nourriture pourrie, linge sale, vaisselle empilée, draps souillés laissés dans un coin, matelas

313

séchés à la fenêtre. Elle voulait que je nettoie chez elle contre de l'argent, que je refusais. Ma fille m'aidait parfois et recevait l'argent. Elle a ensuite épousé un homme nommé Wayne et a quitté Tillicum Terrace. Plus tard, j'ai appris que sa mère avait été transférée au Memorial Pavilion.

Peu après notre emménagement, John a violé l'ordonnance restrictive. Il m'a harcelée à McDonald's à Colwood le jour de l'anniversaire de mon fils, me menaçant de s'en prendre à mes parents si je demandais une pension. J'ai tenté de faire intervenir les services sociaux avec des preuves, sans succès. Il continuait d'abuser émotionnellement des enfants, laissait des messages insultants, appelait sans cesse, appelait ma fille « Beaker », et un jour, il a téléphoné sept fois en cinq minutes pour nous harceler.

Puis je suis devenue amie avec une femme de l'immeuble nommée Tammy, qui avait une fille de quelques années plus âgée que la mienne, Robin. Le docteur Bore m'a demandé quand je voulais retourner travailler et, comme j'étais installée dans la maison en rangée, je lui ai répondu : le plus tôt possible. Je ne recevais qu'une indemnité d'invalidité liée à mon emploi à temps partiel chez Meals on Wheels, et j'avais beaucoup de difficulté à joindre les deux bouts.

Pendant mon absence, Meals on Wheels avait été repris par Silver Threads, une organisation pour personnes âgées, et n'était plus sous contrat avec l'hôpital, ce qui me donnait des droits de déplacement. Je n'ai pas eu besoin de les exercer, et j'en étais soulagée, car cela causait toujours beaucoup de tensions au travail. J'ai postulé pour un emploi dans l'une des cuisines du Memorial Pavilion, Homer Three, qui offrait environ cinquante-six heures aux deux semaines. J'ai obtenu le poste. Pendant que j'y travaillais, Anne, la grosse dame des salades, a appris par la diététicienne d'Eric Martin où je travaillais et est venue à la cuisine chaque fois qu'elle passait de Vancouver. Son gros mari disait qu'il trouvait difficile de vendre des maisons ici, que son père vivait à Surrey, à Vancouver, et qu'il ferait mieux là-bas. Anne a obtenu un emploi à l'hôpital de Vancouver ; j'imagine que c'était sa promotion pour m'avoir suivie et observée pendant deux ans. Elle cherchait toujours un endroit où loger lorsqu'elle venait ici. Elle m'a dit que sa mère était malade sur l'île et qu'elle n'avait nulle part où aller, alors je lui ai proposé de rester chez moi. Elle a accepté mon offre à plusieurs reprises. Elle voulait toujours que je téléphone aux annonces personnelles du magazine du lundi pour lui trouver un partenaire, mais je lui disais que je n'étais intéressée par personne. Une ou deux fois, nous avons appelé juste pour rire. Plus tard, elle a lancé une entreprise de biscuits pour chiens faits maison et participait à toutes les foires artisanales de Victoria, venant souvent dormir chez moi. Je pensais qu'elle était mon amie, mais j'ai découvert plus tard qu'elle était en mission, comme tous les autres.

Tammy gardait ma fille lorsque j'ai repris le travail, et je pensais qu'elle était aussi mon amie, mais j'ai vite déchanté. Elle avait une fille nommée Robin, et j'essayais de faire jouer ma fille avec elle, car elle n'avait encore aucun ami. Mais elles ne s'entendaient jamais. Un jour, mon fils était en visite et nous sommes tous sortis ensemble. En revenant, j'ai garé ma voiture dans mon stationnement souterrain. Nous sommes sortis de la voiture et mon fils a remarqué un portefeuille par terre. Il a couru le ramasser et a vu qu'il contenait quarante dollars. Ma fille voulait voir aussi et ils se sont disputés. Tammy et sa fille sont immédiatement rentrées chez elles. J'imagine qu'elles ne voulaient pas être témoins de ma volonté de retrouver le propriétaire. J'ai dit à mon fils : « Tu ne peux pas garder cet argent, il faut retrouver son propriétaire. » Il y avait une carte d'étudiant dans le portefeuille. Ma fille a dit que le garçon n'habitait pas ici, mais qu'elle savait où il allait parfois. Nous sommes rentrés chez moi et je leur ai dit d'aller frapper à la porte, mais personne n'était là. Mon fils insistait : « Trouvé, gardé. » J'ai essayé d'appeler les gestionnaires, Tina et Tom, mais ils étaient absents eux aussi. Finalement, j'ai dit à mon fils qu'il pouvait garder l'argent comme cadeau de ma part et que je le remplacerais le lendemain à la banque. Je lui ai ensuite demandé de déposer le portefeuille dans la boîte des gestionnaires à l'entrée. Le lendemain matin, vers neuf heures, le téléphone a sonné. Tina me demandait de venir au bureau. Quand je suis arrivée, un policier était là et ils m'accusaient de vol de moins de mille dollars. J'ai expliqué que c'était mon fils et que je comptais remplacer l'argent. Le policier m'a demandé : « Vous n'avez aucun contrôle sur vos enfants ? » Ils m'ont fait pleurer. J'ai dit : « Vous devriez poursuivre le vrai criminel, mon ex-mari. » Aujourd'hui, je vois que tout cela était un plan bien pensé, mais qui n'a pas fonctionné. Tout ce que je voulais, c'était travailler, subvenir aux besoins de ma fille et récupérer mon fils. Il y avait beaucoup de compressions budgétaires et mon poste à Homer Three a été supprimé. J'ai pris un poste temporaire à la cafétéria du Memorial Pavilion. J'adorais ce travail. Je préparais les desserts, les salades, je servais les repas et je faisais le service lors des réunions de cadres. Personne parmi eux ne savait ce qui se passait réellement dans le service alimentaire. J'y ai revu Stevens, à l'œil tordu, aujourd'hui retraitée, qui est entrée avec la nouvelle diététicienne. Je n'ai compris que plus tard pourquoi elle était là. Une fois ce poste terminé, ils l'ont supprimé aussi. Un emploi à plein temps au pavillon Eric Martin s'est affiché, j'ai postulé et je l'ai obtenu. Peu après, la fille que je remplaçais a voulu récupérer son poste. J'ai alors pris un poste de plongeuse, qui devait être permanent mais s'est révélé temporaire.

À la fête des Mères 1994, mon fils est venu me voir. Il voulait un vélo très cher que je ne pouvais pas lui acheter. Il avait aussi besoin d'une crème pour les pieds, mais son père préférait acheter un stéréo. Ses pieds étaient rouges et douloureux. Je les ai soignés. Il s'est endormi sur mes genoux et m'a dit avoir rêvé que la montagne s'était effondrée. On lui a dit plus tard qu'il avait une infection fongique, comme son père en avait eu. J'ai appris que John avait une maladie transmissible sexuellement non traitée qu'il m'avait transmise, et dont j'ai failli mourir. Les enfants, eux, ont dû vivre avec la maladie de Crohn.

Pour les dix ans de ma fille, John lui a envoyé un chèque de mille dollars. Je l'ai investi pour elle. Je lui ai organisé une fête à Tillicum Terrace avec un clown, car elle disait vouloir en devenir un. C'était sans doute sa façon de cacher sa peur. À la fête des Pères, nous sommes allées chez John pour récupérer un objet. Il a tenté de diriger ma voiture vers la falaise. Plus tard, à la maison, j'ai vu sa nouvelle femme nue devant mon fils. J'ai paniqué, puis j'ai fait un rapport à la GRC. Ma fille a confirmé ce qu'elle avait vu. Bien sûr, rien n'en est jamais sorti.

Ma fille commençait à se faire beaucoup d'amis dans sa nouvelle école. Elle s'est impliquée dans toutes les activités sportives, à l'intérieur comme à l'extérieur de l'école. Je l'ai inscrite au baseball à Hampton Park, à environ quinze minutes de marche de notre appartement. Il n'y avait pas d'équipe féminine de fastball, sans doute parce qu'ils savaient que j'arrivais, alors elle a joué au hardball dans une équipe composée en majorité de garçons.

Les règles du hardball étaient différentes, et je ne les connaissais pas toutes. Ils cherchaient toujours quelqu'un pour tenir le pointage. C'est à ce moment-là que j'ai retrouvé mon ancienne amie de fastball, Gail, qui, avec le gouvernement fédéral et d'autres agences gouvernementales, a transformé ma vie en un véritable enfer. Non seulement ils voulaient ma mort. Gail m'a introduite au milieu de la drogue et à mon premier mari, Steve. Elle et son mari faisaient partie du comité exécutif du parc, et j'ai fini par assister à une réunion pour apprendre à tenir le pointage de l'équipe de ma fille. C'est Gail qui a enseigné à tout le monde ce jour-là.

Ma fille avait un arbitre qui la traitait injustement, et j'ai exprimé mon désaccord à voix haute. Quand je me suis retournée dans les gradins, j'ai vu Gail assise derrière moi avec son mari, me lançant un regard méprisant. Je suppose que tout avait été arrangé pour que l'arbitre agisse ainsi afin de me mettre en colère, étant donné que les frères de Clay étaient policiers et collaboraient avec l'Institution pour les Moins Fortunés. Nous n'avons échangé que des banalités, car il semblait qu'elle se croyait trop importante pour être associée à moi. Aujourd'hui, je sais ce qu'elle manigançait réellement depuis toutes ces années. Je me demande ce qu'ils ont tous retiré de cette histoire, ces abuseurs mentaux. Qui peut aimer faire du mal à des enfants de la pire façon possible ? Maintenant, même les policiers essaient de se donner une image de protecteurs des enfants, avec des campagnes comme « Cops for Childhood Cancer » et autres. Tout cela me rend malade ; ils devraient tous être enfermés pour ce genre de choses.

À Après la saison de baseball, j'ai inscrit ma fille au karaté, car il y avait un club dans la salle paroissiale juste en face de l'appartement. Quand je lui en ai parlé, elle était intéressée. Elle a cependant rapidement perdu intérêt et n'a atteint que la ceinture jaune avant de décider qu'elle n'aimait plus ça. Elle n'aimait pas l'idée d'avoir les pieds nus et disait que c'était trop difficile. Aujourd'hui, je me demande ce que cet homme faisait à ma fille pendant ses cours.

À ce moment-là, je consultais régulièrement mon psychiatre, le docteur Bore, environ une fois par mois, et je lui ai dit que je pensais souffrir de stress post-traumatique. C'était juste après la fête des Pères, lorsque je suis allée à la maison de Metchosin et que John a tenté de nous faire sortir de la route, ma fille et moi, pour nous envoyer dans le ravin, et que j'ai vu cette salope de Kathy nue. Le docteur Bore ne passait jamais plus de cinq minutes avec moi, alors il ne savait vraiment rien de moi, du moins c'est ce que je croyais.

Je fréquentais la bibliothèque d'Eric Martin parce qu'une collègue, Sandy, qui travaillait avec moi à la plonge, m'avait dit qu'ils avaient beaucoup de vidéos utiles. Elle m'a parlé de John Bradshaw, alors j'ai emprunté certaines de ses cassettes douteuses et je les ai regardées, en y croyant à l'époque. Elles parlaient uniquement de la famille immédiate et du cycle de la violence. Il m'était difficile de croire que j'étais devenue aussi psychologiquement malade, et je cherchais désespérément des réponses. C'est à ce moment-là que j'ai commencé à écrire *Mon livre de poèmes* et *Dépression Obsession*. En fouillant dans les livres, je suis tombée sur le diagnostic de « trouble de stress post-traumatique » et, en le lisant, je me suis dit : *C'est ce que j'ai.*

J'ai dit à mon psychiatre que je pensais souffrir de stress post-traumatique, et il m'a répondu : « Non, ce n'est pas le cas. » Je lui ai alors dit qu'il ne savait rien de moi et qu'il ne faisait rien pour m'aider ; je l'ai donc congédié. Avant cela, je lui avais demandé si je pouvais avoir du counseling, et il m'avait répondu : « Non, je ne pense pas que cela vous ferait du bien. »

Un jour, juste après que cette femme ait tenté de nous renverser, ma fille et moi, en voiture, en nous faisant un doigt d'honneur, alors que nous revenions du programme de deuxième étape pour femmes battues après la piscine, je suis allée voir le démon qu'était le psychiatre Bore. Je lui ai dit franchement : « Vous pouvez dire à vos gens d'arrêter d'essayer de me faire sortir de la route. » Je savais, d'une manière ou d'une autre, qu'il y était pour quelque chose, même si, à l'époque, je pensais avoir besoin d'un psychiatre parce que je recevais des prestations d'invalidité à long terme. J'étais de retour au travail et je ne voyais plus l'utilité d'avoir un psychiatre. À mes yeux, ils sont inutiles, et mon expérience de nombreuses années le prouve. J'ai cessé de prendre ces médicaments qui anesthésiaient l'esprit et qui ne m'aidaient en rien. Peu après, ma mémoire a commencé à revenir.

Je travaillais encore à la plonge lorsque j'ai vu Bore sortir du bureau du superviseur dans la cuisine principale d'Eric Martin. J'avais écrit un poème et je comptais le lui donner si je le voyais dans les étages lorsque je livrais les chariots de repas chauds. Je lui ai fait signe de s'approcher et je lui ai remis le poème. Il parlait de ceux qui sont les véritables pêcheurs et s'intitulait « Ne me traite jamais de cette façon ». J'en ai également donné un exemplaire à la GRC de Colwood, car j'avais demandé des copies des rapports de police que je croyais avoir été rédigés sur mon ex-mari, et tout ce que j'ai reçu, ce sont des mensonges et des absurdités à mon sujet, ce qui m'a mise hors de moi. L'un des mensonges disait que j'avais roulé trop vite et qu'ils n'avaient pas pu m'attraper. J'ai même demandé qu'une enquête soit menée sur l'agente de la GRC qui m'avait dit de laisser mes enfants avec un homme violent cette nuit-là et d'aller chez ma mère. Après tout cela, rien n'a été fait contre elle ; ses actions ont été jugées justifiées selon le rapport reçu. John, ce démon, s'en est littéralement sorti indemne, pour tentative de meurtre au minimum, car c'est uniquement par la grâce de Dieu que je suis encore en vie aujourd'hui, tout comme mes enfants. J'ai appris par mon ordinateur que John tentait de nous tuer, les enfants et moi, durant tout le temps de notre mariage. Les policiers de la GRC de Colwood ont trouvé mon poème bizarre, ce qui montre bien où se situe leur cœur : ils n'en ont pas.

Peu après avoir remis le poème au psychiatre, j'étais en pause avec mes collègues et nous retournions tous travailler lorsque le cuisinier du matin a lancé : « Ils les ont brûlées », et tout le monde a éclaté de rire. Ma superviseure, Kathy, était là, tout comme Sandy, et j'étais mortifiée, car je savais qu'ils parlaient de moi. J'avais rédigé de longs rapports de police au poste de Victoria en juillet 1994, juste après la fête des Pères, lorsque ma mémoire est réellement revenue. J'y ai dénoncé le docteur Turd pour abus mental, et cette expression figurait dans le rapport. J'ai aussi signalé d'autres personnes pour abus sexuels et mentaux. Le démon Bore a eu accès à ces informations et en a diffusé certaines auprès de mes collègues. J'ai découvert que c'était l'un des soi-disant conseillers du Centre d'aide aux victimes d'agressions sexuelles qui lui avait remis une copie des rapports. J'ai dit à ma superviseure que j'y allais pour du counseling, et elle a eu l'air surprise. Un jour, durant une pause, j'ai dit que j'aimerais aligner mes abuseurs et les abattre tous — ce n'était qu'une façon de parler, et je n'y ai pas pensé davantage. Depuis ce temps, je dois surveiller chacun de mes mots et de mes gestes, ce qui est difficile lorsqu'on est constamment traquée, harcelée et abusée mentalement.

Puis la diététicienne a utilisé sa grosse harceleuse Anne pour me présenter un homme nommé Dan. Anne est venue de Vancouver avec son mari, et ils venaient d'acheter des motos. Elle voulait me faire monter sur la sienne. Elle n'avait qu'un casque, disait-elle, mais connaissait quelqu'un dans un magasin de motos au centre-ville qui pouvait lui en prêter un autre. Anne et Russ logeaient chez moi ce week-end-là, et elle m'a convaincue d'organiser un barbecue et d'inviter Dan, en guise de remerciement pour le casque. J'ai accepté. Le jour du barbecue, le téléphone a sonné : c'était l'équipe d'urgence de l'Institution pour les Moins Fortunés. Ils demandaient si j'avais besoin d'aide. Je leur ai répondu : « Pourquoi m'appelez-vous maintenant ? Où étiez-vous quand j'avais besoin de vous ? » Et ils ont raccroché. Je faisais référence au jour où j'avais pris tous ces somnifères au programme de deuxième étape pour femmes battues et où je les avais appelés sans qu'ils ne viennent jamais.

Dan est venu chez moi après le barbecue et m'a proposé d'aller à Western Speedway avec lui et ses parents. Il savait que je sortais d'un mariage horrible et se demandait si nous pouvions être amis. Il avait mentionné qu'il venait de quitter sa femme. Je l'ai trouvé gentil, aidant à cuisiner et apportant de la salade. Il s'était lié d'amitié avec ma fille ce soir-là, l'aidant à nouer ses lacets et lui montrant comment faire du line dancing. J'ai accepté d'aller à Western Speedway et j'ai passé un bon moment. Il a voulu me revoir et j'ai accepté.

Peu après avoir rencontré Dan, la diététicienne m'a dit qu'elle ne voulait plus que je vienne travailler, car elle avait reçu un avis disant que je n'avais plus de médecin, et elle m'a renvoyée chez moi. Pourtant, je travaillais là depuis dix mois sans problème. Je lui ai dit qui était mon nouveau médecin, un docteur nommé Barry, mais cela ne lui convenait pas. Je n'ai jamais été sans médecin généraliste à cette période. Je l'avais trouvé peu après avoir emménagé à Tillicum Terrace, car je voulais un médecin qui ne me ferait pas interner comme Turd l'avait fait, et il se trouvait au centre commercial Tillicum, près de chez moi. Mais rien de tout cela n'a compté pour la diététicienne, qui avait orchestré ma rencontre avec Dan en utilisant Anne pour me suivre jusqu'à ce qu'elle réussisse à me mettre avec lui. Le docteur Barry n'était pas meilleur que les autres. Je suis allée le voir après avoir rencontré Dan pour m'assurer que je n'avais pas de maladies transmissibles sexuellement. J'ai aussi acheté un livre au centre commercial Tillicum, *Women and Doctors*, publié aux États-Unis, qui expliquait tout ce que je devais savoir.

Je commençais à me souvenir de la cautérisation de la vessie pour le carcinome in situ, et je craignais de mourir sans que personne ne me le dise. Le livre indiquait qu'il y avait quatre-vingt-dix-neuf pour cent de chances que le cancer soit guéri par cette intervention. Les choses commençaient à s'éclaircir pour moi.

Lorsque j'ai demandé les résultats des tests, le docteur Barry m'a dit que je n'avais aucune maladie transmissible sexuellement, et l'idiote crédule que j'étais l'a cru. Je ne me souvenais pas encore de ce que j'avais vu sur mon ex-mari juste avant de tomber malade et de m'être fait interner. J'imagine que c'était ce qu'ils redoutaient tous. D'autres incidents s'étaient produits avant que je rencontre Dan, et ils ont aussi contribué à cette relation, qui a duré environ cinq mois.

J'avais rencontré mes nouveaux voisins juste à côté de chez moi, qui avaient emménagé dans l'ancien appartement de Sandra, Bob et sa fille adolescente Lynn, dont il avait la garde et qui vivait avec lui. J'allais souvent prendre le café chez lui chaque matin, j'écoutais ses problèmes et il écoutait certains des miens. Il avait eu un anévrisme et avait un énorme trou dans la tête à cause des opérations qu'il avait subies, et j'éprouvais de la compassion pour lui. Une nuit, vers une heure du matin, j'ai entendu des pneus crisser devant mon appartement sur Tillicum Road. L'ami est-indien de John habitait seulement à quelques rues, sur Kerr Street, et j'ai pensé que c'était peut-être John. J'ai signalé l'incident à la police juste après, car le crissement avait duré un moment et j'avais peur. C'était probablement la police, sachant déjà que j'avais peur de John, et voulant me faire passer pour folle afin de couvrir toutes leurs traces maléfiques. J'en ai parlé à Bob, et lui aussi avait entendu le bruit. Une fois, ma fille et moi sommes rentrées à la maison et il y avait une affiche sur la porte d'entrée de mon appartement avec toutes sortes de choses effrayantes, et immédiatement j'ai pensé que la seule personne capable de faire une chose aussi malsaine était John. J'ai frappé à la porte de Bob, mais il n'y avait personne. Je voulais savoir s'il avait vu quelqu'un la poser. J'étais tellement bouleversée que j'ai apporté l'affiche au poste de police et j'ai dit à l'agente que je croyais que c'était mon ex-mari John qui l'avait mise là. Elle a noté son nom et son numéro, disant qu'elle vérifierait, puis je suis partie. Juste pour me nuire, elle a dit aux Norris de ne pas être à la maison, ce que je ne savais pas à ce moment-là, alors quand je suis rentrée et que j'ai vu que Bob et Lynn n'étaient pas là, je suis entrée chez moi et j'ai attendu. Lorsqu'ils sont arrivés, je suis allée les voir et je leur ai raconté. C'est là que j'ai appris que c'était Lynn qui avait mis l'affiche comme une blague, disait-elle. J'ai dû rappeler le poste de police pour leur dire que j'avais découvert qui avait mis l'affiche. J'ai aussi dit à Lynn : « Ce n'était pas une blague drôle. » Ils savaient tous les deux à quel point mon ex-mari avait été violent envers moi et mes enfants. Quand Lynn a obtenu son diplôme, j'ai appris qu'elle avait suivi une formation de secrétaire juridique au collège, et je me demande aujourd'hui si c'était sa récompense pour m'avoir terrorisée.

Dan était chez moi peu après le début de notre relation lorsque les Services sociaux sont venus, accompagnés d'un membre de l'équipe médicale d'urgence, disant : « Il y a eu un signalement selon lequel vous entendez et voyez des choses et pourriez représenter un danger pour votre enfant. » Je leur ai dit que je souffrais de stress post-traumatique, mais à ma surprise, ils ne savaient même pas ce que c'était. J'ai compris qu'ils parlaient du crissement de pneus et je leur ai dit d'aller voir mon voisin, car il avait entendu la même chose. Je savais que l'accusation de danger venait sûrement de mon lieu de travail, car la seule chose que j'avais dite était que j'aimerais aligner mes abuseurs et les abattre, une simple figure de style. Avant la visite des Services sociaux et avant Dan, ma fille fréquentait le programme d'été à Kerr Park, et ils étaient venus l'interroger sans ma permission. Elle venait de suivre le cours de gardiennage à l'aréna Pearks, donc ils n'avaient rien contre moi, mais cela m'a quand même mise en colère. Elle m'a dit qu'elle leur avait montré sa carte. Elle n'avait que onze ans, ne s'entendait pas avec Robin, et voulait rester à la maison jusqu'à mon retour vers dix-huit heures trente. Ce jour-là, Dan était présent lorsque les Services sociaux m'ont forcée à me rendre au centre de santé de Royal Oak pour voir un psychiatre nommé Seaguirdson, sous peine de me retirer ma fille. Je lui ai raconté l'essentiel de ma vie : l'agression sexuelle par mon premier mari, les abus de Robin, et la terreur récente exercée par John sur moi et ma famille. Il a confirmé que je souffrais bien d'un trouble de stress post-traumatique. C'était début août 1994. Il a signé des formulaires d'invalidité mentionnant ce diagnostic, mais lorsque je suis retournée les chercher chez mon employeur, ils avaient mystérieusement disparu. Il voulait me prescrire un antipsychotique, ce que j'ai refusé, mais j'ai accepté de reprendre le Zoloft. Il m'a assigné une infirmière nommée Sharon, qui est devenue l'instigatrice de tout le harcèlement. Dan et moi sortions peu. Anne, la grosse fille aux salades, m'a suivie pendant cinq ans. L'homme disait vouloir m'épouser, mais je savais que cela n'arriverait jamais. J'allais chaque semaine à l'école de Metchosin pour voir mon fils. J'ai constaté qu'il écrivait à peine son nom, et qu'il n'avait aucune aide scolaire parce que John avait la garde et refusait de s'en occuper. Dan est venu une fois avec moi chercher mon fils, et John lui a dit devant lui : « Si elle fait quelque chose de fou, appelle-moi. » Nous lui avons coupé les cheveux ce jour-là. Ce fut la dernière fois que je suis montée là-bas, tant j'avais peur.

J'ai demandé à Lynn de garder ma fille un soir et Dan et moi sommes allés au club de l'hôtel In-Graham sur Douglas. Deux policiers de Vancouver se sont joints à nous. Dan m'a proposé d'aller fumer avec eux, j'ai refusé. Plus tard, après ma rupture avec Dan, je suis sortie avec Sue, l'ancienne compagne d'Angus. Elle m'a parlé de séduire Angus, ce que j'ai refusé. Elle m'a fait fumer une fois, avec des fils de policiers déguisés. Plus tard, j'ai appris qu'elle avait obtenu un poste dans un hôpital du Nord. Je n'ai plus jamais fumé après cela. J'ai vu Margaret ce soir-là, celle qui avait tué le père de son enfant. Elle m'a dit que j'étais chanceuse de voir encore mon fils. J'ai alors compris que le père d'Angus était policier, ce qui expliquait beaucoup de choses.

Je suis allée voir le docteur Harry pour des formulaires d'invalidité fédérale. La diététicienne m'a empêchée de retourner travailler. J'ai pris mes vacances après avoir reçu cinq mille dollars d'arriérés de pension alimentaire. John était en Angleterre. J'ai organisé un voyage en bus à Disneyland pour ma fille. Les Services sociaux l'ont appris et ont prévenu John. Une femme s'est assise près de moi dans l'autobus, probablement Kathy. À San Francisco, une alerte de tireur d'élite a retenti, nous faisant courir à l'hôtel.

À mon retour, j'ai vu une femme nommée Marsha, prétendue psychologue, qui a écrit un rapport humiliant sur moi. Il a ensuite disparu. Dan m'a emmenée chez ses parents, très religieux. Un jour d'octobre, un coursier a livré des documents judiciaires incompréhensibles, qui ont disparu. Je les ai signalés volés. Les mots de mes poèmes avaient été changés. Mon père m'avait conseillé de placer une allumette sur la porte pour savoir si quelqu'un entrait. Cela n'aurait rien changé : c'étaient les policiers eux-mêmes qui entraient sans cesse pour me terroriser.

La diététicienne m'a coupé tout revenu juste avant Noël et m'a laissée sans argent. J'imagine que la rumeur lui est parvenue que j'allais tout obtenir, ou bien qu'elle a aussi mis la main sur ce document judiciaire et n'a pas apprécié non plus le fait qu'il indiquait que je n'étais sous aucune « incapacité juridique ». J'ai dû demander des prestations d'invalidité de l'assurance-chômage après avoir obtenu des lettres de mes deux médecins pour pouvoir les toucher. Entre-temps, j'ai poursuivi ma demande d'invalidité fédérale, que j'ai dû attendre deux mois avant d'obtenir, car la diététicienne refusait toujours que je retourne travailler tant que je n'avais pas suivi davantage de counseling. Pendant ce temps-là, je n'avais aucun revenu. J'avais déjà fourni une lettre indiquant que j'avais reçu du counseling du « Centre d'agression sexuelle », ce qui avait été une totale perte de temps. Je leur ai donné cent dollars pour environ six séances afin d'obtenir de soi-disant informations sur les abus sexuels et psychologiques que je subissais, dont une partie provenait même du centre d'agression sexuelle. J'ai rencontré une conseillère en intervention de crise nommée Susan et je lui ai montré les rapports de police que j'avais rédigés. Elle en a pris une copie, disant qu'elle en avait besoin pour leurs dossiers, et la garce les a diffusés.

Quelle belle intervention de crise. À ce moment-là, j'avais écrit un livre de poèmes, et je l'ai montré à la conseillère Margaret, qui était aussi infirmière psychiatrique. Elle a gardé mon livre quelques jours et l'a montré aux femmes du centre d'agression sans ma permission. Je le lui avais confié lorsqu'elle voulait me montrer l'arbre généalogique, et je pense que cela l'a mise en colère parce qu'elle me montrait quelque chose que je savais déjà. Je lui ai parlé de la relation que j'avais avec Dan et je lui ai dit que je n'aimais pas l'idée qu'il donne des fessées à ses enfants pour les discipliner. À ce stade, j'envisageais de rompre avec Dan à cause de cela et je commençais à comprendre ce qui se passait réellement. Dan avait une fille d'un an plus jeune que la mienne et un garçon d'environ quatre ans plus jeune. Il était impliqué dans les Beavers et les Cubs et il m'a convaincue d'inscrire ma fille aux Cubs parce que sa fille y allait. Nous avons fait une collecte de bouteilles pour l'organisation, et après notre rupture, je l'ai vu servir des hot-dogs et des boissons en uniforme de Cubs. Je me suis demandé comment il pouvait encore travailler pour une organisation qui s'occupe d'enfants alors qu'il avait été signalé pour abus. Je voyais qu'il avait besoin d'aide, alors auparavant je lui avais donné mon livre STEP sur la parentalité pour qu'il le lise, mais je ne l'ai jamais récupéré. De toute façon, cela ne l'a pas aidé. Je voulais qu'il adopte une autre approche. J'essayais de l'aider. La soi-disant conseillère du centre d'agression sexuelle a dû appeler les Services sociaux, jouant la conseillère vertueuse, et signaler ses abus envers ses enfants, car à peine lui en avais-je parlé que les Services sociaux sont allés chez Dan pour soi-disant enquêter, afin de couvrir encore une fois toutes leurs traces. Une autre chose que je n'aimais pas chez Dan, c'est que lorsqu'il était avec moi, il allait sans cesse chez son ex-femme pour garder les enfants, ce qui donnait de faux espoirs aux enfants concernant leurs parents. Il pensait que j'étais jalouse, mais ce n'était pas du tout le cas. J'ai fini par rompre avec lui le jour de Noël et, à ce moment-là, j'avais compris, avec l'aide de la garce Marsha, la soi-disant conseillère du centre d'agression sexuelle, que Dan était un montage payé par mes assurances santé complémentaires de l'hôpital. Dans le livre du syndicat, j'avais remarqué qu'il était écrit que l'hôpital pouvait fournir des soins aux personnes en invalidité. Je n'ai jamais montré à quel point j'étais furieuse, par peur de ce qui pourrait m'arriver, mais cela est arrivé quand même. Les soins qu'on m'a fournis ont été les abus sexuels et psychologiques infligés par ce bon vieux Dan, afin qu'il couvre ses propres saletés, ce que je ne savais pas à l'époque. Je lui avais parlé de mon passé et il m'avait dit que cela ne le dérangeait pas, et maintenant je sais pourquoi. Il avait besoin de quelqu'un à blâmer. Il m'avait aussi dit que sa maison était au nom de ses enfants, qui étaient mineurs et n'auraient jamais pu acheter une telle propriété. Après cela, mon employeur a retiré cette disposition du livre du syndicat. La putain de conseillère Marsha est celle qui m'a dit que j'étais une « victime du système », et j'ai raconté à Dan ce qu'elle avait dit. Lui, l'instigateur, m'a alors dit que le gouvernement pouvait faire tout ce qu'il voulait de vous, même vous faire disparaître, et je réalise aujourd'hui à quel point il avait raison. Totalement.

Après avoir raconté tous les détails personnels de ma vie à Margaret, qui a ensuite mis la main sur le rapport de police, elle a eu le culot de me demander si « j'avais enfin retenu la leçon », continuant ainsi à répandre des ragots sur moi. Après cela, j'ai ressenti une honte terrible, et un jour, dans le bain, j'ai pris une brosse à ongles et j'ai essayé de frotter la saleté de mon corps, complètement bouleversée, en pleurant. Je ne suis jamais retournée la voir après cela. Et franchement, j'espère qu'elle pourrira en enfer, où qu'ils pensent que cela se trouve. Moi, je pense que c'est ici même, sur cette terre. Je sais que j'y vis.

Tammy, l'ancienne gardienne de ma fille, m'avait dit de ne pas sortir avec Dan, et j'aurais dû l'écouter, mais à l'époque, j'avais mes raisons : ils allaient m'enlever ma fille. Je pensais que s'il y avait quelqu'un autour pour témoigner de ma façon d'être parent, ils ne me la prendraient pas. J'en étais terrifiée. Ils m'avaient déjà pris mon fils. Je voulais maintenir une amitié avec Dan pour le bien des enfants, mais il m'a dit qu'il était trop en colère contre moi et qu'il ne voulait plus rien savoir de moi. Un jour, j'ai emmené Tammy aux Services sociaux pour les confronter à leurs accusations, pensant que nous étions amies. Elle ne m'a pas défendue, et j'aurais dû m'en douter après l'incident du portefeuille, mais qui aurait pu relier tout cela ? J'ai raconté à mes parents ce que les Services sociaux m'avaient dit : qu'ils allaient me retirer ma fille si je ne voyais pas un psychiatre, et mon père est allé les confronter. Il leur a dit : « J'ai combattu dans deux guerres et je mérite de vivre le reste de ma vie en paix. Vous devriez monter sur la montagne et vous occuper du vrai fou. » Mon père était furieux. Après cela, ils m'ont laissée tranquille concernant ma fille. Je me sentais tellement mal pour mon père, qui allait sans cesse à l'hôpital et avait de plus en plus de mal à respirer. Mes parents avaient déjà tant souffert et j'essayais de les tenir à l'écart. Un jour, il m'a dit : « Ce n'est pas une vie, c'est de la torture ; je dois me battre pour chaque respiration. » Je ne sais peut-être pas exactement ce qu'il endurait, mais je sais parfaitement d'où venaient ses paroles.

Je ne pouvais pas me permettre de payer du counseling, alors j'ai dû attendre avant d'obtenir mes prestations médicales de l'assurance-chômage. Entre-temps, j'ai trouvé un endroit où l'on pouvait bénéficier de dix séances gratuites de counseling par an : le Centre communautaire de ressources de Gorge Road, près de mon appartement. J'y ai vu une femme qui prétendait me soutenir, mais qui ne parlait que d'elle-même, de la façon dont elle avait payé ses études universitaires pour devenir conseillère et vécu longtemps sur l'aide sociale sans argent. Elle semblait se moquer complètement de ce que je traversais. En fait, c'était une véritable faiseuse de troubles. Une fois, elle a appelé l'escouade des défavorisés contre moi lorsque je lui ai dit que Dan était un montage, et ils sont venus essayer de me faire interner à l'EMI. À l'époque, je ne savais pas que c'était elle qui les avait appelés. Je ne l'ai même pas vue pendant six séances complètes, tant elle était inutile, égocentrique et sans cœur. Quoi qu'il en soit, on m'a autorisée à retourner travailler en avril 1995, mais cela n'a duré que trois jours : la machine à laver la vaisselle a failli me décapiter lorsque les assiettes se sont coincées à la sortie et que j'ai tenté de réparer. On m'a renvoyée chez moi parce que j'avais rendu Sandy, déjà très bouleversée par l'incident et souffrant d'un problème cardiaque, complètement nerveuse. Personne n'a pris en compte l'impact de l'incident sur moi ni le fait que j'aurais pu être tuée. C'était exactement ce qu'ils essayaient encore de me faire, sans que je le sache à l'époque. Scandaleux.

Mon ancienne collègue Lorraine m'a dit qu'ils avaient déjà des problèmes avec cette machine avant mon retour au travail, et je sais donc que c'était encore l'un de leurs complots. Elle m'a aussi dit qu'ils avaient tenu une réunion à l'hôpital et fait venir des conseillers après l'incident, et que le bon vieux Dan avait assisté à cette réunion. Apparemment, beaucoup de gens prenaient des congés pour cause de stress au travail, et la diététicienne pensait que les employés bénéficieraient d'un peu de counseling, mais je ne crois pas que quoi que ce soit puisse aider ces gens-là. Une collègue restait en contact avec moi et nous parlions de la façon dont l'hôpital était dysfonctionnel. Elle avait décidé de s'en aller et de suivre une formation en éducation de la petite enfance. J'ai décidé moi aussi de quitter l'hôpital, peut-être pour étudier et devenir conseillère. À mon avis, il y a un besoin criant de personnes compatissantes capables de comprendre les abus, car toutes les figures d'autorité que j'ai rencontrées ne savent pas faire la différence entre le bien et le mal et ne sont pas des « professionnels ». Peut-être des criminels professionnels. Pendant que je vivais à Tillicum Terrace, j'ai appelé à Vancouver au sujet d'un programme de formation en counseling offert par le « Counseling Training Institution », aujourd'hui sous une autre direction. Je n'ai pas suivi le programme à l'époque car il n'y avait pas encore de campus à Victoria. Mais certaines personnes que je n'avais jamais rencontrées auparavant, j'ai fini par suivre ce programme avec elles à Victoria lorsqu'un collège a ouvert ici. Apparemment, elles sont entrées chez moi armées, ivres, essayant de tuer ma fille et moi, sans que je le sache alors. C'est ce qu'on m'a dit, probablement par le terroriste qui est constamment sur mon ordinateur. Des terroristes entrent aussi régulièrement dans mes logements, me faisant subir des abus psychologiques. Incroyable.

CHAPITRE TREIZE

J'étais furieuse que l'avocat que j'avais à l'époque n'ait même pas été capable d'obtenir ce que je disais vouloir, et qui m'appartenait de plein droit, alors je l'ai congédié. Il aurait dû savoir que la plupart des personnes qu'il disait représenter à l'Institution pour les moins fortunés avaient été victimes d'abus. Je lui avais dit que mon ex-mari était violent. Je pense qu'il aurait dû demander qu'un agent de police m'escorte afin que je puisse récupérer mes effets personnels. Mais encore une fois, j'imagine qu'il n'y avait aucune volonté d'y aller. John a gardé tout ce qui avait de la valeur. Il a fouillé dans mes bijoux et a pris tout ce qui valait quelque chose, ce qui n'était pourtant pas grand-chose. Il a aussi gardé un manteau noir en laine qui appartenait à ma mère. Il avait des perles et des strass sur le col et les poches, avec une doublure en satin argenté. Je n'ai reçu aucune de mes chaussures ou bottes en cuir que j'avais achetées lorsque je travaillais chez Mansfield's Shoes en Angleterre, ni aucun album photo des enfants. J'imagine que la traînée avec qui il était voulait tout cela. J'imagine qu'elle ne peut plus rien porter maintenant, étant donné que le fou l'a apparemment éliminée.

J'ai dit à l'aide juridique que je voulais encore un autre avocat, car ceux que j'avais eus, selon moi, ne faisaient qu'abuser du système, portant les affaires devant les tribunaux une par une, et je sentais que moi et ma famille avions déjà été suffisamment maltraités. Un jour, peu après mon emménagement à Tillicum Terrace, j'ai reçu un appel d'un autre avocat et j'ai accepté de le rencontrer. Chez lui, où se trouvait aussi son bureau, la première chose que je lui ai dite fut que je voulais récupérer mon fils. C'est lui qui m'a obtenu le deuxième défenseur des enfants devant le tribunal, Sharon, en janvier 1994. Il ne pensait pas que je pourrais récupérer mon fils, car trop de temps s'était écoulé, mais ce qu'il voulait vraiment dire, c'est que notre système juridique est si corrompu qu'il n'y avait aucune chance que je le récupère, compte tenu de qui j'étais dans toute cette affaire. Je lui ai aussi dit que je voulais poursuivre mon ex-mari démoniaque pour abus psychologique, et il a secoué la tête en signe de refus. Il savait depuis le début que le gouvernement avait monté notre relation. Pourtant, d'une certaine manière, je savais que cet homme m'aiderait, alors lorsque j'ai commencé à être harcelée au travail, j'ai tout documenté et je lui ai tout remis.

Un jour, j'avais un rendez-vous avec lui et je pleurais. Il m'a demandé : « Pourquoi pleurez-vous ? » et j'ai répondu : « Je ne sais pas. » Je ne le savais vraiment pas. Je sanglotais. Tout ce que je pouvais dire, c'était « le deuil ». Et quand je l'ai regardé, il avait des larmes dans les yeux, et je n'ai jamais oublié cela. Jamais. C'est ce qui me fait tenir encore aujourd'hui. Il est la seule personne qui m'ait jamais montré la moindre compassion, à part mon médecin, que j'ai eu la chance d'avoir. Maintenant qu'elle est à la retraite, elle est devenue ma meilleure amie. C'est lui qui me l'a recommandée. Une autre fois, alors que j'attendais devant son bureau, un homme est entré et m'a demandé si cet avocat me représentait. J'ai répondu « oui », et il m'a dit de le garder, car c'était le meilleur. Il a dit que c'était un avocat spécialisé en droits de la personne, mais à l'époque, je ne comprenais pas ce que cela signifiait, car je pensais ne pas avoir besoin d'un avocat en droits de la personne. Pas pour ce que je vivais — quelle erreur monumentale. Les droits de la personne se sont révélés aussi utiles qu'un derrière d'âne lorsque je m'y suis finalement adressée un jour.

J'étais au travail, il était cinq heures, et le cuisinier du souper terminait son quart. Je l'ai vu sortir par la porte avec un gros contenant de nourriture, clairement pour l'emporter chez lui. Tous mes collègues emportaient de la nourriture dans des sacs et essayaient de m'inciter à faire pareil, mais j'étais une mère célibataire qui avait besoin d'un emploi. J'avais trop peur d'emporter quoi que ce soit. Une fois, je jetais de la nourriture, car cela faisait partie de mon travail comme préposée, et j'ai décidé de goûter à un plat végétarien. Le superviseur en service ce jour-là m'a surprise et m'a demandé : « Qu'est-ce que vous avez dans la bouche ? » J'ai répondu : « Rien. » À ce moment-là, je l'avais déjà avalé. Je n'ai plus jamais essayé quoi que ce soit après cela. Certains employés nourrissaient le commissionnaire pour qu'il ne les dénonce pas lorsqu'ils emportaient de la nourriture. J'ai compris leur combine, alors j'ai décidé de signaler le cuisinier qui avait emporté un gros contenant de nourriture aux Relations avec les employés, et ils ont ouvert une enquête. Ils m'ont dit qu'il avait perdu son emploi à cause de cela, mais j'ai découvert plus tard, en lui parlant au téléphone, qu'ils l'avaient simplement transféré dans un autre hôpital. À ce moment-là, j'ai commencé à avoir l'impression que tout l'hôpital était contre moi, et j'avais raison de le penser, mais pas de la manière dont je l'imaginais alors. C'est pour cela que j'ai commencé à remettre à mon avocat toute la documentation concernant le harcèlement que je subissais à l'hôpital. L'hôpital essayait de me pousser à voler afin de pouvoir faire croire que j'étais la criminelle, entre autres choses, et se débarrasser de moi. Ils allaient se débarrasser de moi de toute façon, tout en poursuivant leur objectif de me persécuter ou de me tuer.

J'ai commencé à aller à l'université pour me remettre à niveau et j'ai trouvé des informations sur un cours appelé « Better Education and Skills Training ». Il existait un cours similaire réservé uniquement aux femmes, mais j'ai choisi celui-ci parce qu'il offrait une aide pour préparer les tests d'évaluation en anglais et en mathématiques, ce que l'autre ne proposait pas. J'imagine qu'ils essayaient de faire croire que je « dépendais des hommes », et que c'est pour cela que j'ai suivi ce programme.

J'obtenais aussi de l'aide de ma voisine Lynn, qui était alors en terminale. J'ai ensuite découvert que je n'avais pas besoin de mathématiques pour entrer en counseling, ce qui était une bonne chose, car les maths ont toujours été difficiles pour moi. Je devais suivre un cours de rédaction en anglais, puis je pouvais suivre le cours provincial par la suite, ce que j'ai fait. J'avais économisé de l'argent pour acheter un ordinateur afin de retourner aux études, et dans le programme (BEST), celui que je suivais, on nous enseignait les bases de l'informatique. L'ami de Lynn, Rod, qui était un génie de l'informatique, est venu m'aider à comprendre les bases lui aussi. Il a également installé quelques jeux dessus, que je ne savais pas être illégaux à l'époque. J'ai également passé plusieurs tests psychologiques dans ce programme afin de déterminer ce pour quoi j'étais douée. Lorsque les résultats sont revenus, j'ai découvert que je devais me diriger vers le counseling, ce qui était exactement ce que je voulais faire avant même de suivre ce cours. Certaines personnes avaient plusieurs pages indiquant différents domaines possibles, mais moi je n'avais que huit domaines, et tous étaient liés au counseling. Il y avait des hommes et des femmes dans le programme BEST, et l'autre programme réservé aux femmes donnait des conférences. Une fois, ils ont invité un policier dans cet autre programme, et nous avons été autorisées à y assister. Il a montré un film et parlé des abus envers les femmes. J'ai dû quitter la salle. Je suis sortie parce que les policiers n'avaient jamais rien fait pour moi, et cet homme donnait une image fausse de leur action. J'imagine qu'ils voulaient me mettre en colère, et que c'est pour cela qu'on nous a permis d'assister à cette séance. Nous avons aussi suivi un cours de RCR et un programme d'autodéfense pour femmes, qui faisait aussi partie de l'autre programme, et nous avons été autorisées à y participer également, juste pour couvrir leurs traces. C'était un programme intensif de six semaines à temps plein, et en juin, j'ai reçu un certificat et une lettre de recommandation pour l'avoir suivi. Nous avons organisé un barbecue au lac Beaver et tout le monde a apporté quelque chose à manger. Pendant que je suivais le programme, je me sentais comme une personne à part, même si j'essayais de me mêler aux autres. J'aimerais toujours savoir quelle rumeur circule sur moi pour que les gens se comportent tous ainsi envers moi. Je ne peux qu'imaginer.

Lorsque j'ai commencé à améliorer mon anglais et que j'ai rédigé un rapport de lecture, je demandais à Lynn de le lire et de me donner son avis sur ce que j'avais écrit. Et même après ce qu'elle m'avait fait, j'appréciais son opinion. Il m'a fallu quatre mois pour obtenir mon anglais provincial, et pendant ce temps, Lynn et moi avons suivi ensemble un cours de premiers secours le soir chez moi. Ensuite, j'ai suivi le cours « Comment éduquer vos adolescents » au Gorge Community Resource Center, qui durait environ six semaines, une fois par semaine le soir. J'ai toujours voulu savoir comment être une meilleure mère, et je pensais aussi que suivre ce cours me serait bénéfique si les Services sociaux tentaient encore de s'en prendre à moi. J'ai également fait une demande pour une Grande Sœur auprès de « Big Brothers and Big Sisters » pour ma fille, et on m'a jumelée avec quelqu'un qui n'était intéressée que par son objectif de devenir conseillère en enfance et jeunesse. J'ai dû regarder un film sur les abus sexuels avant de pouvoir être admissible à une Grande Sœur pour ma fille. Je pensais que cela aurait dû être l'inverse. Je me demande ce qu'ils cherchaient à provoquer, à me faire ressentir de la culpabilité pour tous les abus sexuels et psychologiques subis au cours de ma vie. Des abuseurs mentaux qui aiment engager des gens pour maltraiter des enfants. Kathy était le nom de la Grande Sœur de ma fille, et elle nous ignorait systématiquement, ma fille et moi, chaque fois que l'organisme organisait une activité. Tout le monde était assis avec son grand frère ou sa grande sœur, et Kathy allait s'asseoir avec quelqu'un d'autre. Elle nous traitait comme de la merde en public. Lorsqu'elle a finalement abandonné ma fille, il y avait un voyage de ski au mont Washington auquel ma fille attendait avec impatience. J'étais tellement malade que je ne voulais pas la décevoir davantage, alors je l'y ai emmenée. Je suis restée assise dans le chalet tout le temps, la tête posée sur la table, à dormir. J'ai essayé de skier avec elle, mais j'étais trop malade. J'imagine que tout cela était planifié. Juste avant d'abandonner ma fille, Kathy est venue avec des photos qu'elle avait prises d'elle dans des endroits dangereux, et j'ai alors décidé que c'était une bonne chose qu'elle parte, même si j'étais furieuse de la manière dont elle l'a fait. Quel système MALÉFIQUE.

Je commençais à sentir que lorsque j'allais au Fairways du centre commercial voisin de mon appartement, les gens me fixaient. Peut-être parce que mon livre non publié, pour lequel j'avais aussi des droits d'auteur à l'époque — « My Book of Poems » et « Depression Obsession » — circulait désormais. J'en avais écrit une copie et l'avais donnée à mon cher père comme cadeau d'adieu, mais cela portait sur la question du « cycle de l'abus », qui n'est selon moi qu'un tas de conneries — encore une dissimulation. L'abruti qui lui avait remis ce document respectait ma famille, et moi je n'étais qu'une criminelle bonne à rien. Si j'avais su qu'il allait le faire circuler, je ne lui en aurais jamais donné une copie, car il n'était pas terminé. J'essayais encore de comprendre tout cela. Une fois, j'étais au rayon viande en train d'hésiter sur quoi acheter, et une vieille dame se tenait à quelques mètres de moi, me fixant sans cesse. Les gestionnaires Tina et Tom n'ont jamais cessé de me harceler non plus. Une fois, ma fille faisait du vélo et des enfants du complexe la suivaient. Tom lui a dit : « Si l'un de ces enfants se faisait renverser par une voiture, tu serais tenue responsable de leurs blessures. » Ma fille était bouleversée par ce qu'il lui avait dit, alors je suis sortie et j'ai dit à

Tom : « Si vous avez un problème avec ma fille, venez me voir et je m'en occuperai ; c'est mon rôle. » Il s'est alors mis à me hurler dessus à pleins poumons, disant que j'avais de gros problèmes, etc. Après cela, Tina m'a dit que Tom avait été victime d'abus sexuels. Je me suis dit qu'il devrait alors obtenir de l'aide, car il en avait manifestement besoin. Je crois aussi qu'il n'a jamais traité une femme avec le respect qu'elle mérite, puisque nous portons la génération future de ce monde. Peut-être qu'il n'aurait pas été abusé sexuellement lui-même, ce cinglé.

En décembre 1995, un divorce m'a été accordé par un autre avocat, et je ne l'ai appris qu'au moment du procès, qui a eu lieu en février 1996. Il y avait eu une audience préalable (discovery) avant cela, et John ne s'était pas présenté avec un avocat ; il y était allé seul. Je n'arrivais pas à croire à quel point il était effronté, montrant ouvertement son amertume et son caractère abusif dans une procédure que je pensais destinée à un tribunal de droit. Il a menti éhontément sur absolument tout et a tenu des propos cruels et irréfléchis à mon sujet. Il a déclaré : « Elle devrait être enfermée. » Et lorsque mon avocat a mentionné que je tenais la comptabilité, John a répondu : « Pas question. » « Vous croyez vraiment que je laisserais une malade mentale s'occuper de mes comptes ? » Après cela, j'ai reçu une lettre de la comptable, Eva Banks, confirmant que c'était bien moi qui m'en étais occupée. En fait, j'ai d'excellentes lettres de référence attestant que je suis une personne propre, organisée, et que je m'entends bien avec tout le monde, provenant de toutes les organisations et de presque toutes les personnes avec lesquelles j'ai eu le moindre contact au cours des vingt-cinq dernières années, et cela continue encore aujourd'hui. Selon lui, tous les biens que nous avions acquis ensemble ne valaient rien. Il possédait environ vingt-cinq mille dollars d'actifs, sans compter la maison, et il affirmait qu'ils ne valaient que quatre mille dollars. Il y avait également environ dix mille dollars sur un compte bancaire conjoint auquel je n'ai jamais touché, et qu'il a pu conserver. Il a affirmé à mes parents et à moi qu'un jour je retirais mille dollars par mois de ce compte pour payer une prétendue dépendance à la drogue, qu'il essayait en réalité de dissimuler. Mes parents ne l'ont jamais cru une seule seconde. Lors de l'audience préalable, John a demandé : « Qu'est-ce que je suis censé payer pour son problème de drogue et d'alcool ? » Il a affirmé que la Dodge Charger avait été détruite quand je suis partie, ce qui était faux, et il évaluait tous ses véhicules uniquement à partir des guides de valeur, sans tenir compte de tout le travail et de l'argent qu'il y avait investis. Lorsqu'il a été confronté au harcèlement qu'il avait fait subir à ma famille et à moi, il a feint l'ignorance en disant : « Je n'ai jamais rien fait. » « Ce ne sont que des mensonges. » « Un tissu de mensonges. » « C'est totalement faux. » John a même osé dire : « Oh oui, vous n'avez encore rien vu des absurdités qu'elle invente. » « Si quelqu'un est bizarre, c'est bien elle. » Il m'a accusée d'avoir menacé de tuer sa petite amie, ce qui était totalement faux ; je suppose qu'il voulait dire sa femme, qu'il n'a épousée que pour qu'elle fasse son sale boulot. Il a accusé mon père d'être alcoolique et a dit : « Il lui manque la moitié de ses entrailles pour le prouver. » Il a eu le culot d'affirmer que mes parents avaient monté ma fille contre lui ; elle n'avait pas besoin d'être manipulée, elle voyait parfaitement elle-même à quel point son père était dérangé. À chaque question posée par mon avocat, John répondait de manière condescendante : « Et alors ? », « Où voulez-vous en venir ? » ou « Je n'en ai aucune idée. » À propos des difficultés scolaires de mon fils, sa seule réponse a été : « Si vous le dites. » En plus du chèque qu'il avait écrit sous le coup de la colère avec la mention « Food for Kids », il avait aussi inscrit sur un autre chèque : « Mental Case #___ ». Mon avocat lui a demandé : « Comment les gens vous connaissent-ils ? » et John a répondu : « Parce que je suis vraiment bon. » « Je suis doué pour ça. » Pourtant, il prétendait ne pas avoir de travail, alors qu'en réalité il s'arrangeait pour ne pas en avoir afin d'éviter de payer une pension alimentaire pour sa fille. Quand il marchait, il donnait l'impression d'être trop bien pour être associé aux autres, rejetant sa longue chevelure en arrière et levant le nez en l'air, cet arrogant fils de pute. Je ne sais même pas pourquoi il y a eu une audience préalable, puisqu'elle n'a jamais été évoquée au procès. Lors du procès, John a été autorisé à entrer au tribunal avec un magnétophone et à diffuser un enregistrement, ce qui est pourtant censé être interdit par la loi ; c'était clairement indiqué à l'entrée. Ce démon a effacé des éléments compromettants le concernant. Dans une conversation enregistrée, je parlais à mon fils, qui avait admis que son père tentait de faire sortir son papa et sa nounou de la route. On n'entendait que ma voix, et j'ai juré une fois — ce que je n'avais jamais fait auparavant devant les enfants — et le juge m'a sévèrement réprimandée pour cela. Mes parents sont venus témoigner, et ma mère était extrêmement nerveuse ; le juge a eu l'audace de l'humilier à la barre en disant : « J'en ai assez entendu », alors qu'elle venait à peine de commencer. Mon père, qui avait une bouteille d'oxygène, a également témoigné et a lui aussi été maltraité par le juge ; ce que l'un ou l'autre avait à dire semblait n'avoir aucune importance. Mes parents se sont sentis intimidés, et pendant une pause, mon père a dit à mon avocat qu'il était prêt à payer pour poursuivre John et qu'il en avait les moyens. Je me souviens du regard plein de compassion et de larmes de mon avocat en regardant mon père. À l'époque, je pensais que c'était à cause de la corruption du système judiciaire rendant toute action impossible, ce qui était aussi vrai. John n'a fourni aucun état financier à mon avocat et s'en est sorti ainsi. Il s'est représenté lui-même lors de ce procès de deux jours. Mon avocat est resté silencieux tout le long. Quand tout a été terminé, j'étais tellement écœurée par les avocats, les juges et le système judiciaire en général que j'avais envie de vomir, sans même connaître la moitié de la vérité. Lorsque le moment est venu de me verser ma part de la valeur de la maison, il a engagé un avocat — un « porte-voix », comme il les appelait — pour ramener l'affaire devant le tribunal le 1er mai, date à laquelle l'argent était dû, car il devait dix mille dollars d'arriérés de pension alimentaire et refusait de payer tant que le juge n'aurait pas annulé cette dette. Ce démon s'en est sorti. Je me suis retrouvée sans aucune ordonnance de pension alimentaire. J'étais furieuse contre mon avocat. J'ai payé le procès de ma poche, et une fois de plus, le gouvernement m'a abusée, a abusé de ma famille et m'a escroquée, causant une immense souffrance émotionnelle. C'est ainsi que mon père est mort, dans une douleur émotionnelle et physique immense. Des années plus tard, j'ai appris que j'étais réellement représentée, mais qu'à l'époque les mains étaient liées et les bouches fermées par une ordonnance de non-divulgation. Je reste en colère, car j'ai consacré ma vie à chercher la justice sans jamais en voir la couleur, et j'écris maintenant des livres pour essayer d'en obtenir un semblant. Mais ce n'est pas ce que j'appelle la justice pour ma famille et moi. Aucun montant d'argent ni aucune décision judiciaire ne pourra réparer tout cela, mais quelqu'un devra payer. Sachant que le paiement était prévu pour le 1er mai, j'ai commencé à chercher un endroit où vivre. Je ne voulais pas quelque chose de cher, car je savais que mes revenus étaient limités, et avec les mises à pied et les déplacements constants, je ne savais même pas si j'aurais encore un emploi. Lorsque j'ai enfin trouvé un endroit abordable, j'ai promis à ma fille de lui acheter un chien, car elle ne voulait pas déménager et quitter tous ses amis. De plus, son hamster était mort dans ses mains, ce qui l'avait profondément bouleversée. Son amie Reanne est venue immédiatement et a voulu organiser des funérailles pour le hamster. Elle était habillée entièrement en noir, avec un voile noir, demandant une Bible pour faire une cérémonie. Nous avons installé des chaises dehors et placé le hamster dans un pot de plante en plastique que ma fille tenait pendant le service. Elle lisait des passages de la Bible pendant que ma fille se mouchait dans un mouchoir. Je n'ai pas pu m'empêcher de rire un peu ; elles plaisantaient, mais en réalité elles cachaient leur tristesse. Nous avons gardé notre chien quelque temps à Tillicum Terrace, le cachant dans un sac en coton lorsque nous le sortions, car les chiens y étaient interdits. Sa petite tête adorable dépassait parfois, et nous devions la repousser dans le sac. C'était une nouvelle race et il m'a coûté 300 $, mais il valait chaque centime. Ma fille l'a appelé Tye, en référence à un poisson qu'elle avait nommé Bow, disant « Bow tie ». J'ai acheté une maison de ville sur un terrain des Premières Nations et nous avons emménagé le 15 juin 1996. Elle s'appelait Pacific Village One, sur Admirals Road. Ma fille a continué à fréquenter Tillicum Elementary, car elle entrait en septième année, sa dernière année de primaire, et je la conduisais chaque jour.

Je n'ai vécu que trois ans à Tillicum Terrace. Avant de partir, j'ai nettoyé tous les murs, fait shampooer les tapis, nettoyé le four, le réfrigérateur, les fenêtres, les placards et les sols. Ai-je récupéré ma caution ? Jamais de la vie. Je pensais déménager dans un endroit respectable, mais j'ai vite découvert que c'était tout aussi mauvais, voire pire. La gestion immobilière, Diversified Properties, a commencé à me harceler immédiatement. J'ai encore été escroquée lors de l'achat de cette maison. Les appareils étaient défectueux, les tapis sales, les placards immondes, les peintures bon marché. J'ai dû repeindre, réparer, remplacer les sols, les comptoirs, les éviers, les toilettes, les portes, et dépenser des sommes énormes simplement pour rendre l'endroit habitable. Pendant tout ce temps, j'ai été harcelée sans relâche.

Lorsque j'ai emménagé pour la première fois, les voisins qui louaient l'unité en face de la mienne étaient un couple de voyous. L'homme était dans la Marine et marié à une femme des Premières Nations. Il est venu chez moi plusieurs fois à six heures du matin, en caleçon, en frappant à ma porte parce que notre chiot de huit semaines essayait de sortir du patio. J'étais en train d'apprendre la propreté au chiot, et comme c'était l'été, je le laissais dehors la nuit. Un matin, alors que je sortais Tye pour qu'il fasse ses besoins, un homme autochtone — qui n'était pas le mari marin de la femme — est sorti de leur maison en titubant, le pantalon baissé jusqu'aux genoux, en train de le remonter. Il savait que je sortais et me harcelait, même si je ne l'ai compris que plus tard. J'étais profondément dégoûtée par cette scène et je ne voulais surtout pas que ma fille sache quel genre de personnes vivaient dans le complexe. Ils laissaient aussi leurs déchets traîner partout sans jamais les ramasser. J'ai écrit une lettre de plainte au gestionnaire, Steve, à propos de leur comportement, et j'ai commencé à penser que déménager à Pacific Village One avait été une grave erreur. Il m'a répondu qu'ils ne pouvaient rien faire contre eux. Ils ont fini par partir, et un autre couple, Kathy et Darrel, a loué l'unité en face de chez moi. À ce moment-là, ils avaient un fils adolescent qui terminait le lycée et vivait encore à la maison, ainsi qu'une fille, jeune mère célibataire, qui vivait de son côté. Darrel était le jardinier du complexe, et sa femme Kathy ne travaillait pas, apparemment parce qu'elle avait un cancer de l'estomac. Pendant quelques années, j'ai cru que nous étions amies. Je lui ai même confié la surveillance de mon logement lorsque ma mère, ma fille et moi sommes parties en vacances le long de la côte de l'Oregon, mais j'ai découvert plus tard que lui faire confiance avait été une énorme erreur.

Après m'être installée à Pacific Village One, j'ai commencé à envisager un retour au travail, mais je ne voulais plus travailler à Eric Martin, car j'étais trop embarrassée par tout ce qui s'y était passé lorsque j'y travaillais, et aussi parce que j'y avais été patiente. J'étais certaine que tout le monde connaissait ma situation, y compris l'entretien ménager, les services du bâtiment et les infirmières. J'ai parlé de mes inquiétudes à mon psychiatre, qui a écrit une lettre indiquant qu'il serait dans mon intérêt de ne pas retravailler à Eric Martin, lettre que j'ai remise aux relations du personnel. Ils m'ont envoyé une liste de déplacements par courrier, et le fait d'exclure Eric Martin limitait mes possibilités : il ne restait que des postes à temps partiel, des emplois minables dans lesquels je pouvais me reclasser. Je ne pouvais pas survivre avec un emploi à temps partiel, alors que sans ces restrictions, j'aurais pu obtenir un poste à temps plein. J'ai expliqué tout cela au représentant syndical de l'époque, Red, en lui disant que j'étais bien au-delà du simple lavage de casseroles. J'étais cuisinière de métier, et comme j'avais été harcelée hors d'Eric Martin, je voulais être reconvertie dans un autre poste, puisqu'il n'y avait rien de convenable dans le service alimentaire. La Health Benefit Trust a accepté de financer ma reconversion, et j'ai décidé de m'orienter vers le travail administratif. J'ai compris plus tard qu'ils attendaient simplement que je demande à revenir travailler dans un autre service pour recommencer à me harceler, ce qui me ferait passer pour un nouveau cas issu de leur livre complètement tordu, le DSM-IV. Un jour, après avoir reçu certains dossiers médicaux, il était écrit que je ne m'entendais avec personne. Je suis allée au Memorial Pavilion et j'ai obtenu des lettres de

référence de mes collègues. Quand je suis allée à Eric Martin, la
diététicienne m'a interdit l'accès, disant que j'étais une «
perturbation sur le lieu de travail », ce qui m'a empêchée d'obtenir
d'autres lettres de référence, alors que j'aurais pu en avoir
beaucoup plus.

J'ai pensé que je pourrais travailler au service des dossiers
médicaux de l'hôpital, et je me suis renseignée sur les
qualifications nécessaires. Le collège proposait un cours de
gestion des dossiers d'environ six mois, et je m'y suis inscrite. Je
savais aussi que je devais apprendre la dactylographie, alors j'ai
acheté un programme Mavis Beacon pour mon ordinateur et j'ai
commencé immédiatement. Après avoir terminé la gestion des
dossiers, je me suis inscrite à un cours de dactylo débutant au
même collège, Camosun, et j'atteignais presque cinquante mots
par minute à la fin du cours. Pendant cette formation, j'ai
rencontré une femme des Premières Nations nommée Gail, et nous
sommes devenues amies. Elle vivait dans un parc de maisons
mobiles sur Cooper Road, sur un terrain appartenant à la Première
Nation, à un pâté de maisons de chez moi, ce qui facilitait les
études ensemble. Elle avait Microsoft Works sur son ordinateur et,
bien que je lui aie dit que j'allais acheter le mien, elle a insisté
pour l'installer sur mon ordinateur. Elle n'a pas terminé le
programme car elle est tombée malade, souffrant de dépression.
Puis, mon programme Mavis Beacon a disparu, remplacé par une

boîte vide de Microsoft Works, et tous les manuels ont été jetés à la poubelle. Étrange, n'est-ce pas ? Plus tard, Gail a mystérieusement déménagé à Vancouver. Elle et sa famille sont allées à Disneyland, puis ont vendu leur maison mobile pour que son mari alcoolique puisse retourner aux études. J'imagine que c'était sa récompense pour avoir installé illégalement Microsoft Works sur mon ordinateur. Une fois, son mari a remplacé mon chauffe-eau en panne un week-end, et tout ce qu'il voulait en échange, c'était quelques caisses de bière. J'ai obtenu mon certificat de gestion des dossiers en septembre 1997 et terminé le cours de dactylo en novembre. Soudain, un poste est devenu disponible — un poste que je crois créé spécialement pour moi — à l'Hôpital général de Victoria en janvier 1998, à condition de réussir le test de dactylographie.

J'ai passé un entretien avec la coordinatrice du service des dossiers médicaux, Sandy. Elle m'a demandé pourquoi j'étais en arrêt de travail, et j'ai répondu, en partie à cause de la dépression. Elle a alors voulu consulter mes dossiers médicaux. À l'époque, je ne pensais pas qu'ils contenaient quoi que ce soit de compromettant. J'avais un nouveau psychiatre qui reconnaissait mon diagnostic de trouble de stress post-traumatique, et je l'ai autorisée — elle seule — à consulter mes dossiers. Ce fut une grave erreur. Je pense qu'ils essayaient surtout de couvrir le fait qu'ils avaient déjà divulgué des informations confidentielles me concernant. J'ai passé de nombreuses fois le test de dactylographie à l'hôpital, bien plus que les trois tentatives autorisées, et j'ai dû être la risée du service du personnel. Finalement, j'ai atteint quarante-neuf mots par minute, un de moins que les cinquante requis. Sandy a fait comme si elle était très généreuse en m'accordant le poste, mais je sentais que quelque chose clochait. J'étais tellement désespérée d'avoir une vie que je m'en moquais. J'ai commencé à travailler juste après le Nouvel An et j'ai travaillé extrêmement dur. Je trouvais étrange de ne pas avoir de bureau alors que tous les autres en avaient un, et je me disais que ce poste ne durerait pas. Chaque erreur était photocopiée, même une date mal tamponnée, chose facile si la date n'avait pas été changée la veille. Personne n'était désigné pour me former, et les autres tentaient de faire leur travail tout en m'aidant. Un jour, j'ai entendu une collègue se plaindre de ne pas avoir le temps de me former. Je l'ai confrontée et me suis excusée si elle pensait que je ne faisais pas ma part, lui disant que je faisais de mon mieux. J'arrivais toujours vingt minutes en avance et repartais souvent en retard, sans même avoir le temps de prendre une pause. Une fois, j'ai vu ma superviseure déplacer volontairement des dossiers correctement classés pour ensuite m'accuser de les avoir mal rangés. Quand je l'ai confrontée, elle a remis le dossier à sa place et m'a accusée. Après cela, le sujet n'a plus jamais été abordé. Mon père est décédé le 8 février 1998, et on m'a accordé les trois jours de congé prévus. Il est mort un dimanche, et je suis quand même allée travailler le lundi pour rester jusqu'à ce qu'ils trouvent quelqu'un pour me remplacer. J'étais anéantie. Il est mort d'une septicémie après une perforation intestinale causée par des années de traumatismes liés à la maladie de Crohn, chose évitable, mais je ne le savais pas alors. Je pense à lui tous les jours. Cela fait presque trente ans, et cela devient plus difficile avec le temps, pas plus facile. Quelques jours après mon retour, une réunion a été convoquée. J'ai dû chercher en urgence un représentant syndical, sentant ce qui allait arriver. Des membres des relations du personnel étaient présents, dont Brian, celui qui passait son temps à parler à la radio de son organisation soi-disant dédiée à aider les femmes et les enfants. Lors de la réunion, le représentant syndical, Randy, a dit : « Certaines des filles ont peur de vous. » J'ai répondu : « Quoi ? » Il a ajouté : « Vous êtes plus grande qu'elles, vous savez. » J'étais sidérée. Je lui ai dit qu'il était censé me représenter, et il a répondu qu'il représentait aussi mes collègues. J'étais en larmes, surtout avec la mort récente de mon père. Des ignorants. Voilà notre beau syndicat fraternel. Aujourd'hui, une partie de l'hôpital est privatisée, y compris les services alimentaires, et vous vous demandez pourquoi. Moi, je le savais déjà. Après cela, je me suis juré de ne jamais retourner travailler pour l'hôpital, et je ne l'ai jamais fait.

CHAPITRE QUATORZE

J'étais complètement bouleversée par la réalité de tout ce qui m'arrivait, et avec la mort imminente de mon père, tout est devenu encore plus difficile. Le jour où papa est mort, il avait posé de la moquette au sous-sol pour maman. C'était un dimanche, et je suis passée chez mes parents pour une raison quelconque, puis maman et moi sommes sorties quelque part. Durant la dernière année avant la mort de mon père, je ne le laissais plus conduire, car à ce stade il prenait de la morphine en permanence pour ses douleurs, et je ne trouvais pas cela sécuritaire. Il en demandait souvent à maman, et elle lui répondait : « Tu en as pris il n'y a pas si longtemps. » Elle devait surveiller sa médication, et aujourd'hui je me demande si le docteur Turd ne lui en avait prescrit qu'une petite quantité pour s'assurer qu'il souffre encore davantage. Quand nous sommes rentrées ce jour-là, nous avons sonné plusieurs fois avant que papa nous ouvre enfin. J'ai tout de suite vu que quelque chose n'allait pas : il semblait incohérent et désorienté. Je suis rentrée chez moi et, peu après, maman m'a appelée pour me dire qu'elle devait appeler une ambulance pour l'emmener de nouveau à l'hôpital. Il y avait déjà été neuf fois l'année précédente ; j'aurais dû m'y attendre, mais on n'est jamais vraiment prêt à vivre une telle chose. Une fois, alors que papa était à l'hôpital, une infirmière lui avait donné les mauvais médicaments, et sans la vigilance de ma mère, je ne sais pas ce qui serait arrivé. Je suis allée au poste des infirmières et leur ai demandé comment elles pouvaient être aussi négligentes. Une autre fois, une femme médecin a pris maman et moi dans une pièce privée et a dit à maman : « Je ne sais pas combien de temps votre mari va vivre, vous devriez vous préparer au pire. » Nous avons appelé mon frère à l'hôpital, et il est venu immédiatement. Papa est ensuite rentré à la maison avec nous, et nous étions tous bouleversés par ce que cette médecin avait dit. Cette année-là, maman et moi vivions pratiquement à l'hôpital pour nous assurer qu'il reçoive les soins qu'il méritait. Parfois, maman devait l'aider à prendre sa douche parce que les infirmières n'avaient pas le temps, et elle savait qu'il ne pouvait pas le faire seul. À la maison aussi, elle devait l'aider, car il respirait de plus en plus difficilement. Un jour, le médecin qui s'occupait de sa MPOC est venu me voir pendant que je lui faisais du thé et m'a dit qu'il pensait que mon père était un homme bien. Je lui ai répondu : « C'est le meilleur », et c'était encore en dessous de la vérité. Lorsque papa se trouvait à l'urgence de l'Hôpital général de Victoria, il a été laissé seul un certain temps avant que nous puissions être avec lui. Nous étions dans la salle d'urgence et nous l'avons entendu demander s'il pouvait aller aux toilettes. Toutes les infirmières riaient, et je me suis dit : comment peut-on être aussi sans cœur ? J'ai eu le sentiment que je ne reverrais plus jamais mon père. Peu après, j'ai appelé mon frère Brian depuis le service des urgences. Papa a été installé dans une chambre de soins au quatrième étage, et je ne voulais pas le quitter. Il essayait sans cesse de sortir du lit, et je voyais bien qu'il souffrait, alors j'allais au poste des infirmières pour leur dire qu'il avait besoin de plus d'analgésiques. Elles venaient alors ajuster ses soins. Brian est arrivé quand papa a été installé dans la chambre, et il s'est assis de l'autre côté du lit en lui disant : « Tiens bon. » J'ai dû sortir un moment parce que je sentais que c'était la fin. Une infirmière est venue me réconforter lorsque je me suis effondrée. Une fois que je me suis ressaisie, je suis retournée dans la chambre. Des médecins sont venus nous dire que ses intestins avaient éclaté et qu'ils pouvaient l'opérer, mais qu'il mourrait probablement parce que son organisme était trop affaibli. En plus de la MPOC, il souffrait aussi d'une forme de leucémie. Je me suis alors assise au chevet de mon père, sous le choc, à pleurer et à prier. J'ai prié pour qu'il ne souffre plus. J'ai prié pour qu'il soit emmené au ciel, car c'est là qu'il appartenait. Maman était assise dans un coin de la pièce, totalement paralysée par le choc, le corps et l'esprit figés. Quelqu'un est venu nous demander si nous voulions qu'un ministre du culte vienne, mais nous avons répondu non, car nous savions que papa n'aurait pas voulu cela. Il ne voulait ni funérailles ni cérémonie. Peu avant sa mort, nous avions parlé, et je lui avais demandé : « Tu crois en Dieu, papa ? » Il m'avait répondu que oui. Il savait au fond de lui qu'il ne lui restait plus beaucoup de temps

361

et il s'accrochait à l'idée qu'il existait un endroit meilleur. Je suis reconnaissante d'avoir pu lui dire : « Il y a un Dieu et tu iras au paradis. » Le Noël précédant sa mort, il voulait un grand sapin parce qu'il disait : « Je ne sais pas combien de Noëls il me reste. » Avant cela, il disait souvent : « Seuls les bons meurent jeunes, et moi je vivrai longtemps. »

À l'heure du souper, mon frère Brian a convaincu maman, ma fille et moi de rentrer manger quelque chose, en disant qu'il resterait avec papa. Nous n'aurions pas dû partir, car juste après avoir fini de dîner, nous avons reçu un appel de mon frère nous annonçant que papa était décédé. Maman a répondu au téléphone et s'est mise à pleurer ; je me suis effondrée en sanglots, et ma fille aussi. Elle était assise sur le canapé, pleurant à chaudes larmes, parce que mon père la faisait toujours se sentir si spéciale. Il mettait de côté toute sa monnaie pour elle dans un bocal et l'appelait toujours par son petit nom affectueux, « ma chérie ». Quand mes parents s'occupaient d'elle pendant les mois où j'étais hospitalisée, papa était le seul capable de la lever le matin pour l'école. Maman l'appelait, mais elle ne bougeait pas. Je crois qu'elle attendait volontairement que son papa l'appelle avec sa voix douce et aimante. Il la serrait toujours dans ses bras et l'embrassait. Mes deux parents lui ont donné l'amour qu'elle méritait, l'amour que chaque enfant mérite.

Nous avons dit à l'hôpital que maman voulait que papa soit

envoyé au crématorium de Royal Oak. Nous sommes ensuite rentrées chez maman. Elle a appelé mon demi-frère Lenny en Ontario pour lui annoncer la nouvelle, en lui disant de ne pas lui en vouloir de ne pas l'avoir prévenu plus tôt. Tout s'est passé si vite. J'imagine qu'il aurait voulu avoir le temps d'aller voir un avocat et de tout mettre sur le dos de ma mère afin de tirer profit de la situation ; sans aucun doute, c'est ce qu'il a fait. Sur le moment, nous voulions croire que papa allait encore s'en sortir, comme toujours. Nous avons organisé une visite du corps uniquement pour Lenny, car il voulait voir son père en arrivant, en bon catholique malade qu'il est. Lenny m'a obligée à entrer dans la pièce avec lui. Papa était vêtu de son blazer militaire vert et ne ressemblait plus du tout à lui-même ; il avait l'air d'un mannequin, probablement à cause de l'embaumement. À ce jour, je regrette d'être entrée dans cette pièce avec Lenny. Maman lui a donné le manteau en cuir de papa, ses chaussures et sa bague. Brian a dit qu'il n'en voulait pas et a demandé à maman de les donner à Lenny. Avec le recul, quand maman lui a remis ces objets, j'ai eu l'impression qu'il était déçu que ce soit tout ce qu'il recevait, surtout au vu de toutes les fois où il venait uniquement quand papa était à l'agonie. On le voyait sur les photos prises avec lui : papa était si maigre. Maman lui a proposé d'autres vêtements de papa, mais il n'en a voulu aucun ; nous les avons finalement donnés à l'Armée du Salut. Papa disait que pendant la guerre, c'était les seuls qui les avaient aidés avec des choses comme des couvertures chaudes. Ils voulaient sans doute se donner l'air d'avoir contribué à l'effort de guerre, alors qu'en réalité, ils n'étaient qu'un ramassis de lâches cachés derrière la religion catholique.

Peu de temps après la mort de papa, maman a commencé à avoir des problèmes avec la voiture de papa, alors qu'à ce moment-là elle n'avait que quelques années. J'ai commencé à remarquer que chaque fois qu'on mettait le chauffage en marche, il y avait une odeur de brûlé. Je l'ai emmenée à la station-service du coin, et le gars là-bas a dit qu'il n'y avait rien d'inquiétant, sans nous donner d'explication sur l'origine de cette odeur. Puis, la radio a cessé de fonctionner, alors que maman et papa n'avaient même pas encore utilisé le lecteur CD. J'ai appelé la concession pour voir s'il existait une garantie quelconque sur l'appareil, mais il n'y en avait pas. Maman est donc allée en acheter un autre, qui n'était pas aussi bon. Ensuite, la batterie était à plat chaque fois que nous allions quelque part avec la voiture, et apparemment c'était Angus, le père d'Angus étant un policier. Vous y croyez, vous ? Mon ex-mari cinglé avait fait venir mon fils pour voir à qui revenait la voiture. Et cette femme avocate, que ce déséquilibré avait à l'époque, m'a dit que John pouvait me dépouiller de l'héritage de ma mère même si nous étions divorcés. Alors maman et moi sommes allées voir son avocat pour vérifier si c'était vrai. FAUX. De formidables lois au Canada : tout le monde se bat pour l'argent, encombre les tribunaux, pendant que tous les fous courent en liberté. La première fois que la batterie est morte, nous ne comprenions pas ce qui se passait. Cela a dû arriver cinq ou six fois, et à chaque fois nous avons dû appeler l'Association automobile de la Colombie-Britannique pour qu'ils viennent la recharger. Nous avons acheté une batterie neuve, et le problème persistait. Nous sommes donc retournées chez le concessionnaire pour voir s'ils pouvaient en trouver la cause. Ils ont tout vérifié et ont dit qu'ils ne savaient pas d'où venait le problème. Tout cela rendait ma mère folle d'inquiétude, et bien sûr, moi aussi, j'étais déjà à bout à cause de tout ce que j'avais traversé et traversais encore. Finalement, un gars de la BCAA nous a parlé d'un garage réputé à l'angle de Richmond et Hillside, et nous y avons amené la voiture. Il l'a gardée un certain temps, mais rien ne s'est produit pendant qu'il l'avait. Il a dit que la seule chose qu'il pouvait imaginer, c'est que la ceinture de sécurité se coinçait dans la portière. Pendant un temps, maman et moi avons donc fait attention, chaque fois que nous sortions de la voiture, à vérifier que la ceinture était bien à l'intérieur. Je parie que ce flic pourri, le père d'Angus, essayait de conserver toutes ses terres. Pauvre type. Puis nous avons cessé d'y penser. Après cela, le problème a disparu, et en même temps la ceinture n'a plus coincé et l'odeur de brûlé a disparu. Maman et moi avons toujours pensé que quelqu'un sabotait la voiture, car nous n'avions jamais eu le moindre souci quand papa était encore en vie.

L'année précédant la mort de papa, ils ont commencé à avoir des problèmes avec le voisin qui habitait l'ancienne maison des North. Une institutrice de primaire avait acheté la maison aux North, et mes parents s'entendaient très bien avec elle. Puis elle a fait emménager un homme, et plus tard ils ont eu deux enfants. C'est là que les ennuis ont commencé. Il a mis de la terre sur leur pelouse avant pour la surélever, et ce faisant, ils ont détourné l'eau du tuyau d'évacuation vers la propriété de mes parents, et cela est resté ainsi pendant quelques années. Une idée du bon vieux Dale, le policier d'en face. Ensuite, ils ont planté une rangée de grands conifères et de gros lauriers entre les deux propriétés. D'abord, ils ont construit un mur de soutènement en pierres sur leur terrain. Maman et papa se demandaient ce qu'ils faisaient, alors je suis allée les voir, et c'est là que j'ai appris qu'il travaillait pour les Parcs du District régional de la capitale. Ils m'ont tous les deux assuré que c'était tout ce qu'ils allaient faire. Mais peu après, cet homme a garé son bateau à côté de la chambre de mon père et le faisait démarrer sans cesse, envoyant des fumées dans la chambre et dans la maison. Encore une suggestion de l'ami soi-disant de mon père, le flic Dale, qui se servait largement de la bière que papa lui achetait. L'ami de mon père, Dale, peut pourrir en enfer lui aussi. J'ai même fini par l'appeler pour lui dire que je lui pardonnais ce qu'il m'avait fait, mais que désormais je laissais le pardon à Dieu. Un jour, maman s'est mise en colère, et je lui ai demandé d'arrêter parce que papa avait des problèmes respiratoires, mais cela ne l'a pas empêché de continuer. Chaque été, même après la mort de papa, il faisait la même chose.

Maman avait aussi des problèmes avec la salope qui vivait de l'autre côté. Après que Junior, son père, a mis son propre père dans une maison de retraite, il a laissé sa fille emménager là. C'était une mère célibataire avec des hommes différents qui entraient et sortaient constamment de chez elle, et elle a commencé à créer des problèmes pour ma mère. Son chien aboyait à toute heure de la nuit, et sa mère lui avait pourtant dit que le chien empêchait tout le monde de dormir. De plus, elle ne sortait jamais son chien, et nous pensons qu'elle le laissait faire ses besoins au sous-sol. Elle avait installé des mangeoires à oiseaux sur sa terrasse, et tous les chats du quartier venaient s'asseoir en attendant les oiseaux. Ils montaient aussi sur la voiture de mon père et la rayaient chaque fois que nous rentrions. Tout cela était fait exprès. Comme le moteur était chaud, les chats aimaient la chaleur. Elle empilait aussi tous ses déchets de jardin contre la clôture que papa avait construite entre les propriétés, et maman avait peur que cela fasse pourrir la clôture. Je lui ai donc écrit une lettre pour lui expliquer tout cela, et elle est devenue furieuse et nous a répondu par une lettre agressive, menaçant de poursuivre maman pour harcèlement, avec la signature d'un policier. Cette affaire a disparu très vite — encore le père d'Angus. Rien n'a été fait pour le tas d'herbe, alors nous avons appelé le CRD, qui est venu et lui a demandé de l'enlever. Non seulement cela faisait pourrir la clôture, mais c'était aussi un excellent refuge pour les rats. Peut-être essayaient-ils de me faire passer un message, mais j'étais encore tellement droguée que je ne comprenais absolument rien. Après cela, elle a acheté trois autres mangeoires, dont une sur pied, et les a placées sur sa pelouse et dans l'arbre près de la clôture, laissant les graines pourrir dedans. Les oiseaux étaient empoisonnés par ces graines avariées. Nous en avons vu quelques-uns morts sur sa pelouse. Maman l'appelait « Face de vache », parce qu'elle était laide comme le cul d'une vache. Papa disait que tous les hommes qui entraient et sortaient de chez elle devaient se mettre un sac sur la tête.

Il était difficile pour nous tous de vivre sans papa ; il s'occupait de tout jusqu'au jour de sa mort. Maman a dû apprendre à gérer les finances, car c'était papa qui s'en chargeait toujours ; elle a même dû apprendre à remplir un chèque. J'ai beaucoup aidé ma mère après la mort de papa. J'ai peint toutes les boiseries extérieures, les portes arrière et le ciment autour de la maison. Je crois que je pensais qu'en restant occupée, je penserais moins à la douleur de l'avoir perdu.

Maman a engagé Derek, du complexe de maisons en rangée où je vivais, pour peindre la cuisine et la chambre de papa, et moi j'ai peint les boiseries dans les deux pièces. L'été de l'année où papa est mort, maman a payé pour que nous allions à Hawaï. Elle avait besoin de s'éloigner de tout cela. Le voyage était agréable, mais la réalité de mes voisins ignorants et de ceux de maman était toujours là à notre retour.

Un homme qui vivait derrière moi dans les maisons en rangée a pris un sac de crottes de chien et l'a jeté sur ma terrasse. J'avais parlé au gérant de cet idiot qui ne ramassait pas les excréments de son chien. Quand j'ai vu le sac sur mon balcon, je l'ai ramassé et je l'ai déposé devant sa porte. C'était un fou : après cela, je me suis tenue sur ma terrasse et je l'ai attendu. Quand il est arrivé, il m'a abreuvée des pires insultes imaginables. Puis il a repris le sac de crottes et l'a jeté sur ma voiture en me disant qu'il allait l'étaler partout. J'ai appelé le gérant, je lui ai montré les excréments sur ma voiture et j'ai exigé qu'il fasse quelque chose contre ce malade. Pour me couvrir, j'ai pris une photo. Peu après, j'ai reçu une lettre dans ma boîte aux lettres de Kathy, ma voisine, me racontant sa vie et comment elle aussi n'avait rien quand elle avait quitté son premier mari. Elle insinuait que je m'étais attiré moi-même tous mes problèmes. Je lui ai répondu par une lettre réfléchie et, au dos, j'ai écrit : « Non, nous nous faisons cela les uns aux autres », avant de la déposer dans sa boîte aux lettres. Depuis, j'ai compris que tous ces démons se sont fait cela à eux-mêmes. Peu après, la nonne, amie de Kathy, est venue frapper violemment à ma porte. Quand j'ai ouvert, ma fille était à côté de moi, et elle m'a dit qu'elle ne voulait plus que je vienne chez son amie Kathy, puis elle est partie en trombe.

Après cela, j'ai commencé à me sentir suivie partout. Une fois, alors que maman et moi étions chez Sears, j'ai croisé quelques anciens collègues, et une femme m'a suivie partout dans le rayon vêtements. J'ai parlé à une autre collègue qui se trouvait là ; elle m'a dit qu'elle se préparait à partir en voyage. Le même jour, j'ai vu Jan, que je croyais être mon amie quand je vivais dans le « No Man's Land ». Elle était aussi chez Sears. Je l'ai appelée, elle m'a vue, mais elle a continué son chemin avec un regard vraiment mauvais. Tout cela me paraissait tellement étrange. J'avais terminé l'Affidavit gouvernemental, l'histoire de ma vie, et je l'avais fait imprimer en ville parce que mon imprimante était tombée en panne. Ensuite, j'ai voulu retrouver l'avocat que j'avais, car je pensais qu'il était mêlé à tout cela. Quand je l'ai enfin trouvé, il m'a dit qu'il faisait autre chose et m'a conseillé d'aller à l'Aide juridique. J'y suis allée, j'ai rempli un formulaire et je suis partie. À ce moment-là, j'étais pleinement consciente d'être suivie partout.

À l'aide juridique, une femme me fixait et regardait ce que j'écrivais sur la demande. J'étais tellement paniquée que j'ai écrit « harcèlement », alors que ce que je voulais vraiment indiquer, c'était aussi « abus mental ». J'avais lu l'Affidavit gouvernemental, plus de 125 pages, quand je l'ai récupéré, mais je ne l'ai plus relu avant l'année suivante. J'en ai rangé des copies dans une petite valise noire sous mon lit. Ma fille se faisait harceler à l'école. Un jour, elle est rentrée en me disant qu'une fille lui lançait des insultes comme « tu aimes lécher des culs ». J'étais déjà allée à l'école auparavant pour des remarques faites à ma fille et j'avais demandé qu'un rapport me soit envoyé, mais je n'en avais jamais reçu. Quand cela s'est reproduit, j'y suis retournée et j'ai demandé un rapport, mais encore une fois je n'ai rien reçu. Une amie de ma fille a failli se battre un jour à l'école à cause de rumeurs, mais c'était une enfant très intelligente qui savait mieux que cela. Même certains enseignants participaient au harcèlement. Apparemment, l'un d'eux avait dit à ma fille que la vitamine C n'était pas bonne pour la santé et qu'elle avait elle-même eu un cancer. Un autre avait dit à toute sa classe qu'on pouvait mourir des maladies sexuellement transmissibles, et c'était pendant le cours d'éducation physique. Un autre professeur donnait des C+ aux mêmes coureurs de fond et de meilleures notes à ceux qui avaient choisi un autre parcours.

J'ai aussi assisté à un séminaire avec deux femmes, et l'une d'elles a volé les informations que j'avais collectées et laissées sur la table quand je suis allée chercher un café. Même les parents des amis de ma fille étaient mêlés à tout cela. Une femme, assise avec nous tout le temps, a dit qu'elle ne savait rien de la disparition.

L'autre a fait semblant d'écrire quand je suis revenue et a clairement montré que c'était elle qui avait pris les documents, car elle n'a rien dit quand j'ai demandé ce qui s'était passé. Cette femme a eu le culot de dire à sa fille, quand celle-ci lui a demandé ce qui n'allait pas chez moi, que je voyais et entendais des choses. J'ai vu que la pauvre enfant était inquiète, alors je lui ai expliqué la dépression et le fait que le cerveau manque parfois de certaines substances chimiques, remplacées temporairement par des antidépresseurs, comme les diabétiques ont besoin d'insuline. Je lui ai aussi expliqué que, lorsqu'on est jeune et qu'on traverse de nombreux traumatismes sans savoir comment les gérer, ils sont parfois mis de côté, comme dans un ordinateur. On ne s'en souvient plus, mais un jour tout revient, et il devient difficile de faire face parce qu'on n'a jamais appris à les gérer sur le moment. C'est pour cela qu'il est important de parler à quelqu'un quand on a des problèmes. La petite est ensuite montée dans la chambre de ma fille et, un peu plus tard, elle est redescendue, m'a serrée très fort dans ses bras et m'a dit merci, je t'aime. J'ai vu que j'avais apaisé son esprit inquiet. J'avais un médecin des États-Unis qui avait pris des notes très détaillées sur mon histoire, et j'ai décidé de prendre rendez-vous pour qu'il voie aussi ma fille.

À ce moment-là, j'avais compris que la maladie inflammatoire pelvienne (MIP) et la maladie de Crohn étaient pratiquement la même chose. J'ai donc demandé que des tests soient faits pour ma fille afin de voir si elle en souffrait aussi. J'en ai parlé au médecin américain que j'avais à l'époque, en lui disant que j'allais dire à ma fille qu'elle devait passer des tests pour la maladie de Crohn, et il a trouvé que c'était une bonne idée. Je l'ai donc emmenée avec moi, et j'étais dans le cabinet quand il a commencé à lui poser des questions comme : « Est-ce que tu fumes ? Est-ce que tu prends de la drogue ? » Ma fille a répondu que non, puis ce médecin lui a demandé : « Est-ce que tu le dirais à ta mère si c'était le cas ? » Ma fille a répondu : « Non. »

Par la suite, je lui ai demandé pourquoi elle avait répondu cela, et elle m'a dit : « De toute façon, tu t'en rendrais compte. » Il y avait aussi un interne présent lors de cette consultation et, pour une raison quelconque, j'ai mentionné l'incident survenu quand j'étais petite, lorsque l'embout d'un sifflet de réveillon du Nouvel An était resté coincé dans ma gorge et que j'avais dû attendre six heures, en crachant du sang, avant qu'ils ne m'opèrent. Quand je leur ai raconté cela, les yeux de l'interne ont presque jailli de leurs orbites, et j'ai vu qu'il avait encore beaucoup à apprendre sur ce système médical complètement détraqué de ce pays maudit dans lequel nous vivons. Lors de ce rendez-vous, le médecin venu des États-Unis n'a rien noté de ce que ma fille lui disait, comme le fait qu'elle souffrait d'asthme et qu'elle avait eu par le passé des douleurs à l'estomac et au dos. Nous avons quitté le cabinet sans aucune demande d'examens pour elle, et j'étais furieuse contre lui pour cela. La seule chose qu'il a faite pour elle a été de lui prescrire un inhalateur. J'étais tellement déçue. Je pensais vraiment avoir enfin trouvé un médecin qui allait faire quelque chose pour nous.

Peu après, j'ai eu un autre rendez-vous avec ce médecin ; il devait me donner des informations sur un traitement au laser pour cette vilaine verrue fongique que je traînais encore. Je plaisantais quand j'ai dit cela, parce qu'il aimait aussi plaisanter, faisant parfois semblant d'être un peu lent pour me faire rire, mais j'ai dit : « Quand ils feront l'opération, assurez-vous de débrancher la prise. » La chose suivante que j'ai su, c'est qu'il a appelé la police et l'Équipe pour les Défavorisés, et ils m'ont emmenée de force à Eric Martin. Quand j'ai demandé sous quelle section j'étais placée, ils m'ont dit la section 41. J'ai regardé plus tard, et cela signifiait que j'étais un danger pour la communauté et/ou pour moi-même. C'est lors de ce rendez-vous, pendant que j'attendais de voir le médecin américain, qu'une femme est entrée, s'est assise à côté de moi et, sans raison apparente, a commencé à me dire qu'elle connaissait une femme ayant une fille adolescente, et qu'ils avaient interné cette fille à l'Institution pour les Moins Fortunés. Où que j'aille, j'étais suivie.

Comme toutes les autres fois, ils m'ont enfermée dans une pièce verrouillée. L'agente qui m'y a emmenée a dit qu'elle resterait avec moi, mais elle ne l'a pas fait. Je demandais un avocat, comme je l'avais toujours fait, et comme toujours, je n'en ai jamais eu. Peu après, un type vraiment effrayant, un psychiatre, est entré dans ma chambre. Je ne lui ai pas adressé un mot, mais la première chose qu'il m'a dite a été : « Vous aimez vous entendre jacasser, n'est-ce pas ? », tout en écrivant frénétiquement, je ne sais quoi, car la seule chose que je lui ai dite a été : « Cet abus doit cesser. » J'étais trop terrorisée pour lui dire quoi que ce soit d'autre. C'était l'un des hommes les plus effrayants que j'aie jamais rencontrés. Il avait l'air possédé, un autre démon maléfique. Il s'appelait le Dr Williams.

Je l'ai revu plus tard, après avoir supposé qu'il m'avait fait interner. Les ascenseurs ne fonctionnaient pas et nous étions plusieurs femmes à vouloir prendre les escaliers parce que c'était l'heure du repas et qu'on ne nous donnait qu'une demi-heure pour manger. Nous lui avons demandé si nous pouvions monter par les escaliers avec lui, car il fallait une clé pour ouvrir la porte de la cage d'escalier et seul le personnel en avait une. Il a pris un air dégoûté, comme s'il était trop bien pour nous, et a dit : « Je ne pense pas que ce soit une très bonne idée. » J'ai eu le sentiment qu'il essayait, d'une manière suffisante, de nous faire comprendre qu'il ne voulait pas se mettre en danger, alors que pour moi, c'était lui dont il fallait se méfier.

Pendant ce séjour, on m'a de nouveau assigné le psychiatre démoniaque Seagull. Au moins ai-je eu l'occasion de lui dire, un matin au poste des infirmières, qu'il était un meurtrier. Je me fichais bien de qui pouvait m'entendre. C'était à cause du médicament Risperdol qu'il m'avait donné, que je n'aurais jamais dû prendre en raison de mon état physique. J'aurais pu en mourir, comme l'indiquait la notice. Je suis certaine que toutes les infirmières savent ce qui se passe dans cet endroit. C'est pour cela que certaines ne restent pas longtemps ; je les voyais une fois et elles disparaissaient. Les habitués participaient à l'abus mental, avec certains informateurs du gouvernement qui rôdaient dans l'établissement.

Je me souviens que, pendant cette hospitalisation, je suis allée partout avec des lettres de plainte adressées à diverses organisations. Une informatrice m'accompagnait et elle a laissé son portefeuille dans ma voiture en venant déposer certaines de ces lettres, probablement pour voir si je le lui rendrais, ce que j'ai bien sûr fait. J'avais écrit une lettre dénonçant le type de traitement que je subissais et je l'avais remise en main propre. Ils faisaient tellement de choses insensées pour jouer avec mon esprit, mais je savais exactement ce qu'ils manigançaient, car j'étais désormais instruite. Il y a eu des moments où ils m'ont mise dans une chambre donnant sur une école catholique, et ils me plaçaient dans le lit le plus proche de la fenêtre pour que je voie tous les enfants jouer dans la cour. Une fois, ils ont fait venir un bébé de je ne sais où, dans ce soi-disant hôpital psychiatrique, et il criait « fou », fou signifiant désormais presque tous les professionnels qui continuent à y travailler. Je suppose qu'ils voulaient me faire culpabiliser. Pourquoi, je n'en sais rien. À l'époque, je ne réalisais pas à quel point ce monde est violent. N'est-ce pas ce que font les catholiques ? Dieu pardonne quoi qu'il arrive, il suffit de demander pardon. Ce que j'ai à dire aux catholiques, c'est : « Pourquoi n'écoutez-vous pas tous ces petits enfants qui pleurent de douleur, souffrant de la maladie de Crohn à cause d'un catholique sale ? »

Je ne suis restée là qu'une semaine avant que le médecin américain ne change d'avis et ne me laisse sortir. J'avais commencé à préparer des documents juridiques pour poursuivre ce système de santé pour tout ce qu'ils m'avaient fait. Incroyable. J'ai décidé d'appeler l'Aide juridique pour voir si je pouvais obtenir un avocat. J'ai parlé à un homme, je l'ai rencontré et je me souviens lui avoir montré la photo de l'énorme ecchymose sale que j'avais au bras, ainsi que divers autres documents. Il devait revenir vers moi, mais il ne l'a jamais fait. J'étais profondément traumatisée et je pensais qu'il voyait la douleur que je ressentais. J'étais toujours physiquement malade aussi.

À cause des agissements du médecin américain, qui m'avait fait interner à l'Institution pour les Moins Fortunés, et de son attitude indifférente, j'ai décidé de chercher encore un autre praticien. Je suis allée dans un nouveau bâtiment qui acceptait des patients et j'ai vu un médecin qui voulait mes dossiers médicaux.

J'ai accepté de les lui donner. Il semblait tellement désireux de m'aider, mais je savais qu'il finirait lui aussi par me rejeter en voyant tous les rapports mensongers des psychiatres et médecins à mon sujet. La première fois que je l'ai vu, je lui ai parlé de ma MIP, et il était très enthousiaste à l'idée d'organiser une opération pour moi, mais lui aussi a finalement refusé. J'ai même apporté une photo de moi enfant. Quand je la lui ai montrée, il a dit : « S'il vous plaît, non », et j'ai pensé : « Non, vous, s'il vous plaît. » Je retombais malade, j'avais mal, et il m'a prescrit du Tylenol 3, mais c'est tout ce qu'il a voulu faire pour moi. Je lui ai parlé de ma fille, née avec ce problème, et il m'a orientée vers une clinique pour enfants ayant des troubles émotionnels. J'y suis allée pour parler de ces abus envers les enfants. Je n'avais toujours pas de médecin.

J'étais dans une telle douleur que je suis allée à l'hôpital avec le rapport sur la MIP pour me faire soigner. Ils ont fait une analyse d'urine et m'ont dit qu'il n'y avait rien d'anormal. « Vous êtes délirante », m'a dit ce salaud qui voulait encore me faire interner, mais ma mère vieillissante, qui m'accompagnait, l'en a dissuadé. J'ai dit : « Vous voyez, c'est de cela que parlait le pape à la télévision, la douleur et la souffrance des femmes et des enfants innocents. » Je pleurais à chaudes larmes. Un jeune couple était là avec leur petite fille, et ils ont dit à ma mère que cet homme avait été tout aussi méprisant avec eux. J'aurais voulu connaître son nom, mais j'étais trop bouleversée. Je suis partie en pleurant avec ma mère et nous sommes allées directement dans une clinique. Là, on m'a confirmé que j'étais de nouveau malade. Un médecin de la clinique m'a prescrit de fortes doses d'antibiotiques après avoir vu le rapport sur la MIP, qui avait été placé dans ma maison de ville par quelqu'un. Ma mère était avec moi, et quand je suis sortie avec l'ordonnance, elle n'en revenait pas. Elle n'a jamais compris pourquoi. Je lui ai expliqué certaines choses de ma vie et ce qu'est réellement la maladie de Crohn, mais elle était dans le déni total. Même quand j'étais malade, il lui arrivait d'agir comme si je devais continuer à vivre normalement malgré l'agonie émotionnelle et physique, ce qui était très difficile à lui cacher.

Peu après, j'ai commencé à être harcelée par le gérant du complexe. Ce jour-là, j'avais aussi appelé la police au sujet d'un homme derrière moi qui fumait du cannabis. Je pensais qu'ils venaient me parler de cela, mais en réalité ils étaient venus parce que le gérant les avait appelés contre moi. Ils en avaient tous assez, m'a dit le gérant, quand j'ai paniqué à propos de leur intention de me donner une amende de cinq cents dollars pour des entrepreneurs écervelés qui avaient mis des restes de mon plancher dans la benne à ordures. J'ai raconté à cette agente certains problèmes que j'avais avec mes voisins, comme l'effraction où Kathy et son amie la nonne avaient mis des poils d'animaux partout sur mes sols et volé mon stylo, mes cigarettes et mon briquet. Elle a dit qu'elle irait leur parler. Elle est même venue interroger ma fille, qui lui a raconté exactement ce qu'elle avait vu. L'agente est ensuite partie et n'est jamais revenue me parler comme elle l'avait promis. J'ai appelé pour savoir quand elle reviendrait, et elle m'a dit « demain ».

Le lendemain, la police et l'Équipe pour les Moins Fortunés ont frappé à ma porte. Ils ont commencé à me poser des questions complètement tordues comme : « Est-ce que vous voyez des choses ou entendez des voix ? » Puis : « Avez-vous des couteaux ? » J'aurais dû répondre : « Non, je déchire la viande à mains nues », mais je ne l'ai pas fait. J'ai demandé : « Sous quel diagnostic débile m'ont-ils encore classée ? » Un membre de l'équipe a répondu : « Trouble psycho-affectif. » J'ai répliqué : « Ah, le diagnostic fourre-tout des psychiatres. » Alors la policière a ouvert ma porte moustiquaire, m'a attrapée par le bras, pieds nus, et a dit qu'ils allaient m'emmener à l'Institution pour les Moins Fortunés. J'ai répondu : « Au moins, laissez-moi prendre mon sac à main et mes chaussures. » À ce moment-là, l'autre policier me tenait par l'autre bras et ils me traînaient vers leur voiture. La SALE flic a sorti son spray au poivre et m'en a aspergé les yeux à bout portant. Ça brûlait atrocement. Ils m'ont jetée dans la voiture de police et sont partis à toute vitesse, ignorant le panneau « 5 km – Enfants qui jouent ». Ils m'ont ramenée encore une fois dans ce repaire de fous où ces fous prétendent vous aider. Avant cela, ils ont jeté mes chaussures de jardinage, qui étaient devant la porte, dans la voiture. J'avais tellement mal après ce qu'ils m'avaient fait que j'appelais mon père. Je voulais juste être avec lui. Je savais que s'il avait été en vie et avait appris ce qu'ils m'avaient fait, il serait devenu fou de rage.

J'ai eu encore un autre psychiatre démoniaque, le troisième, le docteur Murray. On m'a finalement sortie de la pièce verrouillée, où d'autres types effrayants étaient venus m'interner. Ce docteur immonde m'a emmenée dans une pièce hors de portée des caméras nouvellement installées, pour continuer à me harceler. Une jeune infirmière, qui s'est révélée très gentille, est entrée avec nous. En chemin, je lui avais dit que j'avais mal à la tête et que je voulais quelque chose pour ça. Le docteur m'a dit : « Si vous essayez de vous enfuir, savez-vous ce qui vous arrivera ? » J'ai répondu : « J'imagine. Je n'ai encore rien fait et j'ai déjà été abusée. » Il m'a aussi dit que si je ne faisais pas des tests psychologiques — qu'ils ne m'ont jamais fait passer —, un ECG, un scanner et ne prenais pas les médicaments qu'il voulait me prescrire, il me mettrait en soins intensifs psychiatriques. Il m'a de nouveau mise sous antipsychotique, puis a changé pour une autre injection utilisée comme antipsychotique et contre le stress. J'imagine qu'il ne voulait pas être pris en flagrant délit de tentative de meurtre, car je n'aurais jamais dû prendre ce traitement non plus, vu mon état physique.

Je pleurais en parlant du spray au poivre, encore sous le

choc de ce qui m'était arrivé. J'ai demandé : « Pourquoi ne m'avez-vous pas simplement appelée pour me dire de venir ? Je serais venue immédiatement. » Je voulais savoir pourquoi ils insistaient pour me faire revenir encore une fois dans cette institution. Alors il m'a dit ce que les médecins qui m'avaient internée avaient écrit dans leur rapport. Apparemment, ils mentionnaient l'effraction et le fait que quelqu'un avait cassé mes robinets du rez-de-chaussée. J'ai compris aussitôt que cela venait du complexe, car je n'avais jamais parlé de cela à ces médecins. En réalité, je disais très peu de choses, tant j'étais traumatisée par leurs agissements. Quand le harcèlement a cessé, l'infirmière a obtenu l'accord du médecin pour me donner du Tylenol pour ma tête. J'étais censée être à jeun pour des prises de sang, dont je n'étais même pas informée, et ces imbéciles m'ont donné du jus d'orange et du café avec deux sucres ce matin-là, probablement volontairement.

Pendant ce séjour, j'ai subi l'ablation au laser de cette verrue virale, et ma mère est venue pour être avec moi. Je pleurais, et elle me disait que tout irait bien. J'avais peur qu'ils me tuent sur la table d'opération ou qu'ils me torturent comme auparavant. Une femme m'a dit que le traitement au laser n'existait que depuis deux ans — un gros mensonge. Un homme dans la salle d'opération s'est mis à chanter « Make the Whole World Go Away » en riant. Des abuseurs mentaux ! Ils devaient bien savoir ce qui se passait.

Le lendemain, j'ai passé l'ECG et le scanner dans une autre partie de l'hôpital. Le psychiatre fou, Williams, a lu les résultats et a dit que je n'étais pas schizophrène. Apparemment, il y avait quelques cellules cérébrales mortes, sans doute à cause de toute la drogue qu'ils m'avaient fait avaler au fil des années. Le psychiatre démoniaque ne voulait même pas me donner de permissions de sortie. Cependant, après que mon frère est venu m'apporter des vêtements, son attitude a changé et il m'a laissée sortir pour que je puisse être avec ma mère pour l'opération. Si mon frère n'était pas venu, qui sait ce qu'ils m'auraient fait.

J'avais révisé un de mes poèmes, intitulé « Victimisation dans ce monde détraqué », parce que j'étais furieuse contre certains membres de la direction et du conseil des propriétaires qui participaient à mon harcèlement. Quand j'ai donné ce poème aux responsables du complexe, ils ont compris que j'avais compris leur jeu, et ces terroristes ont élaboré un autre plan pour me faire interner encore une fois. L'un d'eux était sur sa terrasse, me regardant avec un sourire narquois quand je revenais de la dernière promenade avec mon chien dans les Uplands. Je lui ai demandé s'il avait un problème ; il n'a rien répondu. J'ai dit : « Alors crache le morceau. » La nonne a entendu cela, elle est arrivée brusquement, a levé la main à la tête comme pour saluer et a crié : « Vous êtes folle ! Vous êtes folle ! » J'ai répondu : « On dirait plutôt que c'est vous qui êtes folle. » Puis j'ai fait quelques pas et la nonne a levé la main comme un panneau stop en me disant de ne pas m'approcher. Je lui ai dit : « Si vous voulez le nom d'un bon psychiatre, je peux vous en donner un », et elle est partie en trombe comme une hystérique.

Alors que j'étais encore internée, lors d'une permission, j'ai réalisé que ce médecin de famille démoniaque était en réalité coupable du meurtre de mon père et de la tentative de meurtre contre moi et mes enfants. J'ai décidé de déposer plainte contre lui, contre deux psychiatres démoniaques pour tentative de meurtre, contre un autre charlatan démoniaque pour tentative de meurtre, et contre mon ex-mari démoniaque pour tentative de meurtre sur moi et sur ses propres enfants. En chemin, j'ai remarqué qu'un policier en civil me suivait. Quand je suis arrivée au commissariat, il y avait des dignitaires devant l'entrée. La prise de conscience de tout cela m'a traumatisée ; après avoir griffonné les rapports, j'étais en sanglots. Un agent m'a dirigée vers les « Services aux victimes ». Les deux femmes là-bas se sont immiscées dans ma vie, posant toutes sortes de questions. Je leur ai parlé des plaintes que je venais de déposer. Je pense qu'elles ont appelé l'Institution pour les Moins Fortunés et leur ont dit que je me « décompensais », quoi que cela veuille dire. Tous ces gens sont vraiment désespérés de cacher leurs crimes. Je me sentais mal à l'aise de raconter mon histoire d'horreur et je leur ai dit : « Je dois retourner à Eric Martin, je suis seulement en permission. » Quelle aide ! Deux êtres humains sans compassion, incapables de réconforter qui que ce soit. Je me souviens avoir pensé qu'elles ressemblaient à des vautours. Une autre honte pour notre système judiciaire.

Quand j'ai finalement été libérée de cet endroit horrible, Eric Martin, j'étais tellement droguée que j'ai vite oublié l'idée d'engager des procédures contre ce putain de système de santé. C'était exactement ce qu'ils voulaient, car à ce moment-là, des terroristes étaient entrés chez moi, avaient volé l'Affidavit gouvernemental, en avaient déposé une version révisée et en avaient glissé une copie sous mon lit. Ils faisaient ce genre de choses depuis longtemps. Chaque fois que j'obtenais quelque chose, ils le prenaient et le remplaçaient par autre chose. Un an plus tard, quand je l'ai ressorti pour le relire, j'ai découvert qu'il avait été déposé par mon dernier avocat, devenu mon représentant — du moins c'est ce que je croyais. Mais je n'en suis pas certaine, car à ce jour il le nie encore, même si j'ai une requête portant son nom. Peut-être n'était-ce qu'un autre tour malsain des terroristes. J'avais pourtant fait installer des serrures de sécurité sur toutes mes portes, mais ils parvenaient quand même à entrer, même quand elles étaient verrouillées. Chaque fois que j'étais sous l'effet des médicaments, il m'arrivait d'oublier de verrouiller, et ils étaient là, prêts à me harceler encore davantage et à voler tout ce qui avait la moindre valeur pour eux.

CHAPITRE QUINZE

Je devais me rendre à la clinique toutes les deux semaines pour recevoir des injections de médicaments après être sortie de ce « trou d'enfer sur terre », Eric Martin. Lorsque j'ai été libérée après trois semaines passées dans cet endroit, j'ai revu le médecin venu des États-Unis pour un rendez-vous de suivi. J'avais toutefois décidé de chercher encore un autre médecin, quelqu'un qui ne me jetterait pas dans l'asile, car j'en avais plus qu'assez d'être maltraitée dans cet endroit. À peine étais-je rentrée chez moi que mes voisins complètement dérangés, Kathy et Daryl, quittaient leur logement pour s'installer dans une unité située dans les hauteurs du complexe, apparemment entièrement rénovée spécialement pour eux. Ils étaient si satisfaits d'eux-mêmes de m'avoir fait enfermer à l'asile que mon ancien voisin a décidé de continuer à me harceler autant que possible, pour voir jusqu'où ils pouvaient aller, je suppose. Pendant le déménagement, ce voisin a fait semblant de vouloir me renverser avec un chariot de déménagement, fonçant vers moi alors que je me tenais sur le trottoir à regarder mon jardin. Quand il a fait cela, je lui ai dit : « Peut-être que la police viendra t'emmener cette fois. » De toute façon, j'imagine qu'il était excité par la farce qu'ils avaient tous organisée pour le lendemain.

On savait que j'avais des difficultés à trouver un médecin, et je suppose qu'ils pensaient qu'en mettant en place une intervention d'urgence, cela me ferait basculer, pour ainsi dire.

Mais je trouvais tout cela pathétique. Il y avait deux ambulances, deux voitures de police et même les pompiers. La mère d'une amie de ma fille a emmené les enfants faire des courses ce jour-là, sans doute pour qu'ils ne soient pas exposés à cet abus. Mon ancien voisin courait partout, paniqué, avant leur arrivée, et le gérant avec sa famille, y compris ses enfants, ainsi qu'une autre famille avec leurs enfants, attendaient tous dehors. Chaque fois qu'un véhicule d'urgence arrivait, ils lui faisaient signe en direction de cette soi-disant urgence. D'autres enfants surgissaient de nulle part pour voir ce qui se passait. Après une dizaine de minutes où tout le monde faisait semblant de ne pas savoir où aller, ils sont ressortis avec une femme sur une civière, gémissant comme une idiote.

À ce moment-là, je me tenais devant chez moi et deux petites filles sont venues me demander ce qui se passait. J'ai répondu : « Oh, ils s'entraînent simplement pour devenir meilleurs dans leur travail. » Une des filles a commenté : « Comment savais-tu que c'était un… truc ? » Elle a hésité en disant « un truc ». J'ai répondu : « Je peux le deviner. » Après qu'ils ont emmené cette femme en ambulance, un policier allait monter dans sa voiture. Je l'ai arrêté sur le parking en lui demandant : « Que se passe-t-il ? » Il a haussé les épaules comme pour dire qu'il n'en savait rien. Je lui ai répondu : « Comme c'est pathétique », puis je suis partie. Je voyais clairement l'impact que tout cela avait sur les enfants présents sur le parking, et en tant que conseillère, je me suis sentie obligée de signaler cela à la police, car c'est une forme d'abus envers les enfants, un abus mental, ce que j'ai fait. Le lendemain, le père de l'amie de ma fille a décidé de se joindre à nouveau à la mise en scène, utilisant l'une des amies de ma fille et son fils pour tenter de tromper ma fille.

L'amie de ma fille est venue chez nous, pressée de rejoindre les autres filles, à tel point que son nez s'est mis à saigner. Elles avaient parlé d'aller au lac, mais le groupe avait changé ses plans pour ce jour-là, au lieu d'y aller le jour où tous leurs autres amis s'y rendaient. J'ai appris que, pendant que ma fille et son amie attendaient là-bas un autre garçon, le beau-fils du policier, deux types louches les avaient abordées et harcelées. L'amie de ma fille regardait sans cesse vers la colline en demandant si l'autre garçon arrivait enfin. Je pense que cette enfant avait peur parce qu'elle savait que c'était un piège.

Un jour, ma fille avait un match de balle, et j'ai eu l'impression qu'elle était mentalement maltraitée par tous ses entraîneurs. Des choses typiques dont les parents se plaignent habituellement, mais là, ça allait bien au-delà. Ils étaient littéralement méchants avec elle : ils lui criaient dessus en permanence pour attraper la balle, lui disaient des absurdités comme courir en arrière pour l'attraper, la faisaient jouer uniquement au champ extérieur, la laissaient souvent sur le banc et la plaçaient en bas de l'ordre des frappeurs. Ce genre de conneries.

Au fil des ans, j'ai déposé plusieurs plaintes, mais c'étaient toujours les mêmes entraîneurs chaque année. Une fois, l'un d'eux m'a dit quelque chose de totalement déplacé à propos de l'amie de ma fille : « Elle s'est vraiment développée », et il ne parlait pas du jeu. J'ai signalé cela et j'ai dit que cet homme ferait mieux de rester hors de l'abri des joueurs, et que je le surveillerais de près.

Une autre fois, des parents dans les gradins se sont acharnés sur moi à propos du score, puisque je tenais le tableau. Leur équipe avait gagné avec un écart scandaleux, au moins dix points ou plus. L'entraîneur de cette équipe gagnante, qui à mon avis a de sérieux problèmes, était complètement hors de contrôle, criant et contestant bruyamment. Je lui ai simplement donné la feuille de score en lui disant : « Faites-le vous-même la prochaine fois. » Ils ont même impliqué les enfants de son équipe, qui me lançaient des regards noirs et m'insultaient. Une fois, ils ont laissé un billet de dix dollars par terre pour que je le trouve, espérant que je le prenne, mais je l'ai rendu. Une femme se tenait tout près lorsque j'ai dit que j'avais trouvé dix dollars. Elle a prétendu que c'était à elle, mais je lui ai dit qu'elle devrait aller le réclamer à la buvette. Il y a encore bien d'autres choses, mais tout cela est trop pathétique pour être raconté.

Ce jour-là, j'avais un rendez-vous avec un haut responsable du parc pour discuter du traitement réservé à ma fille, et cet homme n'a pas apprécié ce que j'avais à dire. J'ai suggéré que ces soi-disant supérieurs devraient suivre un peu de counseling avant de prendre la responsabilité des enfants des autres, sans même parler des leurs. J'ai dit : « Si ces abus envers les enfants continuent, j'ai demandé à mes avocats de poursuivre sur tous les fronts possibles, et je ne voudrais pas qu'ils s'en prennent au terrain de jeu, car il est destiné aux enfants. » C'est la dernière chose que je lui ai dite en quittant son bureau. Il a bondi et m'a attrapée par le bras alors que je sortais, en me disant : « Vous devriez reprendre vos médicaments. » Comment il le savait dépasse mon entendement, mais à ce stade, toute la ville de Victoria devait être abreuvée d'informations fausses et discriminatoires à mon sujet.

J'ai décidé de signaler ces abus envers les enfants et j'ai rédigé de longs rapports de police que j'ai apportés au commissariat. On m'a emmenée dans une pièce et, au lieu de m'interroger sur les rapports, un soi-disant agent m'a harcelée sur mon état de santé, me posant des questions du genre : « Quels médicaments prenez-vous ? » « À quelle dose ? » En quittant le commissariat, je me suis rendue au bureau censé traiter les abus envers les enfants et je leur ai dit que je venais de déposer un signalement et qu'ils devraient enquêter. Sur le chemin du retour, une voiture banalisée blanche a accéléré derrière moi, m'a dépassée, s'est rabattue devant moi puis a ralenti. Après cet interrogatoire, une fois rentrée chez moi, j'ai commencé à avoir des flashbacks d'avoir été dans une pièce comme celle-là.

L'amie de ma fille est venue l'après-midi et n'a pas voulu entrer dans la maison, ce qui était inhabituel. Eh bien, après que j'ai déposé ces rapports, l'équipe de l'Institution pour les Moins Fortunés est venue frapper à ma porte à minuit, réveillant ma fille et moi, et ils m'ont de nouveau emmenée dans ce « trou d'enfer sur terre » pour m'y faire subir encore des abus. Je venais à peine d'en sortir. Ils ne m'ont jamais expliqué pourquoi, mais j'imagine que c'était à cause de l'agression et des rapports que j'avais déposés. Trois agents sont venus cette nuit-là : la policière au spray au poivre, le policier qui l'accompagnait la dernière fois, et un autre agent. L'un des membres de l'équipe a harcelé ma fille, essayant de la convaincre d'aller chez des amis, mais elle a répondu : « Non. » Je pense que ma fille avait compris à quel point la mère de son amie était une garce. Ma pauvre fille a été profondément traumatisée par tout cela. Quel système de merde nous avons dans ce pays maudit. C'est d'une honte inimaginable.

Le lendemain matin, ma mère a appelé le service des urgences de l'hôpital parce que je ne m'étais pas présentée chez elle comme prévu, et on lui a répondu que je n'y étais pas. Les garces des urgences ne m'ont pas permis d'utiliser le téléphone pour l'appeler. Ma mère a dit que le soir suivant, une employée l'a contactée en faisant semblant d'être serviable, mais en réalité, elle cherchait à obtenir des informations.

Ils m'ont encore complètement droguée. Je ne me souviens avoir vu qu'un seul médecin cette fois-ci dans la salle verrouillée, alors qu'à ma connaissance, deux médecins sont censés vous examiner avant de pouvoir vous interner. Il m'a demandé si mon médecin était celui des États-Unis, et je lui ai répondu que non. C'est la seule chose que j'ai dite à cet homme, qui est entré avec ce que je crois être un dossier déjà complet à mon sujet. Malgré cela, ils m'ont mis un bracelet indiquant que mon médecin était ce médecin américain. Ils m'ont envoyée à l'Unité de soins intensifs psychiatriques (PIC). J'ai demandé à utiliser le téléphone et ils ont accepté. J'ai appelé mon frère pour qu'il vienne me chercher et je lui ai dit : « Tu peux le faire », parce qu'apparemment on avait déjà dit à ma famille auparavant qu'ils ne pouvaient pas.

Soudain, un infirmier m'a arraché le téléphone des mains et m'a emmenée dans ma chambre, où une femme malveillante m'a fait une injection dans les fesses, sur le côté déjà enflé, puis m'a enfermée. Plus tard, je lui ai dit : « Le gouvernement est sur ta piste », et elle m'a lancé un regard mauvais. Le psychiatre démoniaque qui m'avait été assigné, le docteur Dirty, m'a mise sur un autre antipsychotique — parfois utilisé comme médicament pour réduire le stress — jusqu'à ce qu'il décide de me remettre sous injections, afin que lui aussi n'ait pas à être accusé de tentative de meurtre.

Lorsque j'ai repris conscience et utilisé les toilettes, il y avait des excréments sur le papier toilette, et on m'a obligée à utiliser une salle de bain sans verrou. Un harceleur est entré pendant que j'y étais. Un autre homme de l'unité PIC me suivait constamment également. Je suis restée plusieurs jours en PIC sans cigarette ni mes propres vêtements. Lorsque j'ai enfin été transférée en unité intermédiaire (Step-Down) et que l'on m'a rendu mes vêtements ainsi que le droit de fumer, j'ai fait une carte pour ma fille sur laquelle j'ai écrit : « Aie une belle vie », et quelqu'un l'a volée. J'imagine qu'ils voulaient faire croire que j'étais suicidaire.

Je voulais aller dans les étages, mais le psychiatre m'a dit qu'il n'y avait pas de chambres disponibles. Pourtant, dès que j'ai parlé à un membre de ma famille, une chambre est soudainement devenue disponible. Une fois dans les étages, le harcèlement a continué. J'ai parlé à une infirmière du harcèlement que je subissais dans le complexe, et elle m'a dit de fermer mes rideaux et d'ignorer tout cela, alors que j'avais vécu dans l'obscurité toute ma vie. Je voulais appeler ma fille, mais on ne m'a pas permis d'utiliser le téléphone.

Certaines infirmières jouaient à des jeux psychologiques lorsque je demandais de la monnaie pour le stationnement, après avoir pris le bus pour rentrer chez moi afin de récupérer ma voiture que mon ex-mari avait volée. Le commissionnaire du rez-de-chaussée était impliqué, tout comme l'agent de sécurité qui se tenait avec lui lorsque je leur ai demandé de la monnaie et des informations sur le stationnement. Il n'y a pas de stationnement pour les patients, parce que le gouvernement a tellement détruit leurs vies que personne ne peut se permettre une voiture — alors pourquoi prévoir du stationnement pour eux ?

Il y avait aussi un jeune homme qui me suivait partout et me harcelait. Il disait avoir été abusé sexuellement enfant par d'autres enfants, et que lorsqu'il en avait parlé à ses parents, ils lui avaient répondu qu'il avait probablement aimé ça. Eh bien moi, je n'ai jamais rien dit, et je n'ai jamais aimé ça. Il disait que son psychiatre était le fou Williams, et qu'il aimait faire faire beaucoup d'analyses d'urine aux gens. J'ai su dès la première rencontre que cet homme était malade. Ce jeune homme m'a aussi expliqué qu'on pouvait fabriquer de l'acide à partir de filtres de cigarettes. J'ai compris : donc, j'étais la toxicomane, à cause des drogues que le gouvernement m'avait fournies. Eh bien, leur petit plan n'a tout simplement pas fonctionné.

C'est le genre de mensonges et d'absurdités que j'ai dû supporter constamment de la part de tous ceux que je rencontrais, toute ma vie. Peu importe où je me trouvais. Aujourd'hui seulement, je comprends tout cela. Le psychiatre insignifiant, le docteur Dirty, a finalement accepté de me laisser sortir. Je n'avais toujours aucun représentant. Il m'a libérée avec ce qu'on appelle un certificat d'internement. Une fois qu'ils vous tiennent, il n'y a aucun moyen de s'en sortir — absolument aucun — jusqu'à ce qu'ils décident eux-mêmes de vous retirer ce statut. Ensuite, vous vivez dans la peur qu'un irresponsable décide d'utiliser l'article 28 pour vous faire réinterner simplement parce que vous vous défendez, ou, dans mon cas, sans même une raison valable — parfois simplement pour avoir cherché des soins médicaux.

Il m'a aussi assigné une infirmière communautaire qui venait d'abord chez moi de temps en temps pour vérifier comment j'allais, jusqu'à ce que je lui parle à nouveau de tout le harcèlement que je subissais, et qu'elle décide de ne plus s'en mêler du tout.

Lorsque je suis enfin rentrée chez moi, il semblait que tous les chiens continuaient à faire leurs besoins devant chez moi, et que les gens laissaient leurs enfants courir pieds nus parce que c'était l'été. J'avais peur qu'un enfant marche dedans. Un matin, alors que j'étais à la fenêtre de ma cuisine, j'ai vu mon nouveau voisin d'à côté laisser sortir son chien sans ramasser après lui. J'ai donc décidé d'écrire un mot disant : « Veuillez ramasser les déjections de votre chien, car un enfant risque de marcher dedans si vous ne le faites pas. »

Peu après, j'ai vu la femme aller chez le gestionnaire avec le mot à la main. Un peu plus tard, alors que je m'occupais de mon jardin, elle est sortie en hurlant, furieuse, en exigeant que je retire les plantes que j'avais mises dans leur jardin. J'avais pourtant proposé auparavant de les enlever lorsque ces voisins avaient

emménagé. J'ai donc fait ce qu'ils m'avaient demandé et j'ai
replanté ces plantes dans le jardin communautaire. Ensuite, j'ai
pris le tuyau pour leur donner de l'eau. En revenant, j'ai posé le
tuyau par terre pour fermer le robinet, et il a accidentellement
éclaboussé leur porte d'entrée fermée. Je me suis excusée
immédiatement, mais la femme est partie en courant chez le
gestionnaire, furieuse. J'ai tout de suite dit au gestionnaire que
c'était un accident, mais cela n'a rien changé.

Son mari a inventé un mensonge en affirmant que j'avais dit
à sa femme que la police allait venir l'emmener, et ils m'ont infligé
une amende de cinquante dollars pour avoir éclaboussé leur porte
fermée. J'avais dit quelque chose de semblable autrefois à un
ancien voisin lorsqu'il avait essayé de me renverser avec un chariot
de déménagement, mais je n'avais absolument rien dit de tel à cette
femme. Ces voisins sont partis précipitamment peu de temps après.
J'imagine qu'ils fuyaient leurs propres mensonges.

Ensuite, ils m'ont encore infligé une amende, cette fois de
100 dollars, parce que je demandais une explication sur les raisons
pour lesquelles je ne pouvais pas installer un système de
ventilation dans ma maison. Plusieurs personnes se trouvaient dans
le stationnement en train de creuser la terre pour les jardins. Mon
ancien voisin me harcelait parce que je souhaitais aussi faire
installer une bordure autour du parterre de fleurs adjacent à mon
logement. Je pensais que c'était une bonne occasion de leur

montrer ce que signifiait une bordure, puisqu'ils prétendaient ne pas comprendre ce que je demandais. Cet ancien voisin m'a alors déclaré : « Vous n'êtes pas assez responsable. » Lorsque je lui ai demandé pourquoi je ne pouvais pas installer un système de ventilation, je lui ai répondu que je connaissais mieux la construction de maisons que lui ne le connaîtrait jamais. En partant, excédée par les abus psychologiques constants, je l'ai insulté. Ils ont ensuite affirmé que j'avais juré devant des enfants, ce qui était également un mensonge.

Lorsque j'en ai parlé à ma mère, elle a eu la gentillesse de faire un chèque pour que je paie ces amendes, car je lui avais dit que je refusais de les payer. Elle m'a expliqué qu'ils continueraient à me harceler si je ne le faisais pas et a insisté pour que je prenne l'argent, sachant parfaitement qu'ils n'avaient aucune raison valable de me sanctionner. Sur le chèque, j'ai inscrit « charité » dans la section mémo, ce qui m'a permis de me sentir un peu mieux à l'idée de donner de l'argent à ces gens-là.

Ma fille m'a accompagnée lorsque j'ai remis le chèque à l'un des membres du conseil, et je lui ai dit : « Vous avez vraiment du culot de m'infliger des amendes. Je suis une mère célibataire maintenant, laissez-moi tranquille. » J'ai aussi ajouté : « Vos jardins peuvent aller en enfer. » À ce moment-là, cela faisait déjà des années que j'entretenais ces jardins. Finalement, cette femme est partie.

Je voulais simplement m'éloigner de tout, mais j'ai vite réalisé qu'il n'y avait nulle part ailleurs où je pouvais me permettre de vivre. Je me sentais coincée. Je n'allais certainement pas abandonner ma maison de ville après tout le travail que j'y avais investi. J'ai également compris que les problèmes me suivraient où que j'aille. C'est une leçon que j'ai apprise par l'expérience. Lorsque j'ai demandé à cette femme pourquoi elle partait, elle m'a répondu que tout était devenu trop politique. J'ai fini par obtenir une explication médiocre sur la raison pour laquelle ils refusaient de faire la bordure : apparemment, les racines des arbres gênaient. Qui pensaient-ils tromper ?

Peu après, une autre femme et sa famille, également impliquées dans mon harcèlement avec celle à qui j'avais remis l'amende, sont parties à leur tour. Ensuite, un autre homme, très impliqué dans les réunions de l'église, est parti la queue entre les jambes. Un jour, alors qu'il me voyait pleurer, il m'a dit que la violence psychologique n'était pas douloureuse. Que pouvait-il bien savoir, à part ce qu'il avait peut-être lu dans un livre ? Une fois, je lui ai dit que j'allais être laissée pour morte et que je cherchais un ministre religieux à qui parler. Il m'a répondu : « Nous allons tous mourir un jour. » Il a prétendu qu'il essaierait de m'aider, mais bien sûr, rien ne s'est jamais produit.

Un jour, une autre voisine nommée Donna m'a donné des graines de pavot à planter. Lorsque les pavots ont fleuri cette année-là, elle les a regardés et a dit que ceux de leur terrain étaient rouges. Je lui en ai montré un rouge en disant : « Le sol doit être différent ici. » Elle avait l'air inquiète. Peu après, de petites filles sont venues chez moi avec des pavots à la main, me disant que quelqu'un les cueillait. Je leur ai répondu que je n'étais ni propriétaire ni gestionnaire du terrain et qu'elles devaient en parler à leur mère, tout en les remerciant de m'avoir prévenue.

Peu de temps après, un ivrogne qui aidait parfois dans le complexe m'a dit que si on cueillait des pavots et qu'on les gardait chez soi, la police viendrait confisquer la maison. Il s'est ensuite mis à m'expliquer comment on pouvait fabriquer de l'opium à partir de ces fleurs. Cela m'a bouleversée ; je suis donc allée dans le jardin, j'ai arraché tous les pavots et je les ai jetés à la poubelle. En faisant cela, j'ai remarqué un policier en civil qui m'observait tout en parlant sur son téléphone portable.

À la fin de l'été, la direction du complexe m'a fait croire qu'il y avait des termites chez moi et a fait venir quelqu'un pour inspecter. Quelques mois plus tard, la religieuse m'a crié dessus parce que mon chien grattait le sol après avoir fait ses besoins. Elle criait qu'il détruisait le gazon. Comme toujours, je ne lui ai rien répondu et j'ai continué mon chemin, car à ce stade, j'étais habituée aux absurdités qu'ils m'avaient infligées à l'asile — « asile » désignant ici les psychiatres.

Pendant ce temps, la salope qui habitait à côté de la maison de ma mère recommençait à la harceler. Ma mère avait placé une grande planche contre la clôture pour empêcher les feuilles du rosier de cette femme, qu'elle n'entretenait jamais, de tomber sur son entrée. Cette femme fréquentait encore un autre homme, qui venait régulièrement sur le terrain de ma mère pour enlever la planche. Lorsqu'il est venu lui dire de la déplacer, ma mère lui a expliqué pourquoi elle l'avait mise là et qu'elle n'allait pas la retirer, mais il est allé directement l'enlever quand même. Ma mère est devenue furieuse et lui a ordonné de rester hors de sa propriété, mais il n'en a jamais tenu compte. Elle remettait la planche, et lui revenait la faire tomber. Finalement, nous avons retiré la planche, fabriqué des lattes, les avons peintes, posé du grillage et les avons clouées à la clôture, ce qui l'a empêché de revenir.

De l'autre côté, le chauve pervers continuait à faire démarrer son bateau, stationné juste à côté de l'ancienne fenêtre de la chambre de mon père. Ses enfants jouaient constamment au ballon devant la maison de ma mère. Un jour, le ballon n'arrêtait pas de passer sur son terrain et d'abîmer ses plantes. Ma mère leur avait dit que si cela continuait, elle leur confisquerait le ballon. Ils ne l'ont pas écoutée, alors elle l'a pris, avec l'intention de le rendre plus tard. Peu après, le chauve est arrivé chez ma mère, sonnant à la porte comme un fou pendant ce qui lui a semblé cinq minutes. Il a même essayé d'ouvrir la porte. Quand ma mère a finalement ouvert, il s'est mis à lui reprocher qu'elle empiétait sur trois pieds de leur terrain. Ma mère lui a répondu : « Et alors, quel rapport ? » puis lui a claqué la porte au nez. Mes parents vivaient pourtant dans cette maison depuis quarante ans, bien avant l'arrivée de ces gens. J'ai fini par emmener ma mère au poste de police. Ils ont dû intervenir, car elle n'a plus jamais eu de problèmes avec eux par la suite.

J'étais devenue encore plus vigilante quant à mon environnement, car je savais que n'importe qui pouvait appeler l'Équipe des moins fortunés et vous faire interner sous la section 28. Il suffit d'appeler et de dire que quelqu'un agit bizarrement, et ils viennent vous chercher. Il n'y a même pas besoin de raison valable. À cette époque, j'étais encore bénévole dans un centre de détention pour jeunes à Victoria. Après être sortie de l'Enfer sur Terre, lorsque je suis allée voir le psychiatre démoniaque, le docteur Dirty, je ne sais pas pourquoi je lui ai dit que je faisais du bénévolat au centre pour jeunes, alors que je m'étais juré de ne rien dire à ces abrutis. Le lundi suivant, alors que je faisais du bénévolat, le coordinateur et deux employés sont entrés dans la pièce où je travaillais. J'ai compris que ce connard de psychiatre leur avait parlé, car ils ne venaient jamais là. J'ai cessé d'y aller peu après, car j'ai senti que même les enfants commençaient à m'éviter.

J'ai alors repris ma recherche d'un médecin qui ne me

jetterait pas dans l'Institution des moins fortunés et qui accepterait de me soigner, ainsi que mes enfants, pour ce soi-disant PID ou la prétendue maladie de Crohn. J'avais parlé à l'aide juridique par téléphone ; ils m'ont dit que je devais trouver un avocat acceptant l'aide juridique. J'ai donc appelé plusieurs cabinets, mais j'étais tellement abrutie par les médicaments que je n'ai même pas réalisé que j'avais déjà un représentant. Je pensais que le gouvernement finançait mon avocat pour l'affaire concernant mon ex-mari, qui impliquait aussi le gouvernement du Canada, puisqu'ils l'avaient fait venir ici, et que je devais trouver un autre avocat pour poursuivre le système de santé.

Je suis allée personnellement à l'aide juridique, mais j'étais si malade physiquement que je n'ai pas pu attendre dans la salle d'attente et je suis repartie. Entre-temps, j'ai parlé à plusieurs avocats de ce qui m'arrivait. Je voulais simplement fuir les démons de l'Institution des moins fortunés. Plus tard, un employé du tribunal m'a appris que mon dernier avocat ne pratiquait plus. C'est là que j'ai découvert qu'un conseiller pouvait représenter quelqu'un devant les tribunaux ; on les appelle aussi des représentants. À ce stade, je ne savais même plus si j'étais encore représentée ou si le gouvernement n'allait pas simplement s'approprier mon histoire pour en tirer profit et me détruire, comme on m'avait dit qu'ils le faisaient.

Mais je n'étais pas prête à abandonner. Qu'avais-je à perdre, à part énormément d'argent et de temps à déposer des procédures et à m'éduquer pour devenir ma propre avocate ? De toute façon, j'ai vite compris que si je ne portais pas l'affaire devant les tribunaux, j'allais probablement mourir. Mon représentant ne me parlait pas et semblait limité à ce qu'il était autorisé à me dire. J'imagine qu'il ne devait surtout pas raviver mes souvenirs. Je voulais savoir à qui adresser les procédures judiciaires si je poursuivais le système de santé. J'ai donc pris rendez-vous avec une avocate en ville qui acceptait l'aide juridique, mais elle ne savait même pas à qui les envoyer. Elle m'a dit qu'elle devait d'abord examiner les rapports médicaux me concernant. Lorsque je lui ai parlé des rapports mensongers, elle m'a répondu que je devais trouver des médecins prêts à me soutenir.

Un autre avocat m'a dit la même chose au téléphone : il me fallait un médecin qui refuserait de m'interner et m'a suggéré quelqu'un de bien. Un troisième avocat, à qui j'ai raconté une partie de ce que je vivais, ne m'a pas crue. J'ai pleuré après cet entretien. Il travaillait dans une petite cabane près du tribunal, aux fenêtres barricadées, et je me suis dit qu'on devrait l'enfermer là quelques jours et le faire subir des abus, qu'il comprenne ce que c'est de se battre pour survivre. Avec tout cela, je me suis découragée, et à ce moment-là, les médicaments faisaient pleinement effet. En plus, j'ai découvert que mes dents avaient besoin d'énormément de soins. J'avais entamé la recherche d'un autre psychiatre, mais il m'a fallu plus de trois mois avant de pouvoir le voir, alors qu'il était censé être très respectable.

J'ai finalement trouvé une médecin dans le même petit centre commercial que mon nouveau dentiste, ce qui me semblait pratique. Elle m'a orientée vers un médecin spécialisé en vitamines, en disant : « Je ne sais pas s'il pourra vous aider. » Entre-temps, j'avais vu le spécialiste pour le suivi après l'ablation du vilain virus de verrue. Je lui avais remis une copie du rapport sur le PID, et lorsqu'on en a parlé, il m'a dit que je n'avais plus de PID. J'étais déjà devenue la cible idéale pour que les gens me piétinent, alors je n'ai pas insisté, d'autant plus que je déteste les abuseurs psychologiques.

J'ai montré le rapport à cette nouvelle médecin et lui ai donné d'autres informations médicales concernant ma fille et mon propre état, en espérant qu'elle serait enfin celle qui nous aiderait. Mais après sa remarque sur le médecin des vitamines, j'étais sceptique. Elle n'est pas restée longtemps : je ne l'ai vue qu'une seule fois. Lorsque je suis retournée au cabinet après un rendez-vous dentaire pour lui parler d'un autre spécialiste, elle avait disparu, partie dans un autre quartier, la queue entre les jambes. Plus aucun médecin n'acceptait de nouveaux patients dans cette clinique. Je me suis retrouvée, une fois de plus, sans médecin.

Je voulais un praticien proche, car j'avais constamment des soins dentaires et je ne voulais pas traverser toute la ville pour chaque traitement. Ma mère avait commencé à consulter un nouveau médecin après que le médecin de famille démoniaque, Turd, ait cessé d'exercer. Elle a vu un remplaçant, mais lors d'un examen annuel, il a refusé de quitter la pièce pendant qu'elle se déshabillait, ce qui l'a profondément mise mal à l'aise. Elle a donc changé de médecin. Comme il connaissait déjà ma mère et la traitait correctement, j'ai cru qu'il ferait de même avec moi. Ce fut une énorme erreur. Énorme. Un autre démon. Un autre cauchemar.

À ce moment-là, je souffrais toujours d'une maladie inflammatoire pelvienne et mes dents allaient de plus en plus mal. Une dent infectée a finalement nécessité un traitement de canal. J'ai voulu faire poser un bridge sur mes dents de devant, car trois d'entre elles étaient complètement abîmées. On m'a dit qu'une dent, traitée dix ans plus tôt, devait être refaite avant la pose du bridge. J'ai senti qu'elle allait se casser, et c'est exactement ce qui est arrivé. Pendant plus d'un an, j'ai enchaîné les rendez-vous dentaires pour réparer les dégâts laissés par mes anciens dentistes. L'un d'eux m'a arraché la moitié d'une dent en laissant l'autre partie dedans. Le jour où je suis revenue pour qu'il retire le reste, j'ai vu quelqu'un portant un badge d'identification attendre dans le cabinet, et je me suis demandé s'il venait observer ce boucher et comprendre ce qu'il m'avait fait.

J'ai refusé de continuer à me faire soigner par cet homme, car je n'étais plus sous l'emprise des médicaments à ce moment-là.

J'étais tellement abrutie par les antipsychotiques lorsqu'il avait agi ainsi que je n'avais même pas compris ce qu'il avait fait. Je croyais qu'une dent de sagesse poussait à l'endroit où il avait arraché la dent. Qui pourrait imaginer une telle chose ? Une fois, lors d'un rendez-vous pour ma fille, j'ai demandé à ce dentiste un revêtement protecteur en plastique pour ses dents du fond, comme cela avait été fait auparavant par un autre dentiste. Il m'a répondu qu'ils ne faisaient plus cela, et je l'ai cru, car j'étais encore droguée par les médicaments. Lorsque son remplaçant a pourtant effectué ce traitement, je n'ai pas compris pourquoi, à chaque contrôle semestriel, ce dentiste n'examinait jamais mes dents.

L'hygiéniste dentaire qui nettoyait mes dents m'a finalement fait venir tous les quatre mois, probablement parce qu'elle savait que j'allais bientôt avoir de sérieux problèmes. Pendant ce temps, toutes mes dents pourrissaient dans ma bouche. J'étais devenue une bonne affaire pour tous ceux qui voulaient profiter de moi.

Je lisais le journal local lorsque je suis tombée sur une annonce recherchant des bénévoles pour tenir l'accueil d'un centre de ressources. Ils y proposaient divers programmes ainsi que douze séances de counseling par an pour les parents à faible revenu. Je sentais que tout avait été gâché pour moi au Centre de détention pour jeunes de Victoria, même s'ils ne m'avaient jamais officiellement renvoyée. J'ai donc décidé d'aller me renseigner sur cette annonce. Il fallait suivre une formation préalable, et je pensais que travailler à l'accueil comme réceptionniste serait une bonne expérience, puisque je n'avais jamais fait ce genre de travail auparavant. La personne qui m'a interviewée m'a plutôt convaincue de suivre un autre programme, un programme de bénévolat. J'imagine qu'elle pensait que je n'étais pas assez qualifiée pour travailler à l'accueil. Quoi qu'il en soit, j'ai passé l'entretien et j'ai commencé le programme.

J'ai appelé le Centre de détention pour jeunes de Victoria pour leur dire que je ne viendrais pas pendant dix mois, car je suivais ce programme de bénévolat, et j'en suis restée là. Le programme était gratuit et portait sur les compétences en communication, l'affirmation de soi, l'estime de soi, la gestion de la colère et le soin de soi. Je trouvais que c'était une bonne remise à niveau pour améliorer mes compétences en counseling. Le programme invitait aussi des intervenants de divers organismes à venir parler, car ils recherchaient des bénévoles. Parfois, des étudiants arrivaient en classe en traversant des périodes difficiles de leur vie, et notre formatrice prenait le temps de nous écouter. Nous faisions toujours un tour de table en début de séance pour voir comment chacun allait.

À l'approche de Noël, des bénévoles faisaient du porte-à-porte pour recueillir des dons de cadeaux destinés aux familles qui n'avaient pas vraiment les moyens de fêter Noël. Lorsque les dons arrivaient, notre groupe aidait à les emballer et à les étiqueter selon le destinataire, par exemple « femme », « fille de cinq ans », etc. J'ai également donné de mon temps pour vendre des sapins de Noël en ville, qui avaient été offerts au centre de ressources. Tous les bénéfices étaient destinés aux personnes défavorisées pendant la période des fêtes.

Un jour, après que ma médication eut été réduite et que mes émotions ainsi qu'une partie de ma mémoire commencèrent à revenir, j'ai craqué en pensant à la façon dont l'Institution des moins fortunés m'avait traitée. Je crois que c'était autour de l'anniversaire du jour où ils m'avaient enfermée dans la chambre verrouillée et laissé cette énorme ecchymose sur le bras. Linda, notre formatrice, a alors dit que notre système de santé était « septique », et je trouvais que c'était le mot juste. Parfois, nous regardions un film, puis nous en discutions ensemble. À la fin du programme, on recevait un certificat de réussite. C'est grâce à ce programme que j'ai obtenu des informations sur le bénévolat dans une maison d'hébergement sécurisée, ce qui m'a beaucoup intéressée. J'ai finalement suivi la formation nécessaire pour travailler sur les lignes téléphoniques avant de commencer à offrir mes services.

J'ai toutefois dû arrêter ce bénévolat lorsque je diminuais de nouveau les médicaments, car je me sentais déclenchée émotionnellement en répondant aux appels. En même temps que je commençais ce programme de bénévolat, je me suis inscrite dans un centre de remise en forme, car je me sentais très en mauvaise santé, ayant pris près de cent livres à cause des médicaments qu'ils distribuent à l'asile — « l'asile » signifiant ici la Maison des fous. Le premier jour, j'y ai vu une femme que j'avais déjà croisée lors de mon dernier séjour à l'Institution des moins fortunés. J'ai eu l'impression d'être suivie même là-bas, alors j'ai rapidement cessé d'y aller, perdant au passage plusieurs centaines de dollars. Peu après, je suis redevenue une sorte de zombie ambulant, tellement ils m'avaient encore une fois surmédicamentée.

Le psychiatre spécialisé en vitamines a commencé à réduire le médicament que je prenais, et j'ai alors commencé à avoir des problèmes aux pieds. J'ai dû me faire fabriquer des semelles orthopédiques spéciales qui m'ont coûté près de trois cents dollars et n'ont absolument rien changé. L'une de ces semelles a fini par disparaître, et je crois qu'un terroriste l'a volée. Ensuite, j'ai dû prendre vingt milligrammes de cette saleté de médicament. J'avais tellement hâte d'arrêter ces drogues abrutissantes et d'envoyer promener les psychiatres de l'asile. Lorsque j'ai enfin revu le médecin spécialisé en vitamines, il m'a dit qu'il pensait pouvoir m'aider et a encore réduit la médication.

Quand j'ai parlé au psychiatre démoniaque, le docteur Dirty, de ce médecin spécialisé en vitamines, il m'a dit que si je voulais revenir le voir, il me reprendrait comme patiente. J'ai pensé intérieurement : « J'espère bien ne plus jamais avoir affaire à toi, grande gueule de salaud. » Mais cela n'est jamais arrivé, et je pense qu'à ce moment-là, il savait que je finirais par revenir. Lors de ma première consultation avec le médecin des vitamines, j'ai commencé immédiatement à prendre des suppléments. Il m'a prescrit une version orale du médicament que je prenais, à une dose réduite, et m'a expliqué comment la diminuer progressivement. Il m'a dit qu'il me reverrait dans trois mois et qu'à ce moment-là, je serais complètement sevrée.

Il a demandé mes dossiers à l'Institution des moins fortunés. Je lui ai dit qu'ils étaient remplis de mensonges, affirmant notamment que j'étais schizophrène et psychotique. Il m'a répondu qu'il avait travaillé autrefois dans cette institution et m'a demandé ce qu'il y avait de mal à être schizophrène, ajoutant que ce sont souvent des personnes talentueuses. Je lui ai répondu : « Il n'y a rien de mal à être schizophrène, mais moi, je ne le suis pas. » Malgré tout, je lui ai donné l'autorisation d'obtenir mes dossiers, car j'avais beaucoup d'espoir qu'il soit différent.

Cette année-là, j'ai acheté un nouvel ordinateur pour Noël, car on m'avait dit que l'ancien devait être mis à jour pour fonctionner avec la nouvelle imprimante que j'avais achetée. Au lieu de le mettre à jour, j'ai opté pour un nouvel ordinateur, ce qui s'est révélé être une mauvaise décision. Je n'en ai pas informé mon représentant, car sous l'effet de tous ces médicaments, je ne communiquais presque jamais avec eux. Je me souviens que le gestionnaire m'a vue rentrer l'ordinateur chez moi. À partir de là, j'imagine qu'ils ont élaboré un nouveau plan pour me terroriser encore davantage.

Tout le monde savait que ma mémoire allait bientôt revenir et que je poursuivrais la plainte contre le système de santé, désormais connue de tous. Je continuais le programme de bénévolat et j'ai suivi quelques formations supplémentaires, dont une formation en sécurité alimentaire et un programme de secourisme à Saint-Jean Ambulance. Lorsque je n'étais pas au programme de bénévolat, je passais mes journées chez ma mère, car je détestais l'endroit où je vivais et je voulais éviter toute nouvelle confrontation avec les harceleurs du complexe. Je commençais à avoir des flashbacks de tous les événements traumatisants survenus l'année précédente à la même période. Comme je diminuais les médicaments, j'avais peur de ne plus être soignée pour mon état physique.

J'ai eu un rendez-vous avec le médecin de ma mère. Je lui ai remis un rapport rédigé par le médecin qui m'avait été assigné à l'hôpital et je lui ai parlé de la possibilité de consulter un spécialiste pour le PID. Lui aussi m'a répondu que je n'avais plus de PID. Quelques jours plus tard, lors d'un autre rendez-vous de ma mère, j'ai laissé de nouveaux documents pour ce médecin et j'ai pris un autre rendez-vous, car je recommençais à tomber malade du PID, ou de cette soi-disant maladie de Crohn. J'ai laissé les documents à la réception, pensant qu'il m'aiderait, mais cela s'est retourné contre moi.

Peu après, je suis allée au cabinet du médecin des vitamines pour lui laisser des documents, pensant lui parler lors de notre prochain rendez-vous de mon trouble de stress post-traumatique. Je redevenais très malade de la maladie inflammatoire pelvienne, et des souvenirs de l'équipe et du spray au poivre revenaient me hanter. J'ai laissé les documents à sa réceptionniste, pensant que cela l'aiderait à comprendre ce qu'ils me faisaient subir. Comme un avocat me l'avait recommandé, je croyais pouvoir lui faire confiance.

À cette période, un document trouvé dans mon salon, provenant d'Internet, établissait un lien entre le PID et le sida. Je n'en ai lu que quelques lignes avant qu'il ne disparaisse. Cela m'a profondément effrayée. Je continuais aussi à aller chez le dentiste pour réparer le désastre de mes dents. Puis ma voiture a commencé à tomber en panne : j'ai dû changer le pot d'échappement, puis l'embrayage, ce qui m'a coûté très cher. Je commençais également à rédiger des affidavits pour poursuivre le système de santé, ce qui ne faisait que raviver la terreur des dix dernières années passées à être ballotée d'un enfer à l'autre en essayant de rester en vie.

Je suis retournée voir le médecin de ma mère, lui parlant de fortes douleurs au dos et au ventre. Il m'a dit qu'il n'y avait rien et que je devais reprendre les injections. Il a demandé une analyse d'urine, que j'ai faite, mais il ne m'a jamais rappelée. Sachant que j'étais malade, je suis allée directement à une clinique, où un médecin m'a prescrit 250 mg d'antibiotiques deux fois par jour pendant une semaine. Après quelques jours, j'ai su que ce n'était pas suffisant. Je suis retournée à la clinique, et un autre médecin, après avoir vu le rapport sur le PID, m'a prescrit 500 mg de Cipro trois fois par jour pendant dix jours.

J'étais extrêmement malade. Tout ce que mon corps réclamait, c'était de l'eau, et j'en buvais toute la journée, alors que je n'aimais même pas l'eau auparavant. J'avais des flashbacks d'enfermement et d'abus, et je faisais les cent pas, regardant sans cesse par la fenêtre, persuadée qu'ils allaient venir me chercher encore une fois. La terreur m'a submergée. Je devais partir immédiatement, peu importe le coût. J'étais convaincue que cette fois, j'allais mourir.

J'ai appelé mon demi-frère, oubliant alors ses véritables intentions, et je lui ai dit que j'allais venir le voir. Il semblait heureux et voulait que je m'installe près de lui. Dans ma confusion, ma douleur et ma peur, j'ai tout organisé pour partir. J'ai acheté un billet d'avion pour le week-end suivant. Je suis partie avec une grande bouteille d'eau, que je remplissais dès que possible, car j'étais encore très déshydratée.

Je n'étais absolument pas en état de voyager avec une

maladie de Crohn aussi active. En attendant mon vol de correspondance, une personne de l'armée s'est assise à côté de moi et m'a demandé où j'allais. Lorsqu'elle m'a dit sa destination, j'ai été saisie d'une peur intense, car j'ai eu la certitude d'être encore une fois suivie, cette fois par l'armée. Mon père avait été affecté au même endroit durant son service militaire. Dans l'avion, je regardais sans cesse autour de moi, soupçonnant tout le monde de me surveiller.

Mon demi-frère est venu me chercher à l'aéroport et m'a conduite directement à l'hôpital, puis m'a laissée seule pendant cinq heures avant que je sois examinée. J'avais mon rapport de PID avec moi. Le médecin des urgences m'a fait un frottis et une analyse d'urine, puis est revenu me dire que je n'avais aucun symptôme de PID. Je lui ai demandé : « Et si c'était dans les trompes ? » Il a alors eu l'air effrayé et m'a répondu qu'ils n'allaient rien faire ce soir-là. Il m'a expliqué comment obtenir de l'aide, en me disant d'aller dans une clinique qui me référerait ensuite à un spécialiste.

Un parent, Bill, le frère de mon père, m'a proposé de m'accompagner à la clinique, même s'il était lui-même malade. Le médecin de la clinique, après avoir vu le rapport sur le PID, m'a référée à un spécialiste, précisant qu'il faudrait environ deux semaines pour obtenir un rendez-vous. Il m'a aussi prescrit des analyses sanguines et urinaires pour vérifier l'efficacité des antibiotiques. Peu après, j'ai commencé à reprendre mes esprits et je me suis demandé : « Qu'est-ce que je viens de faire ? »

J'ai réalisé que mes dossiers médicaux étaient complètement bâclés et que je n'irais nulle part ainsi. Plus important encore, j'ai décidé que si je devais mourir, je voulais être auprès de ma famille. J'ai appelé mon avocat de divorce, lui ai expliqué la situation et lui ai demandé s'il pouvait me trouver un médecin si je rentrais chez moi. Il m'a dit que oui. Je lui ai aussi dit que si je devais mourir, je voulais être avec ma fille. Après cet appel, j'ai organisé mon retour.

Je suis retournée à la clinique pour demander d'autres antibiotiques afin de ne pas tomber malade dans l'avion, car j'étais encore très mal. Le médecin ne comprenait pas pourquoi je repartais si malade. Je lui ai donné une explication partielle, en disant que le voyage était déjà payé. Après cela, j'ai demandé à mon demi-frère s'il voyait encore sa mère et sa sœur. Il m'a répondu que oui. Je lui ai alors donné le résumé de mon histoire à lire. Après l'avoir parcouru, il m'a demandé si j'avais un avocat. Je lui ai dit que oui et que je rentrais chez moi.

Il m'a ensuite conduite acheter un billet de navette pour l'aéroport. Peu avant de partir, mon appétit est revenu. À l'aéroport, j'ai mangé un burger au poulet. En arrivant à la porte d'embarquement, j'ai cru reconnaître mon nouveau voisin, qui vivait désormais dans l'ancienne maison de Kathy et Daryl. Il était sur le même vol que moi et assis juste derrière. J'avais une sensation étrange qu'il me regardait. À l'arrivée, je l'ai abordé, et il m'a confirmé vivre dans le même complexe. Il m'a dit qu'il revenait du même endroit que moi pour un déplacement professionnel. J'ai alors compris que j'étais encore suivie.

CHAPITRE SEIZE

J'ai obtenu le nom de deux médecins et je suis allée en consulter un qui exerçait dans une clinique située dans un centre commercial, simplement parce que c'était la plus proche de chez moi. Mais ils ne prenaient plus de nouveaux patients. Je me suis dit « tant pis » et j'ai commencé à paniquer à l'idée que l'autre médecin, dont on m'avait donné le nom, me dise la même chose, car à ce stade il n'en restait plus aucun près de chez moi. Je les avais tous épuisés. Malgré tout, j'ai réussi à obtenir un rendez-vous par téléphone. Avant mon premier rendez-vous, j'ai déposé une grande quantité de documents à consulter à l'avance. Entre-temps, j'avais aussi des rendez-vous dentaires programmés.

Lorsque je suis allée chez le dentiste pour faire poser un bridge sur mes dents de devant, j'ai été torturée. La douleur était insupportable. La préparation du bridge a finalement été terminée, mais je devais encore porter une prothèse temporaire en attendant que le bridge définitif soit prêt. Je suis ensuite retournée voir le médecin spécialisé en vitamines, qui m'a prescrit d'autres vitamines, dont la niacine. Lorsque l'on commence à en prendre, surtout la version avec effet de flush comme celle que j'ai eue parce qu'elle est moins chère, on devient rouge vif, on a de fortes démangeaisons et on a l'impression d'avoir de la fièvre. Cette vitamine est utilisée pour faire baisser la tension artérielle et le cholestérol.

Lors de ce rendez-vous, j'ai dit à ce médecin que je revenais d'un voyage, que j'étais de nouveau malade du PID et que j'avais peur que l'escouade dite « des moins fortunés » vienne me chercher pour m'enfermer de nouveau à l'asile et m'y maltraiter comme auparavant. Il m'a répondu qu'ils ne maltraitaient pas les gens là-bas et que si je ne faisais rien de mal, ils ne m'y enfermeraient pas. Je lui ai répondu que je ne faisais rien et qu'ils m'y avaient enfermée quand même. Je suis repartie avec l'assurance qu'il ne permettrait pas qu'on m'y renvoie.

Peu de temps après, l'aide juridique m'a appelée pour me demander d'apporter des copies des documents judiciaires liés au système de santé afin qu'ils puissent les examiner. Je les ai donc apportés et, sur la couverture du dossier, j'ai écrit que si je n'avais pas de nouvelles d'ici vendredi, je déposerais la cause au tribunal le lundi suivant, soit le vingt-trois avril.

Je voulais être accompagnée au tribunal, mais je n'ai trouvé personne pour m'y accompagner. J'avais aussi appelé l'hôpital pour les informer de ce que je faisais et leur rappeler que je leur avais écrit l'année précédente au sujet du harcèlement que je subissais, sans jamais recevoir de réponse, ni appel ni lettre. Je leur ai dit que j'allais maintenant entreprendre des démarches légales. La femme qui m'a répondu a donné une excuse pitoyable, affirmant que leurs ordinateurs avaient planté, ce qui expliquait l'absence de réponse, et que je recevrais désormais une réponse à cette lettre. J'ai également parlé au directeur de ce que je vivais. Lorsque j'ai finalement déposé les documents, un homme petit et trapu m'observait attentivement.

J'ai ensuite découvert à qui je devais remettre officiellement les documents judiciaires, et j'ai fait appel à une entreprise de messagerie pour les livrer. Pendant ce temps, je continuais à rédiger des affidavits supplémentaires pour l'affaire, mais des pièces jointes disparaissaient pendant que je travaillais sur mon ordinateur. Des terroristes laissaient des notes de harcèlement sur mon bureau chaque fois que je m'absentais. Je ne me souviens plus exactement de ce qu'ils écrivaient, car j'étais terrifiée à l'idée que quelqu'un entre chez moi et joue avec mon esprit juste sous mon nez. Je croyais qu'ils connaissaient le mot de passe Internet de ma fille et qu'ils s'en servaient pour se moquer de moi.

Je suis allée chez ma mère et j'ai vu des policiers stationnés juste en bas de la rue, devant sa maison, en train de me surveiller. Comment savaient-ils que j'allais là-bas dépasse mon entendement, mais j'en suis venue à croire que le gouvernement pouvait tout savoir sur vous, faire ce qu'il voulait de vous et s'en tirer impunément. Caméras dans votre maison, téléphone sur écoute, diffusion d'informations mensongères aux personnes qui vous traquent — voilà comment ils opèrent.

Cet après-midi-là, la dentiste — une véritable sorcière — a

posé le bridge avec un ciment qui m'a causé une douleur inimaginable, une douleur qui n'a pas cessé pendant très longtemps. J'étais littéralement hors de moi, en larmes dans son cabinet. La douleur était extrême et, après cela, je pouvais à peine fonctionner. Plus tard, lorsque ma mère et moi sommes allées à Walmart, un homme se tenait dans l'allée alimentaire, me fixant. Une autre fois, ma mère m'a appelée pour me dire qu'un homme se tenait sur la route juste devant sa maison, regardant fixement dans sa direction. Une autre fois encore, elle a remarqué que sa facture Visa avait été ouverte dans sa boîte aux lettres. J'imagine que le directeur avait diffusé de fausses informations à mon sujet, car soudainement, il ne travaillait plus comme directeur.

À ce moment-là, j'avais vu un autre nouveau médecin. Il a demandé des analyses sanguines ainsi qu'une analyse d'urine. Je suis allée au laboratoire voisin pour faire effectuer la plupart des tests. Pour l'un d'eux, je devais être à jeun. On m'a dit que les résultats seraient disponibles dans quelques jours. Je suis ensuite allée dans l'un des rares laboratoires ouverts un samedi matin et, à ma grande surprise, la personne assise à côté de moi, faisant semblant de ne pas me voir, était ma dentiste. Quelle ironie. Était-elle en train de me surveiller ?

Quelques jours après les analyses, j'ai commencé à appeler pour connaître les résultats, mais je n'obtenais aucune réponse. Je paniquais à l'idée de ne plus avoir de médecin. Finalement, ma médecin m'a rappelée et m'a dit que les résultats montraient que je devais commencer à prendre de la vitamine B12. Je lui ai expliqué que j'avais eu une mauvaise expérience avec une injection de B12 auparavant et que je préférais la prendre par voie orale. Elle m'a dit de prendre des comprimés de 100 milligrammes. Je lui ai aussi mentionné que mon père avait dû prendre de la vitamine B12 lorsqu'on lui avait diagnostiqué la maladie de Crohn.

Je lui ai demandé une laparoscopie, car j'avais lu sur cette intervention et je pensais que ce serait le seul moyen de voir si le PID n'avait réellement pas disparu, comme on me l'avait affirmé. À ce moment-là, je souffrais énormément. J'avais des douleurs chroniques dans le bas du dos et dans les jambes, et je dormais très peu, car la douleur s'aggravait lorsque je m'allongeais. Je suis convaincue que cela était causé par cette horrible maladie, ou peut-être par de l'arthrite.

Elle a finalement obtenu un rendez-vous avec un spécialiste. Dès son attitude, après un examen physique de trois secondes, j'ai compris qu'il ne m'aiderait pas. Il a dit qu'il ferait une laparoscopie, et rien de plus. Après l'intervention, tout mon ventre était couvert d'ecchymoses noires et bleues, et l'incision faite dans mon nombril s'est infectée. Il a fallu beaucoup de temps avant que cela guérisse. Il m'a dit que mes trompes étaient collées à mon bassin, mais qu'il avait corrigé cela, et qu'il n'y avait aucune preuve de PID — ce qui était un mensonge. C'était dans les trompes, ce qui prouve, selon moi, que je suis née avec cette condition.

Le jour même où l'audience contre le système de santé était prévue, j'avais un rendez-vous chez le dentiste. J'étais dans un état lamentable : mes dents me faisaient souffrir, mes intestins aussi, et j'avais la nausée. Ma fille m'a conduite chez le dentiste, puis j'ai pris un taxi pour me rendre au palais de justice. Je me suis assise dans la salle d'audience, entourée de ce que je ressentais comme des démons. Je pouvais le sentir. L'un d'eux a dit en me voyant entrer : « Il faut que je voie ça. »

Quand ce fut enfin mon tour, on m'a demandé de fixer une nouvelle date d'audience. J'ai répondu que j'avais besoin d'un médecin immédiatement, car j'étais en douleur, même si j'en avais un à ce moment-là, sans savoir combien de temps cela durerait. J'étais désespérée et complètement dépassée par tout ce qui se passait. Une nouvelle date a finalement été fixée. J'ai entendu quelqu'un dire que ce n'était pas une affaire criminelle, et j'ai répondu : « Oh que si, et gravement. » Il y avait une foule de personnes autour du comptoir où l'on fixait les nouvelles dates, toutes à l'écoute, et j'étais submergée et gravement malade.

Si ces criminels, ces démons, m'avaient laissée tranquille, j'aurais compris que je n'avais même pas besoin d'aller au tribunal. Mais non. Ils ont fait tout ce qu'ils pouvaient pour me pousser par-dessus bord. Une autre date a été fixée environ deux

semaines plus tard, mais entre-temps, j'ai été enfermée à
l'Institution des moins fortunés, ce qui m'a empêchée d'y assister.

  Peu après cette expérience, j'ai dû retourner chez le
dentiste parce que j'avais une autre dent abcédée et qu'un
traitement de canal devait être effectué à travers mon bridge.
J'étais déjà sous antibiotiques pour l'infection et le dentiste
m'avait prescrit des antidouleurs, du Tylenol 2, à cause de
l'intensité de la douleur. Mais quelqu'un est entré chez moi et les a
remplacés par du Tylenol 3, à prendre en même temps que
l'antidépresseur que le psychiatre a fini par me prescrire. Une
douleur irréelle.

  À ce moment-là, je paniquais complètement, car je
commençais à croire que je n'avais plus de médecin. J'ai donc pris
un rendez-vous d'urgence avec le médecin des vitamines, car je
souffrais aussi de stress post-traumatique. Je voulais qu'il prenne la
liste des médecins que j'avais déjà consultés et qu'il appelle mon
nouveau médecin, mais il a refusé. Il m'a dit que j'avais l'air
dépressive, et ce PUTAIN DE DÉMON MALÉFIQUE a rédigé
une ordonnance pour un antidépresseur avec un composant
anxiolytique. Je ne l'ai jamais pris, car les effets secondaires
faisaient peur et il était clairement indiqué qu'il ne fallait pas
prendre d'analgésiques en même temps. Je n'aurais jamais dû faire
confiance à ce vieux salaud — il avait vraiment l'air d'un démon.
Pendant ce temps, je rédigeais sur mon ordinateur des affidavits

contre le système de santé, mais je pouvais à peine le faire tant la douleur était intense. Puis j'ai reçu une lettre de la gestion immobilière me disant, À MOI, de respecter les règles. Après cela, l'enfer s'est déchaîné. Ma fille m'a dit qu'elle ne pouvait plus accéder à ses messages sur ICQ. Le jour même, ma mère et moi sommes allées à Walmart pour aller chercher ses médicaments, et il y avait encore un TRAQUEUR debout dans l'allée, immobile, à me fixer longuement chaque fois que je passais devant lui. Ensuite, une organisation qui recherche des enfants disparus est venue frapper à ma porte pour demander de l'argent. Je leur ai dit que je n'avais pas vu mon fils depuis longtemps et que, maintenant qu'il avait dix-huit ans, pouvaient-ils m'aider à le retrouver. L'homme m'a répondu qu'il devait en parler à son superviseur et qu'il me rappellerait, mais il ne l'a jamais fait. Peu après, il n'y avait plus d'Internet.

Ces terroristes entraient chez moi et prenaient tous mes documents juridiques, que je conservais dans une grande valise. J'ai même appelé la police à ce sujet. Quand un agent est venu avec un autre, je leur ai tout expliqué, y compris le fait qu'une ancienne amie du complexe avait une clé de chez moi et que j'avais eu des problèmes avec elle et d'autres voisins. Je ne pense pas qu'ils m'aient crue. Pendant que j'attendais l'arrivée de la police, les documents ont commencé à être remis en place lentement.

Ils ont laissé des notes sur certains documents portant des
noms et numéros de téléphone d'avocats, notamment celui d'un
avocat criminel. J'ai cru que je devais l'appeler pour le
harcèlement lié au système de santé, ce que j'ai fait, et j'ai pris
rendez-vous sans réaliser qu'il était avocat en droit criminel. Une
autre note mentionnait un autre avocat, et j'ai pensé que je devais
l'appeler pour le harcèlement dans le complexe, ce que j'ai fait
aussi, mais il a refusé le dossier. Je croyais qu'il était mon
représentant, mais apparemment non... ou peut-être que si ?
Une autre note m'indiquait d'appeler un grand cabinet d'avocats et
de leur signaler la disparition de mes documents juridiques, ce que
je me souviens avoir fait. Je ne savais plus où j'en étais. C'était
complètement déroutant. Ils ont vidé mon classeur, puis ont
commencé à le remplir à nouveau lentement, en remplaçant mes
lettres de recommandation par de fausses lettres, avec des
recommandations pour des emplois que je n'avais jamais occupés.
Je retrouvais des objets partout dans la maison — sur le dessus du
réfrigérateur, dans les tiroirs. Ils ont placé un reçu de prescription
au nom de ma fille, qu'elle n'a jamais eu, sur le dessus du frigo,
avec d'autres reçus à moi qui se trouvaient auparavant dans mon
classeur. J'ai trouvé une feuille où quelqu'un avait écrit tout ce qui
n'allait pas chez moi et décrivait les choses bizarres qu'un
spécialiste allait me faire lors d'une laparoscopie. Quand j'ai vu
cela, j'ai été HORRIFIÉE. Il n'y a pas de mots pour décrire cette

HORREUR.

Ensuite, ils ont commencé à déposer partout des chiffons de vieux pyjamas bleus. Je les remettais sous l'évier de la salle de bain du sous-sol, là d'où ils venaient, et je les retrouvais à nouveau dans la maison, surtout à côté du fauteuil du salon. Un jour, alors que je voulais faire une lessive, ils ont mis le linge sale que j'avais mis dans la machine à laver dans le sèche-linge.

Puis un voisin est venu frapper à ma porte pour me dire qu'il y avait un chiffon dans le tuyau d'échappement de ma voiture. J'ai dû sortir pour l'enlever. J'étais sur mon ordinateur et quelqu'un me parlait par l'ordinateur, me disant que je devrais aller moi-même au tribunal et que peut-être ils me mettraient en prison ou dans l'Institution des moins fortunés. Je croyais parler à mon représentant et j'avais l'impression qu'il m'abandonnait.

À un moment donné, j'ai écrit l'histoire de ma vie et je l'ai enregistrée sous le titre « MA VIE », mais je ne l'ai jamais relue, car je l'ai rapidement supprimée. Je ne voulais garder aucun souvenir de cette expérience totalement horrifiante. J'étais terrifiée à l'idée que quelqu'un soit chez moi, sous mon nez, sans que je ne voie jamais personne. D'une habileté glaçante. J'étais en train de perdre pied, physiquement malade et toujours en douleur.

La meilleure façon de décrire cette expérience serait probablement celle d'une victime de torture pendant la guerre nazie. Comment quelqu'un peut infliger cela à un autre être humain est

incompréhensible — « TRÈS, TRÈS MALADE ». J'ai même reçu
un fax disant : « Tout ce que je veux, c'est un médecin. » Je crois
qu'ils se préparaient à me faire disparaître, soit en me poussant à le
faire moi-même, soit en me faisant croire qu'ils allaient le faire.
À un moment donné, je crois que mon représentant a compris ce
qui se passait. J'ai commencé à recevoir des fax me demandant
d'informer divers hôpitaux et organisations, comme les maisons
d'hébergement, de l'effraction et de la disparition de documents
juridiques. Ces fax étaient partout. J'y écrivais des informations,
mais j'étais tellement droguée par ce qu'ils avaient laissé sur mon
comptoir que je notais les mauvaises dates, et j'étais profondément
traumatisée.

Ces démons ont déposé des pilules sur mon comptoir de
cuisine. J'ai cru que c'étaient des vitamines que j'avais sorties
moi-même, comme je le fais parfois, mais ce n'était pas le cas.
C'était autre chose, car après cela tout est devenu flou. J'ai appelé
la police en disant que ma fille avait disparu, parce qu'une note
avait été laissée sur ma table basse indiquant avec qui elle était.
J'ai paniqué. Grosse erreur d'appeler la police.
L'escouade des moins fortunés est arrivée chez moi avec la police.
Ils m'ont demandé quand j'avais vu un médecin pour la dernière
fois. Je ne m'en souvenais pas immédiatement, alors je suis allée
chercher mon agenda, où je note toujours tout, mais il avait disparu
et un autre avait été mis à sa place. J'ai su qu'ils venaient pour

m'emmener de nouveau au « TROU DE L'ENFER SUR TERRE ».

Mes sacs étaient déjà prêts. J'avais préparé des affaires pour ma fille, car je ne voulais pas qu'elle reste dans la maison pendant mon absence, par peur de ce qu'ils pourraient lui faire. J'ai appelé une infirmière communautaire qui s'occupe des personnes âgées pour qu'elle prenne soin de ma mère, car je croyais qu'ils allaient me tuer à l'Institution des moins fortunés. J'ai même dit à ma mère que je ne sortirais pas de là cette fois-ci.

Cet idiot m'a dit : « Nous allons vous emmener à l'hôpital », après m'avoir demandé ce que je faisais de mes journées. Je lui ai répondu que je faisais ce qui devait être fait et que, comme je suis écrivaine, je travaille sur mon ordinateur. Il s'est énervé quand j'ai dit que j'étais écrivaine, et lorsque j'ai dit que je ne me souvenais pas de la dernière fois que j'avais vu mon médecin, il a abusé de son autorité. Je n'avais pas le choix.

Ils m'ont emmenée au service des urgences, dans la cellule verrouillée. Comme toujours, j'ai demandé si je pouvais appeler mon avocat. L'agent qui m'a emmenée là, qui faisait semblant d'être amical, m'a demandé qui était mon avocat. Quand je lui ai dit, il a ri, m'a pris mes affaires et a dit qu'il avait un très long chemin à parcourir. C'était le pire cauchemar imaginable. L'asile était infesté de TRAQUEURS.

Dans la pièce verrouillée, ils m'ont donné mon repas sur un

plateau pour la première fois, avec une énorme étiquette disant « PAS DE COUVERTS ». Je leur ai demandé de l'enlever. Ils m'ont aussi donné un pyjama beaucoup trop petit. Puis, après m'avoir encore plus droguée — Dieu seul sait avec quoi —, ils ont fait venir l'avocat de l'aide juridique qui voit tout le monde là-bas, qu'on le veuille ou non.

Je ne me souviens même pas avoir vu des médecins pendant que j'étais dans cette pièce verrouillée, alors que c'est censé être la procédure avant un internement. Tout ce que je voulais de cet avocat inutile, c'était qu'il s'assure que ma fille reste chez ma mère. Il est un abuseur mental, aussi inutile que deux seins sur un sanglier.

J'étais paniquée à l'idée que ma fille soit laissée seule. Je me souviens avoir vu un groupe de professionnels se serrer la main après qu'ils aient refermé la porte sur moi, comme s'ils se félicitaient de m'avoir piégée à nouveau. Ils m'ont laissée en isolement pendant les deux jours maximum autorisés, puis m'ont transférée à l'unité PIC, où ils prévoyaient de continuer à me harceler.

J'étais terrifiée d'y être encore. J'ai dit au premier infirmier que je ne voulais pas que la porte soit fermée à clé. J'avais peur de ce qu'ils me feraient seule. Il m'a promis que cela n'arriverait pas et a pris mes affaires. J'avais avec moi le livre *Women and Doctors*, ma Bible et un classeur vert contenant une brochure d'un

Centre de résolution des différends pour les problèmes avec les organismes gouvernementaux.

Je ne me souviens presque de rien de ce qu(pp) qu'ils m'ont fait à PIC. Ce qu'ils m'avaient fait prendre chez moi et ce qu'ils m'ont donné là-bas a effacé ma mémoire à court terme. Je me souviens cependant de PIC Step-Down. Un autre psychiatre est venu m'interroger, me demandant si je croyais encore que quelqu'un était entré chez moi pour voler une valise de documents juridiques. J'ai répondu « NON ».

Ils ont ensuite fait venir un praticien pour parler de mon état physique. Une infirmière se tenait dans la pièce tout le temps, ce qui me mettait mal à l'aise. Le médecin a demandé des analyses de sang et d'urine. Lors d'un prélèvement urinaire, on m'a donné un gant de toilette pour m'essuyer — ce qui n'était pas du tout hygiénique.

Les résultats ont montré que mes électrolytes étaient bas, mais que le reste allait bien. Pendant mon séjour, ils m'ont remis sur l'antipsychotique, mais lorsque j'ai enfin eu des informations, j'ai compris que je ne devais pas le prendre avec mon état physique. J'ai exigé qu'on m'enlève ce médicament. Cela m'a confirmé que le gouvernement voulait ma mort.

Une infirmière a apporté un « cocktail » de médicaments sur un plateau. J'ai dit que je ne prenais pas ça. Elle a fait semblant de vérifier ses notes et a répondu « Oh, oui », avant de repartir avec le plateau. J'étais horrifiée.

Il y avait un homme à Step-Down qui disait jouer dans un groupe de musique et qui dessinait des morts au tableau. Quelqu'un avait glissé un formulaire de changement de nom dans mon classeur vert, avec le nom « Smith ». Je croyais que quelqu'un fouillait mes affaires. Je documentais tout, mais avec des dates erronées, et même lorsque je voyais un calendrier, je n'y croyais pas.

Cet homme a obtenu une permission de sortie et n'est jamais revenu. Ils l'ont ramené et puni en l'envoyant à PIC. Il me l'a raconté en détail. Un jour, sur le toit-jardin, il a crié : « QU'EST-CE QUE ÇA FAIT DE SAVOIR QUE TU VAS MOURIR ? »

J'étais pétrifiée. Un jardinier a entendu cela aussi et est parti immédiatement. Je ne voulais pas rester seule avec ce fou. Il y avait aussi des chants autochtones à proximité et des graffitis religieux qui m'intimidaient. Un homme en chemise rose est venu demander à visiter quelqu'un, mais on lui a dit qu'il n'y avait pas de visites pendant six semaines.

Quand je suis sortie de là pour aller sur les étages, il y avait soudain cet homme qui, presque tout le temps où j'étais là-bas, portait une chemise rose. C'était un patient et il me suivait partout où j'allais. Parfois, lorsque j'étais au troisième étage, il se retrouvait seul dans la salle à manger, portant des lunettes de

431

soleil, comme s'il attendait que je sorte de ma chambre. Il arborait ce sourire idiot sur son visage en observant où j'allais.

Peu après que cet homme à la chemise rose soit entré puis sorti de l'unité Step-Down, ma mère a appelé pour me parler. J'étais encore au bureau quand elle a appelé. J'ai eu le pressentiment que c'était elle, et quand ils ont raccroché, j'ai demandé : « C'était pour qui ? » Ils m'ont répondu que ce n'était pas pour moi. Peu de temps après, ils m'ont demandé si je voulais appeler ma mère. J'ai répondu « Oui », alors ils m'ont donné le téléphone. Quand j'ai demandé à ma mère si elle avait appelé pour moi, elle m'a dit que oui, mais qu'on ne l'avait pas autorisée à me parler.

Puis cette fille qui était en PIC en même temps que moi, ensuite en PIC Step-Down, puis au troisième étage et au quatrième étage — chaque fois que j'étais transférée quelque part, elle y était aussi — est sortie de ma salle de bain. Juste après son passage, je suis allée faire un prélèvement d'urine et elle avait uriné partout sur la lunette des toilettes. Une autre fois, après qu'elle y soit allée encore, il y avait des excréments sur le papier toilette. Elle était répugnante. Elle me demandait sans cesse des cigarettes en me promettant de me rembourser, ce qu'elle ne faisait jamais, et partout où j'allais, elle me suivait. Si je m'asseyais quelque part, elle s'asseyait à côté de moi. Quand j'allais au jardin sur le toit, elle y allait aussi et essayait de me parler, mais je ne voulais rien avoir à faire avec elle.

L'avocat sans cervelle assigné à tous les marginaux là-bas est venu me voir en Step-Down. Il a dû m'expliquer à quel point j'étais malade quand je suis arrivée, et que c'était pour cela qu'il n'était pas venu me voir depuis la salle verrouillée lors de mon admission. Tout ce que je lui ai dit, c'est que je voulais une audience devant un comité de révision pour sortir de cet endroit. C'était tout ce qu'il méritait que je lui dise. Il est parti en disant qu'il allait organiser cela.

Quand j'ai finalement quitté le Step-Down, ils m'ont placée au troisième étage. En déballant mes affaires, j'ai remarqué que mon portefeuille avait disparu. J'ai demandé à une infirmière où il était. Elle a soi-disant cherché partout et a fini par dire que je l'avais donné à mon mari quand il était venu me voir en PIC. Or, je n'avais pas vu ce maniaque depuis des années, depuis qu'il avait essayé de nous précipiter, sa propre fille et moi, en bas d'une montagne. Elle m'a dit qu'un homme était venu me voir en Step-Down et que je le lui avais donné. J'ai répondu que je ne voyais pas d'hommes et que cela faisait des années. Ma fille et ma mère étaient venues me voir en Step-Down, et j'avais donné mon portefeuille à ma fille pour qu'elle en retire ma carte bancaire afin d'acheter des courses. Elle me l'avait rendu et je l'avais confié à une infirmière au poste de soins.

Après des heures à essayer de retrouver mon portefeuille, j'ai décidé d'appeler ma mère pour lui raconter ce qu'ils m'avaient dit : qu'un homme qu'ils pensaient être mon mari était venu en PIC Step-Down et l'avait pris. Elle m'a dit qu'elle et ma fille allaient venir me voir avec des vêtements et qu'elle parlerait à l'équipe à ce sujet. Elle m'a dit de ne pas m'inquiéter. J'étais extrêmement bouleversée, car je pensais déjà qu'ils allaient se débarrasser de moi là-dedans, et la disparition de mon portefeuille m'a complètement paniquée.

Je suis convaincue que les téléphones des patients sont sur écoute là-bas, car à peine avais-je raccroché avec ma mère que l'infirmière est apparue avec mon portefeuille, disant que les agents de sécurité l'avaient et que l'homme qui était venu me voir l'avait sûrement rendu au poste de sécurité dans le hall. Une bande de clowns menteurs complètement tordus.

Ils m'ont assigné le DÉMON MALÉFIQUE psychiatre Seagull, celui qui avait essayé de me tuer, au troisième étage. J'ai dit que je ne voulais pas de lui, ni de l'autre psychiatre, le docteur Dirty. Je voulais voir une psychiatre femme dont j'avais entendu parler. J'ai rempli un formulaire pour la voir, ainsi que mon médecin, mais j'en avais assez d'attendre. Finalement, après avoir été coincée un moment avec un assassin en puissance, j'ai accepté de revoir le démon docteur Dirty.

J'avais enfin obtenu des informations sur cet

antipsychotique après l'avoir demandé plusieurs fois. Quand une infirmière me les a données et que je lui ai expliqué que j'avais une PID et que je ne devais pas prendre ce médicament, il avait les larmes aux yeux en voyant à quel point je souffrais. Quand j'ai demandé quelque chose contre la douleur, l'infirmière m'a interrogée sur la raison. Je lui ai dit que j'avais mal. Elle voulait savoir où, et j'avais envie de lui dire simplement : donne-moi quelque chose.

J'ai dit au démon docteur Dirty que je ne voulais plus de cet antipsychotique. Il m'a retirée ce médicament et m'a remis sur des injections d'un autre produit. Je suppose qu'il voulait se donner bonne image, car cet antipsychotique est aussi utilisé contre le stress.

J'ai aussi remarqué un homme d'une cinquantaine d'années que je pensais être un agent chargé de me surveiller. Il était en PIC Step-Down, puis au troisième étage et brièvement au quatrième. J'ai remarqué qu'il ne voyait jamais de psychiatre ; il avait un jeune praticien qui venait lui parler. Je lui ai demandé si c'était son psychiatre. Il m'a répondu que non, que c'était son praticien. Je lui ai demandé s'il accepterait de me voir aussi. Il m'a dit qu'il demanderait, mais il ne m'a jamais répondu.

Je voulais un médecin ayant des privilèges hospitaliers, ce que mon médecin n'avait pas. Plus tard, j'ai supposé que mon représentant avait laissé un message dans mon classeur vert me disant de demander à voir la médecin que j'avais déjà, alors j'ai décidé de la garder pour voir comment cela se passerait. Mais en Step-Down, je commençais à douter de tout ce que je voyais dans ce classeur.

Un jour, au troisième étage, j'ai dit à cet agent : « Savez-vous qu'il n'y a nulle part de sûr ? » J'ai remarqué que lorsque je signais le registre pour aller fumer, il venait le regarder aussi. Je suis certaine qu'il surveillait les noms des personnes qui sortaient et entraient en même temps que moi, tant il y avait de TRAQUEURS là-dedans. J'en suis sûre : il y avait plus de traqueurs que de patients.

Quand on m'a attribué ma chambre au troisième étage, je pense qu'il est allé la chercher, mais comme mon nom n'était pas sur la porte, j'ai pris du ruban adhésif sur une autre étiquette et j'ai écrit mon nom pour identifier ma chambre afin qu'il sache où j'étais. Je ne sais pas si c'était une bonne idée.

Il y a eu un autre incident au troisième étage. Un autre homme me suivait partout : un gros type aux cheveux bouclés, un perdant total. Mon infirmière de l'époque et un agent de sécurité étaient impliqués dans cette mise en scène totalement pathétique. Apparemment, ce type refusait de faire un prélèvement d'urine, et l'infirmière le suivait partout en le menaçant de l'envoyer en PIC s'il ne coopérait pas. Il est sorti dehors, et elle a fait venir une agente de sécurité qui s'est aussi mêlée à cette farce. Cela a duré des heures, sans exagération. Pendant tout ce temps, l'infirmière se promenait avec le flacon pour l'échantillon d'urine.

J'étais terrifiée par leur comportement et je ne savais pas ce qu'ils allaient me faire ensuite. Ils changeaient constamment sa chambre pour me désorienter, car tout le monde savait que je documentais tout.

La seule personne avec qui je me sentais en sécurité était une femme d'une cinquantaine ou soixantaine d'années atteinte de la maladie d'Alzheimer. Elle me voyait parfois pleurer, s'asseyait à côté de moi, me tenait la main et me disait que tout irait bien.

Une fois, lorsque mon portefeuille avait disparu, j'étais effondrée sur mon lit, en sanglots. Une autre fille, qui partageait la chambre avec moi, est venue me consoler, me caressant la tête et priant en latin, ce qui n'a fait qu'empirer les choses. Elle jouait parfois de la guitare le soir, ce qui me calmait un peu. Je l'ai revue plus tard au jardin sur le toit. Elle m'a demandé mon nom et mon numéro de téléphone, et, stupide que j'étais, je les lui ai donnés sans réfléchir. Elle ne m'a jamais rappelée. J'ai compris trop tard qu'elle n'était qu'une autre CATHOLIQUE MALÉFIQUE cherchant à me persécuter. L'agent m'a vue lui donner mes coordonnées, et j'ai immédiatement su que je n'aurais pas dû. Le regard inquiet qu'il avait sur le visage me l'a confirmé.

L'avocat stupide de l'Institution est finalement venu me voir au sujet de l'audience du comité de révision. Je lui ai dit de faire la demande pour moi, mais apparemment il ne pouvait pas être présent avec moi, alors j'ai décidé d'y aller seule. Je voulais juste sortir de ce camp de guerre nazi. Quand ce crétin m'a vue ce jour-là, quelques jours avant l'audience, il m'a expliqué la procédure et qui serait présent, et il a même dessiné un plan montrant où chacun serait assis autour de cette grande table de conférence. J'avais trouvé dans la salle à manger un morceau de papier sur lequel était écrit : « Je pense que je peux rentrer chez moi maintenant parce que je commence à faire les choses que j'aime », alors je savais que je ne devais pas trop parler pendant l'audience.

J'attendais dans le couloir, à l'extérieur de la salle du premier étage de l'Institution pour les moins fortunés où l'audience devait avoir lieu, quand un homme est venu me dire : « Vous savez, vous pouvez annuler tout ça si vous le voulez. » J'ai remarqué qu'il avait un magnétophone avec lui, et je suppose qu'il a dit cela pour m'intimider, sachant que je voyais bien qu'il enregistrait. Mais je voulais TELLEMENT sortir de ce foutu asile que j'ai répondu : « Non, ça ira. »

Le porte-parole de l'hôpital, le meurtrier Seagull, a débité

438

une série de mensonges en disant qu'il pensait que j'étais un danger pour moi-même et qu'il était inquiet pour ma fille. Il a eu le culot de dire cela après que ce MEURTRIER ait essayé de me tuer avec l'un des médicaments qu'il m'avait prescrits. Il a même déclaré : « Votre fille est assez grande pour vivre seule. » Oui, bien sûr, il était vraiment inquiet pour ma fille, qui était encore mineure à l'époque. Il devait probablement se réjouir à l'idée de mettre ses sales mains sur mes enfants à leur tour, mais ça n'arrivera que sur mon cadavre, espèce de SALAUD MALÉFIQUE. Je suis restée silencieuse, me mordant la langue pendant qu'il déversait son tas d'ordures, attendant poliment mon tour pour parler. J'ai parlé calmement et sans colère, contrairement à ce que disaient tous ces rapports mensongers et leurs diagnostics tordus qui affirmaient que j'étais constamment agressive. J'étais extrêmement nerveuse et je me sentais très seule, et même l'avocate censée être de mon côté me donnait l'impression qu'elle ne l'était pas vraiment, car elle n'a presque rien dit pendant toute l'audience.

Quand ce fut mon tour de parler, j'ai d'abord précisé que je n'étais un danger ni pour moi-même ni pour qui que ce soit, et que je ne ferais certainement jamais rien pour nuire à ma fille. Je leur ai dit que je souffrais d'une maladie physique, une PID, et je leur ai demandé s'ils voulaient voir le rapport médical que j'avais apporté. Ils m'ont lancé un regard méprisant, comme s'ils étaient tous dégoûtés par le fait que j'aie une PID, et ont répondu : « Non. »

J'ai ensuite mentionné que le docteur Seagull m'avait déjà diagnostiqué un « trouble de stress post-traumatique » lorsque j'avais commencé à le voir. Je voulais tellement sortir de cet ENFER que j'ai pensé qu'en jouant leur petit jeu, ils me laisseraient partir, alors j'ai dit que j'avais eu un bref épisode psychotique. À ce moment-là, je pensais seulement que j'avais été désorganisée, ce qui aurait pu expliquer, selon eux, le rapport disant que quelqu'un avait volé mes documents juridiques dans ma valise. Immédiatement après, j'ai regretté d'avoir cité quoi que ce soit de ce foutu livre qu'est le DSM-IV, auquel ce gouvernement tient tant.

Je me suis ensuite souvenue du morceau de papier que j'avais trouvé, sur lequel était écrit : « Je pense que je suis prête à rentrer chez moi maintenant parce que je commence à faire les choses que j'aime », et c'est exactement ce que je leur ai dit. Je leur ai montré quelques dessins que j'avais coloriés pendant mon séjour. Juste après cela, un imbécile a demandé s'ils en avaient assez entendu — ou a dit qu'ils en avaient assez entendu — et a mis fin à cette soi-disant audience du comité de révision. Quand tout fut terminé, j'ai su immédiatement quel serait le résultat à cause de cette citation stupide que j'avais faite, et, comme prévu, le démon maléfique Seagull est venu m'annoncer la « bonne nouvelle » : j'allais rester internée. À ce moment-là, j'étais déjà enfermée depuis plus de trois semaines.

C'est alors qu'il m'a demandé si j'accepterais de voir l'autre démon maléfique, le docteur Dirty, et j'ai dit oui uniquement pour m'éloigner de cet ÊTRE MALÉFIQUE qui avait tenté de me tuer. J'avais des frissons rien qu'en étant en sa présence.

Ils m'ont transférée au quatrième étage, où l'autre démon, le docteur Dirty, m'attendait. J'ai mis mes affaires dans mon placard, que j'ai aussitôt verrouillé. L'infirmière qui m'accompagnait m'a dit de ne rien laisser traîner, car des choses pouvaient disparaître. Je voulais garder mes documents à portée de main, car je continuais à tout consigner méticuleusement, jusqu'à l'heure exacte à laquelle j'allais fumer une cigarette, même si la date était incorrecte. J'ai tout enfermé sauf mes notes, que j'ai glissées sous le matelas de mon lit, en veillant à ce que personne ne me voie.

Je suis ensuite allée m'asseoir dans la salle commune et j'ai remarqué la TRAQUEUSE qui m'avait dit, avant que je quitte le troisième étage, qu'elle serait libérée le week-end. Elle était là. Pourquoi ne pas l'avoir laissée là où elle était si elle devait sortir bientôt ? J'ai ensuite vu l'agent du gouvernement et l'homme qui arrosait les plantes du jardin sur le toit. J'ai voulu tout noter, mais mes notes ont disparu. J'ai couru prévenir mon infirmière, et à peine avais-je ouvert la bouche que le démon Dirty m'a demandé si je voulais rentrer chez moi. Bien sûr que j'ai dit oui. J'ai fait mon sac immédiatement et me suis assise à attendre l'infirmière de santé qui m'avait de nouveau été assignée. Elle est venue et m'a raccompagnée chez moi. Les premiers mots qu'elle a prononcés en me voyant ont été : « Ma pauvre, vous avez été terrorisée. »

Quand je suis rentrée chez moi, j'étais tellement paniquée que je ne voulais pas que l'infirmière parte. Elle est restée un moment, fouillant partout, examinant mes vitamines et me questionnant sur celles que j'avais remises sur le comptoir. J'ai décidé que je devais les prendre, et peu après, elle est partie. Pendant des jours, j'ai été terrifiée, incapable de passer d'une pièce à l'autre. Je regardais sans cesse par les fenêtres pour voir si quelqu'un rôdait autour de chez moi, et je vérifiais constamment que toutes les serrures de sécurité des portes et des fenêtres étaient bien enclenchées.

Mais ces précautions ont fini par disparaître, car une fois encore, ils m'avaient droguée. Un an plus tard, le vieux démon a cessé au dispensaire après avoir réduit l'injection à presque rien, peut-être sur ordre du tribunal, et j'ai enfin récupéré une partie de mes facultés mentales. Les harceleurs du complexe m'ont laissée tranquille pendant un certain temps, car j'ai passé plus d'un an complètement abrutie de médicaments chez ma mère. Quand j'ai enfin retrouvé mes esprits, ils ont décidé d'envoyer d'autres minables pour me harceler, mais j'ai rédigé des affidavits afin que mon représentant puisse les poursuivre jusqu'au bout.

Si une indemnisation est accordée pour toute la douleur et la souffrance qu'ils ont infligées à ma fille et à moi-même en me faisant interner, cet argent devra être versé à la Crohn's and Colitis Foundation, section de Victoria, afin qu'ils puissent commencer à poursuivre leurs médecins pour avoir causé des souffrances inutiles et une mort lente et atroce. Tous mes soi-disant amis policiers sont maintenant à la retraite, et j'espère qu'ils finiront sans un sou dans leur vieillesse pour tout ce qu'ils m'ont fait. J'ai entendu dire que la « Pepper sprayer » a été mutée dans le Nord pour terroriser des innocents là-bas. J'espère sincèrement que son spray au poivre gèlera dans sa main, cette SALE GARCE. Voilà ce que vaut notre grand SYSTÈME DE JUSTICE.

CHAPITRE DIX-SEPT

Eh bien, une fois rentrée chez moi, j'ai commencé à lire ce foutu DSM-IV complètement tordu, et j'ai recherché certains des diagnostics sous lesquels les psychiatres m'avaient placée. J'ai ensuite écrit à leur sujet.

Voici ce que j'ai écrit.

J'ai lu ce DSM-IV complètement détraqué et j'ai consulté le trouble délirant. J'avais l'intention de demander à ces écervelés sous quels critères je tombais, mais ils se montraient tellement gentils avec moi que cela m'en donnait la nausée, alors je me suis dit : à quoi bon. Je voulais savoir si j'entrais dans la catégorie du type persécutif. Quelle définition ! Les gens croient-ils vraiment pouvoir diagnostiquer quelqu'un ainsi et s'en tirer sans la moindre preuve réelle ? Je ne leur ai pratiquement rien dit. Et qu'en est-il du trouble schizo-affectif ? Un épisode dépressif majeur, un épisode mixte ou une dépression maniaque ? Décidez-vous ! Lequel est-ce ? Tous ces diagnostics à la fois ? Non, non. Et d'où tiennent-ils les informations pour parvenir à une conclusion aussi compliquée ? D'une évaluation de cinq minutes dans leur bureau, une fois tous les trois à six mois, où ils ne parlent que de leur propre vie et de combien elle est merveilleuse ? C'est exactement ce que je veux entendre ! Ils ne vous demandent même pas l'heure et ne vous laissent pas placer un mot. Peut-être obtiennent-ils leurs informations auprès de catholiques maléfiques et de la diffusion de fausses informations à votre sujet qu'ils propagent partout.

De toute façon, un épisode dépressif majeur doit durer une semaine. C'est un sous-type ; eh bien c'est drôle, on m'a dit qu'il faudrait deux ans pour m'en remettre. J'imagine que j'étais censée être morte d'ici là. Oh oui, et le trouble schizo-affectif ? Ont-ils quelqu'un caché dans votre placard pour observer chacun de vos gestes ou une caméra installée chez vous pour tout surveiller ? Parce qu'il faudrait bien ça pour arriver à une conclusion aussi ridicule. Eh bien, ils l'ont fait pendant soixante ans — et ça continue — chez moi, à mon insu, et ils ont quand même perdu. Sans oublier que cela pourrait être un épisode mixte... peut-être est-ce eux qui sont vraiment déséquilibrés. Mais ils ont écrit un livre de poésie, donc ils doivent être maniaques. On appelle cela un sous-type bipolaire. Donc ils ont un peu de talent. Quel crime ! N'oublions pas que cela doit durer au minimum un mois pour s'appliquer et que les symptômes de l'humeur doivent être présents une bonne partie du temps. Les symptômes de l'humeur ? Quoi ? Suis-je heureuse, triste, hostile ou simplement stupide ? Avez-vous des couteaux chez vous ? Non, je déchire la dinde à mains nues. Barbare, n'est-ce pas ! Entendez-vous des voix ou voyez-vous des choses ? Oui, quelques imbéciles récitant un diagnostic bidon pour les psychiatres.

Je suis convaincue qu'ils doivent avoir une caméra chez vous et/ou toute une bande de catholiques menteurs de leur côté. Rappelez-vous, il doit aussi y avoir une perte d'intérêt ou de plaisir. Et c'est parce que le gouvernement maléfique s'assure qu'il n'y ait rien pour eux en initiant des jeunes de quatorze ans à la drogue et aux crack houses, ou en leur donnant des drogues légalement ou illégalement, peu importe — ils n'abandonnent jamais ! S'ils osent simplement se défendre un peu, on les traumatise encore et encore, de toutes les manières possibles. Et quand ils vieillissent, pourquoi ne pas simplement les enfermer dans une pièce verrouillée pendant quelques jours et les y maltraiter ? Ça leur apprendra.

Eh bien, les délires ou hallucinations doivent durer deux semaines, mais ils peuvent ne pas être proéminents. Décidez-vous : le Saint-Esprit est-il là ou non ? Moi, je l'ai vu. Mais je ne vous le dirais pas, parce que ça ne vous regarde absolument pas ! Je suis convaincue qu'ils peuvent pénétrer votre esprit avec une caméra capable de prendre des images de tout ce qui se passe. Ils disent que cela peut durer trois mois s'il y a un épisode dépressif majeur, mais cela doit être au moins deux semaines. Attendez une minute : il est aussi écrit que tout cela peut durer un an ou des décennies. Mais les fédéraux ne pensent-ils pas que c'est permanent ? Ce n'est pas écrit dans votre livre stupide, mais cela laisse entendre que cela pourrait simplement disparaître. Décidez-vous, bordel ! Si c'est le type bipolaire, cela doit être présent pendant au moins une semaine. Quelle précision ! Et ce diagnostic n'est pas causé par des drogues de rue ou une condition médicale, donc on peut éliminer cela. Alors si ce n'est pas une maladie du cerveau, qu'est-ce que c'est, bon sang ? Expliquez-ça ! Et ce livre continue encore et encore avec autant de conneries. Comment la logique pourrait-elle sortir de tout ça ? C'est impossible ! Parce que ce livre a probablement été écrit pour dissimuler les crimes causés par les catholiques corrompus et maléfiques et leurs semblables. Et ce sont eux qui ont tout l'argent, donc ce sont eux les soi-disant intellectuels qui prennent plaisir à leur travail consistant à tuer des gens sans raison ! En commençant par les enfants. De pauvres enfants sans défense !

Et je me fiche que ce que je dis n'ait pas de sens. Je l'ai tiré du DSM-IV absurde afin que vous puissiez voir d'où cela vient. Je deviens furieuse en lisant ce livre tordu ! Il y a tellement de « si », de « et », de « mais » dans son contenu qu'il faudrait être à moitié ivre, défoncé ou simplement MALÉFIQUE pour croire à la justification qu'il expose.

Que dire du trouble de la personnalité paranoïaque ? Cela ne couvre-t-il pas le harcèlement ? Cela ne permet-il pas à la loi de s'en tirer avec toutes les mises en scène et les crimes qu'elle aide à provoquer ? Oui, il n'y a aucune preuve, bien sûr, parce qu'ils n'en documentent aucune pour vous ! Ensuite, ils disent que ces personnes paraissent froides et manquent de sentiments tendres. Peut-être sont-elles choquées et traumatisées. Et encore, si vous cessiez de les droguer à ce point, elles pourraient exprimer leurs émotions.

En voici une bonne : elles peuvent être procédurières et s'impliquer fréquemment dans des conflits juridiques. Eh bien voilà qui balaie toutes les poursuites contre le gouvernement catholique et son réseau clandestin international pour avoir permis cette destruction ! Que dites-vous du système de santé complètement détraqué à cause de toutes les personnes atteintes de la maladie de Crohn à cause des catholiques sales et maléfiques et de leurs semblables ? Je parie que vous ne trouverez pas un catholique atteint de cela, car ils se guérissent tous ! Comme mon ex-belle-sœur qui avait un problème sanguin et a dû subir une hystérectomie, soi-disant. Démontrez le contraire !

Et l'abus d'alcool et de substances est susceptible de se produire. Quoi, il fallait bien caser ça quelque part, puisqu'on ne peut pas le nier dans certains cas, n'est-ce pas ? Mais ils disent que ces personnes ne sont responsables que d'elles-mêmes. Eh bien, exactement ! Il est temps que quelqu'un prenne ses responsabilités ! Les gens ne sombrent pas sans raison. Il y a forcément des influences quelque part, non ?

Écoutez celle-ci, elle est excellente — quelle dissimulation : ce trouble peut d'abord apparaître durant l'enfance ou l'adolescence, avec de mauvaises relations avec les pairs, de l'anxiété sociale, un sous-rendement scolaire, une hypersensibilité, des pensées et un langage étranges. Ces enfants attirent les moqueries. Quoi, protéger les petits catholiques innocents qui n'ont pas encore appris à mentir ? Ceux qui peuvent avoir peur de Dieu et qui ont fait votre sale boulot pour vous ! Impossible de les condamner ! Quelle bande de conneries !

N'oublions pas que d'autres troubles de la personnalité peuvent être confondus avec le trouble de la personnalité paranoïaque, afin que vous puissiez vous couvrir si l'on prouve que vous avez tort devant un tribunal. Revenons au trouble délirant. Il faut déterminer si le comportement est bizarre ou non pour exclure la schizophrénie. Mais une infirmière m'a dit que j'avais un comportement bizarre. J'imagine qu'elle avait tort ! Ils ont pris des radiographies de mon cerveau, pour prouver quoi exactement ? Et je n'ai aucune maladie cérébrale, alors qu'as-tu à dire maintenant, SALE GARCE ?

Le trouble délirant est dérivé d'expériences réelles de la vie et la personne peut sembler non altérée. Encore un diagnostic de fuite. Mais chez d'autres, cela peut paraître relativement important avec un fonctionnement social altéré. Eh bien, à quoi vous attendez-vous quand de fausses informations diffamant leur caractère sont répandues partout où ils vont ? N'oublions pas qu'il existe aussi des sous-types, et si vous craignez de ne pas pouvoir prouver le type persécutif, vous pouvez toujours recourir au type non spécifié, puisque celui-ci ne peut pas être clairement déterminé. J'imagine que c'est ce qui les sauve tous afin qu'ils puissent continuer à tuer et à rejeter la faute sur des suicides.

Alors maintenant, j'ai un tout nouveau psychiatre et je dois le voir pour remplir un formulaire d'assurance. Puisque ce sera ma première et dernière visite pour aussi longtemps que possible, il devra se contenter de faire sa propre évaluation tordue de cinq minutes ! Ils veulent savoir s'il y a des procédures judiciaires en cours, mais j'ai laissé la case vide, parce que ça ne les regarde pas et, de toute façon, je ne voudrais pas donner au nouveau psychiatre quelque chose sur quoi s'appuyer, n'est-ce pas ?

À mon médecin généraliste, Dre Linda

Je me sens tellement bénie d'avoir enfin trouvé une médecin qui est gentille, compatissante et qui prend le temps à chaque visite. Vous êtes véritablement unique. Je vous aime et vous serez toujours mon ange venu du ciel. Cette lettre, je l'ai écrite lors de l'une de mes premières consultations.

Je vous écris cette lettre afin que vous puissiez la lire à votre rythme. Je veux que vous sachiez que je souffre chaque jour, que ce soit d'une douleur émotionnelle ou physique. Il doit bien y avoir un moment où ce genre de souffrance s'arrête, et j'ai l'espoir que le gouvernement fasse de mon cas un exemple afin d'instaurer une forme de réforme pour mettre fin à cette destruction qui m'a complètement dévastée. Vous voyez, j'ai des représentants et j'ai écrit le récit de ma vie pour eux, et il est maintenant devant les tribunaux.

Fuir les démons

Quand j'étais petite, je priais Dieu pour pouvoir faire le bien d'une manière ou d'une autre, parce que je pensais que j'étais mauvaise. Finalement, j'ai perdu ma foi en Dieu, car mon père me disait que s'il y avait un Dieu, pourquoi permettrait-il toute cette destruction dans le monde ? J'adorais mon père, je vénérais le sol qu'il foulait. C'était un homme bon et il ne méritait jamais la souffrance qu'il a endurée au cours de sa vie. Moi non plus, je ne mérite pas cela.

Je crois en Dieu aujourd'hui, parce que j'ai vu le « Saint-Esprit » lorsque j'étais en train de mourir. Je ne crois pas non plus à l'Enfer, car je crois que l'Enfer est ici, sur cette terre. Je me moque de ce que disent tous ces rapports médicaux à mon sujet. Et je ne crois pas au DSM-IV.

Je sais que j'étais en train de mourir d'un cancer, parce qu'on m'a dit que mon test Pap était au troisième stade et que l'étape suivante était le cancer. Après cela, ce médecin a disparu et un autre l'a remplacé. Quand je suis allée voir ce nouveau médecin pour lui parler de ce qu'on m'avait dit, il m'a convaincue que mon test Pap était normal. Je n'ai jamais vraiment eu accès à une éducation, parce que je sautais des lignes quand je lisais et je pensais à deux ou trois choses à la fois, tant ma vie était effrayante et confuse. Alors j'ai cru les médecins. J'avais foi en eux, parce qu'après tout, ils sont censés sauver des vies, n'est-ce pas ?

Peu de temps après, j'ai eu un grain de beauté à l'arrière qui saignait, et je l'ai fait enlever. Le médecin m'a dit que ce n'était pas cancéreux, et encore une fois, je l'ai cru. Puis, en 1992, mon cauchemar a commencé. J'étais en train de mourir sans le savoir à ce moment-là, et personne ne voulait me donner les soins médicaux dont j'avais besoin et que je méritais. Après être allée plusieurs fois aux urgences dans d'atroces douleurs, une infirmière a finalement eu pitié de moi et m'a dit d'aller à l'Institution pour les moins fortunés.

Alors que j'étais en train de mourir, sans aucun antidouleur, ils ont décidé de me faire subir une thérapie par électrochocs afin de traiter mon cancer en secret. J'imagine qu'ils pensaient que je serais morte avant de me souvenir de tout cela. Et au fil des années, il y a eu de nombreuses tentatives. Beaucoup. Après tout, cela affecte la mémoire pendant au moins dix ans, et comme je souffre de trouble de stress post-traumatique, j'avais l'habitude de refouler les événements traumatisants et de ne pas m'en souvenir.

Je suis allée voir un spécialiste qui a pratiqué une cautérisation de la vessie. Quand je lui ai demandé ce que c'était, il m'a répondu que c'était un « carcinome in situ », et je savais que carcinome signifiait cancer, sans doute parce que j'avais travaillé à l'hôpital. J'avais appris certaines choses sur les maladies, etc. Quoi qu'il en soit, je pense que vous devriez savoir tout cela, parce que je ne veux plus avoir mal. J'ai assez souffert.

Je suis fatiguée d'être trimballée sans cesse à l'hôpital Eric Martin chaque fois que je m'y rends avec des symptômes de PID. Avez-vous la moindre idée de ce que cela fait d'être jetée sur un lit, de recevoir une injection et d'être couverte d'ecchymoses ? Et pour couronner le tout, pendant quarante-huit heures de contention, ils m'ont donné un sandwich à l'œuf pourri et de l'eau, et ne m'ont laissée aller aux toilettes que deux fois durant tout ce temps. Ce n'est là qu'un seul épisode ; il y en a beaucoup d'autres.

Je n'ai appris que j'avais une PID qu'en 1999, lorsque j'ai demandé une fois de plus mes dossiers médicaux. Je ne savais même pas ce que c'était. J'ai fini par aller sur Internet et j'ai découvert de quoi il s'agissait et à quel point cette maladie est grave. J'ai pu comprendre que la maladie de Crohn et la PID sont la même chose : une maladie sexuellement transmissible non traitée, avec laquelle je suis née.

Vous voyez, je crois qu'il y a une raison à tout. Je suis née avec cela, et je suis ainsi devenue une cible pour tous les escrocs sexuels répugnants, à cause de la diffusion de fausses informations à mon sujet dès l'âge tendre de huit ans. Ce qui m'attriste le plus, c'est que des enfants aient été impliqués dans cette persécution vicieuse. Comment nos enfants peuvent-ils être en sécurité ?

On m'a dit que vous êtes une personne compatissante, et je crois cette personne qui me l'a dit, parce que c'est la seule qui m'ait jamais montré de la compassion. Je ne pense pas pouvoir continuer ainsi, et je comprends maintenant pourquoi certaines personnes se suicident : parce qu'elles n'obtiennent pas les soins médicaux dont elles ont besoin et qu'elles méritent.

Je compte sur vous pour me trouver un spécialiste qui acceptera de me faire une hystérectomie et qui traitera aussi mes enfants, afin qu'ils puissent vivre une vie faite de promesses, d'avenir et de dignité.

(Ma propre thérapie)

Il y a eu certaines choses que j'ai moi-même trouvées temporairement thérapeutiques au fil des années, alors que tout le gouvernement du Canada complotait pour mettre fin à ma vie — et que je **CROIS ÊTRE TOUJOURS EN COURS**. Bien sûr, mes enfants sont la raison pour laquelle je vis. Et ma famille aussi. Ils n'auraient jamais dû être une forme de thérapie pour moi, et si **J'AVAIS ÉTÉ AUTORISÉE À ÊTRE DANS MON BON ESPRIT**, je ne leur aurais jamais imposé cela, et je n'aurais jamais tenté de conseiller qui que ce soit dans ma famille — et je ne l'ai jamais fait. Merde, j'étais folle de toute façon.

Je dois dire que le fait d'avoir mon chien a vraiment été mon seul réconfort. Il savait quand je n'allais pas bien et il posait parfois sa petite tête près de moi, comme pour dire : « Que puis-je faire ? » Il m'aimait inconditionnellement, tout comme je l'aimais, et de temps en temps, quand les choses allaient mal pour moi, il me redonnait temporairement la joie de vivre.

Une autre forme de thérapie pour moi est le jardinage. Quand je jardine, je ne pense à rien, et après, j'ai l'impression d'avoir enlevé les toiles d'araignée de mon esprit, aussi abrutie que je l'étais par toutes les drogues qu'ils m'avaient injectées dans cette **MAISON DE FOUS**. J'ai tellement de chance d'avoir ma mère, qui m'a permis de venir jardiner chez elle.

Même si je ne suis pas une bonne artiste, toute forme d'art m'a aidée. Je me perdais dans l'instant de ce que je faisais, que ce soit le dessin, la peinture ou des travaux manuels comme la céramique, le tricot ou la création d'objets à partir de rien — par exemple des décorations de Noël ou des bricolages divers. La musique — à écouter, à chanter, à danser — m'emmenait parfois ailleurs. Je priais pour qu'un jour je retrouve ma dignité, sans jamais relier cela à ce qui se passait réellement.

Pendant de très nombreuses années, je ne me souvenais pas de mon enfance. En 1994, lorsque j'ai cessé de prendre les médicaments pendant une très courte période — ceux qu'ils insistaient pour que je prenne à la « Maison de fous » — j'ai soudain découvert une capacité à écrire des poèmes. Je les ai compilés dans un livre que j'ai appelé **« Mon Livre de Poèmes – Dépression Obsession »**, et heureusement, j'ai eu l'occasion de placer la responsabilité là où elle devait réellement être.

J'ai fini par reprendre un certain contrôle psychologique de mon esprit et de mon bien-être physique. Et j'ai compris comment et pourquoi j'avais été victime d'abus mentaux, et ce que sont réellement les abus mentaux. Aussi dévastateur que cela soit pour moi aujourd'hui — et tellement, tellement douloureux.

À présent, je continue de vivre dans un état de terreur totale, pour lequel je n'ai **AUCUN MOT**. Sans parler du fait de ne pas avoir la santé, en plus de tout le reste, et de ne pas savoir si quelqu'un s'occupera de vous. En me donnant un peu de crédit, j'ai toujours su, au fond de mon cœur, que mes problèmes allaient bien au-delà de ce soi-disant arbre généalogique et de ce cycle d'abus.

Tous les **DÉMONS MALÉFIQUES** savaient que je le savais, alors ils ont essayé de me faire taire, afin que je sois incapable de penser clairement pendant plus de quatorze ans, période durant laquelle j'ai failli mourir à de très nombreuses reprises à cause de très nombreux **DÉMONS MALÉFIQUES**. Je ne sais pas si ma famille proche et moi sortirons un jour vivants d'ici.

Cependant, on m'a dit qu'il est thérapeutique de confronter ses agresseurs, soit face à face, soit par écrit. J'ai confronté certains de mes agresseurs en personne, et à ce moment-là, j'y ai trouvé un peu de paix. Relire les lettres que j'ai écrites de temps en temps m'a été encore plus utile, car ainsi, on n'a pas à les entendre mentir sur tout ce qu'ils vous ont fait. C'est utile même si vous ne les envoyez jamais, pour votre propre protection.

Comme ce soi-disant système ne me protégeait pas et que j'étais abusée par tous, je me suis dit : **QU'EST-CE QUE J'AI À PERDRE ?**

JE N'AVAIS PERSONNE POUR M'AIDER, ALORS JE ME SUIS AIDÉE MOI-MÊME !

Et j'ai créé ma propre thérapie.

Dans de nombreuses situations où un accompagnement est nécessaire, la meilleure forme de thérapie — m'a-t-on dit — est la **thérapie de groupe**, afin de pouvoir être entouré d'autres personnes ayant vécu des circonstances similaires. Cependant, on ne m'a jamais accordé cette opportunité, et maintenant je sais pourquoi.

J'ai vécu tout cela dans la solitude, le désespoir et une **PEUR** que vous ne pouvez même pas imaginer — et que je ressens encore aujourd'hui. Depuis le jour où j'ai quitté pour la première fois cette Maison de fous — « fous » désignant la majorité des personnes qui travaillent dans cet **ENDROIT ABOMINABLE** — en 1992, je savais que j'étais suivie, mais je ne savais pas pourquoi.

Tous les **DÉMONS MALÉFIQUES** ont essayé de me faire passer pour une « FOLLE » et de me rabaisser dans tous leurs **COMPLOTS MALÉFIQUES POUR ME TUER**, comme ils l'ont fait pour tant d'autres, que ces **DÉMONS MALÉFIQUES** ont l'audace d'appeler les « ENFANTS DU DIABLE ».

En thérapie de groupe, disent-ils, avec le temps, on peut partager ses sentiments et ses pensées, et se réconforter mutuellement à travers le difficile chemin qui mène du cœur à l'esprit. Je pense qu'il est extrêmement important, pour soi-même, de continuer à tendre la main et de trouver quelqu'un de compatissant à qui parler — et continuer de parler — jusqu'à ce que quelqu'un vous écoute. N'abandonnez pas.

Je le sais, parce que ce à quoi je me suis accrochée, et la personne en qui j'ai cru, était la seule qui ne pouvait s'empêcher de me montrer un peu de compassion, aussi brève soit-elle — et c'était mon avocat, aujourd'hui je crois mon représentant, bien qu'il le nie. J'ai également compris qu'il y avait une ordonnance de silence sur tout cela, et que je n'avais accès qu'à une quantité très limitée d'informations, transmises par ordinateur sous forme de puzzles que je devais résoudre. Cela m'a posé d'énormes difficultés, en raison de l'attention internationale que toute cette affaire a suscitée, ce qui a intensifié les menaces pour tout le monde, involontairement.

J'ai dû me battre pour être mon propre médecin, mon propre avocat, mon propre thérapeute et mon propre ami. Parce que tout cela est d'une **MÉCHANCETÉ ABSOLUE ET D'UNE INCROYABLE INCOMPRÉHENSION**. J'ai peut-être tiré une phrase ou deux de mes informations d'un fichu livre.

Je vais maintenant écrire un poème de mon livre « **Mon Livre de Poèmes – Dépression Obsession** », qui m'a aidée à continuer à avancer.

Ce qui suit sont quelques lettres que j'ai écrites à propos d'une infime partie des personnes qui ont contribué à me dévaster et à permettre que ce genre de destruction continue encore dans ce monde — **pour la cupidité de tous**.

(Ceci est dédié à tous les véritables Pécheurs)

« Ne me traite plus jamais de cette façon »

Je suis tellement fatiguée de toute la douleur que je ressens,

Et je suis entourée de rien d'autre que du péché.

Mon estomac se noue,

Parce que je suis profondément bouleversée.

Ça fait mal, ça fait mal, ça fait tellement mal,

J'en tremble à l'idée que quelqu'un me touche.

Et tu ne me connais pas au plus profond de moi,

Et tu ne me connaîtras jamais avant que je meure.

Mais d'une façon ou d'une autre, je sauverai mes enfants,

De toute la destruction dans laquelle ce monde est plongé.

Et avant de mourir, je veux simplement dire :

« Ne me traite plus jamais de cette façon »

« NE ME TRAITE PLUS JAMAIS DE CETTE FAÇON ! »

Au moment où j'ai écrit ce poème, je n'avais aucune idée que moi-même ou mes enfants souffrions de PID ou de la maladie de Crohn. Ni à quel point tout cela était immense. ÉNORME.

Cette lettre est adressée à un psychiatre que j'avais, lorsque j'ai enfin commencé à me défendre.

Je vous écris au sujet du rendez-vous que j'ai eu avec vous. J'y ai réfléchi par la suite et j'ai décidé que je ne suis pas disposée à subir à nouveau ce genre d'abus psychologique, surtout compte tenu de mon état physique extrêmement malade à ce moment-là. Je me fiche que vous ne faisiez que votre travail et que vous estimiez nécessaire de me poser toutes ces questions ; en ce qui me concerne, vous avez choisi la mauvaise profession. Et si vous étiez réellement aussi intelligent que vous, étudiants universitaires, aimez à le croire, vous vous orienteriez vers le conseil — du côté de la compassion — plutôt que du côté persécuteur.

Je suis disposée à vous voir tous les trois mois, puisque c'est, selon vous et mon infirmière de santé, le protocole à suivre. Cependant, lors de notre prochain rendez-vous, j'exige d'être traitée avec respect et non avec mépris. Citer des absurdités tirées du DSM-4 dénué de sens n'est pas acceptable, et si je constate cela lors de notre prochaine rencontre, je partirai tout simplement.

Faisons en sorte que nos rendez-vous soient aussi brefs que possible, car je n'ai absolument aucune utilité pour les psychiatres — aucune. Ils n'ont ni le temps ni la capacité de me conseiller pendant la durée qu'il faudrait pour surmonter tout ce que j'ai traversé dans ma vie.

J'accepterai également l'injection contre le stress, et je viendrai toutes les deux semaines pour cela. Vous recevrez, je l'espère, un document de mon médecin décrivant mon état de santé physique. J'en ai également informé mon infirmière de santé.

Mon véritable conseil à votre égard serait de veiller à ce que je ne sois plus jamais internée dans l'Institution pour les moins fortunés simplement parce que je cherche un traitement médical pour mon état physique. Car toute personne qui ne me traite pas — et ne me traite pas avec respect — verra son nom consigné et inclus dans la poursuite judiciaire en cours depuis maintenant deux ans et demi. Je suis aujourd'hui très consciente de mon environnement, et je sais à tout moment ce qui se passe autour de moi.

Cette lettre est adressée à ce même psychiatre

Cette lettre fait suite au rendez-vous que nous avons eu. Je ne l'ai jamais mentionné auparavant, mais votre diagnostic utilisant les termes « psychose » et « psychotique » était tellement infondé que j'ai voulu rentrer chez moi et y réfléchir avant de tirer la moindre conclusion. À votre place, je ferais très attention à ce que vous inscrirez la prochaine fois que l'on vous demandera d'établir un diagnostic dans mon cas.

Mon soi-disant trouble mental grave, également désigné par des termes tels que psychopathe, illuminé, cerveau dérangé, fou ou aliéné, devrait avoir un fondement quelconque pour que vous puissiez vous forger une opinion, et je ne vois absolument pas sur quoi vous pourriez la baser. Moi aussi, j'ai étudié ce livre profondément défaillant qu'est le DSM-4. Le seul diagnostic possible auquel je puisse parvenir aujourd'hui — ou à tout autre moment — est celui de **trouble de stress post-traumatique**, résultant de trente-cinq années de traque, de harcèlement et d'abus psychologique.

Mon état physique à lui seul (PID ou maladie de Crohn), sachant que je ne serai probablement jamais soignée dans ce pays et que mes enfants non plus, constitue une raison suffisante pour retenir le diagnostic de **trouble de stress post-traumatique**. Je comprends que vous n'ayez reçu les informations concernant mon état physique qu'après coup, et pour cette raison je ne le prends pas personnellement. Toutefois, une réflexion approfondie de votre part s'impose la prochaine fois que vous poserez un diagnostic concernant ma soi-disant santé mentale.

P.S. La prochaine fois, évitez les gants lors de l'examen externe. Je prends toujours une douche ou un bain avant de consulter un médecin, mes vêtements sont propres, ma maison est propre, et même mon chien l'est. *(Mon âme sœur.)*

À tante Carol

Cela fait un moment que je voulais te contacter, mais tu sais comment la vie suit son cours. Comment va ce mari à toi, ce réservoir à pisse ? Continue-t-il à te tromper ? Sur quelle épaule pleures-tu maintenant ? As-tu finalement obtenu ce poste de secrétaire dont tu parlais toujours, ou as-tu continué à recruter des mannequins ? Vois-tu encore ce cochon chanteur à la retraite qui se lie d'amitié avec les enfants pour ensuite les persécuter sans raison ? Collectionne-t-il toujours des objets volés comme des lampes UV et des affiches pour les offrir aux enfants ? Continue-t-il à monter des crimes depuis son lit d'hôpital ?

Et tes sales gosses, comment vont-ils ? Ont-ils des enfants maintenant et cassent-ils encore des jouets ? Et ta sœur, cette sainte, comment va-t-elle ? Ce sac à pisse est-il toujours en vie ou est-il mort d'une piqûre d'abeille ? Que fait-elle le jour J ? Elle fête ça en famille ? Et son fils flic, vole-t-il encore des voitures ou a-t-il été viré ? A-t-elle offert des tirelires en argent à ses petits-enfants ? Ah non, ils ne peuvent pas en avoir.

Et ton frère ? Distribue-t-il toujours des objets volés et s'enfuit-il avec de l'argent qui ne lui appartient pas ? Boit-il toujours du vin à chaque repas ? Le sale catholique menteur. J'espère que vous êtes tous en train de trembler maintenant. Vous n'auriez jamais imaginé que tout cela se retournerait contre vous, n'est-ce pas ? J'espère que vous récolterez exactement ce que vous méritez.

À mon demi-frère Lenny

Je ne voulais pas croire aux véritables intentions que tu avais depuis le début en cherchant à te rapprocher de notre famille. J'ai toujours cru que tout le monde avait de bonnes intentions, comme papa. Je t'envoie une photo de toi et de papa afin que tu voies à quel point il était heureux quand tu venais le voir. Regarde-la bien.

Vois comme il avait l'air malade. Je ne la veux pas, elle me brise le cœur.

Tu n'as jamais vraiment appris à le connaître, et c'est bien dommage, car c'était un homme bon et un père responsable envers toi et ta sœur. On vous l'a dit, mais vous avez choisi de l'ignorer. En y repensant aujourd'hui, chaque fois que tu es venu dans notre vie, c'était lors d'un moment de détresse familiale. Je suppose que tu recevais un appel d'un catholique ou d'un autre pour t'alerter que papa était peut-être sur le point de mourir afin que tu viennes vérifier le testament.

Comme lorsque j'étais moi-même à l'agonie et que, soudainement, tu as appelé maman. Quel service de santé mentale t'a contacté ? Ta mère, cette sale traînée, porte une lourde part de responsabilité dans tout cela. N'as-tu jamais remis en question la garde que papa avait obtenue de vous deux ?

Dieu pardonne, paraît-il. Mais toi, tu devras répondre devant Dieu, et c'est Lui qui décidera si tu auras la vie éternelle. Papa est mort pour les péchés de ta mère. Il est encore difficile de croire qu'une telle persécution malveillante existe dans un pays que je croyais être un pays de Dieu — et tu étais au courant depuis le début. Je n'aurais jamais cru valoir quoi que ce soit, mais je me suis prouvée le contraire. J'ai écrit ma vie misérable et compris ce qui se passait réellement. Tu es un catholique égoïste, menteur et mauvais comme tant d'autres que j'ai croisés, et avant de mourir je m'assurerai que tu n'obtiennes **RIEN DU TOUT**. J'espère ne plus jamais entendre parler de toi.

À mon ex-belle-mère

Je t'écris cette lettre pour que tu la montres à ta famille catholique malade dans ce pays maudit dont tu étais si fière — et que tu l'es toujours — et qui a contribué à me terroriser lorsque j'étais là-bas, après que ton fils malade m'a violée lors de l'un de ses voyages à travers le pays.

Je veux que tu saches que je connais suffisamment bien ta religion répugnante pour dire que vous êtes tous mauvais. Ton fils criminel ici, dans ce « No Man's Land », est un véritable **enfant du diable**. J'ai écrit toute ma vie misérable, et elle n'est faite que de démons catholiques essayant de me tuer, moi et mes enfants.

Cesse d'écrire à ma fille et de lui envoyer tes cadeaux pitoyables. Je ne veux rien avoir à faire avec toi ni avec ta famille malfaisante. Tu as déjà tenté de la tuer une fois — souviens-toi du voyage dans les Rocheuses avec ton riche parent. Tu l'as poussée vers la portière, n'est-ce pas ?

Le seul que j'aie jamais apprécié était ton mari, et tu l'as fait assassiner. Ton fils n'a même pas eu la décence de mettre cette police d'assurance en mon nom — il l'a laissée en ton nom, alors qu'il tentait depuis des années de nous tuer.

Maintenant, il vous faudra bien plus que cette assurance. Réfléchis à tout ce que tu m'as fait. Tu te dis citoyenne honnête ? Je ne crois pas. Souviens-toi de cet affidavit mensonger où tu prétendais n'avoir rien fait pour provoquer le fait que je te crache dessus — après m'avoir traitée de traînée. Tu l'as mérité.

Au Dr Turd

Je voudrais t'envoyer une photo de moi à l'époque où j'ai commencé à te consulter, pour que tu puisses voir tous les enfants qui souffrent encore aujourd'hui à cause de gens comme toi. Tu es l'un des pires criminels que j'aie rencontrés — un véritable criminel de guerre nazi. Tu as pourtant osé appeler ma mère après la mort de mon père pour lui présenter tes condoléances.

J'ai écrit toute ma vie et compris le rôle que tu y as joué : tu es la cause principale de ma souffrance et de la mort de mon père. Tu savais que j'avais des difficultés d'apprentissage, que je sautais des lignes, que je vivais dans la peur — et tu n'as rien fait. Tu as torturé mon corps pour me faire taire.

À l'un des médecins charlatans – Dr Lemon

Tu as essayé de me tuer toi aussi. Ton injection de vitamine B12 n'a pas fonctionné — je suis toujours en vie. Tu m'as fait courir partout pour des soins que tu n'as jamais donnés. Tu es l'une des personnes les plus malades que j'aie jamais rencontrées.

À l'un des gynécologues malades

Les maladies sexuellement transmissibles dont tu dis que j'avais un historique ne m'appartenaient pas. Elles appartenaient à tes amis catholiques il y a vingt-trois ans. J'étais née avec une MST, et tu aurais dû le savoir. Tu n'es pas Dieu. Un jour tu le comprendras.

Au Comité d'examen de la recherche

Vous vous souciez soudain de ma santé après avoir autorisé la mise sur le marché de médicaments qui détruisent des vies. Le meilleur traitement pour les patients en santé mentale est le **counseling**, pas les drogues qui les transforment en zombies. Je refuse votre offre.

À ma voisine Kathy

C'est toi qui sembles folle maintenant. Tant de questions… Qui est folle aujourd'hui ?

À un officier de la Gendarmerie royale du Canada

Vous me dites d'aller de l'avant. Ma vie est presque terminée. Qui embauchera quelqu'un avec un passé d'internement psychiatrique et une maladie de Crohn ? Le harcèlement est un crime. J'en suis la preuve vivante.

Partager cela avec vous m'a été profondément thérapeutique.

Deborah Anne Kimberley

À propos de l'auteur

www.ingramcontent.com/pod-product-compliance
Lightning Source LLC
Chambersburg PA
CBHW071659120626
46550CB00001B/35